Juristische Zeitgeschichte

Hrsg. von Prof. Dr. Dr. Thomas Vormbaum
(Institut für Juristische Zeitgeschichte, Hagen)

Abteilung 6:
Recht in der Kunst – Kunst im Recht
Hrsg. von Prof. Dr. Dr. Thomas Vormbaum
und
Prof. Dr. Gunter Reiß, Universität Münster

Band 35

Redaktion: Zekai Dagasan

Thomas Vormbaum (Hrsg.)

Pest, Folter und Schandsäule

Der Mailänder Prozeß wegen „Pestschmierereien"
in Rechtskritik und Literatur

Pietro Verri
Betrachtungen über die Folter (1777)
(Osservazioni sulla tortura)

Alessandro Manzoni
Geschichte der Schandsäule (1840)
(Storia della colonna infame)

Mit Kommentaren von
Ezequiel Malarino und Helmut C. Jacobs

BWV • BERLINER WISSENSCHAFTS-VERLAG

Textgrundlagen:
Pietro Verri, Betrachtungen über die Tortur (Osservazioni sulla tortura) (1777). Neuübersetzung von Thomas Vormbaum. Berücksichtigt wurde eine anonyme Übersetzung aus dem Jahre 1840.

Alessandro Manzoni, Geschichte der Schandsäule (Storia della colonna infame). Die zusammen mit der Übersetzung des Werkes von Pietro Verri erschienene anonyme Übersetzung aus dem Jahre 1840 wurde von Thomas Vormbaum überarbeitet.

Kommentatoren und Überarbeiter:
Dr. Helmut C. Jacobs, Jahrgang 1957, ist Professor für Romanistik/Literaturwissenschaft mit dem Schwerpunkt Französisch und Spanisch an der Universität Duisburg-Essen.

Ezequiel Malarino, Jahrgang 1974, ist Professor an der „Carrera de Especialización en Derecho Penal" an der Fakultät für Rechtswissenschaft der Universität Buenos Aires, Argentinien, und Dottore di ricerca für Strafrecht der Universität Macerata, Italien.

Dr. Dr. Thomas Vormbaum, Jahrgang 1943, ist Professor für Strafrecht, Strafprozessrecht und Juristische Zeitgeschichte an der FernUniversität in Hagen und geschäftsführender Direktor des dortigen Instituts für Juristische Zeitgeschichte.

Bibliografische Information der Deutschen Nationalbibliothek

Die Deutsche Nationalbibliothek verzeichnet diese Publikation in der Deutschen Nationalbibliografie; detaillierte bibliografische Daten sind im Internet über http://dnb.d-nb.de abrufbar.

ISBN 978-3-8305-1583-8

© 2008 BWV • BERLINER WISSENSCHAFTS-VERLAG GmbH,
Axel-Springer-Str. 54 a, 10117 Berlin
E-Mail: bwv@bwv-verlag.de, Internet: http://www.bwv-verlag.de
Printed in Germany. Alle Rechte, auch die des Nachdrucks von Auszügen, der photomechanischen Wiedergabe und der Übersetzung, vorbehalten.

Pietro Verri (1728–1797)
(Palazzo di Brera, Mailand)

Alessandro Manzoni (1785–1873)
(Porträt von Francesco Hayez,
Öl auf Leinwand, 1841)

Inhalt

Thomas Vormbaum
Vorwort VII

Pietro Verri
Betrachtungen über die Folter (1777) 1

Alessandro Manzoni
Geschichte der Schandsäule (1840) 71

KOMMENTAR I

Ezequiel Malarino

Pietro Verris „Betrachtungen über die Folter"
und die Debatte über die Abschaffung der Folter
in der österreichischen Lombardei 171

KOMMENTAR II

Helmut C. Jacobs

Alessandro Manzonis *Storia della colonna infame* –
Wahrheitssuche zwischen Faktizität und Fiktion 225

Thomas Vormbaum

Vorwort

> „Pur troppo, l'uomo può ingannarsi, e ingannarsi terribilmente, con molto minore stravaganza. [...] E il sospetto e l'esasperazione, quando non sian frenati dalla ragione e dalla carità, hanno la trista virtù di far prender per colpevoli degli sventurati, sui più vani indizi e sulle più avventate affermazioni."[1]
>
> *Manzoni*, Geschichte der Schandsäule (u. S. 83).

Das Herzstück der Abteilung „Recht in der Kunst – Kunst im Recht" der Schriftenreihe „Juristische Zeitgeschichte" bilden Bände mit „Doppelkommentierungen" eines literarischen Werkes aus juristischer und literaturwissenschaftlicher Sicht. Dies ist eine der Möglichkeiten des formellen Zusammentreffens von Jurisprudenz und Literaturwissenschaft. Eine andere ist, „Dichterjuristen"[2] bzw. „Juristendichter"[3] auf die Anteile der beiden Professionen in ihrem Werk zu befragen[4] – diese Möglichkeit ist mit den von Herrmann Weber herausgegebenen Bänden „Juristen als Dichter" und „Dichter als Juristen" wahrgenommen worden. Möglich ist ferner, ein literarisches und ein juristisches Werk desselben Autors vorzustellen (und zu kommentieren); so ist in dieser Abteilung mit dem Dichter und Juristen Anton Matthias Sprickmann verfahren worden[5]. Möglich ist schließlich, dass ein und derselbe Vorgang, ein historischer Rechtsfall, von einem Juristen zum Gegenstand rechtsdogmatischer oder rechtskritischer Überlegungen, von einem Schriftsteller zum Sujet einer literarischen Bearbeitung gemacht worden ist. Ein solcher Glücksfall wird im vorliegenden Band dokumentiert und kommentiert. Als mich mein Freund und Kollege Prof. Massimo Donini von der Universität Modena auf Alessandro Manzonis No-

---

1 „Leider kann der Mensch sich täuschen, er kann sich fürchterlich täuschen, mit mehr oder weniger Ausschweifung. [...]; werden aber Verdächtigung und Verbitterung nicht durch Vernunft und Mitempfinden gezähmt, so haben sie die betrübliche Kraft, Unglückliche für Schuldige zu halten, unter den nichtigsten Anzeichen und unter den abenteuerlichsten Behauptungen".

2 Band 10 dieser Abteilung der Schriftenreihe „Juristische Zeitgeschichte": *Hermann Weber* (Hrsg.), Juristen als Dichter. Baden-Baden 2002.

3 Band 18 dieser Abteilung der Schriftenreihe „Juristische Zeitgeschichte": *Hermann Weber* (Hrsg.), Dichter als Juristen. Berlin 2004.

4 S. auch Band 27 dieser Abteilung der Schriftenreihe „Juristische Zeitgeschichte": *Thomas Vormbaum* (Hrsg.), Recht, Rechtswissenschaft und Juristen im Werk Heinrich Heines. Berlin 2006.

5 Band 23 dieser Abteilung der Schriftenreihe „Juristische Zeitgeschichte": *Thomas Vormbaum* (Hrsg.), Anton Matthias Sprickmann – Dichter und Jurist. Berlin 2006.

velle *Storia della colonna infame* aufmerksam machte, war mir nur der Name des Autors (und natürlich dessen Roman *I promessi sposi – Die Verlobten*) sowie der Titel der Novelle bekannt. Schon die ersten Recherchen zeigten mir, wie beschämend defizitär dieser Wissensstand für einen Juristen mit literarischem und rechtshistorischem Interesse ist: nicht genug, dass Manzonis Novelle eines der Großthemen der Rechtsgeschichte, die gerichtliche Folter, zum Gegenstand hat, plakatiert der Verfasser auch noch gleich im ersten Abschnitt, dass er die Behandlung des Themas durch einen anderen Autor, einen prominenten Juristen, für verkürzt hält, was sich nur mit der Intention des Schreibers rechtfertigen lasse[6].

Dieser Schreiber ist nun aber niemand anders als *Pietro Verri*, für italienische Juristen eine Berühmtheit, deutschen Rechtshistorikern immerhin als Begründer der Mailänder „Accademia dei pugni" und ihres kurzlebigen Publikationsorgans *Il Caffè* bekannt, weniger wohl als der Verfasser der *Betrachtungen über die Folter*. Verri hat an Cesare Beccarias epochalem Werk *Dei delitti e delle pene* mehr oder minder intensiv mitgewirkt – *wie* intensiv, ist nicht restlos geklärt; einige Informationen darüber bietet der Kommentar von Ezequiel Malarino in diesem Band. Jedenfalls unterscheidet Verris Herangehensweise an die Problematik der Strafrechts- und Strafprozessreform sich bei allen Gemeinsamkeiten von derjenigen Beccarias. Sie gleicht eher derjenigen Voltaires in den Fällen *Calas*, *Sirven* und *de la Barre*[7]. Ein konkreter Fall wird zum Anlass genommen, um dem Publikum die Missstände des geltenden Systems vor Augen zu führen. Die Empathie mit den Opfern der Strafjustiz wird genutzt, um – im Wortsinne – Stimmung für die Reform der letzteren zu machen. Dabei werden bei Beccaria und bei Voltaire Nützlichkeitsargumente nicht nur nicht verschmäht, sondern nehmen einen prominenten Platz ein[8]. Verri – immer-

---

6   Mit diesem anderen Autor, *Pietro Verri*, verband Manzoni nicht nur das gemeinsame Interesse für den „Pestschmierer"-Fall; es verbanden sie auch verwandtschaftliche Beziehungen, die überdies auch Cesare Beccaria einbezogen: Beccaria hatte eine Tochter namens Giulia, die einen älteren Adligen aus der mailänder Campagna namens Pietro Manzoni heiratete. Giulia unterhielt jedoch eine langjährige Liebesbeziehung mit Giovanni Verri, dem jüngeren Bruder von Pietro Verri. Aus dieser Beziehung ging Giulias Sohn Alessandro hervor, der zwar den Nachnamen ihres Gatten Pietro Manzoni erhielt, in Wirklichkeit aber der natürliche Sohn von Giovanni Verri war. Somit war Alessandro Manzoni der Enkel Beccarias und der (natürliche) Neffe Pietro Verris und dessen Bruders Alessandro Verri. – Für diese Informationen danke ich meinem Freund und Kollegen Prof. Ettore Dezza (Universität Pavia).

7   Ausführlich *Eduard Hertz,* Voltaire und die französische Strafrechtspflege im 18. Jahrhundert. Ein Betrag zur Geschichte des Aufklärungszeitalters. Stuttgart 1887. Neudr. Aalen 1972.

8   Dazu *Wolfgang Naucke,* Die Modernisierung des Strafrechts durch Beccaria, in: Ders., Die Zerbrechlichkeit des rechtsstaatlichen Strafrechts. Materialien zu einer Strafrechtsgeschichte. Baden-Baden 2000, S. 13 ff., sowie *Ders.,* Einführung: Beccaria. Strafrechtskritiker und Strafrechtsverstärker, in: Cesare Beccaria, Von den Verbrechen und von den Strafen (1764). Berlin 2005, S. IX ff.; *Thomas Vormbaum,* Beccaria und die strafrechtliche Aufklärung in der gegenwärtigen strafrechtswissenschaftlichen Diskussion, in: Helmut C. Jacobs (Hrsg.), Gegen Folter

hin – verknüpft nicht wie Beccaria Nützlichkeit mit Gerechtigkeit und Menschlichkeit, sondern weist tendenziell der Nützlichkeit den Rang eines Hilfsarguments zu. Im Vordergrund steht die menschliche Empörung über das den Inquisiten zugefügte Leid aufgrund der abenteuerlichen Beschuldigung, „Pestschmierereien" vorgenommen zu haben. Die Empörung richtet sich gegen das herrschende System des Strafverfahrens, das solche Vorgänge produziert.

So entsteht ein klassisches Werk aufklärerischer Justizkritik. Die Widersprüchlichkeit des geltenden Strafverfahrenssystems wird auf allen denkbaren Argumentationsebenen – historischen, rechtsdogmatischen, psychologischen – dargetan. Dieses Verfahrenssystem gibt einerseits dem Richter, der sowohl Ankläger als auch Entscheidungträger ist, weitgehende Befugnisse, bindet ihn aber zum Ausgleich bei der Verurteilung an Beweisregeln, vor allem an die Aussagen zweier Augenzeugen oder das Geständnis des Angeklagten. Gerade dies aber war Ursache für den spektakulärsten Missstand des gemeinen Inquisitionsprozesses, die Folter. Da zwei Augenzeugen selten zur Hand waren, blieb letztlich alles auf das Geständnis gestellt. Noch so überzeugende Indizien reichten zur Verurteilung nicht aus. Also wurde dem Geständnis mit der Folter nachgeholfen[9]. So konsequent diese Deduktion ist, so unbefriedigend ist aus heutiger Sicht ihre Folgerung; und diese heutige Sicht ist auch die der Aufklärer, also auch Verris: Wie für Beccaria ist für ihn das zentrale Gegenargument: die Folter hilft dem willenstarken oder robusten Verbrecher, der Strafe zu entgehen, und sie zwingt den widerstandsunfähigen Unschuldigen zum Geständnis; Wahrheit und körperliche Widerstandsfähigkeit sind aber unterschiedliche Kategorien. Und das Ergebnis ist eine unmenschliche Prozedur, die abgeschafft gehört.

Verri setzt ganz richtig beim ersten Glied der genannten Deduktion an: bei den Beweisregeln[10]. Und es ist bemerkenswert, dass er eine Lösung vorschlägt, die in der Gesetzgebung – jedenfalls in Deutschland – erst in der Mitte des 19. Jahrhunderts

---

    und Todesstrafe. Aufklärerischer Diskurs und europäische Literatur vom 18. Jahrhundert bis zur Gegenwart. Frankfurt a.M. u.a. 2007, S. 305 ff.

9 S. zuletzt *Günter Jerouschek,* Die Carolina – Antwort auf ein Feindstrafrecht?, in: Eric Hilgendorf / Jürgen Weitzel (Hrsg.) Der Strafgedanke in seiner historischen Entwicklung. Berlin 2007, S. 78 ff., 90.

10 Ob dies wirklich der „erste Schritt" war, kann man freilich bezweifeln. Möglicherweise muss man noch einen Schritt weiter zurück gehen und die Ideologie der „Wahrheitsfindung" befragen. So rational diese dem ersten Blick erscheint und so sicher sie den Ausgangspunkt der Diskussion bilden muss, so problematisch ist sie doch im Einzelfall. Zu Recht hat der Bundesgerichtshof festgestellt, es sei kein Grundsatz des deutschen Strafprozessrechts, dass die Wahrheit um jeden Preis erforscht werden müsse (grundlegend BGHSt 14, 358). Eben dies aber dachte man in der Zeit des gemeinen Strafrechts und es dachten im Prinzip auch noch die Aufklärer. Die Wahrheitsskepsis eines Lessing war auch in der Zeit der Aufklärung exotisch.

umgesetzt wurde: die freie richterliche Beweiswürdigung[11]. Die Zwischenstufen, welche die Gesetzgebung nach Abschaffung der Folter durchläuft – außerordentliche (Verdachts-)Strafen, Instanzentbindung, Lügen- und Ungehorsamsstrafen – überspringt er. Dass sein Lösungsvorschlag, der den heutigen Prozessordnungen zugrunde liegt, nicht uneingeschränkt als der Weisheit letzter Schluss bezeichnet werden kann, zeigen in Deutschland nicht zuletzt die zahlreichen Entscheidungen des Bundesgerichtshofes, in denen den Instanzgerichten aufgegeben wird, ihre Überzeugungsbildung in den Urteilsgründen zu plausibilisieren. Aber auch wenn man nicht dem immer noch häufig anzutreffenden Fortschrittsoptimismus im Hinblick auf die Entwicklung des modernen Strafrechts huldigt, muss man Verris dogmatische Konsequenz und seine jedenfalls „historische" Weitsicht beachtlich finden.

Was hat ein Literat, der dasselbe Thema behandelt wie der kritische, reformfreudige Jurist, gegen ein solches Vorgehen einzuwenden? Ist nicht gerade das Furcht und Mitleid Erregende, wie schon Aristoteles feststellte, sein Metier? Muss er nicht im Kampf gegen eine staatlich verordnete Grausamkeit an die Seite Verris treten? Gewiss tut er dies auch, seine Sicht auf die Dinge ist aber eine andere: Ihn interessieren die Gründe, die Menschen solche Grausamkeiten wie die Folter begehen lassen. Er führt die Grausamkeit im „Pestschmierer"-Fall nicht auf ein System zurück, sondern auf menschliche Schwächen und Begierden. Dies führt ihn dazu, die Rechtsquellen genauer zu lesen; und siehe da – er stellt fest, dass die Folter zwar prinzipiell ein unmenschliches und unvernünftiges Mittel der Wahrheitsfindung sein mag, dass aber, wäre man den Rechtsquellen gefolgt, die Verri selbst angeführt hat, die Folter im gegebenen Fall gar nicht hätte angewendet werden dürfen. Es waren die Furcht und die Wut der Richter, die Vernunft und Mitleid wegspülten und sie über alle rechtlichen Schranken sich hinwegsetzen ließen. Der Schandsäulen-Prozess litt nach Manzoni nicht unter dem *Missstand* der Folter, sondern unter ihrem *Missbrauch*.

Manzoni erörtert – wie das seinem Werk entnommene Motto dieses Vorwortes deutlich macht – das Miteinander von *ragione* und *carità*. Erst wenn Rationalität und (Mit-)Menschlichkeit nicht nebeneinander existieren oder letztere als zwangsläufige Folge jener angesehen wird (wie dies bei den Aufklärern, nicht zum Vorteil der Menschlichkeit, oft geschieht), sondern als deren Kontrolle eingesetzt wird, ist Aufklärung verwirklicht, denn zu der Entlassung aus selbstverschuldeter Unmündigkeit, d.h. zur Autonomie des vernünftigen Wesens gehört nicht nur der Gebrauch des Verstandes – dies ist das mindeste –, sondern auch das Bewusstsein von dessen

---

11 Zur Geschichte dieses Rechtsinstituts s. *Massimo Nobili*, Die freie richterliche Überzeugungsbildung. Reformdiskussion und Gesetzgebung in Italien, Frankreich und Deutschland seit dem Ausgang des 18. Jahrhunderts (1974). dt. Übersetzung Baden-Baden 2001.

Grenzen, von dessen Gefährdungen und von dessen Missbrauchsmöglichkeiten[12]. Und man geht vielleicht nicht fehl, wenn man annimmt, das eben dies, die Paarung der aufklärerischen „ragione" mit der „carità", die Bändigung der Rationalität durch Menschlichkeit – oder besser: die Selbstfindung in der Menschlichkeit – zu den Anliegen des Autors gehört.

III.

Kann es neben dem psychologischen und methodischen Reiz, dieselbe (rechts-) historische Affäre von einem berühmten Juristen und einem noch berühmteren Schriftsteller behandelt zu sehen, aktuelle „Nutzeffekte" aus der Lektüre dieser Schriften geben? Hierauf breit einzugehen kann nicht Aufgabe eines Vorwortes sein. Dessen Verfasser begnügt sich deshalb damit, ein Fundstück herauszugreifen, das den „Praktikern" damals wie heute in den Ohren klingen sollte, wenn sie nach der Ausweitung oder der Perpetuierung von „Kronzeugenregelungen" rufen. In Manzonis Novelle (u. S. 117 f.) heißt es:

> „[Es] fand sich [...] in diesem Fall ein Umstand vor, welcher die Anklage von Grund auf und unwiederbringlich nichtig machte, nämlich der, daß jene Angabe infolge des Versprechens der Straflosigkeit gemacht wurde. 'Niemand, der getrieben von der Hoffnung auf Straflosigkeit Eröffnungen macht, verdient – es mag nun die Straflosigkeit vom Gesetz zugestanden oder vom Richter versprochen worden sein – Glauben in Bezug auf die von ihm beschuldigten Personen'. Dies sind Farinacius' Worte. Und Bossi sagt: 'Dem Zeugnisse eines Menschen, der es in der Hoffnung auf Straflosigkeit abgelegt hat, läßt sich entgegentreten; denn ein Zeuge soll die lautere Wahrheit aussagen und ohne Hoffnung auf einen Vorteil. Dies gilt auch in den Fällen, in welchen man aus anderen Gründen den Mitschuldigen gegen die allgemeine Rechtsregel zur Zeugenaussage zulassen kann. Denn derjenige, welcher um eines Versprechens der Straflosigkeit willen zeugt, heißt bestochen, und Glauben wird ihm nicht beigemessen'. Und dies war eine unwidersprochene Lehre."

Dies ist sie leider heute nicht.

---

12 Der Gedanke einer mit Menschenfreundlichkeit gepaarten Rationalität liegt auch Thomas Manns Vortrag zum 80. Geburtstag Sigmund Freuds (1936) zugrunde; s. *Thomas Mann,* Freud und die Zukunft, in: Ders., Reden und Aufsätze 1 (gesammelte Werke in 13 Bänden. IX). Taschenbuch-Ausgabe. Frankfurt M. 1990, S. 478 ff., insb. 500 f. Eine solche Bändigung der Rationalität durch Menschenfreundlichkeit kann ihrerseits als aufklärerisch, als eine „aufklärerische Kritik der Aufklärung verstanden werden; s. dazu *Thomas Vormbaum,* Kant e la critica illuministica dell'illuminismo, in: Mario A. Cattaneo (Hrsg.) Kant e la filosofia del diritto. Neapel 2005, S. 37 ff.; *Ders.,* Der Judeneid im 19. Jahrhundert, vornehmlich in Preußen. Ein Beitrag zur juristischen Zeitgeschichte. Berlin 2006, S. 266 ff.; s. auch *Wolfgang Naucke,* Einführung: Beccaria, Strafrechtskritiker und Strafrechtsverstärker, in: Cesare Beccaria, Von den Verbrechen und von den Strafen (1764). Dt. Übersetzung Berlin 2004, seitenidentische TB-Ausgabe Berlin 2005, S. VII ff., insb. XIX f., XLIII.

IV.

Ein Unternehmen wie die Publikation des vorliegenden Bandes mit dem Besorgen, Abschreiben, Überarbeiten und Übersetzen von Texten, mit dem Anfertigen von Kommentaren aus juristischer und literaturwissenschaftlich-romanistischer Sicht und mit der Herstellung der Druckvorlage führt viele Beteiligte zusammen. Ich danke meinen Kollegen, dem Romanisten *Prof. Helmut C. Jacobs* (Universität Duisburg-Essen) und dem jungen argentinischen Juristen *Prof. Ezequiel Malarino* (Buenos Aires) für ihre Bereitschaft zur Übernahme der Kommentare[13]. *Prof. Massimo Donini* (Universität Modena) danke ich dafür, dass er mich, wie eingangs erwähnt, auf Manzonis Novelle hingewiesen hat, *Prof. Emanuela Fronza* (Universität Trento) dafür, dass Sie mir Ezequiel Malarino als Kommentator vermittelt hat. Für wertvolle Hinweise, die er Herrn Kollegen Malarino[14] und mir[15] gegeben hat, gilt mein Dank meinem Freund und Kollegen *Prof. Ettore Dezza* (Universität Pavia). Für die Erfassung der Texte danke ich Frau *Dr. Mirjam Utsch*, für zahlreiche mühsame Redaktionsarbeiten Frau *Anne Gipperich* und Herrn stud. iur. *Zekai Dagasan*, die wie stets in Frau *Dorit Weiske* vom Berliner Wissenschaftsverlag eine hochkompetente Ansprechpartnerin hatten.

---

13 Die beiden Kommentatoren haben sich jeweils auf die Besprechung der ihnen fachlich nahe liegenden Texte beschränkt. Erwähnt sei allerdings, dass *Helmut C. Jacobs* auch die Welt Verris vertraut ist. Er hat nicht nur 2005 die Tagung „Gegen Folter und Todesstrafe. Aufklärerischer Diskurs und europäische Literatur vom 18. Jahrhundert bis zur Gegenwart" organisiert, deren Erträge er in dem in Fußn. 8 genannten Band veröffentlicht hat, sondern ist auch Herausgeber des Neudrucks eines Sammelbandes, mit dem sich die von Verri herausgegebene Zeitschrift „Il Caffè" befasst; s. Helmut C. Jacobs (Hrsg.), Vernunftprinzip und Stimmenvielfalt in der italienischen Aufklärung. Frankfurt a.M. 2003
14 S. im Kommentar von Malarino Fußn. **.
15 S.o. Fußn. 6.

Pietro Verri
Betrachtungen über die Folter
(1777)

I. Einleitung

Obwohl zahlreiche Männer von Verstand und Herz gegen die gerichtliche Folter und den heimlichen Gang der im Kerker stattfindenden Inquisitionsprozesse geschrieben haben, hat doch keiner damit irgend einen Einfluss auf die Gemüter der Richter geübt, und deshalb sind auch all diese Bestrebungen ganz oder fast ohne Wirkung geblieben. Sie gehen meistens von feinsinnigen Prinzipien der Gesetzeskunst aus, deren Einsicht sich nur wenigen tiefen Denkern erschließt, und überfordern mit ihren Gedanken das gewöhnliche Verständnis. Und so dringt von ihren Argumenten nur ein verwirrendes Gemurmel in die Gemüter der Menschen, und nun ärgern sie sich und verdammen den Geist der Neuerung, die Unkenntnis der Praxis, die Eitelkeit, immer den schönen Geist sehen lassen zu wollen, und flüchten sich zu den stets verehrten, seit Jahrhunderten befolgten Traditionen und klammern sich noch heftiger an die von den Vorfahren auf uns gekommene Praxis. Leichter findet die Wahrheit Eingang, wenn sich der Schriftsteller auf gleiche Stufe mit seinem Leser stellt, von allgemeinen Ansichten ausgeht, ihn stufenweise, unter Vermeidung aller Sprünge, auf den Berg führt und zu sich selbst heranzieht, nicht aber unter Donner und Blitz aus der Höhe auf ihn herabstürzt, einen Augenblick blendet, dann aber die Menschen in genau demselben Zustand wie früher zurücklässt.

Schon vor einer Reihe von Jahren hat der Abscheu, den ich vor den Kriminalprozeduren empfinde, in mir den Entschluss erzeugt, diese Materie in den Personen der Handelnden zu untersuchen, deren Grausamkeit und Dummheit mich in der Überzeugung gestärkt hatte, dass die im Kerker gehandhabten Quälereien eine ganz überflüssige Tyrannei seien. Zu diesem Zwecke machte ich mir viele Aufzeichnungen, die aber ungenutzt blieben. Ebenfalls schon seit langem habe ich mich mit dem Ereignis beschäftigt, das die Vertilgung des Hauses eines Bürgers und die Errichtung einer Schandsäule an dessen Stelle zur Folge hatte. Ich habe von Anfang an bezweifelt, dass das Verbrechen, das den Tod so Vieler zur Folge hatte, überhaupt möglich sei, und ich gelangte zu der Überzeugung, dass ein solches Verbrechen sowohl in der physischen wie in der moralischen Welt unmöglich sei, dass sich keine künstlichen Salben herstellen ließen, die für diejenigen, die damit hantierten, unschädlich wären und doch schon bei der bloßen äußeren Berührung, wenn sie einige Zeit der freien Luft ausgesetzt gewesen, eine Pest verursachen könnten, sowie, dass sich Menschen zusammenfinden könnten, die alle Mitbürger ihrer Stadt ohne Unterschied dem Tode weihen wollen. Zufällig fielen mir die umfangreichen Prozessakten über diesen Vorfall in die Hände, und die aufmerksame Lektüre bestätigte mich immer mehr in meiner Überzeugung. Das vorliegende Buch ist aus den Beobachtungen der kriminalistischen Autoren und des Prozesses wegen der Pestschmierereien hervorgegangen.

Ich möchte, dass der unparteiliche Leser darüber urteilt, ob meine Ansichten wahr sind oder nicht. Aller Deklamationen will ich mich enthalten, das ist wenigstens mein Vorsatz; und wenn dennoch die Natur mitunter ihre Stimme hören lässt, und es meiner Vernunft nicht immer gelingt, sie zu überwältigen, so will ich auf alle Nachsicht verzichten. So viel wie möglich will ich mich mäßigen, doch will ich weder mich selbst noch den Leser irre leiten, ruhig will ich meinen Weg zur Wahrheit schreiten, Ruhm ist nicht das Ziel meiner Arbeit.

Sie behandelt einen Gegenstand, der im übrigen Italien unbekannt ist; ich werde deshalb einige Teile des Prozesses selbst vortragen müssen, man wird hier die Stimmen der armen Unglücklichen hören, die nur das gemeine Lombardische zu sprechen wussten; man wird nicht auf Beredsamkeit und Formulierungseifer treffen; mein Bestreben ist allein auf die Enthüllung eines gewichtigen historischen Beweisdokumentes gerichtet. Wenn die Vernunft endlich sichtbar macht, welch ungerechtes, gefährliches und grausames Mittel die Folter ist, so wird mir dies ein begehrter Preis sein, als der Ruhm, ein Buch geschrieben zu haben, es je für mich sein könnte; denn ich werde dem schwächsten und unglücklichsten Teil meiner Menschenbrüder geholfen haben. Sollte es mir aber nicht gelingen, die Folter als jene Barbarei darzustellen, als die ich sie empfinde, so mag mein Buch unter den vielen anderen überflüssigen der Vergessenheit anheimfallen. Wenn ich meinen Zweck erreiche, wenn die öffentliche Meinung soweit durchleuchtet sein wird, dass eine vernünftigere und weniger grausame Form der Aufdeckung von Verbrechen im Kriminalprozess eingerichtet wird, dann wird es meinem Buche wie den Holzbrücken ergehen, die, so hoch sie sich auch erheben mögen, doch wieder auf die Erde zurückfinden, und wie es dem Marchese Maffei erging, der die *scienza cavaleresca* mit seinem Werke vernichtete, und indem er ihre Verfasser vernichtete, damit zugleich freilich auch sein Buch, das heute niemand mehr liest, weil sein Gegenstand nicht mehr existiert.

Der größte Teil der Richter billigt aus einem allerdings anerkennenswerten Grunde die Qualen der Folter. Sie sagen nämlich, dass die Angst vor den Leiden dessen, der auch nur tatverdächtig sei, ein Opfer für das Gemeinwohl sei. Diejenigen, die den bisherigen peinlichen Prozess verteidigen, tun dies im Glauben, dass er für die öffentliche Sicherheit notwendig sei, und sprechen die Überzeugung aus, dass, sobald die Folter abgeschafft sei, die Verbrechen straflos bleiben müssten, weil dem Richter das Mittel ihrer Entdeckung benommen sei. Ich verurteile diejenigen, die so sprechen, nicht wegen ihres Fehlers, doch glaube ich, dass sie sich in einem offenkundigen Irrtum befinden, einem Irrtum mit grausamen Folgen. Auch die Richter, die einst die Hexen und Zauberer zum Scheiterhaufen verurteilten, glaubten die Welt von ihren schlimmsten Feinden zu reinigen, und doch brachten sie nur dem Fanatismus und der Dummheit ihre Opfer. Es waren hochverdiente Männer, die ihre Artgenossen erleuchteten und damit den eingewurzelten Schwindel vergangener Jahrhunderte aufdeckten, ihn in seiner ganzen furchtbaren Gestalt zeigten, und damit zu einem menschlicheren, vernünftigeren Verfahren beitrugen. Mit diesem Beispiel vor Augen hoffe auch ich, dass wenigstens die Geduld entstehe, mit mir gemeinsam zu untersuchen, ob die Folter nützlich und gerecht sei; vielleicht werde ich nachweisen können, dass diese Ansicht nicht begründeter ist als der Glaube an das Hexentum, obwohl dieser ebenfalls die Praxis der Gerichte und die Tradition des Altertums auf seiner Seite hatte.

Ich beginne mit der Geschichte der Schandsäule, sodann gehe ich zur grundsätzlichen Behandlung der Materie über; vorab aber muss eine Vorstellung von jener Pestepidemie gegeben werden, die Mailand im Jahre 1630 heimsuchte.

II. Die Pest zu Mailand im Jahre 1630

Ripamonti, schlechter Denker, guter Lateiner, ungenauer Chronist, aber getreulicher Berichterstatter über die Ereignisse seiner Zeit, hat eine Geschichte der Pest, die gerade zu seinen Lebzeiten in Mailand wütete, geschrieben, und schon der Gedanke, wie unsere Vaterstadt damals dem Untergange ausgesetzt war, erregt unser lebhaftestes Mitgefühl. Nicht weniger als zwei Drittel der gesamten Einwohnerschaft verloren damals ihr Leben[1]. Die grauenvolle Pest war eine der fürchterlichsten, deren sich die Geschichte erinnert; zum physischen Elend gesellten sich alle schrecklichen moralischen Verfallserscheinungen. Alle sozialen Bande zerrissen; nichts war mehr sicher, weder das Eigentum noch das Leben noch die Ehre der Frauen; alles war der Unmenschlichkeit und der Raubsucht einiger verworfener Subjekte preisgegeben, die mit solcher Grausamkeit im Innern ihrer geschundenen Vaterstadt handelten, wie es kaum eine Horde Wilder im feindlichen Lande getan hätte. Die *Monati*, eine Klasse Menschen, die man zur Pflege der Kranken herbeigezogen hatte, brachen in die Häuser ein, raubten was sie fanden, vergewaltigten ungestraft Tochter und Gattin unter den Augen des sterbenden Vaters oder Gatten, zwangen Eltern und Gatten, mit bedeutendem Lösegelde Kinder und Gattin loszukaufen, widrigenfalls sie sie, obwohl gesund, in die Pestspitäler zu schleppen drohten. Die Richter, zitternd für ihr eigenes Leben, walteten nicht ihres Amtes, Räuber gaben sich für Monaten aus, brachen in die Häuser ein und verwüsteten sie. Das ist das Schauspiel, das uns Ripamonti beschreibt, der, wie er uns schildert, im Angesicht solch schrecklichen Elends wieder und wieder Tränen vergoss[2]. Das waren die Gewohnheiten, dies war der Geist, der unsere Vorfahren in jener Zeit beseelte, die einige vielleicht allzu voreilig sich zurückwünschen.

Der Beginn der Geschichte dieser Geißel sollte mit der Ankunft einer Depesche vom Hofe zu Madrid beim Marchese Spinola, dem damaligen Gouverneur von Mailand, angesetzt werden. Philipp IV. hatte die Depesche selbst unterschrieben – ein Ereignis, das damals nur höchst selten vorkam und schon deshalb die ganze Stadt beschäftigte, denn vom Hofe ging nur aus besonders schwerwiegenden Gründen ein königliches Reskript ab. In der Depesche wurde der Statthalter davon in Kenntnis gesetzt, dass in Madrid vier Objekte beobachtet worden seien, die durch Beschmie-

---

1 *Conjectura tamen aestimatioque communis fuit centum quadraginta millia capi tum fuisse quae perierunt; repique ita praescriptum in tabulis rationisbusque iisdem unde haec mihi petitasund, quae retuli* sagt *Ripamonti*, S. 228 und diese Tabellen waren von der Proviantierungskommission angefertigt, welcher er das Werk widmete.

2 *Speclate cunta hisce oculis et saepe defleta narraturus sum. Ripam*, S. 16.

rungen mit einer Salbe die Pest in dieser königlichen Stadt hätten verbreiten wollen; sie hätten die Flucht ergriffen, und man wisse nicht, wohin sie sich begeben hätten, um dort ihre verderblichen Schmierereien aufzunehmen; man teile dies dem Statthalter mit, damit er seine Wachsamkeit verdopple und das drohende Unheil von Mailand abhalte. *Hae litterae* – schreibt Ripamonti – *quia majestatis ipsius chirographo subsignatae fuerunt, grande sane momentum inclinandis ad pessima quaeque credenda animis facere potuerunt* [„Dieses Schreiben konnte, weil es vom König eigenhändig unterzeichnet war, den dem Verdachte des Schlechtesten so leicht zugänglichen Gemütern allerdings von hoher Richtigkeit erscheinen"][3]. In jenen Zeiten war die Unwissenheit über physische Vorgänge noch sehr groß. Mancher wird damals zwar gedacht haben: Ist es denn möglich, eine Salbe zu erfinden und zu bereiten, bei deren bloßer Berührung man schon der Pest verfallen ist? Und wenn es möglich ist, wie kann denn der, der sie mit sich herumträgt, frei von ihrer ansteckenden Wirkung bleiben? Sollten wirklich vier Menschen sich dazu vereinigen, dass sie mit der Pest in der Tasche durch die Welt reisen und überall die Seuche verbreiten? Zu welchem Zwecke? Was hätten sie denn davon? Doch die wenigen, die so gedacht haben mögen, wagten nicht, diese Fragen auszusprechen. Die Autorität einer Depesche, die allgemeine Volksanschauung, waren zwei schreckliche Gegner, die sie in die größte Gefahr gebracht hätten. Und so fand die Ansicht und die Vermutung solcher Pestschmierereien allgemeine Verbreitung.

Wir wissen aus der Geschichte, wie damals die Völker unter Philipp IV. regiert wurden. Die Pest drang, von Deutschland kommend, über das Veltlin bis nach Mailand vor; die kaiserlichen Truppen, die durch Mailand nach Mantua zogen, hatten sie kurz nach Bekanntmachung des oben gedachten Reskriptes eingeschleppt[4]. Doch die öffentliche Stimme des Volkes wollte hartnäckig weiter daran glauben, dass die Seuche eine künstliche Erfindung der Ärzte sei, die damit ihren Gewinn vermehren wollten; eine Untersuchung der vorliegenden Tatsachen verschmähte man. Dieses Misstrauen mag das Ergebnis einer langen Reihe von Täuschungen gewesen sein, die man seitens der höheren Klassen erduldet hatte. Vergebens lieferten die angesehensten Ärzte den Beweis, dass die Kranken, die sie hätten sterben sehen, wirklich an der Pest gestorben seien; das Volk hielt sie dennoch für die boshaften Erfinder einer gefährlichen Lüge. Allgemein bekannt ist, was Lodovico Settala, einem Mann, gleich ausgezeichnet durch seine Gelehrsamkeit, Bildung, seine tiefe Kenntnis der Heilkunde und Naturwissenschaften überhaupt, wie durch den Adel seiner Seele, die Reinheit seines Wandels und die Uneigennützigkeit und Hingebung, womit er seine

---

3   *Ripamonti*, S. 112.
4   Im Oktober 1628 wurde dem Sanitätstribunal von der Proviantkommission bekannt gemacht, dass die Pest, welche damals Frankreich, Flandern und Deutschland verwüstete, nach Bern, Wallis und Luzern gedrungen sei. *Ripamonti*, S. 189.

Talente dem Heile des Volkes widmete, zugestoßen ist. Als dieser, wie es damals bei den Ärzten Sitte war, zu Pferde ritt, wurde er von einer schreienden Menschenmenge umringt, Männer, Weiber, Kinder aus allen Plebejerklassen, und aufs gemeinste beschimpft, er sei der Verursacher des Gerüchts, dass die Pest in der Stadt sei, die doch wohl nur in seinem Barte flecke. Und Ripamonti weiter: *Ita gravissimus optimusque sensu, et antistes sapientiae Septalius qui innumeris pene mortalibus vitam excellentia artis, quique multis etiam liberalitate sua subsidia vitae dederat, ob petulantiam. soliditatemque multitudinis periculum adiit* [So wurde der würdige, redliche Priester der Weisheit Septalius, der Unzähligen aus dem Volke durch seine hohe Kunst das Leben erhalten, Unzähligen durch seine Wohltätigkeit die Mittel dazu geschenkt hatte, im Unverstand und in der Tollheit des Pöbels in die größte Gefahr gebracht.][5].

Mit der Ausbreitung der Pest und der täglichen Vervielfachung der Zahl der Toten musste man darauf Bedacht nehmen, das Volk über den wahren Stand der Sache aufzuklären und es davon zu überzeugen, dass der Übelstand leider in der Stadt Einzug gehalten habe; da jedoch kein Reden irgendeinen Erfolg hatte, musste man die mit den Pestbeulen behafteten nackten Leichname auf Karren ausstellen und sie durch die Straßen der überfüllten Stadt fahren; und dieses Schauspiel vermochte endlich die richtige Überzeugung zu verbreiten, vielleicht trug es sogar noch zur weiteren Verbreitung der Pest bei. Nun aber geschah es, dass das Volk sich den Exzessen der Wut hingab; denn bei öffentlichen Katastrophen neigt menschliche Schwäche stets dazu, außergewöhnliche Gründe zu vermuten, statt sie aus den natürlichen Ursachen herzuleiten. Wir sehen, dass die Bauern sich den Hagel nicht aus meteorologischen Gesetzen, sondern mit Hexerei erklären; selbst die klugen Römer schrieben die Pest, welche im Jahre Roms 428 unter dem Konsulat von Claudius Marcellus und Gajus Valerius ihre Stadt verheerte, einer gar unwahrscheinlichen Verschwörung römischer Frauen zu, wie es Livius berichtet: *Proditum falso esse venenis absumptos quorum mors infamem annun pestilentia fecerit* [Fälschlich wird behauptet, jene Toten seien vergiftet worden, vielmehr ist ihr Tod in jenem schrecklichen Jahr durch die Pest verursacht worden.][6]. Hiernach kann es nicht Wunder nehmen, wenn auch in Mailand bei solch schrecklichen Vorgängen, unter den Streichen einer so giftigen Geißel, das Volk die Ursache in menschlicher Bosheit vermutete, den in der königlichen Depesche vorhergesagten Schaden als bestätigt ansah, und glaubte, dass das Massensterben durch vergiftete Schmierereien hervorgerufen worden sei. Je unerhörter solche Auffassungen sind, desto leichter finden sie Glauben; denn gerade ein unerhörtes Ereignis führt man auf eine unerhörte Ursache zurück; und lieber sucht man diese Ursache in der menschlichen Bosheit als in der

---

5   *Ripamonti*, S. 56.
6   *Liv. VIII. c. 12.*

unbegreiflichen Natur, denn jene kann man noch eindämmen, während diese in der unerbittlichen Physik liegt und menschlicher Anstrengungen spottet. Wir wissen ja, wie in jenem Jahrhundert die Studien betrieben wurden. Sie waren ausschließlich auf die Macht der Worte und auf die Ausschweifungen der Einbildungskraft ausgerichtet. So triumphierte denn der Glaube an die pestverbreitenden Mauerschmiereien; jeder Fleck an der Mauer wurde zum *corpus delicti*, jeder Mensch, der unversehens mit der Hand an eine Mauer kam, war der Wut des Volkes verfallen und wurde von ihm entweder auf der Stelle zerrissen oder ins Gefängnis geschleppt. Ripamonti berichtet von zwei solchen Vorgängen, deren Augenzeuge er wurde (S. 92, 93). Im einen Fall besichtigten drei reisende Franzosen die Fassade des Domes, und sie berührten dabei den Marmor; man stürzte über sie her und schleppte sie ins Gefängnis. Im anderen Falle war er Zeuge, wie ein armer alter Achtzigjähriger von schwacher Statur, bevor er sich auf einer Bank in der Kirche St. Antonio niederließ, diese vom Staub reinigte. Dieser Vorgang wurde für eine Beschmierung gehalten, und das erboste Volk packte voller Wut im Hause des Gottes der Friedfertigkeit den Greis an seinem spärlichen Haupthaare, schlug ihn mit Fäusten, trat ihn mit Füßen, und ließ nicht eher von ihm ab, als bis er sein Leben ausgehaucht hatte. Das war der Geist der damaligen Zeit.

Die Seuche forderte immer mehr menschliche Opfer, und statt auf Mittel für ihre Vertreibung bedacht zu sein, stritt man sich über die Ursachen ihres Entstehens. Einige schrieben sie dem Einflusse eines im Monate Juni sichtbaren Kometen zu – *truci ultra solidum facie* sagt Ripamonti, S. 110. Andere leiteten sie von dem Einflusse höllischer Geister her, ja es gab sogar welche, die einen fremden Herrn in einer mit sechs weißen Rossen bespannten Karosse auf dem Domplatze, begleitet von einem prächtigen Gefolge, hatten herumfahren sehen wollen; man erinnerte sich, dass dieser Herr ein schwarzes sonnenverbranntes Gesicht, flammende Augen, struppiges Haar gehabt und einen drohenden Zug um die Oberlippe herum habe sehen lassen. Als er sein Haus betreten habe, habe man dort überall Goldhaufen herumliegen sehen, und Gespenster, Geister und Spuk aller Art seien hervorgekommen, um die Menschen dem Teufel zuzuführen. Derlei Ideen kann man bei Ripamonti in großer Zahl nachlesen (S. 77). Selbst die vornehmsten Leute gaben sich solchen Träumereien hin, sogar die Mitglieder des Magistrats. Und statt mit strengen Regeln die Bürger voneinander fernzuhalten, statt jedem einzuschärfen, zu Hause zu bleiben, statt erprobte Männer in die verschiedenen Stadtviertel zu entsenden, um jeder Familie die erforderliche Unterstützung zu gewähren – das einzige Mittel, wodurch die weitere Verbreitung der Krankheit gehindert werden konnte und mit dem, wenn man es von Anfang an angewendet hätte, man die Pest vielleicht mit weniger als hundert Menschenleben besänftigt hätte – statt alles dessen, sage ich, veranstaltete man in schlecht verstandener Frömmigkeit eine feierliche Prozession[7], zu der sich alle Klassen der Einwohner vereinigten, trug den Leib des Heiligen Carlo durch alle belebten Straßen der Stadt, und stellte ihn auf dem Hauptaltare des Doms mehrere Tage dem Volke zur Schau und zur Anbetung aus. Wunderbarerweise verbreitete sich unmittelbar darauf die Seuche durch alle Teile der Stadt und bis auf Neunhundert stieg die tägliche Zahl der Toten. Mit einem Worte, die ganze Stadt verharrte in der bedauernswertesten Unwissenheit und gab sich den abgeschmacktesten und gröbsten Exzessen der Einbildungskraft hin; die verkehrtesten Maßregeln wurden getroffen, die sonderbarsten Meinungen verschafften sich Geltung, jedes gesellschaftliche Band wurde von der aberwitzigen Leichtgläubigkeit aufgelöst, eine vernichtende Anarchie stiftete Trostlosigkeit, so dass die Ansichten unserer armen Vorfahren fast noch stärker wüteten als die Natur selbst. Man bot Astrologen, Teufelsbanner, die Inquisition[8], die Folter auf, alles wurde zum Opfer der Pest, des Aberglauben, des Fanatismus und des Raubes, so dass die verbannte Wahrheit sich nirgends geltend machen konnte. Hundertvierzigtausend Bürger Mailands fielen der Unwissenheit zum Opfer.

---

7   Dieselbe höchst übelangebrachte Frömmigkeit hatte zwanzig Jahre nachher (1656) dieselben Folgen. Giannone 1, 37 c. 7.

8   Die Dominikaner der heiligen Inquisition versicherten dem Präsidenten des Sanitätstribunals d'Arconati, sie hätten den Teufel gebannt, er habe also keine Gewalt mehr über die Bürger Mailands; der Inquisitor trug es dem Präsidenten ganz ernsthaft vor, und ernsthaft erzählte es wieder Ripamonti und sieht darin einen Beweis, dass doch Pestschmierereien stattgefunden hätten. *Ac ne dubitari posset et fieri haec et esset daemonem artificem o peris, conflitit in medio lucta et pene in media desperatione civitatis significasse sancti officii patres, et affirmasse praeside Archonato quemadmodum certa dies esset praefinita daemoni, ultra quam diem nulla potestas inferis, nulla licentia orco in populi Mediolanensis vitam hac verba praeses sanctissimi trbunalis inquisitor praesidi nostro effatus litem quae de unguentis esset potuit videri dirimisseautoritate apostolica, quae nec falli potest.* Also gab es doch schon einige, die damals an die Peststreicherei nicht glaubten.

III. Wie der Prozess gegen den Sanitätskommissär Guglielmo Piazza begann

Während die Pest nach der erwähnten Prozession mehr denn je wütete, stand am Morgen des 20. Juni 1630 eine Witwe mit Namen Katharina Troccazzani Rosa, die im Bogen (*corritore*) über der Einfahrt in die Vetra degli Cittadini wohnte, am Fenster und sah Guglielmo Piazza, vom Carrobio kommend, in das Stadtviertel gelangen. An der ihm rechts gelegenen Seite sich hart an der Mauer haltend, ging er unter dem Bogen hindurch, gelangte an das Haus eines gewissen Simon und damit an die Grenze des Hauses Crivelli, wo damals ein großer Lorbeerbaum stand, und kehrte dann um[1]. Derselbe Vorgang wurde von einer anderen Frau mit Namen Ottavia Perfici Boni beobachtet. Die erste von diesen beiden sagte im Verhöre aus, Piazza habe von Zeit zu Zeit die Hand hinter sich her längs der Mauer gezogen; die andere behauptete, er habe an Crivellis Gartenmauer ein Blatt Papier in der Hand gehalten, auf das er die rechte Hand gelegt habe, so dass es ihr geschienen habe, er wolle schreiben, und dann habe sie gesehen, wie er die Hand vom Papiere weggenommen und mit ihr an der Mauer entlanggestrichen sei.

Sie bekundeten, dass alles dies um acht Uhr geschehen sei und dass es geregnet habe. Die beiden Frauen hatten nichts Eiligeres zu tun, als in der ganzen Nachbarschaft herumzulaufen und das Gerücht auszustreuen, sie hätten jemanden gesehen, der solche Pestschmierereien verübt habe, und die Troccazzani Rosa sagte später im Prozess aus: „Ich habe gesehen, wie er gewisse Bilder an die Mauer gemalt hat, die mir gar nicht gefallen haben". Das Gerücht verbreitete sich sogleich von Mund zu Munde; man untersuchte, ob die Mauern beschmiert seien, und man stellte fest, dass in einer Höhe von anderthalb Ellen sich ein dicker gelber Strich hinzog, namentlich an der Haustüre Tradatis[2], neben der Wohnung des Barbiers Mora. Man verbrannte nun Stroh an den beschmierten Stellen und kratzte das Mauerwerk ab; das ganze Stadtviertel war in Aufruhr.

Sehen wir einmal ab von der Unmöglichkeit des Verbrechens. Nichts ist doch natürlicher, als dass man, wenn es regnet, sich in einer Stadt wie der unseren hart an der Mauer hält, wo man einigermaßen gegen den Regen geschützt ist. Auch begeht man

---

1 Noch heute steht ein alter, hoch über die Mauer emporragender Lorbeerbaum dort. Das Haus gehört aber nicht mehr den Crivellis, sondern der Familie Cattaneo.

2 Noch heute bewohnt ein Tradati, Guiseppe Tradati, mit seiner Mutter das Haus. Es gehört jedoch nicht ihm, sondern einem Signor Coriani, von dem er es gemietet hat, ich kann daher nicht sagen, ob er ein Abkömmling unseres Tradati ist.

ein so arges Verbrechen nicht am hellichten Tage, wo man weiß, dass die Nachbarn vom Fenster aus alles beobachten können; und nichts ist leichter, als im Schutze der Nacht so viele Mauern zu beschmutzen, wie man will. Auf das Gerücht hin begab sich der Capitano di Giustizia am folgenden Tag an Ort und Stelle, verhörte die beiden Frauen, und obgleich diese nicht behaupteten, bemerkt zu haben, dass die Mauern an den Stellen, wohin Piazza mit der Hand gekommen war, schmutzig geworden seien, und obgleich die Stellen, an denen die gelben Schmierereien festgestellt worden waren, gar nicht mit denen übereinstimmten, die Piazza berührt haben sollte, wurde die Haft über den Sanitätskommissär Guglielmo Pizza verhängt.

Hätte Piazza wirklich ein solch schreckliches Verbrechen verübt, so wäre nichts natürlicher gewesen, als dass er sofort geflohen wäre, denn er konnte auf die Folgen desselben gefasst sein, da das Gerücht, das schon am Tag zuvor die ganze Nachbarschaft durchlief, auch ihm zu Ohren gekommen sein musste und die förmliche, vom Capitano di Giustizia ausgesprochene Bezichtigung ihm nicht verborgen geblieben sein konnte. Die Sbirren fanden ihn am Haustor des Sanitätspräsidenten, der sein Vorgesetzter war, und nahmen ihn fest. Sogleich wurde nun beim Kommissär Piazza eine Haussuchung durchgeführt, doch man fand weder Ampullen noch Töpfe noch Salben noch Geld noch irgend etwas, das hätte Verdacht gegen ihn erregen können.

Kaum ins Gefängnis eingeliefert, wurde Piazza von dem Richter ins Verhör genommen, und nach den einleitenden Fragen wurde er aufgefordert, sich darüber zu erklären, ob er die Deputierten der Sprengels kenne, und er antwortete, dass er sie nicht kenne. Befragt, ob er wisse, dass die Mauern bestrichen worden seien, antwortete er, dass er es nicht wisse. Diese beiden Antworten wurden von den Richtern für „lügenhaft und unwahrscheinlich" erklärt. Auf Lügen und Unwahrscheinlichkeiten hin wurde zur Folter geschritten. Der Unglückliche beteuerte, er habe die Wahrheit gesagt, rief Gott, rief den Heiligen Carlo zum Zeugen an, schrie, heulte vor Pein, und bat um einen Trunk Wasser zur Stärkung; um endlich dem Verhör ein Ende zu machen, rief er: „Lasst mich herab! Ich will alles sagen, was ich weiß". Er wurde zu Boden gelassen, sagte dann aber, aufs neue verhört: „Ich weiß nichts; Euer Wohlgeboren möge mir ein wenig Wasser reichen lassen". Als er darauf wieder hochgezogen und gequält wurde, rief er nach einer lang hingezogenen Folter, während der man von ihm verlangte, die Deputierten des Sprengels zu benennen, immer wieder: „Ach, mein Herr, ach Heiliger Carlo, wüsste ich sie, so würde ich sie nennen"; von den Martern zur Verzweiflung getrieben, schrie er sodann: „Tötet mich, tötet mich!", und als nun fortwährend der Richter in ihn drang, er solle sich endlich entschließen, die Wahrheit zu sagen, warum er leugne, die Namen der Deputierten des Sprengels zu kennen, und zu wissen, dass die Mauern mit Pestgift bestrichen worden seien, antwortete der Unglückliche: „Was ich gesagt habe, ist die Wahrheit, ich weiß nichts, wenn ich es wüsste, hätte ich es gesagt, wollt ihr mich umbringen, so bringt mich um". Und heulend und schreiend wie ein Mensch im Todeskampf rief er wieder und wieder dieselben Worte, bis er nur noch *submissa voce* wiederholen konnte, dass er die Wahrheit gesagt habe; dann verließen ihn die Kräfte, das Schreien hörte auf, er wurde herabgenommen und wieder in sein Gefängnis gebracht.

Welche Unwahrscheinlichkeit gab es denn nun in den Antworten des unglücklichen Guglielmo Piazza? Er wohnte im Stadtviertel S. Bernardino und nicht an der Vetra, daher konnte ihm recht gut ein in dieser Gegend allgemein bekanntes Faktum unbekannt bleiben. Weswegen sollte er denn wissen, wer die Deputierten des Sprengels seien? Welche Gefahr lief er denn, wenn er es wusste und sagte? Welche Gefahr lief er, wenn er einfach sagte, er habe gewusst, dass die Mauern beschmiert worden seien?

Der Erfolg des Verhörs und der peinlichen Befragung wurde sogleich dem Senat mitgeteilt; und dieser verfügte, die peinliche Frage solle in Gegenwart des Sanitätspräsidenten, des Capitano di Giustizia und des Fiskals Tornielli wiederholt werden; *acri tortura cum ligatura cannubis, et interpolatis vicibus, arbitrio etc.* [auf harter Folter, nach Ermessen mit Hanfstricken gebunden und mit eingefügten Schrauben]; bemerkenswert ist dabei noch der Zusatz: *abraso prius dicto Gulielmo et vestibus curiae indut, propinata etiam, si ita videbitur praefatis praesidi et capitaneo, positione expurgante* [vorher soll der bezeichnete Guglielmo rasiert und es soll ihm gerichtliche Kleidung angelegt werden, ferner soll er nach dem Befinden des bezeichneten Präsidenten oder Capitano purgiert werden]; dies geschah deshalb, weil man damals glaubte, dass im Haupt- oder Barthaar, in den Kleidern oder im Innern und den Eingeweiden ein Amulett oder ein Teufelspakt verborgen sein könne, dem man nur durch Abrasieren, Ausziehen und Purgieren auf die Spur kommen könne. Im Jahre 1630 war fast ganz Europa in diesem finsteren Aberglauben befangen.

Der Vorgang der zweiten Folterung mit dem Seil empört jedes menschliche Gefühl. Hier wurde dem Unglücklichen die Hand bis auf den Arm zurückgebunden und der Schulterknochen ausgerenkt. Guglielmo Piazza schrie laut, als diese neuen Qualen ins Werk gesetzt wurden: „Bringt mich nur um, es ist mir recht; denn die Wahrheit habe ich ja schon gesagt"; als man dann aber zu der grausamen Prozedur des Fesselns schritt, rief er: „Bringt mich doch um, hier bin ich ja". Und als man das Recken und Renken noch vermehrte, schrie er: „O mein Gott, ich werde ermordet, denn ich weiß nichts, und wenn ich etwas wüsste, würde ich nicht bis jetzt damit gewartet haben, es zu sagen". Das Martyrium wurde fortgesetzt und schrittweise gesteigert, und wieder und wieder drangen der Sanitätspräsident und der Capitano di Giustizia in ihn, er solle die Fragen nach den Deputierten des Sprengels beantworten und zugeben, dass er von der Beschmierung der Mauern wisse. Der unglückliche Guglielmo schrie: „Ich weiß nichts! Hackt mir die Hand ab! Tötet mich nur! O mein Gott, mein Gott!" Immer dringlicher wurden die Richter, immer ärger wurden die

Qualen, immer lauter sein Wehgeschrei: „O Herr, sie morden mich! O Gott, ich bin schon tot!" Es schaudert einen, diese grässliche Szene zu verfolgen; auf erneuerte Fragen erneuerte er stets seine Antwort, er beteuerte, er habe die Wahrheit gesagt, und die Richter forderten ihn abermals auf, die Wahrheit zu sagen. Schließlich fragte er sie: „Was wollt ihr denn, dass ich sage?" Wenn sie ihm irgendeine phantasierte Anklage in den Mund gelegt hätten, er hätte sich selbst angeklagt; aber er besaß ja nicht einmal eine Quelle für die Erfindung von Namen, die er gar nicht kannte. „Was für ein Mord!" rief er. Und schließlich, nach einer Folter, in deren Verlauf sechs Seiten Prozessakten vollgeschrieben worden waren, wiederholte er immer noch mit schwacher gebrochener Stimme: „Ich weiß nichts, die Wahrheit habe ich gesagt, ich weiß doch nichts." Nach einer langen und grausamen Marter wurde er ins Gefängnis zurückgebracht.

IV. Wie der Kommissär Piazza sich selbst und Gian Giacomo Mora der Pestschmierereien bezichtigte

Ripamonti berichtet einen schrecklichen Nebenumstand; es seien nämlich Piazza die Glieder nicht wieder eingerenkt worden, sondern er sei mit ausgerenkten Gliedern wieder in das Gefängnis zurückgebracht worden; er habe daraus geschlossen, dass die Folterung fortgesetzt werden solle, und der Schauder vor solcher Qual habe ihm seine Selbstanklage ausgepresst. In der Akte, die ich vor mir habe, ist davon allerdings keine Spur zu finden; aus ihr geht vielmehr hervor, dass Piazza Straflosigkeit für den Fall versprochen worden sei, dass er sein Verbrechen und seine Mitschuldigen offenbare. Es ist recht wahrscheinlich, dass er selbst in seinem Kerker zu der Überzeugung gelangte, dass, wenn er weiterhin leugne, die Folter jeden Tag von neuem beginnen würde; dass man von dem Vorhandensein des Verbrechens überzeugt sei und es für ihn keinen anderen Ausweg gebe, als sich selbst zu beschuldigen und Mitschuldige zu benennen, um sein Leben zu retten und sich weiterer Quälereien zu entziehen, die täglich von neuem drohten. Piazza forderte also und erhielt Straflosigkeit zugesichert, jedoch unter der Bedingung, dass er offenherzig die Tat berichte. Und so geschah es, dass er beim dritten Verhör erschien und sich selbst ohne weitere Folter oder Drohung beschuldigte, er habe die Mauern beschmiert; und voller Eifer, seine Richter zu besänftigen, begann er zu erzählen, dass ihm die Salbe von dem Barbier, der an der Ecke der Vetra (gerade wo jetzt die Schandsäule steht) wohne, gegeben worden sei; dass diese Salbe gelb gewesen sei und dass er ihm ungefähr drei Unzen davon gegeben habe. Befragt, ob er mit dem Barbier auf freundschaftlichem Fuße stehe, antwortet er: „Er ist mein Freund, ja gnädiger Herr, guten Tag, gutes Jahr, so ist er mein Freund, ja gnädiger Herr". Als ob man Personen, die man kaum kennt, „Guten-Tag"- und „Gutes-Jahr"-Freunde, zu Vertrauten einer solch außerordentlichen Missetat machen würde. Und wie bildete sich nun das furchtbare Einverständnis? Hier sind seine genauen Worte: Der Barbier sagte gleich im ersten Schwung zu Piazza, der an seinem Laden vorbeiging: „Ich habe etwas für Euch, ich weiß selbst nicht, was; und ich fragte ihn, was es denn sei? Und er sagt, es ist ich weiß nicht was für eine Salbe; und ich sagte: ich werde es ja sehen, wenn ich etwas davon nehme; und nach drei Tagen gab er mir etwas davon." Das ist der Anfang des Märchens. Aber es geht noch weiter. Piazza sagt, dass, als er ihm diesen Vorschlag machte, noch „drei oder vier andere Personen da gewesen" seien, „doch ich erinnere mich jetzt nicht mehr daran, wer sie gewesen sind, doch werde ich mich danach bei einem erkundigen, der in meiner Gesellschaft war, einem gewissen Matteo. Er macht den *Wucherer* und verkauft im Carrabio Krebse. Ich werde nach ihm schicken, um ihn zu fragen, ob er mir sagen könne, welche Leute noch bei jenem Barbier waren". Wer mag wohl glauben, dass auf diese Weise in Anwesenheit von vier Zeugen solch eine grausige Verschwörung geschmiedet wird! Und doch glaubte man damals:

1) dass die Pest, die, wie man wusste, vom Veltlin herüber gekommen war, durch Mailändisches Gift hervorgebracht worden sei;
2) dass man Gifte herstellen könne, die, wenn sie an die freie Luft gelangen, schon bei der bloßen Berührung tödlich sind;
3) dass, wenn es solche Gift gebe, ein Mensch ungeschädigt mit ihnen umgehen könne;
4) dass sich im Menschenherzen der Wunsch bilden könne, Menschen aufs Geratewohl zu töten;
5) dass ein Mensch, wenn er sich einer solchen Chimäre schuldig macht und zwei Tage lang davon reden hört, noch zuwarten werde, bis man ihn ins Gefängnis steckt;
6) dass der Hersteller eines solchen angenommenen Giftes, statt es selbst an die Mauern zu schmieren, überflüssigerweise noch Spießgesellen suche;
7) dass er, bei der Suche nach einem Spießgesellen solcher Verworfenheit, sein Auge auf einen Menschen werfe, den er kaum kennt;
8) dass er, wenn er eine solche vertrauliche Mitteilung macht, dies in Anwesenheit von vier Zeugen tue und Piazza, ohne diese zu kennen, einen solchen Auftrag in der vagen Hoffnung übernehme, eine Belohnung zu erhalten, die ihm von einem armen Barbier versprochen wird.

Legen wir diese acht Annahmen in die eine Wagschale; in die andere die lebhafte Angst vor der Folter und den bereits erlittenen Qualen, die einen Unschuldigen zu einer Lüge zwingt, so möge die Vernunft wägen und entscheiden, welche der beiden Seiten schwerer wiegt. Auch in Frankreich wurde die Marschallin von Ancre durch das Pariser Parlament als Hexe zum Scheiterhaufen verurteilt; ganz Europa lag damals in tieferer Finsternis als heute. Zu bemerken ist noch, dass in jene heillose Unordnung sich noch Wahrsagerei und Zauberei mischten; und der unglückliche Piazza, um sich dafür zu entschuldigen, dass er nicht alles sogleich gesagt habe oder, wie der Richter sich ausdrückte, dass er nicht gleich „die Wahrheit bekannt" habe, schiebt dies zuerst auf ein Wasser, das der Barbier ihm angeboten habe, dieses Wasser habe aber im dritten Verhör nicht mehr, wie in den ersten beiden Verhören, seine Wirkung ausgeübt. Niemand hat dies überprüft.

Betrachtungen über die Folter

Auf diese Aussage hin schritt man auch zur Verhaftung des Barbiers Gian Giacomo Mora, und es verdient erwähnt zu werden, dass sie ihn im Kreise seiner Familie, Frau und Kindern, ergriffen (in jenem Haus, das später abgerissen wurde, um Platz für die Schandsäule zu machen)[1]. Aus Moras erstem Verhöre ging allerdings hervor, dass ihm das Gerücht von einer am Freitag, dem 21. Juni in seinem Stadtviertel vorgefallenen Pestbeschmierung bekannt geworden, dass ihm gleichermaßen die Verhaftung des Kommissärs Piazza am 22. Juni, einem Samstag, bekannt geworden war – und am Mittwoch, dem 26. Juni, sollte er, wenn er sich schuldig wusste, noch zu Hause auf seine Verhaftung warten? Alles, was bei der Verhaftung geschah, sprach für seine Unschuld, ebenso wie sein gänzliches Überraschtsein. Er hatte für den Kommissär ein Medikament gegen die Seuche bereitet, von dem er später das Rezept aufschrieb, und ihm damit die Schläfe und die Achseln eingerieben; es war dies das damals unter dem Namen „Galgensalbe" bekannte Mittel. Der Kommissär hatte sie bei ihm bestellt, war aber noch vor der Übergabe verhaftet worden. Mora glaubte, er sei verhaftet worden, weil er die Salbe hergestellt hatte, was ein Privileg der Apotheker war. Er beschwerte sich, dass er deswegen verhaftet werde. „Wenn Sie etwa (sagte er, während er zu Hause verhaftet und bevor er abgeführt wurde) deswegen in mein Haus gekommen sind, weil ich dieses Medikament hergestellt habe und es nicht hätte herstellen dürfen, so weiß ich nicht, was ich tun soll; ich habe es zum Nutzen der Frommen und Armen getan." Und zum Sbirren sagte er: „Legt mir keine Ketten an, denn ich habe nichts verbrochen"; dann atmete er tief und frei, stampfte mit einem Fuß auf und rief: „Gelobt sei Gott!"

Bei der intensiven Durchsuchung des Hauses in Moras Gegenwart übergab er ein Verzeichnis aller Salbentöpfchen, Heilmittel und anderer Pulver und Pillen, die sich dann auch in seinem Laden fanden. Im Hofe seines kleinen Hauses entdeckte man einen Ofen mit einem eingemauerten kupfernen Kessel, in dem noch einiges schmutziges Wasser stand und auf dessen Boden man eine zähe weißgelbliche Substanz fand; man bewarf eine Wand damit, und als man sie untersuchte, blieb sie daran haften. Wer würde jemals glauben, dass ein hochwirksames Gift, das schon bei bloßer Berührung zum Tode führt, in einem offenen Hofe im offenen Kessel stehen gelassen wird, wo es Jedermanns Blicken ausgesetzt ist, in einem Hause, in dem sich zahlreiche Menschen aufhielten, da Mora ja Frau und Kinder hatte, wie wir auch aus den Prozessakten wissen? Sollten vielleicht die zarten Mädchen und seine Tochter, für die er ein Wurm-Medikament bereitet hatte, Mitwisserinnen seines Geheimnisses sein? Konnte er seine Söhne einem Gift, das bei bloßer Berührung tödlich wirkte, aussetzen, indem er es in einem in die Mauer des Hofes eingemauerten Kupferkessel

---

[1] Nach den Kirchenbüchern von S. Lorenzo erzeugte Gian Giacomo Mora mit seiner Frau Kiara vier Töchter: Anna geb. den 31. Januar 1616, Clara Valeria geb. den 29. Januar 1618, Theresa geb. den 12. Januar 1623, noch eine Theresa geb. den 5. Juni 1624.

aufbewahrte? Und da der Prozess bereits seit sechs Tagen so förmlich geführt wurde: sollte man es da für möglich halten, dass der Hersteller und Verbreiter der Salbe dieses augenscheinliche *corpus delicti* ganz ruhig in seinem Hof aufbewahrte? Keiner dieser Gedanken ging dem Richter durch den Kopf. Auf die Frage, was in dem Kessel sei, antwortete Mora während der Durchsuchung: „Es ist Lauge". In seinem ersten Verhör erneut befragt, antwortete er: „Herr, ich weiß nichts, die Frauen haben es hergestellt, befragen Sie die, sie werden es sagen können. Ich war der Auffassung, es sei Lauge, als ich heute abgeführt wurde. Das ist Sache der Frauen, damit belaste ich mich nicht". Infolge dieser Aussage wurde die Gattin des unglücklichen Mora, Chiara Brira, befragt, und diese antwortete, sie habe vor zwei Wochen große Wäsche gehabt, und seitdem sei die Lauge „im Kessel, der da im Hofe steht", geblieben.

Aber diese Lauge sollte nun einmal das *corpus delicti* sein. Man vernahm einige Waschfrauen. Margarita Arpizzanelli war die erste, welche aufgesucht wurde, und diese entwickelte ihre Ansicht mit den Worten: „Wissen Euer Wohlgeboren denn nicht, dass man mit solcher faulen Lauge so hervorragende Gifte fertigen kann?" Man sieht, dass der Fanatismus seinen Höhepunkt erreicht hatte und dass die Personen, die verhört wurden, koste es, was es wolle, neue unbekannte Eigentümlichkeiten preisgeben wollten, um ein Opfer zur Strecke zu bringen, denn sie glaubten, Gott und dem Vaterlande einen Dienst zu erweisen, indem sie ein Verbrechen aufdeckten. Die Lauge wird von der Waschfrau Arpizzanelli untersucht, und diese erklärt: „Die Lauge ist nicht rein, es ist etwas Faules darin, denn reine Lauge hat keinen solchen Bodensatz und auch eine andere Farbe, sie macht eine weiße Farbe, weiß und nicht fleckig wie diese; diese hat eine schmutzige Farbe und ist fleckig und hat Bodensatz und sieht fettig aus; wenn man aber ein Gefäß mit reiner Lauge bewegt, so bewegt sich darin alles bis zum Boden hin". Fast dieselbe Aussage machte die andere Waschfrau, Giacomina Endrioni, da sie sagte: „Mir scheint hier etwas nicht richtig; je tiefer man in die Lauge hineinsieht, um so schwärzer und verdorbener sieht sie aus; mit verdorbener Märzlauge wird viel Schweinerei und Giftmischerei getrieben." Ich glaube nicht, dass irgendein Chemiker aus altem Waschwasser Gift machen kann; und was ist natürlicher, als wenn sich in einem Barbierladen, wo Wundverbände und Pflasterfleckchen gewaschen werden müssen, in dem Waschwasser an heißen Sommertagen ein schmutziger, dicker, zäher und gelblicher Bodensatz bildet?

Das Urteil der Ärzte war nicht weniger düster. Achille Carcano schloss sein Gutachten mit folgenden Worten: „Ich habe nicht allzu genau beobachtet, was die Lauge macht, aber soviel kann ich sagen, dass die schmierige Substanzen, die man in diesem Wasser erblickt, von einem mit einer klebrigen Substanz befleckten Kleidungsstück, das darin gewaschen worden ist, rühren kann, wie z.B. schmutziges Tischzeug und dergleichen; da ich am Grunde des Wassers die Qualität des Rückstandes gesehen und beobachtet habe, der sich dort befindet, darüber hinaus die Menge dieses Rückstandes bei so wenig Wasser, so komme ich zu dem Schluss, dass es sich nach meiner Einsicht nicht um eine Lauge handeln kann". Die beiden Waschfrauen erklären es für Lauge „mit schädlichen Substanzen", der Arzt aber sagt, es sei gar keine Lauge, weil sonst mehr Flüssiges vorhanden sein müsse; ganz so, als ob aus einem im Monat Juni unter freiem Himmel zwei Wochen lang offen stehenden Kessel mit Wasser nicht mehr als die Hälfte verdunsten könnte! Es macht schaudern, wenn ich sehe, mit welchem Ausmaß von Unwissenheit und Wut man seitens der Verhörenden wie seitens der Verhörten verfuhr und wie jeder Funke von Menschlichkeit und Vernunft in diesem Prozess erstickt wurde. Noch zwei andere Ärzte, nämlich Giambattista Vertua und Vittore Bescapé, urteilten fast eben so wie der Physikus Carcano und erklärten, sie wüssten nicht, woraus die in dem Kessel enthaltene Substanz bestehe.

Auf diese Gutachten und Piazzas Bekundung hin, der auch bei der Gegenüberstellung mit dem Barbier Mora bei seiner Beschuldigung blieb, wurde Mora die Anklage eröffnet; er schrie nur immer und sagte „Ach Gott, Erbarmen! Niemals wird man dies befinden!"

Nach Beendigung der Gegenüberstellung schritt man zum zweiten Verhöre Moras. Piazza hatte angegeben, im Hause Moras gewesen zu sein und zum Beweise dessen Baldassare Litta und Stefano Buzzi als Zeugen angegeben. Litta wurde am 29. Juni befragt, „ob er jemals Piazza im Hause oder im Laden des Mora gesehen habe" und antwortete: „Nein Herr." Buzzi wurde am selben Tage befragt, „ob er wisse, dass zwischen dem Piazza und dem Barbier irgend ein freundschaftliches Verhältnis bestanden habe"; und er antwortete: „Es kann sein, dass sie Freunde sind und sich gegrüßt haben, aber ich kann darüber nichts sagen, Euer Wohlgeboren". Das waren die Aussagen der beiden Zeugen, auf die sich Piazza zum Beweise seiner Anwesenheit in Moras Hause berief. Der Barbier leugnete durchaus, dass Piazza jemals in seinem Hause gewesen sei. Aufgrund dieses Leugnens wurde der Barbier mit dem Seile auf das fürchterlichste gefoltert. Dies geschah am 30. Juni. Der arme Familienvater Gian Giacomo Mora, nach Angabe der Prozessakte ein korpulenter träger Mann, kniete, bevor er den Eid leistete, vor dem Kruzifix nieder und betete, küsste den Boden, stand sodann auf und leistete den Eid. Als die Marter begann, rief er: „Jesus Maria weiche nicht von mir, ich sterbe." Als die Qualen gesteigert wurden, beteuerte er laut schreiend seine Unschuld und rief: „Seht, ich sage doch nur das, was ihr von mir hören wollt". Es wäre zu belastend für das menschliche Empfinden, wollte man dieses Schauspiel noch weiter verfolgen, das nicht von menschlichen Darstellern aufgeführt zu werden scheint, sondern von bösen Geistern, die uns lehren, wie man beim Quälen von Menschen verfährt. Um sich dem zu entziehen, versprach der unglückliche Mora, er werde die Wahrheit sagen, wenn man mit den Quälereien aufhöre. Zu Boden herabgelassen, sagte er: „Die Wahrheit ist, dass der Kommissär gar nichts mit mir zu tun hat." Der Richter erwiderte ihm, dies „sei nicht Wahrheit, die zu sagen er versprochen habe; er möge sich besinnen und diese sagen, andernfalls werde man ihn erneut hochziehen und binden". „Mag Euer Wohlgeboren machen, was Sie will," entgegnete Mora. Die Folter begann von neuem, und Mora rief: „Die Heilige Jungfrau stehe mir bei". Fortwährend von dem Richter aufgefordert, die Wahrheit zu sagen, wiederholte er stets: „Seht, ich sage doch nur das, was Ihr von mir hören wollt". Endlich überwältigte ihn das Übermaß der Qual, und er sagte: „Ich habe dem Kommissär ein Döschen mit üblem Stoff, nämlich Gift gegeben, um die Wände damit zu beschmieren". Damit erreichte er die Beendigung der Pein, und um nicht erneut dem schrecklichen Verfahren anheimzufallen, erklärte er: „Es war menschlicher Kot, er, d.h. der Kommissär, bat mich darum, weil er Häuser damit beschmieren wollte, und es war auch Stoff, der aus dem Munde von Toten fließt". Deutlich sieht man hier die erzwungene Seelenproduktion eines von unerträglichen Schmerzen Gequälten. Der Kot und die Lauge waren noch nicht stark genug, um zu töten, also erfand er noch den Speichel von Pestopfern. Im weiteren Verlaufe des Verhörs sagte nun Mora weiter aus, er habe von dem Kommissär Speichel aus dem Munde von Pestopfern im Gewicht von einem Pfund erhalten und diesen in den Kessel gegossen, er habe ihm dies gegeben, um daraus jenes Mittel zu brauen, woran viele Menschen erkrankt seien. Der Kommissär habe tüchtig damit gearbeitet, und er, der Barbier, habe mit diesem Mittel viel verdient. Am Schlusse gab er noch an, dass dieses Übereinkommen „zwischen uns durch intensive Unterhaltung beredet wurde".

Piazza, dem ja Straflosigkeit versprochen worden war, hatte von alledem nichts gesagt. Er blieb dabei, dass er von Mora hineingerufen worden sei. Wie sollte man aber wohl ein Pfund Speichel von Pestkranken sammeln können? Wie sollte man es sammeln können, ohne selbst die Pest auf sich zu ziehen? Wie sollte man es in den Kessel schütten können, wo doch die Gattin und die zarten, unvorsichtigen Kindlein sich mit der Pest anstecken würden? Wie konnte man es nach dieser umständlichen Prozedur weiter aufbewahren und damit ein derartiges *corpus delicti* hinterlassen? Wie sollte man hoffen können, der Verkauf eines solchen Mittels werde einen Gewinn erbringen: gab es in jener Zeit etwa einen Mangel an Kranken? Man könnte sich keinen traurigeren und absurderen Roman vorstellen. Doch man glaubte alles, wenn es nur grausam war und zu den verderblichen Leidenschaften jener unglücklichen Zeit passte. Am nächsten Tag, also am 1. Juli, wurde Mora wieder ins Verhör genommen und befragt, ob er seinen Geständnissen noch etwas hinzuzufügen habe. „Nein Herr", war seine Antwort, „ich habe nichts hinzuzufügen, eher davon wegzunehmen". Auf die Frage, was er denn wegzunehmen habe, antwortete er: „Solche Salbe, von der ich gesprochen, habe ich niemals gemacht, und was ich gesagt, habe ich der Folter wegen gesagt. *Postea dixit:* „Lassen mich Euer Wohlgeboren ein Ave Maria beten, und dann will ich tun, was der Herr mir eingibt." *Postea genibus flexis se posuit ante imaginem Crucifixi depictam, et oravit per spatium unius miserere deinde surrexit, mox reiit ad examen. Et iterato juramento, interrogatus* [Daraufhin kniete er vor dem Gemälde des Gekreuzigten, betete so lange als ein Miserere dauert, stand dann auf und trat ins Verhör. Er leistete wieder den Eid, und auf die Frage], „ob er bereit sei, seine gestrige Aussage und deren Inhalt als wahr anzuerkennen", antwortete er: „Auf mein Gewissen, es ist nichts davon wahr". *Tunc jussum fuit duci ad locum tormentorum* [Daraufhin wurde er abermals in die Folterkammer verbracht], aber kaum fing die Quälerei wieder an, rief er, man solle einhalten mit der Folter, „die Wahrheit dessen, was ich bekundet habe, will ich bestätigen"; daraufhin wurde er losgebunden und wieder in das Vernehmungszimmer geführt. Hier wurde abermals die Frage an ihn gerichtet, „ob er es die Wahrheit sei, was er früher gesagt habe, dass das Geständnis, das er gestern abgelegt habe, wahr sei und er dabei bleibe". Und er antwortete: „Nichts daran ist wahr". *Nunc jussum fuit iterum duci ad locum tormentorum etc.* [Nun führte man ihn wieder in die Folterkammer usw.]; bei einer solchen Alternative musste er aber schließlich unterliegen und jede andere Möglichkeit der verzweifelten Aussicht auf neuerliche Qualen vorziehen. Er bestätigte also sein früheres Geständnis und musste nun die Geschichte mit neuen Lügen ausspinnen. Und entsprechend unwahrscheinlich ist denn auch das, was er bekundete. Piazza, den er doch kaum von Ansehen kannte und mit welchem er, wie sich aus den Akten selbst ergibt, in gar keinem freundschaftlichen Verkehr stand, dieser Piazza nun habe ihm, „als wir das erste mal darüber sprachen, ein Döschen mit diesem Stoff gegeben und mir gesagt: Macht mir ein Döschen voll mit diesem Zeug; wenn man die Schlösser und Wände damit beschmiert, werden viele Leute daran erkranken, und wir beide werden dabei einen Gewinn machen".

Außerordentlich wahrscheinlich! Wenn Piazza wirklich ein Döschen mit diesem Stoff besaß, warum übergab er es dann an Mora? Fehlte es etwa in einer Zeit, wo täglich 800 Menschen starben, an Kranken? Welches Interesse konnte man daran haben, weitere Leute krank zu machen? Warum nicht lieber die Menschen direkt beschmieren? Darin steckt kein gesunder Menschenverstand. Und wie bereitete denn der Barbier dieses mörderische Gift? Hier seine Auskunft: „Es setzte sich", fuhr der unglückliche Mora fort, „aus drei Teilen zusammen, zu einem Drittel aus der Substanz, die mir der Kommissär gab, zu einem weiteren Drittel aus Menschenkot und zu einem letzten Drittel aus der Lauge; und ich habe alles sehr gut gemischt; es kam keine weitere Zutat hinzu, und es wurde auch nichts gekocht". Der Kot und das Waschwasser konnten die Wirkung des Speichels der Pestopfer nur schwächen.

Da nun dieser zweite Roman so gesponnen war, dass er ersten widersprach, wurde Piazza, dem ja Straflosigkeit nur unter der Bedingung zugesichert worden war, dass er die ganze Wahrheit gesagt habe, wieder ins Verhör gerufen. Befragt, ob er wisse, aus welchen Stoffen die Salbe, die ihm vom Barbier übergeben worden war, zusammengesetzt sei und wie sie hergestellt worden sei, antwortete er, er wisse es nicht. Vom Richter weiter befragt, ob er denn wenigstens wisse, ob jemand dem Barbier den Stoff zur Herstellung der Salbe geliefert habe, antwortete Piazza: „Nein Herr, ich weiß es nicht". Hätte Piazza wirklich den Speichel der Pestkranken geliefert, hätte er dann nicht, da ihm ja Straflosigkeit zugesichert war, alles gesagt? Und musste er nicht die Hinrichtung gewärtigen, wenn er nicht alles genau berichtete? Wie könnte er also den Hauptumstand verschwiegen haben, da sein angeblicher Mitschuldiger, der Barbier, dies alles bereits unter Qualen gestanden hatte. Wenn diese Angabe Moras aber nicht von Piazza bestätigt wurde, so musste Moras erzwungenes Geständnis erfunden sein. Nur diese Überlegung musste sich dem Richter aufdrängen, aber leider hatte die Vernunft an diesen schrecklichen Vorgängen keinen Anteil. Vielmehr eröffnete der Richter dem Piazza, die Untersuchung habe dargetan, dass er dem Barbier den Speichel der Toten geliefert habe, und aufgrund dessen fragte ihn der Richter nunmehr: Warum er diese Einzelheit, die doch die Substanz des Verbrechens betreffe, nicht bei seinem ersten Verhöre und Geständnisse, das er um der Straflosigkeit willen abgelegt habe, angegeben habe, wie es doch seine Pflicht gewesen wäre? Piazza entgegnete: „Speichel aus dem Munde von Pestopfern habe ich niemals besessen und dem Barbier niemals gebracht. Das, wonach ich jetzt befragt worden bin, habe ich nicht gesagt, weil ich mich nicht daran erinnere". Darauf wurde ihm mitgeteilt, dass, da er nicht seinem Versprechen gemäß die volle Wahrheit gesagt, vielmehr „sein Geständnisse vermindert" habe, er nicht mehr Straflosigkeit genießen könne, wie es ihm gleich von Anfang an bemerkt worden sei. Auf diese Drohung hin gestand Piazza sofort, den Speichel besorgt und dem Barbier übergeben zu haben, aber nicht ein Pfund, wie der arme Gian-Giacomo Mora gesagt hatte, sondern „ein irdenes Schüsselchen voll". Und als er vom Vernehmenden aufgefordert wurde, zu berichten, wie alles sich begeben habe, gab der verzweifelte Piazza folgende Antwort, deren Absurdität von selbst einleuchtet. „Ich wurde dazu durch die Bitte des Barbiers bewogen, der mir eine Menge Geldes versprach; er hat sie freilich nicht beziffert; denn er sagte mir, eine hochgestellte Persönlichkeit habe ihm eine große Menge Geldes versprochen, wenn er die Sache durchführe, und obgleich ich ihn aufforderte, mir jene hochgestellte Persönlichkeit zu benennen, wollte er mir den Namen nicht sagen, sondern forderte mich nur auf, recht fleißig mit zu schaffen und Häuser und Türen zu beschmieren; dafür würde ich eine Menge Geldes bekommen". Hier muss daran erinnert werden, dass der Barbier ein armer Schlucker war, wie schon sein armseliges Häuschen hinlänglich ausweist. Auch war er Familienvater mit Frau und Kindern, er war kein Müßiggänger und Vagabund, den man vielleicht als Werkzeug zu einer solchen Schandtat ausersehen könnte. Mit der Gewalt der Folter ging man nun daran, die beiden Romane in Übereinstimmung zu bringen und den Widersprechenden, dazu zu bringen, seinen ursprünglichen Roman zu bestätigen. Aber zwei ganz neue Umstände treten nun aus dieser Antwort hervor. Der eine ist, dass der Barbier „eine Menge Geldes" versprochen habe, der andere, dass eine hochgestellte Persönlichkeit an der Sache beteiligt sei; weder das einen noch das andere hatte Mora berichtet. Also wurde Mora aufs neue ins Verhör genommen. Befragt, ob er Piazza eine Menge Geldes versprochen habe, antwortete Mora in seinem fünften Verhör am 2. Juli 1630: „Nein Herr, und woher meinen denn Euer Wohlgeboren, dass ich eine solche Menge Geldes nehmen solle?" Es wurde ihm darauf vom Richter alles mitgeteilt, was aus der Akte über das Geld und die hochgestellte Persönlichkeit hervorging, und er wurde ermahnt, die Wahrheit zu sagen. Worauf Mora folgendes entgegnete: „Euer Wohlgeboren will ja nur die Wahrheit, und diese habe ich bereits auf der Folter gesagt und noch weit mehr"; aus diesen letzten Worten kann man entnehmen, dass der Unglückliche gern seine ganze finstere Geschichte zurückgezogen hätte, wenn er nicht neue Quälereien befürchtet hätte. Dieses „noch weit mehr" spricht deutlich genug; dessenungeachtet wurde am 2. Juli das Schuldig über ihn ausgesprochen und ihm eine zweitägige Frist zur Verteidigung bewilligt. Hierzu liest man in der Prozessakte, dass der Beschützer der Gefangenen zum Notar sagte: „In Befolgung meiner Pflicht bin ich bei dem Herrn Präsidenten gewesen und habe mit ihm gesprochen; ich bin auch bei Mora gewesen, der mir frei heraus gesagt hat, er habe nichts verbrochen, und was er ausgesagt habe, habe er wegen der Folter gesagt. Und da ich ihm meinerseits frei heraus gesagt habe, dass ich seine Verteidigung weder übernehmen könne noch wolle, hat er mir gesagt, der Herr Präsident solle wenigstens dafür sorgen, ihm einen Verteidiger zu stellen, denn er wolle nicht zulassen, dass er unverteidigt sterben müsse." Hieraus geht mehreres hervor, zunächst einmal, dass Mora es für sicher hielt, dass er sterben müsse, wovon ihn die ganze Bestialität des Fanatismus, der ihn umgab, hinlänglich überzeugt haben dürfte; war er aber auch von seinem Tod überzeugt, so bekannte er doch frei heraus, dass er aufgrund der Marter gelogen habe. Ferner geht daraus hervor, dass schließlich der Fanatismus so weit ging, die Verteidigung des unglücklichen Opfers für eine schlechte und entehrende Handlung zu halten, so dass der Beschützer erklärte, weder könne noch wolle er diese Aufgabe übernehmen. Die Frist für das Verteidigungsvorbringen wurde daraufhin verlängert.

V. Verständnisse und Methoden des Strafverfahrens im vorliegenden Falle

Damit man sich eine genaue und unverfälschte Vorstellung von der Denkungsweise der damaligen Zeit bilden kann, will ich ein Verhör wörtlich wiedergeben, das in den Akten dieses schrecklichen Verfahrens protokolliert ist. Es ist eine Episode aus der Tragödie Piazzas und Moras; damit man aber unverfälscht die grauenvolle Dummheit, den Aberglauben, den Wahnsinn erkennt, will ich sie ganz genau wiedergeben und meine Bemerkungen dazu in Anmerkungen beifügen.

Die suprascripto octavo Julii [am oben angegebenen achten Tage des Juli]. *Vocatus ego notarius Gallaratus, dum discedere vellem a loco suprascripto appellato la Casinazza juvenis quidam mihi formalia dixit* [Als ich, der Notar Gallaratus von dem obengenannten Orte, la Casenazza genannt, mich hinweg begeben wollte, kam ein Jüngling zu mir und sagte wörtlich zu mir]: Ich wünschte Euer Wohlgeboren möchten mich mit unter ihre Leute aufnehmen, ich will Ihnen auch alles sagen, was ich weiß.

Tunc ei delato juramento etc. [Darauf wurde ihm der Eid abgenommen.]

Interrogatus de ejus nomine, cognomina, patria respondit [Gefragt nach Vornamen, Zunamen, Vaterland, sagt er]: Ich heiße Giacinto Maganza und bin der Sohn eines Bruders, der sich Bruder Racco nennt, gegenwärtig in St. Giovanni la Conca aufhält, und ich bin ein Mailänder, und in Porta Ticinese wohl bekannt.

Int. Was wollt Ihr mir denn eigentlich sagen?

Resp. titubando. Ich will die Wahrheit sagen; es gibt einen Kammerdiener, der täglich vier Dublonen zahlt. – *Deinde obmutuit stringendo dentes* [Darauf schwieg er und knirschte mit den Zähnen].

Et institus denuo [Erneut aufgefordert], das zu sagen, was er wisse, und das zu beenden, was er begonnen habe,

Resp. Es ist Baruello, der Inhaber der Wirtschaft S. Paolo in compito, *mox dixit* [kurz darauf sagte er] Er ist auch mit dem Wirte zum Krebse verwandt.

Int. Wie heißt denn der erwähnte Baruello?

Resp. Er heißt Gian-Stefano.

Int. Was hat denn der genannte Baruello getan?

Resp. Er hat schon gestanden, dass Schlangen und Gift in seinem Hause gefunden wurden.

Int. Woher weiß er Vernommener denn davon?

Resp. Sein Vetter sagte mir, ich solle mit ihm Schlangen suchen gehen.

Int. Was ihm denn der besagte Vetter berichtet habe, und wo er gewesen sei?

Resp. Er hat es mir gesagt, als sie mich an der Porta Ticinese mit dem Spitznamen „der Römer" riefen; und er sagte mir: Lass uns vor die Porta Ticinese gehen. Dort, hinter der Goldenen Rose, habe er ihn bei einem Garten Schlangen, Kröten und Eidechsen suchen lassen, denen sie dann einen Leichnam zum Fressen gegeben hätten, und als die besagten Tiere die Leiche gefressen hätten, hätten sie diese vergraben, sodann daraus die Salben hergestellt und diese an die Leute gegeben, welche damit die Türen beschmierten; weil diese Salben besser wirkten als die Krankheit[1].

Int. Er möge sagen, ob er Vernommener eine solche Salbe selbst gesehen habe.

Resp. Ja Herr, ich habe sie gesehn.

Int. Wo und bei wem er die Salbe gesehen habe.

Tunc obmutuit labia et dentes stringendo et institus [Darauf schwieg er und presste Lippen und Zähne aufeinander] *et institus* [um ermahnt] frei heraus auf die an ihn gerichtete Frage zu antworten:

Resp. Ich habe sie in der Wirtschaft Zur Goldnen Rose gesehn.

Int. Wer solche Salbe gehabt habe, und in was für einem Gefäße sie gewesen sei.

Resp. Baruello habe sie gehabt.

Int. Wann es gewesen sei, dass Baruello sie gehabt habe.

Resp. Es werde wohl ungefähr zwei Wochen her sein; es sei ein Mittwoch gewesen, wenn er sich nicht irre; der erwähnte Baruello habe einen großen Topf voll gehabt und er habe ihn mitten im Garten der besagten Wirtschaft zur Goldenen Rose vergraben und Laub darüber gestreut[2].

Int. Ob er Vernommener jemals dergleichen Salbe verteilt habe.

Resp. Wenn ich zwei Büchsen davon verteilt habe, so will ich mir gleich den Kopf abschneiden lassen[3].

Int. Wo er diese Salbe verteilt habe.

Resp. Ich habe sie im Gebiet von Monza verteilt[4].

Int. An welchem genauen Ort im Gebiet von Monza er die Salbe verteilt habe.

---

1 Wenn ein Verrückter abgeschickt worden wäre, er hätte nicht tolleres Zeug schwatzen können, und doch wurde alles mit dem größten Ernste niedergeschrieben. Nach Moras Roman war die giftige Salbe aus Speichel, Kot und Lauge zusammengesetzt; nach dem Bericht des Sohnes des Bruder Maganza aus Schlangen, Kröten und Eidechsen, die mit Menschenfleisch gefüttert worden seien, und niemand wusste damals, dass diese Tiere gar kein Menschenfleisch fressen.

2 Einer so bestialisch dummen Vorerzählung hätten noch einige Fragen entgegensetzt werden müssen. Wer hat euch das Rezept zu dieser Salbe gegeben, wann und wo? An welchen Zeichen erkennt Ihr die Salbe? Woher wisst Ihr, dass Baruello sie gemacht hat? Woher wisst Ihr, dass sie tödlich ist? Was habt Ihr für Beweise? Wie kann man ohne Gefahr damit umgehen? Alles das vermisst man. Der Fanatismus erdachte sich ein Verbrechen und wollte nun den Schuldigen finden.

3 Auf diese indirekte Antwort kommt der Richter nie wieder zurück.

4 Es ist, als sei eine wohlriechende Pomade verteilt worden.

Resp. Ich habe die Mauern an den Kirchen damit beschmiert, weil die Bauern gleich wenn sie aus der Messe kommen, sich niederlegen und sich an die Mauern anlehnen, deshalb habe ich sie beschmiert[5].

Int. Wo genau die Mauern seien, die er Vernommener angeblich beschmiert habe.

Resp. Ich habe sie in Barlassina, in Meda und in Birago beschmiert[6], an einen anderen Orte kann ich mich nicht erinnern.

Int. Wer ihm Vernommenen die Salbe gegeben habe.

Resp. Der schon genannte Baruello und Gerolamo Foresaro haben sie mir in einem Papier am Graben bei der Porta Ticinese in der Nähe vom Hause des Foresaro gegeben, das in der Nähe des Ponte de' Fabbri steht.

Int. Was die besagten Foresaro und Baruello zu ihm Vernommenem, gesagt hätten, als sie ihm die Salbe gaben.

Resp. Dass sie mir die Salbe gaben, war, als ich gerade eben aus Piemont zurückgekommen war, und sie trafen mich am Graben bei der Porta Ticinese; Baruello sagte zu mir: Römer, was machst Du? Lass uns ein Glas Weißwein trinken gehen, es freut mich, dich mit fröhlicher Miene zu erblicken; und so ging ich denn mit in die Wirtschaft; *mox dixit* [kurz darauf berichtigte er sich]: in der Pastetenbäckerei zu den Sechs Fingern bei der Porta Ticinese, hier bezahlte er den Weißwein und einige Bischotti, wieviel weiß ich nicht mehr. Dann sagte er zu mir: Komm Römer, ich will, dass wir jemandem einen Streich spielen, deshalb nimm die Salbe hier, geh in die Wirtschaft zum Gambaro; geh dort nach oben, da findest du eine Gesellschaft feiner Leute; wenn sie Dich fragen, was Du willst, antworte nichts, außer dass du zu ihren Diensten gekommen seiest; und dann sollte ich sie mit dieser Salbe beschmieren. Also ging ich hin und beschmierte in der besagten Wirtschaft zum Gambaro alle Anwesenden, ich war jeweils links oberhalb des Hutes und gab mich als jemand aus, der etwas zu trinken anreiche: ich tat, als wenn es mich juckte, nämlich um einige Bissen zu essen; und so beschmierte ich ihre Schultern mit dieser Salbe, und wenn ich ihnen in den Mantel half, auch den Hals mit meinen Händen, worauf sie, glaube ich, an dieser Salbe gestorben sind[7].

Int. Ob er genau wisse, dass jemand von denen, die von ihm Vernommenem mit dieser Salbe beschmiert worden seien, gestorben seien, oder nicht.

Resp. Ich glaube, dass sie ohne weiteres gestorben sind, denn sie sterben allein davon, dass sie die Kleider mit der besagten Salbe berühren. Ich weiß nicht, ob sie danach noch das Fleisch berührt haben.

Int. Wie er Vernommener es angestellt habe, dass er nicht bei der Berührung eines so starken Giftes gestorben sei[8].

---

5 Die Antwort ist nur auf die Frage zu beziehen. Dieses war eine Dummheit und nichts weiter. Er reiste also von Land zu Land, um die Menschen zu vergiften.

6 Und diese Orte sollen im Gebiet von Monza liegen! Man sehe doch die Karte an; Monza liegt nördlich von Mailand, und die genannten Orte liegen westlich davon.

7 Und dies alles zum Spaße! Das Ganze ist furchtbarer Unsinn!

8 Es ist dies einer von den seltenen Lichtstrahlen in diesem finsteren Prozesse.

Resp. Dies hänge mit der kräftigen Verfassung seiner Person zusammen.

Quo facto cum hora tarda fuit missum examen. [Hierauf wurde, da es schon spät war, das Verhör abgebrochen].

Jeder, der dies Verhör liest, kann sich eine Vorstellung von dem Geiste machen, mit dem man in jenen unglücklichen Zeiten die Untersuchungen leitete. Ich glaubte ein Verhör getreulich wiedergeben zu müssen, damit man die Dinge in ihrer Entstehung miterlebt, und kein Zweifel bleibt, dass etwa eine Neigung zum Paradoxen, das Vergnügen an der Verbreitung einer neuen Lehre, Neuerungsfurcht oder die Eitelkeit, eine allgemeine Meinung umstoßen zu wollen, mich verleiten, die Dinge schlimmer darzustellen, als sie der Wahrheit gemäß gewesen sind. Die Art, wie man damals verfuhr, war folgende. Man nahm als sicher an, dass der Verhaftete schuldig sei. Deshalb wurde er so lange gefoltert, bis er sich schuldig bekannte. Man zwang ihn, einen Roman zu erfinden und andere Schuldige zu benennen; diese wurden ebenfalls verhaftet und aufgrund der Aussage des ersten wurde gegen sie ebenfalls auf Anwendung der Folter erkannt. Sie beteuerten ihre Unschuld, doch es wurde ihnen vorgelesen, was aus dem früheren Verhör ihres Anklägers hervorging, und man fuhr so lange fort, sie zu foltern, bis ihre Aussage mit der anderen übereinstimmte.

Ein weiterer Beweis für die Dummheit jener Zeit ist das sehr lange Verhör, dem Baruello am 12. September 1630 unterworfen wurde. Der Senat hatte bereits am 27. August gegen ihn die Todesstrafe verhängt. (Er sollte zunächst mit glühenden Zangen gezwickt werden, sodann sollte ihm die Hand abgehackt werden, es sollten ihm die Knochen gebrochen werden, er sollte lebendig auf das Rad geflochten und sechs Stunden lang ausgestellt werden und es sollte ihm schließlich die Kehle durchgeschnitten werden); sie war jedoch ausgesetzt worden, und es war ihm Straflosigkeit versprochen worden, falls er seine Mitschuldigen nenne und den genauen Sachverhalt offenbare. Dies erklärt seine ausgiebige und höchst unwahrscheinliche Erzählung, deretwegen der Sohn des Kastellans von Mailand als Urheber dieser grässlichen Geschichte erschien, weil er sich für eine Beleidigung habe rächen wollen, die er an der Porta Ticinese erlitten haben sollte, und er wollte, dass Don Giovanni Padilla, der Sohn des Kastellans, mit Foresa, Mora, Piazza, Carlo Scrimtore, Michele Tamburino, Giambattista Bonetti, Trentino, Fontana und vielen anderen Männern aus der Hefe des Volkes in Verbindung stehe. Als ihm darauf vorgehalten wurde, dass er, obwohl er doch nur den Auftrag gehabt habe in Porta Ticinese zu töten, diese Tätigkeit auf andere Tore ausgedehnt habe, und man seine Erzählung für höchst unwahrscheinlich halte, sagte Barguello in seiner Vernehmung vom 12. September 1630 das, was wir uns nun näher ansehen wollen:

Et cum haec dixisset et ei replicaretur haec non esse verisimilia, et propterea hortaretur ad dicendam veritatem.[Und als er dies gesagt hatte und ihm erwidert wurde, dass das von ihm Berichtete nicht wahrscheinlich sei, wurde er ermahnt, die Wahrheit zu sagen].

Resp. Uh, uh, uh! Wenn ich sie doch nicht sagen kann, *extendens collum et toto corpore contremiscens et dicens* [Den Hals vorstreckend und am ganzen Leibe zitternd und fragend]: „Helft mir, Euer Wohlgeboren! Helft mir!"

Ei dicto [Und als ihm dies gesagt worden war]: Dass wenn ich wüsste, was er noch sagen wolle, ich ihm wohl helfen könne, dass ich ihm also andeutete, wenn er mir sagte, worin er Hilfe verlange, ich ihm wohl helfen könne.

Tunc denuo incepit se torquere, labia aperire, aperire dentes perstringendo, tandem dixit [Darauf begann er wieder sich zu drehen und zu wenden, die Lippen zu öffnen, die Zähne knirschend zu öffnen, und sagte schließlich]: Euer Wohlgeboren, helft mir! O Herr mein Gott, ach mein Gott!

Tunc ei dicto: „Habt ihr vielleicht Verträge mit dem Teufel geschlossen? Dann zögert nicht und sagt Euch von diesen Verträgen los, und empfehlt Eure Seele Gott, er wird euch helfen".

Tunc genuflexus dixit [Darauf fiel er auf die Knie und sagte]: „Sagt, was ich sagen soll, Herr!"

Et ei dicto, „Er solle sagen: Ich entsage jedem Vertrage, den ich mit dem Teufel geschlossen habe, ich befehle meine Seele in die Hände Gottes und der Hl. Jungfrau, und bete, dass sie mich aus der Lage erlösen, in der ich mich befinde, und mich als ihr Geschöpf annehmen".

Quae cum dixisset et devote et satis ex corde ut videri potuit, surrexit, et cum loqui vellet, denuo prorupit in notas confusas porrigendo collum, dentibus stringendo volens loqui, nec valens et tandem dixit [Als er dieses demütig und, wie man sehen konnte, aus aufrichtigem Herzen gesagt hatte, stand er auf, und als er sprechen wollte, brachte er es nicht fertig und sagte endlich]: „Jener französische Priester".

Et cum haec dixisset etiamse projecit in terram et curavit se abscondere in angulo secus bancum, dicens [Und als er dies gesagt hatte, warf er sich auf den Boden und war bemüht, sich in einem Winkel neben der Bank zu verbergen und sagte dabei]: „Ach mein Gott, mein Gott, hilf mir, verlass mich nicht!"

Et ei dicto: Wovor er sich denn fürchte?

Resp.: Dort ist er, dort ist er, dieser französische Priester mit dem Degen in der Hand, der mich bedroht! Seht ihn dort! Seht ihn dort am Fenster!"

Et ei dicto: Er solle guten Mutes sein, niemand sei dort; und er solle sich besinnen und sich Gott anempfehlen und noch einmal sich von den Verträgen lossagen, die er mit dem Teufel geschlossen habe, und sich Gott und der Hl. Jungfrau anvertrauen.

Cum haec verbam dixissem dixit iterum [Als ich diese Worte an ihn gerichtet hatte, rief er erneut]: „Ach Herr! Er kommt, er kommt mit dem blanken Degen in der Hand!" *Quae omnia quinquies replicavit et actus fecit quos facere solent obsessis a daemone et spumam ex ore sanguinemque e naribus emittebat semper fremendo et clamando* [Alles das wiederholte er fünfmal und machte dabei Bewegungen, wie sie die vom Teufel Besessenen vollführen; und Schaum floss ihm aus dem Mund und Blut aus der Nase, und immer zitterte und schrie er]: Verlasst mich nicht! Verlasst mich nicht! Hilfe! Hilfe! Verlaßt mich nicht!"

Tunc jussum fuit afferi aquam benedictam et vocari aliquem sacerdotem, quae cum allata fuisset ea fuit asperses, cum postea supervenisset sacerdos eique dicta fuissent omnia suprascripta, sacerdos benedicto loco et in specie dicta fenestra ubi dicebat dictus Baruellus extare illum praesbiterum cum ense nudo prae manibus et minantem vari exorcismis tamen usus fuit, et auctoritate sibi uti sacerdote a Deo tributa, omnia pacta cum Daemone innita, irrita et nulla declarasset immo ea irritasset et annullasset interim vero dictus Barvellus strindens dixit [Darauf wurde befohlen, Weihwasser herbeizubringen und einen Priester zu rufen; als jenes herbeigebracht war, wurde er damit besprengt; und als danach der Priester gekommen war und ihm alles oben Geschriebene gesagt wurde, segnete der Priester den Raum und namentlich das Fenster, wo nach den Worten des besagten Baruello der Priester mit dem bloßen Schwerte stand und ihn bedrohte, dann nahm er einige Exorzismen vor und erklärte kraft der ihm von Gott verliehenen Gewalt als Priester alle mit dem Teufel abgeschlossenen Verträge für null und nichtig, löste sie auf, machte sie null und nichtig; währenddessen schrie der besagte Baruello]: „Beschwört jenen Gola Gibla!". *Contorquendo corpus more obsessorum, et tandem finitis exorcismis sacerdos recessit* [Er krümmte den Körper nach Art eines Besessenen, und als der Exorzismus sodann beendet war, ging der Priester wieder].

Excitatus pluries ad dicendum tamen in haec verba proruit [Mehrfach zum Reden aufgefordert, stieß er schließlich diese Worte hervor]: „Herr, jener Priester war ein Franzose; er nahm mich bei einer Hand, mit der anderen zog er einen ungefähr einen Handbreit langen schwarzen Stab unterm Kleide hervor; damit beschrieb er einen Kreis, sodann legte er seine Hand auf ein Buch im Folioformat, ungefähr so groß wie ein kleines Schreibpapier, aber drei Finger lang, öffnete es und ich sah, dass die Blätter mit Kreisen und Buchstaben bedeckt waren; er sagte mir, es sei der Schlüssel Salomonis, und er sagte, dass ich wie er sagen solle: Gola Gibla; sodann sagte er noch andere hebräische Worte, und fügte hinzu, ich dürfe den Kreis nicht verlassen, denn dann würde mir Übles widerfahren, und in diesem Augenblick erschien in diesem Kreis einer in der Kleidung eines Pantalon, alsdann der genannte Priester u.s.w."

Die Feder will einem aus der Hand fallen, und man mag nicht fortfahren mit dem Abschreiben eines solchen Gewebes von leider nur allzu ernsten und finsteren Dummheiten jener Zeiten. Das Ergebnis des langezogenen Geschwätzes dieses Unglücklichen, der Leben und Freiheit mit einem Roman von Anklagen hoffte retten zu können, war, dass man den Kavalier Don Giovanni di Padilla für den Urheber der tödlichen Schmierereien hielt, die mit Hilfe eines Fontana, Mora, Piazza, Vaccaria, Licchi, Saracco, Fusarò (Inhaber eines kleinen Barbierladens an der Porta Camasina), eines Steuereinnehmers Pedrino, eines Magno Bonetti, Baruello, Gerolamo Foresara, Trentino, Vedano und anderer Ungücklicher aus der untersten Bevölkerungsschicht verbreitet worden seien.

Was das öffentliche Gerede anging, so wollten einige diese Schmierereien den Deutschen als Anstiftern anlasten, andere den Franzosen, den Ketzern, namentlich den Genfer Ketzern, dem Herzog von Savoyen, oder wer weiß wem noch, wieder andere einigen vom Papst gefangengenommenen und nach Mailand zurückgeschickten Mailänder Adligen, noch andere dem Grafen Carlo Rasini oder Don Carlo Bossi;

mehr als allen anderen aber wurden sie dem Kavalier Padilla angelastet. Das Gerücht ging, in jedem Stadtviertel seien zwei Barbiere zur Herstellung der Salben bestimmt worden, und mehr als 150 Personen seien damit beschäftigt, die Schmierereien zu verbreiten; einige Bankiers würden diese Ausgesandten reichlich bezahlen, unter ihnen Giambattista Sanguinetti, Gerolamo Turcona und Benedetto Lucino, sie zahlten jede Summe, ohne Quittung zu verlangen, wenn man sich ihnen im Namen des Kavalier Padilla vorstelle. Als auf solches Geschwätz hin die Bücher dieser Kaufleute auf das Genaueste untersucht wurden und sich nicht die kleinste diesbezügliche Eintragung fand, schritt man zur grausamen Folter gegen sie. Man fand heraus, dass der Kavalier zu der Zeit, als er in Mailand diesen Anschlag angezettelt und geleitet haben sollte, sich in Mortara und anderen Gegenden Piemonts aufgehalten habe, wo er an der Spitze seiner Kompanie zur Verteidigung dieses Staates gekämpft hatte. Seine Antwort, die er im Prozess gab, nachdem er der Schmierereien angeklagt worden war, verdient wörtlich wiedergegeben zu werden. Er sagte nämlich:

> „Ich muss mich sehr wundern, dass der Senat einen so wichtigen Beschluss auf eine Angabe hin gefasst hat, wenn man bedenkt, dass dies eine reine Behauptung und Verleumdung nicht nur meiner Person gegenüber, sondern auch gegenüber der Justiz bedeutet".

Und er hatte wahrlich recht, denn schon aus der Aussage des Schuldigen ging die Lüge in ihrer ganzen Größe hinlänglich hervor.

> „Wie konnte ein Mann von meinem Range", fuhr der Kavalier fort, „der sein ganzes Leben dem Dienste Seiner Majestät gewidmet hat, der Verteidigung dieses Staates gewidmet hat, der aus einer Familie stammt, deren Mitglieder stets dasselbe getan haben, wie konnte ich eine Tat begehen, oder auch nur daran denken, sie zu begehen, die meinen Vorfahren und mir einen solchen Ruf der Schande eintragen müsste? Ich erkläre erneut, dass alles dies falsch und die größte Verleumdung ist, die jemals gegen einen Menschen begangen worden ist".

Diese in der Hitze des Empfindens gegebene Antwort ist vielleicht der einzige edle Zug, den man in dem ganzen Aktenband, den ich durchgesehen habe, lesen kann. Das Verbrechen spricht gewiss nicht eine solche Sprache, und der Kavalier Padilla stand gewiss weit über seinen Richtern und seiner Zeit.

Die Reihe der Verbrechen, die dem Kavalier Padilla vorgehalten wurde, lässt sich bis auf die Erzählung des Angeklagten zurückverfolgen, und aus ihr presst man den Saft der durch die Folter erzielten Romane. Ich werde einen Auszug daraus zusammenstellen, denn die gesamte Erzählung würde einen allzu großen Ekel hervorrufen, und ich werde meine eigenen Bemerkungen als Marginalien hinzufügen.

Betrachtungen über die Folter

Etwa zu Beginn des Monats Mai soll der Kavalier Padilla[9] in der Nähe der Kirche S. Lorenzo mit dem Barbier Mora gesprochen, ihn mit der Verfertigung einer Salbe beauftragt und zugleich damit beauftragt haben, Mauern und Türen damit zu beschmieren, damit die Menschen davon stürben[10]. Er soll ihm versichert haben, es werde ihm nie an Geld fehlen und er solle nichts fürchten, denn „er habe viele Mittäter gefunden"[11]. Bei einer anderen Gelegenheit, einige Tage später, habe er ihm mehrere Dublonen gegeben, damit er die Schmiereien vornehme und habe ihm einen Adligen namens Crivelli vorgestellt; der ganze Vortrag aber sei von einem gewissen Don Pietro di Sarragozza[12] gehalten worden. Sodann sei dem Barbier mitgeteilt worden, dass die Bankiers Giulio Sanguinetti und Gerolamo Turcone Auftrag hätten, jedem die ganze für ihn aufgelaufene Geldsumme auszuhändigen, der sich ihm im Namen von Don Giovanni di Padilla vorstelle. Der Fechtmeister Carlo Vedano soll der Mittelsmann gewesen sein, durch den Gian Stefano Baruello zu diesen Schmiereien verleitet worden war; er habe Baruello auf den Schlossplatz gebracht, wo sie Pietro Franceso Fontana, Michele Tamburino, einen Priester und noch zwei weitere wie Franzosen gekleidete Männer getroffen hätten, und dort sei ihm von dem Kavalier das Geld ausgehändigt worden, damit er die Schmiereien durchführe und zugleich Gerolamo Foresaro veranlasse, die Scheren der Frauen zu beschmieren; und er habe ihm ein viereckiges Glasdöschen überreicht und dazu gesagt: „Dies ist eine Dose mit der Salbe, die in Mailand hergestellt worden ist, und ich habe bereits hundert wackere Leute, welche diesen Dienst für mich verrichten, und diese Dose ist noch nicht fertig"; deshalb habe er ihm befohlen, noch einige Kröten und Eidechsen und anderes solches Zeug dazuzunehmen, alles in Weißwein tüchtig kochen zu lassen und alles zusammenzurühren. Als Baruello darauf Furcht geäußert habe, sich selbst aus der bloßen Berührung zu schädigen, habe ihm der Kavalier gezeigt, wie er selbst sie ohne Furcht berühre. Dann kommt der bereits erwähnte, von dem Priester und dem Pantalon gezogene Kreis. Danach soll der Kavalier zu Baruello gesagt haben, er solle keine Zweifel hegen, denn wenn die Sache so gehe, wie sie gehen solle,

---

9   Aus derselben Untersuchung geht hervor, dass Padilla nur einen Tag in der heiligen Woche in Mailand war; und ein weiteres mal am S. Petri-Tage. Das sagen im Verhöre seine drei Diener aus, das sagt auch Bedano aus. Während der ganzen übrigen Zeit war er immer bei der Armee in Gafalo, Mortara u.s.w., wie seine ganze Kompagnie bezeugt. Danach konnte er auch im Monat Mai nicht mit dem Barbier Mora bei der Kirche S. Lorenzo stehen.

10 Ein ebenso schöner wie wahrscheinlicher Auftrag. Er hat keine besonderen Folgen und lässt sich ja so leicht ausführen! So ein Anerbieten kann man ganz leicht einem Familienvater machen, der sich bis dahin ehrlich von seinem Gewerbe genährt hat! Man könnte glauben, ich verdrehte den Sinn der Worte, so unvernünftig ist alles!

11 Darin hätte ja gerade das Gefährliche gelegen, denn dann wäre Entdeckung um so eher zu fürchten gewesen.

12 Von zehn Leuten aus dem Schlosse, die darüber verhört wurden, kannte kein einziger einen Don Pietro von Sarragozza, und hatte nie etwas von ihm gehört, und Padilla sagte, er habe diesen Namen niemals nennen hören.

werde er „der Herr von Mailand, und will ich Euch zu den Ersten machen"; und er fügte noch einmal hinzu: „Sollte es aber das Schicksal fügen, dass er in die Hände der Justiz falle, so solle er in keinem Augenblick irgendetwas gestehen". Das ist die Reihenfolge der Tatsachen, die gegen den Sohn des Kastellans vorgebracht wurden, sie wurden von allen anderen darüber verhörten Personen als falsch bezeichnet (außer von den drei Unglücklichen Mora, Piazza und Baruello, die der Gewalt der Folter die Wahrheit zum Opfer gebracht hatten) und wurden dennoch zur Grundlage einer schändlichen Beschuldigung gemacht.

VI. Von den hinterhältigen Fallen, die man einigen Unglücklichen im Prozess stellte

Ich will meine natürlichen Empfindungen gewaltsam unterdrücken und das Schaudern überwinden, das derartige Grausamkeiten auslösen, und das ganze Verhör des armen Fechtmeisters Vedano wörtlich wiedergeben. Die Szene ist besonders fürchterlich, meine Hand versagt mir beim Schreiben den Dienst; wenn aber der Schauder, den ich auf mich nehme, auch nur ein unglückliches Opfer rettet, die Greuel, die ich hier vor Augen führe, nur eine einzige Folterung verhindern, so wird mein schmerzliches Empfinden vergolten, und die Hoffnung auf einen solchen Erfolg soll mein Lohn sein.

1630 die 18. Sepembris etc. [18. September 1630 usw.].

Eductus e caceribus Carolus Vedanus [Aus dem Gefängnisse vorgeführt Carolus Vedanus].

Int.: Ob er sich entschlossen habe, besser als bisher die Wahrheit über die Dinge auszusagen, worüber er befragt worden sei und über das, was ihm Gian Stefano bei der Gegenüberstellung gesagt habe.

Resp.: „Wertester Herr, ich weiß nichts".

Ei dicto, er solle den Grund angeben, warum er auf die Frage: ob er bei dem Koch Gerolamo, der gemeinsam mit Baruello dort in S. Sisto eine Wirtschaft betreibe, gegessen habe, sich nicht damit zufriedengegeben habe, einmal zu leugnen, sondern sogar: „Nein, Herr, nein, Herr, nein, Herr!" gesagt habe[1].

Resp.: „Weil es nicht die Wahrheit ist".

Ei dicto: Dass es doch zum Ableugnen einer Sache genüge, einmal Nein zu sagen, und dass dieses wiederholte „Nein, Herr, nein, Herr, nein Herr!" den Eifer beweise, mit dem er leugne, und dass er noch aus einem wichtigeren Grunde als dem, dass es nicht die Wahrheit sei, leugne

Resp. „Weil ich nicht dort gewesen bin"[2].

Ei dicto: Welchen Grund er gehabt habe, sich so zu ereifern.

Resp. „Weil ich nicht dort gewesen bin, wertester Herr".

---

1 Baruello war schon zum Tode verurteilt, wie wir oben gesehen haben, und wollte sich durch diese Angabe Straflosigkeit erwirken, darum gab er Mitschuldige an, log eine Geschichte vor, und in dieser kam auch dieses Essen vor. Zwei Mädchen aus der Wirtschaft wurden ebenfalls verhört, keine von beiden wollte Vedano gesehen haben, obgleich ihnen alle Gäste zu Gesicht kämen.

2 Er hätte ebensogut sagen können: weil ich lebhafter Natur bin. Ein Fechtmeister ist in der Regel kein Phlegmatiker, ein Angeschuldigter hat auch nicht besonderen Grund, ruhig zu sein.

Ei denuo dicto: Warum er auf die Frage, ob er mit dem genannten Baruello in der Wirtschaft am Schlossplatze gegessen habe, „Nein Herr, nie, nie, nie!" geantwortet habe.

Resp.: „Aber Herr, ich habe ein einziges Mal dort gegessen, aber nicht allein, sondern mit dem Barbier Francesco, einem Sohne Alfonsos, und wenn ich gesagt habe ‚Nein, Herr, nie, nie, nie', so habe ich verstanden, ob ich mit Baruello allein dort gegessen hätte".

Ei dicto: Erstens sei er nicht gefragt worden: ob er dort mit Baruello allein oder in Gesellschaft anderer Leute gegessen habe, sondern nur, ob er mit ihm in der besagten Wirtschaft gegessen habe, dass er aber nach dem, was er jetzt sage, als Lügner erscheine, weil er es damals geleugnet, jetzt aber zugestanden habe; des weiteren liege hier auch der Grund, dass man zu wissen wünsche, warum er mit solcher Übertreibung geleugnet habe, dort gegessen zu haben; und er sich nicht damit begnügt habe, einfach Nein zu sagen, sondern noch die Worte „Nie, nie, nie" hinzugefügt habe.

Resp. „Aber Herr, da ich nur dieses eine Mal dort gegessen habe, habe ich die Frage von Euer Wohlgeboren so verstanden, ob ich mit ihm allein gegessen hätte, und was das zweite angeht, ist es mir herausgerutscht, dass ich niemals dort gegessen habe".

Ei denuo dicto: Warum er auf die Frage, ob er mit Baruello jemals wegen Diensten für Herrn Don Giovanni unterhandelt habe, mit „Nein" geantwortet habe, und als man ihm entgegnet habe, es werde sich Jemand finden, der ihm es ins Gesicht sagen werde, er geantwortet habe, es werde sich niemals Jemand finden, und als man ihm nun eröffnet habe, es habe sich bereits Jemand gefunden, er mit gebrochenen Worten geantwortet habe: „Es sei, uh, uh, uh!"

Resp. „Weil ich niemals mit ihm gesprochen habe".

Int. Wer denn dieser Er sei.

Resp. „Es ist der Sohn des Herrn Kastellans".

Ei dicto: Warum er an diesem Morgen auf die Frage, ob er entschlossen sei, besser die Wahrheit zu sagen als gestern, die Worte ausgestoßen habe: „Weil ich unschuldig an dem bin, was man mir zur Last legt"; abgesehen davon, dass diese Worte nicht zur Sache gehörten, da er noch gar nicht nach dem gefragt worden sei, was man ihm zur Last lege, ersehe man aus ihnen auch, dass er wisse, dass er einer Tat beschuldigt werde. Und obwohl man ihn nun gefragt habe, welche Beschuldigung dies sei, habe er erklärt, er wisse es nicht; darum solle er jetzt nicht nur sagen, warum er eine Antwort auf eine Frage gegeben, die ihm gar nicht gestellt worden sei; man wolle außerdem noch wissen, welches Verbrechens er beschuldigt werde.

Resp. Ich habe so gesagt, weil ich gar nichts verbrochen habe.

Ei dicto: Warum er auf die Frage, ob er, als er mit dem besagten Baruello über den Schlossplatze gegangen sei, jemanden gesehen habe, erst mit „Nein" geantwortet, dann aber schnell hinzugefügt habe: „Aber Herr, es gingen Leute dort hin und her", und als er gefragt worden sei, warum er vorher mit „Nein" geantwortet habe, geantwortet habe: „Ich habe die Frage so verstanden, ob ich jemanden von unseren Genossen gesehen hätte", und dann hinzugefügt habe: „Nein Herr, bei der heiligen Jungfrau, ich habe nichts verbrochen"; diese letzteren Worte lägen ebenfalls außerhalb des

Fragegegenstandes, denn bislang sei er über ein spezielles Verbrechen noch gar nicht befragt worden, sie nötigten aber den Richter zu der Frage, warum er sie gesagt habe, und deshalb werde jetzt die Frage an ihn gerichtet, weshalb er die Antwort gegeben habe, obwohl sie außerhalb dessen liege, wonach er gefragt worden sei, und dies auch noch mit solcher Übertreibung.

Resp. Weil ich nichts verbrochen habe.

Ei dicto: Über alles, worüber er jetzt befragt werde, wolle man von ihm eine zutreffendere Antwort erhalten, andernfalls würde man zur Folter schreiten, um sie zu erhalten[3].

Resp.: „Ich wiederhole, dass ich nichts verbrochen habe, und vertraue fest auf die hochheilige Jungfrau, die mir beistehen wird, denn ich habe nichts verbrochen, nichts verbrochen"[4].

Tunc jussum fuit, eum duci ad locum Eculei et ibi torturae subjici adhibita etiam ligatura canubis ad effectum ut opportune respondeat interrogationibus sibi factis ut supra et non aliter etc. et semper sine praejudicio confessi et convicti ac aliorum jurium etc., prout fuit ductus, et ei reiterato juramento veritatis dicendae prout juravit etc., fuit denuo [Darauf wurde befohlen, ihn an den Ort zu führen, wo das Folterpferd steht, und er wurde gefoltert, auch wurde die Folter mit dem Seile angewendet[5]], damit er wahrheitsgemäßere Antworten gebe, wie oben und nicht anders u.s.w., und immer unbeschadet des Geständnisses und der Überführung und der Rechte anderer etc.; und nachdem ihm erneut der Eid der Wahrheit angenommen worden war, wurde er vorgeführt und erneut]

Int.: Er möge sich entschließen, streng auf die ihm bereits gestellten Fragen zu antworten, andernfalls werde man ihn binden und foltern lassen.

Resp.: „Weil ich nichts verbrochen habe, wertester Herr!"

Tunc semper sine praejudicio ut supra ad effectum tantum, ut supra, et eo prins, vestibus, Curiae induto jussum fuit ligari, pront fuit per bracchium sinistrum ad funem applicatus et cum etiam ei fuisset aptata ligature canubis ad brachium (dexterum, fuit denuo).[Immer wurde er darauf, ohne Vorbehalt, wie oben, zu dem beabsichtigten Erfolge, nachdem ihm vorher das Armesünderkleid angezogen; wieder gefoltert, und das Seil ihm auch an den rechten Arm, wie es schon am linken befestigt war, angelegt, darauf von Neuem]

Int. Er möge sich entschließen, ordentlich auf die ihm vorgelegten Fragen zu antworten, sonst werde man ihn zwingen.

Resp.: „Ich habe nichts getan, ich bin ein guter Christ, Euer Hochwohlgeboren kann machen, was sie will".

---

3   Wegen solcher Antworten jemanden auf die Folter spannen!
4   Wir sehen, dass es seine Gewohnheit war, die letzten Worte zu wiederholen.
5   Die Folter mit dem Seile bestand aus einem Strange, der um den Ballen der Hand geknüpft und diese dann so gedreht wurde, dass sie sich ausrenkte, aus dem Handgelenke herausgedreht war und nun platt auf den Arm gelegt werde konnte.

Tunc semper sine praejudicio ut supra jussum fuit stringi, et cum stringeretur denuo [Darauf wurde erneut befohlen, ohne Vorbehalt, wie oben befohlen worden war, ihn zu schnüren und als er geschnürt war, wurde er von neuem]

Int.: Er möge sich entschließen, genau auf die ihm gestellten Fragen zu antworten.

Resp.: „Ach heilige Jungfrau", *gridando* [schreiend]: „Ich weiß nichts".

Iterum institutus ad dicendam veritatem, ut supra. [Erneut wurde in ihn gedrungen, wie oben]

Resp.: „Ach heilige Jungfrau von S. Celso, ich weiß nichts".

Et dicto: Er solle die Wahrheit sagen, wenn nicht, werde er stärker geschnürt werden; er solle genau auf die Frage antworten.

Resp.: „Ach Herr, ich habe nichts gethan".

Tunc jussum fuit, fortius stringi et dum stringeretur fuit pariter [Daraufhin wurde befohlen, ihn stärker zu schnüren, und während er geschnürt wurde, wurde er abermals]

Int.: Er möge sich entschließen, die Wahrheit auf die ihm gestellten Fragen zu sagen.

Resp. acclamando [schreiend]: „Ach hochedler Herr, ich weiß doch nichts".

Institus ad opportune respondendum ut supra [Ermahnt, angemessene Antwort zu geben, wie oben]

Resp.: „Ich bin zu Unrecht hier, ich habe nichts verbrochen, Barmherzigkeit, heilige Jungfrau!"

Interr. iterum ad opportune respondendum ut supra, [Erneut aufgefordert, angemessen zu antworten, wie oben], andernfalls werde man ihn noch stärker schnüren lassen,

Resp. acclamando: Ich weiß es nicht, hochedler Herr, ich weiß es nicht, hochedler Herr".

Tunc jussum fuit fortius stringi et dum stringeretur fuit denuo [Darauf wurde befohlen, ihn noch stärker zu schnüren, und während er geschnürt wurde, wurde er erneut]

Int. ad opportune respondendum ut supra [angemessen zu antworten, wie oben].

Resp. acclamando: „Ach hochheilige Jungfrau, ich weiß nichts".

Tunc postergatis manibus et ligatus fuit in Eculeo elevatus, deinde [Daraufhin wurden ihm die Hände nach hinten gedreht und er wurde auf das Folterpferd gehoben; sodann]:

Int. Er möge sich entschließen, auf die ihm bereits gestellten Fragen angemessen zu antworten.

Resp. acclamando: „Ach hochedler Herr, ich weiß nichts".

Int. ad opportune respondendum ut supra [Aufgefordert, angemessen zu antworten, wie oben],

Resp.: „Ich weiß nichts, ich weiß nichts. Welche Qualen werden hier einem Christen zugefügt. Ich weiß nichts".

Et iterum institutus ut supra [Erneut ermahnt, wie oben],

Resp. „Ich habe nichts verbrochen".

Tunc ad omnem bonum finem jussum fuit deponi et abradi[6]*), prout fuit depositus, et dum abraderetur fuit iterum* [Darauf wurde zuguterletzt befohlen, ihn herabzulassen, und es wurde ihm der Kopf geschoren, und während er geschoren wurde, wurde er von neuem]

Int. ad opportune respondendum ut supra [angemessen zu antworten, wie oben].

Resp. „Ich weiß nichts, ich weiß nichts".

Et cum esset abrasus fuit denuo in Eculeo elevatus deinde [Nachdem er geschoren worden war, wurde er wieder auf das Folterpferd gehoben; sodann]

Int. Er solle sich nun entschließen, auf die gestellten Fragen zu antworten.

Resp. acclamando: „Lasst mich herab, ich will die Wahrheit sagen".

Et dicto: Er möge zu reden anfangen, dann werde man ihn hinablassen.

Resp. acclamando: „Lasst mich herab, damit ich sie sage".

Qua promissione attenta fuit in plano depositus, deinde [Auf dieses Versprechen hin wurde auf die Erde gelegt, sodann]

Int.: Er solle nun die Wahrheit sagen, wie er versprochen habe.

Resp.: „Hochedler Herr, lasst mich etwas lockerer binden, dass ich die Wahrheit sage".

Ei dicto: Er möge beginnen, sie zu sagen.

Resp. Baruello war es, der mich in der Porta Ticinese besuchte und mich aufforderte, ich solle mit ihm gehen wegen eines gewissen Weizens, der gestohlen worden sei; und er sagte, wir würden einen Bauern treffen, der ihm etwas Schlaferregendes geben wolle, aber wir sind nicht hingegangen. *Postea dixit* [darauf sagte er]: „Nein Herr, Euer Wohlgeboren möge mir die Stricke etwas lockern, ich will etwas sagen, was nach dem Geschmacke von Euer Wohlgeboren sein wird"[7].

Ei dicto: Er möge zu sprechen anfangen, dann würden die Stricke gelockert,

Resp.: „Ach Herr, lockert mir die Stricke; ich werde Euch gewiss zu Gefallen sein, zu Gefallen sein".

Qua promissione attenta jussum fuit dissolvi et dissolutus fuit postea [Nach diesem Verprechen wurde die Lösung der Fesseln befohlen, und nachdem er losgebunden war],

Int.: Er solle die Wahrheit sagen, wie er versprochen.

---

6   Es fiel auf, dass er diesen Qualen widerstand, daher glaubte man, er habe in den Haaren einen Talisman.

7   Wie lange die Qual dieser Folter gedauert hat, kann man schon aus der Zeit ersehen, die man zum Niederschreiben dieses Verhöres braucht. Dabei ist zu bemerken, dass der Schmerz auch nach der Befreiung von der Folter noch fortdauerte, denn die Stricke wurden nicht gelöst. Und nun noch das: „Das wird nach Eurem Geschmacke sein", Strecken und Quälen also galt für einen Genuss der Richter!

Resp.: „Hochedler Herr! Ich weiß nicht, was ich sagen soll, ich weiß nicht, was ich sagen soll; niemals wird es sich ergeben, dass Carlo Bedano irgendeine Schlechtigkeit begangen hat".

Institus [Ermahnt], die Wahrheit zu sagen, wie er versprochen, andernfalls werde er erneut gefesselt und ohne irgendeinige Schonung gefoltert[8],

Resp.: „Wenn ich aber doch nichts getan habe...".

Iterum institutus ut supra [Erneut ermahnt wie oben]

Resp.: „Herr Senator, ich bin einmal mit Baruello im Hause des Messer Gerolamo zum Essen gewesen, aber ich erinnere mich nicht des genauen Abends".

Et cum ulterius vellet progredi jussum fuit denuo ligari per brachium sinistram ad funem et per brachium dextrum canubi et cum ita esset ligatus, ut antequam stringeretur. [Und als er weiter fortfahren wollte, wurde befohlen, ihm mit dem linken Arm an den Strick zu binden und mit dem rechten Arm an das Seil, und bevor er gefesselt wurde]

Int. ad oppurtune respondendum ut supra [aufgeordert, angemessen zu antworten, wie oben],

Resp.: „Haltet ein; Euer Wohlgeboren wartet, Herr Senator, ich will alles sagen".

Ei dicto: Er solle also sprechen,

Resp.: „Wenn ich doch nicht weiß, was ich sagen soll".

Tunc jussum fuit stringi et dum stringeretur acclamavit [Darauf wurde befohlen, ihn zu fesseln, und während er gefesselt wurde, rief er]: „Wartet, ich will die Wahrheit sagen!".

Ei dicto: Dann solle er beginnen, sie zu sagen.

Resp.: „Ach Herr, wenn ich nur wüsste, was ich sagen soll, würde ich es gewiss sagen". *Et exclamavit* [Und schrie]: „Ach Herr Senator!"

Et etiam institus ad dicendam veritatem ut supra. [Erneut ermahnt, die Wahrheit zu sagen, wie oben],

Resp. acclemendo: „Ach Herr, Herr, ich weiß nichts!"

Et jussum fuit fortius stringi et dum stringeretur fuit denuo [Und es wurde befohlen, ihn strenger zu fesseln und während er gefesselt wurde, wurde er nochmals]

Institus [Ermahnt]: Sich nun zu entschließen, wie versprochen die Wahrheit zu sagen und angemessen auf die Fragen zu antworten.

Resp. acclamando: „Ich weiß nichts, Herr, Herr, ich weiß nichts!"

Et cum per satis temporis spatium stetesset in tormentis multumque pati videretur, nec aliud ab eo sperari posset, jussum fuit dissolvi et reconsignari, prout ita factum est. [Und da die Folter lange genug gedauert hatte, und er viel zu leiden schien, außerdem man nichts weiteres von ihm erhoffen konnte, wurde befohlen, ihn loszubinden und ihn wieder abzuführen, und entsprechend wurde verfahren].

---

8   Auch hier wiederholt er: „Ich weiß nichts, was ich sagen soll, ich weiß nicht, was ich sagen soll"; die Wiederholung der Worte scheint eine Gewohnheit von ihm gewesen sein.

VII. Wie der Prozess wegen der Pestschmierereien endete

Wollte man dem Leser ganz genau die bei dieser Gelegenheit mit methodischer Gründlichkeit vollzogene Schreckensszene vorführen, so müsste man die ganze Prozessakte abschreiben, man müsste die Folterungen beschreiben, denen Geldwechsler, ihre Schreiber und andere Personen unterworfen wurden – grässliche Folterungen, mit denen sie zu dem Geständnisse gebracht werden sollten, unbekannten Personen auf ihre bloße Berufung auf Don Giovanni di Padilla hin bedeutende Geldsummen ausgezahlt und darüber weder Quittung verlangt, noch sie in ihre Bücher eingetragen zu haben – all jene absurden Vorwürfe also, die man sich aus dem mit der Folter erzwungenen Roman Moras und Piazzas zusammengereimt hatte. Doch so empörend der Bericht ist, den ich eben gegeben habe, so bedauernswert sind auch für Seele und Herz dessen traurige Gegenstände. Die Schreckensszene, die ich beschrieben habe, lässt den grausame Fanatismus des Richters sichtbar werden, der mit Spitzfindigkeiten einen armen Menschen umgarnte, welcher nichts von den Windungen eines Kriminalprozesses verstand; der ihn bis aufs äußerste in die Enge trieb, in der der Unglückliche tausendfache Beschuldigungen gegen sich vorgebracht hätte, wenn ihm unglücklicherweise eine Form der Selbstbezichtigung eingefallen wäre. Mit derselben Unmenschlichkeit wandte man die Folter gegen viele Unschuldige an; kurz, es war eine Schreckensszene. Die grausame Art der Hinrichtung des Barbiers Gian Giacomo Mora (dessen Haus zwecks Errichtung der Schandsäule abgerissen wurde), des Guglielmo Piazza, des Messerschmiedes Gerolamo Migliavacca, Foresa genannt, des Francesco Manzono, der Caterina Rezzana und noch vieler anderer ist bekannt; sie wurden auf einem Karren nach dem Richtplatz gebracht, auf dem Wege dorthin wurden sie mit Zangen gequält und es wurde ihnen die Hand abgehackt; sodann wurden ihnen die Arm- und Beinknochen zerbrochen, sie bei lebendigem Leibe auf das Rad geflochten und mehr als sechs Stunden lang sterbend dort belassen und zuletzt vom Henker abgeschlachtet; ihre Leichen wurden verbrannt und die Asche in den Fluss gestreut. Die Inschrift, die dort, wo Moras Haus gestanden hatte, angebracht wurde, lautet folgendermaßen:

HIC. UBI. HAEC. AREA. PATENS. EST. SURGEBAT. OLIM. TONSTRINA IO. IACOBI. MORAE QUI. FACTA. CUM.GUGLIELMO. PLATEA. PUB. SANIT. COMMISSARIO ET. CUM. ALIIS. CONIURATIONE. DUM. PESTIS. ATROX. SAEVERIT LAETIFERIS. UNGUENTIS. HUC. ET. ILLUC. ASPERSIS PLURES. AD. DIRAM. MORTEM. COMULIT HOS. IGITUR. AMBOS. HOSTES. PATRIAE. IUDICATOS EXCELSO. IN. PLAUSTRO. CANDENTI. PRIUS. VELLICATOS. FORCIPE. ET. DEXTERA. MULCTATOS. MANU ROTA. INFRINGI. ROTAQUE. INTEXTOS. POST. HORAS. SEX. JUGULARI COMBURI. DEINDE AC. NE. QUID. TAM. SCELESTORUM. HOMINUM RELIQUI. SIT PUBLICATIS. BONIS CINERES. IN. FLUMEN. PROJICI SENATUS. JUSSIT CUIUS. REI. MEMORIA. AETERNA. UT. SIT HANC. DOMUM. SCELERIS. OFFICINAM SOLO. AEQUARI AC. NUNQUAM. IMPOSTERUM. REFICI ET. ERIGI. COLUMNAM QUAE. VOCETUR. INFAMIS PROCUL. HINC. PROCUL. ERGO BONI. CIVES NE. VOS. INFELIX. INFAME. SOLUM COMACULET MDCXXX . KAL. AUGUSTI.	An dieser freien Stelle stand einst der Barbierladen des Gian Giacomo Mora, der mit Guglielmo Piazza, Öffentlichem Sanitätskommissär, und mit anderen sich verschwor, während die Pest grausam wütete, und durch tödliche Schmierereien vielen einen grausamen Tod brachte. Als Feinde des Vaterlandes verurteilt, wurden beide auf einem Karren zuerst mit glühender Zange gefoltert, ihnen die rechte Hand abgehackt, die Knochen mit dem Rad gebrochen, sie 6 Stunden auf das Rad geflochten, zerschnitten und dann verbrannt. Auf dass nun von solchen Verbrechern nichts übrig bleibe, wurde ihr Vermögen eingezogen und ihre Asche in den Fluss geworfen. Der Senat hat befohlen, zum ewigen Gedächtnis dessen dieses Haus des Verbrechens dem Erdboden gleichzumachen, es niemals wieder aufzubauen und eine Säule zu errichten, welche Schandsäule heißen soll. Haltet euch daher fern von hier, gute Bürger, auf dass euch nicht der unglückliche Boden des Verbrechens befleckt. 1. August 1630.

Als dann der Mönch Giuseppe Ripamonti, ein Zeitgenosse, zur Feder griff, schrieb er: *Confessique isti flagitium, et tormentis omnibus excruciati perseveravere confitentes donec in patibulum agerentur. Hi denum juxta laqueum inter carnificis manus de sua innocentia ad populum ita dixere: mori se libenter ob scelera alia, quae admisissent; caeterum ungendi artem se factitavisse nunquam, nulla sibi veneficia aut incantamenta nota fuisse. Ea sive insania mortalium, sive perversitas, et livor astusque daemonis erat. Sic indicia rerum, et judicum animi magis magisque confundebantur.* [Nachdem sie auf der Folter das ganze Verbrechen eingestanden hatten, blieben sie bei diesem Geständnis, bis sie zur Richtstätte gebracht wurden; dort erklärten sie, während ihnen die Hand abgehackt wurde, sie wollten zwar gern anderer Sünden wegen, die die begangen hätten, sterben und büßen; niemals aber hätten die die Kunst der Herstellung von Salben, Giften oder Zaubermitteln betrieben oder auch nur beherrscht]. Das sagt Ripamonti, der doch der allgemeinen Meinung beipflichtet, d.h. sie für schuldig hält.

Betrachtungen über die Folter

Die Grausamkeiten, die in jenen unglücklichen Zeiten von mehr als einem Richter verübt wurden, gingen so weit, dass mehr als einer so sehr gequält wurde, dass er auf der Folter starb. Ripamonti berichtet auch dies; statt aber die Grausamkeit der Richter zu rügen, bringt er seinen gewöhnlichen unsinnigen Grund vor, dass der Teufel sie erwürgt habe. *Constitit flagitii reos in tormentis a daemone fuisse strangulatos* [Es ist vorgekommen, dass einige Beschuldigte während der Folter vom Teufel erwürgt wurden][1].

Der Kardinal Federico Borromeo, damals unser verehrungswürdiger Erzbischof, zweifelte an der Wahrheit des Verbrechens. Ripamonti zitiert in einer seiner Schriften dessen Worte: *Non potuisse privatis sumptibus haec potenta patrari. Regum, principumque nullus opes authoritatemque comodavit. Ne caput quidem, authorve quis piam unctorum istorum, furiarumque reperitur; et haud parva conjectura vanitatis est, quod sua sponte evanuit scelus, duraturum haud dubio usque in extrema, si vi aliqua consilioque certo niteretur. Media inter haec sententia, mediumque inter ambages dubiae historiae iter*[2]. [Kein schlichter Privatmann hatte genug Geld, um eine so ungeheuerliche Verschwörung ins Werk zu setzen. Kein König oder Fürst gab Mittel oder Ermächtigung dazu. Niemals ist klargeworden, wer Haupt oder Urheber solcher Schmierereien und solchen Wahnsinns gewesen sein soll; und es ist eine nichtswürdige Erfindung, dass das Verbrechen von selbst aufgehört haben soll, da es doch zweifellos bis zum bitteren Ende fortgesetzt worden wäre, wenn irgend eine Macht oder ein bestimmter Ratgeber es unterstützt hätte. Zwischen solchen Zweifeln und Unsicherheiten muss die Geschichtsschreibung ihren Weg finden].

Der aufgeklärte Kardinal war nicht der Einzige, der an der Wahrheit der ganzen Sache zweifelte, es müssen noch von anderer Seite her Zweifel laut geworden sein, wenn doch Ripamonti, Somaglia und andere Schriftsteller jener Zeit sich ausgiebig um den Beweis der Schuld der Verurteilten bemühten, was sie gewiss nicht getan hätten, wenn es nicht die Notwendigkeit gegeben hätte, eine widersprechende Auffassung zu bekämpfen..

Jeder vernünftige Mensch wird, wenn er die ganze unselige Häufig der hier berichteten Vorfälle noch einmal überdenkt, erkennen, wie entsetzlich das Unglück war, das in jener Zeit auf so unselige Weise unsere Vaterstadt heimsuchte, und dass jene grauenvolle Häufung des Elends ganz und gar aus jener Unwissenheit und jenem Beharren auf Irrtümern entstand, die einen Charakterzug unserer Vorfahren bildeten. Erst lassen sie mit der größten Sorglosigkeit und Indolenz die Pest in das Land gelangen, dann verweigern sie mit größtem Leichtsinn den Glauben an die Tatsachen, indem sie sich weigern, das Aufkommen eines so wichtigen Vorkommnisses zu un-

---

1 *Ripamonti*, S. 178.
2 *Ripamonti*, S. 115.

tersuchen; dann erwarten sie mit schlimmstem Aberglauben vom Himmel ein Wunder, als ob die ansteckende Krankheit sich nicht weiterverbreiten würde, wenn das Volk zusammenläuft; sodann vernichtet man mit größter Grausamkeit und Dummheit unschuldige Bürger, zerfleischt und quält sie mit höllischen Schmerzen, um ein eingebildetes Verbrechen zu sühnen. Kurz, die verbannte Wahrheit konnte sich nirgends Bahn brechen, das Gebell des Aberglaubens und die anmaßende Unwissenheit zwangen sie, sich zu verbergen. Über das ganze vergangene Jahrhundert hinweg machten sich die erschütternden Folgen dieser Pest in einem unglückseligen Zustande bemerkbar. Den Äckern fehlte es an Bauern, Künste und Wissenschaften versanken in Bedeutungslosigkeit, und vielleicht haben wir heutzutage noch unbebaute Landstriche, die sich vor ihrer Vernichtung großer Fruchtbarkeit erfreuten. So erschlaffte der Rest des Volkes in der trostlosen Lage, in die es verfallen war; wenig blieb von dem alten Reichtum, und aus den fünfzig Jahren nach der Pest wird man außer ärmlichen Hütten kein neu erbautes Haus finden. Der Adel verwilderte, jeder lebte nur im engen Kreise seiner Verwandten und betrachtete sich als ein in seinem Vaterland isoliertes Wesen; die vor der Katastrophe so glanz- und freudenvolle Geselligkeit erneuerte sich erst zu Beginn unseres Jahrhunderts. Soviel vermag Dummheit und Aberglaube.

VIII. Ist die Folter eine grausame Quälerei?

Darüber, dass in der Zeit der angeblichen Pestschmiereien die Folter eine fürchterliche Grausamkeit gewesen ist, kann kein Zweifel bestehen. Man könnte aber sagen, dass die Zeiten sich geändert hätten, dass damals nur die äußerste Notlage des Gemeinwesens zu einem Exzeß geführt habe, der nicht als Beispiel dienen könne. Ich glaube jedoch, dass bis auf den heutigen Tag die Praxis des Kriminalverfahrens von denselben Büchern angeleitet wird, die man schon 1630 zu Rate gezogen hat, und gestützt auf diese fällt mir die Einsicht nicht schwer, dass die Folter wirklich eine teuflische Quälerei ist.

Als Folter bezeichne ich nicht eine Strafe, die einem Täter durch Urteil zugefügt wird, sondern die angebliche Erforschung der Wahrheit unter Schmerzzufügung. *Questio est veritatis indagatio per tormentum, seu per torturam et potest tortura appellari quaestio a quaerendo, quod judex per tormenta inquirit veritatem* [Die Befragung ist die Erforschung der Wahrheit durch Schmerzzufügung, d.h. durch Folter; die Folter kann daher als Befragung bezeichnet werden, denn sie ist eine Untersuchung, weil der Richter die Wahrheit mittels Schmerzzufügung untersucht].

Die Befürworter der Folter suchen den Schauder zu beschwichtigen, den jedes fühlende Herz schon bei der Vorstellung der Schmerzen empfindet. „Gering ist das Unglück", sagen sie, „das der Gefolterte erleidet; es handelt sich um einen vorübergehenden Schmerz, der niemals die Hilfe eines Arztes oder Chirurgen notwendig macht, die Schmerzen, die zugefügt werden, werden übertrieben". Das ist das erste Argument, womit sie die Empörung zu ersticken versuchen, das die Vorstellung der Folter im menschlichen Empfinden hervorruft. Dabei geht doch für Wesen von Fleisch und Blut aus den Ereignissen des Jahres 1630 der Schrecken dieser Qualen klar genug hervor; und die Gesetze und die Praxis, unter denen wir heute leben, sind noch dieselben wie diejenigen, die ich beschrieben habe, und nichts steht entgegen, dass solche Grausamkeiten sich wiederholen, wenn sich nur solche Richter wie damals finden. Immer noch wird heute als Mittel der Folter das Schulterbein ausgerenkt, immer noch wird gelegentlich Feuer an die Füße gelegt, an sich schon grausame Handlungen, aber kein Gesetz beschränkt die Grausamkeit auf diese beiden Methoden; die Doktoren, welche die Lehrmeister solcher Quälereien sind, die Doktoren, welche man als Regel und Gesetz für Kriminalverfahren zu Rate zieht, schreiben wahrlich keine besondere Mäßigung vor.

Der Mailänder Bossi z.B., der die Mailändische Kriminalpraxis darstellt, sagt *ad tit. De Torturiis N. 2: Nec quodlibet tormentum cum dolore corporis dicitur quaestio:*

hinc est quod gravior est tortura, quam utriusque manus abscissio; et pati torturam est supremas angustias sustinere, ut vidimus et audivimus, et de his tormentis loquitur totus titulus de quaestionibus; sic etiam loquuntur doctores, quod maxime patet dum congerunt instrumenta et modos torquendi; quia nihil horum est leve, immo crudelissimum, et ideo etiam igne saepe rei torquentur: igne defatigati, quae dicunt ipsa videtur esse veritas. [Nicht jegliche Zufügung von körperlichem Schmerz wird peinliche Befragung genannt; Folter ist etwas, das schlimmer ist, als wenn beide Hände abgeschnitten werden; Folter zu ertragen, bedeutet, die äußersten Schmerzen zu erleiden, wenn wir sie nur sehen oder hören. Und von diesen Schmerzzufügungen spricht der gesamte Titel von der peinlichen Befragung. So sagen auch die Doktoren, und es leuchtet auch vollkommen ein, wenn sie die Instrumente und Methoden der Quälereien darstellen: Nichts daran ist mild, vielmehr alles grausam; und deshalb wird häufig zur Folter mit Feuer gegriffen; und was der mit Feuer Gequälte aussagt, wird dann als Wahrheit angesehen].

Nach diesen Worten verstehe ich nicht, wie man die Folter zu den geringfügigen Übeln zählen will. Ich bestreite keineswegs, dass ein menschenfreundlicher Richter die Grausamkeit dieser Praxis mildern kann, doch das Gesetz ist keineswegs milde, und die gelehrten Lehrmeister sind es schon ganz und gar nicht. Man sehe doch nur, mit welcher Grausamkeit Zigler diese unmenschliche Praxis beschreibt[1]: „Außer der Streckfolter rösten die Folterknechte zuweilen auch mit brennenden Kienspanen gewisse Teile der Haut an einem langsamen Feuer; oder sie treiben kleine Holzstückchen unter die Fingernägel und zünden dann ihre äußeren Spitzen an, damit die Glut unter die Nägel fährt; oder sie zwingen die Delinquenten, auf einem metallenen Stier oder Esel zu reiten, in die man brennende Kohlen wirft, so dass sie durch die immer größer werdende Hitze fürchterliche Qualen leiden". Das sind die Lehren dieses Praktikers, dessen Worte im Original so lauten: *Praeter expansionem, carnifices cutem inquisiti cadentibus luminibus in certis corporis partibus lento igne urunt; vel partes digitorum extimas immissis infra ungues piceis cuniculis, iisque postmodum accensis per adustionem inquisitos excruciant; aut etiam tauro vel asino ex metallis formato, ut incalescenti paulatim per ignes injectos, tandemque per auctum carolem nimium doloribus incredibilibus insidentes urgeant delinquentes imponunt.*

Farinacius selbst berichtet, wenn er von seiner Zeit spricht, dass die Richter zu ihrem Vergnügen, das sie beim Foltern der Angeklagten empfinden, neue Arten der Quälereien erfunden hätten[2]. Hier sind seine Worte: *Iudices qui propter delectationem, quam habent torquendi reos, inveniunt novas tormentorum species.*

---

1 *Thnm. 47. de tort. §. 12.*
2 *Theor. et prax. crim. II, qu. 38. num 56.*

So ist die menschliche Natur, dass, wenn erst einmal die Scheu vor den Leiden eines Mitmenschen überwunden und der wohltätige Keim des Mitleids unterdrückt ist, sie verwildert und sich an ihrer Überlegenheit beim Anblick der Leiden des Mitmenschen ergötzt; ein Beispiel hierfür bietet auch die Begeisterung der Römer für die Gladiatorenkämpfe. Man lese nur wieder Farinacius, wo er den Richter ermahnt, sich zu mäßigen und dem Angeklagten nicht eigenhändig Schmerzen zuzufügen; er führt dabei das Beispiel eines Anklägers an, der den Verhafteten bei den Haaren und an der Ohren ergriff und ihn so mit den Kopf gegen eine Säule stieß, wobei er ihn anschrie: „Schurke gestehe!" Hier seine Worte: *Abstineat etiam judex se ab eo quod aliqui judices facere solent, videlicet a torquendo reos cum propiis manibus ... . Refert Paris de Puteo se vidisse quemquam, qui capiebat reum per capillos, vel aures, dando caput ipsius fortiter ad columnam, dicendo: confitearis et dica veritatem, ribalde* [Der Richter enthalte sich dessen, was einige Richter zu tun pflegen, welche die Angeklagten eigenhändig foltern ... Paris de Puteo berichtet, er habe einen gesehen, der der Angeklagten bei den Haaren oder den Ohren fasste und seinen Kopf kräftig gegen eine Säule stieß, wobei er sagte: Gestehe und sprich die Wahrheit, Schurke!].

Der berühmte Bartolus[3] berichtet von sich selbst, wie es ihm geschehen sei, dass er einen kräftigen Jüngling durch die Folter getötet habe; und folgert daraus, dass man einen solchen Vorfall niemals dem Richter zurechnen dürfe. *Hoc incidit mihi quia dum viderem juvenem robustum, torsi illum et statim fere mortus est.* Und mit solcher Gleichgültigkeit erzählt der eiskalte Doktor diesen schrecklichen Vorfall!

Nach dem, was das Beispiel der Pestschmierereien und die Meinungen der Lehrmeister der Folter uns gezeigt haben, muss man einfach der Auffassung zustimmen, dass die Folter grausam, ja höchst grausam ist, und wenn heutzutage das Geschick es will, dass ihre Vollstrecker sie milder handhaben, so bleibt sie deswegen doch genau so Fürchterliches und Grausames, wie es jedermann annimmt; und diese Grausamkeiten und diese gesetzlich autorisierten Schrecklichkeiten, kann noch heute jeder erleiden, ob nun die Praxis durch neue Gesetze gemildert ist oder nicht, solange sie nicht beseitigt ist.

Die Qualen der Folter beschränken sich aber nicht auf die Schmerzen, die sie hervorruft – Schmerzen, die zum Tode mehr als eines Menschen auf der Folter geführt haben; noch größere Schreckensbilder verbreiten die Gelehrten über die Umstände ihrer Handhabung. Der erwähnte Bossi versichert, dass, wenn ein Beschuldigter ein Geständnis ablegt, nachdem er vom Richter mit dem Versprechen, ihm werde nichts Schlimmes geschehen, dazu bewogen worden ist, das Geständnis wirksam sei, das Versprechen des Richters aber nicht zähle[4]. Tabor[5] sagt, dass selbst eine stillende

---

3   *Comment. ad ff. nov. 48, 7.*
4   *Tit. de torturis num. 11.*
5   *De tort. et indic. delict. §. 30.*

Frau durchaus auf die Folter gelegt werden könne, wenn nur dem Säugling kein Mangel an Nahrung eintrete: *Etiam mulieri lactanti torturam aliquando fuisse indictam cum ea mederatione ne infanti in alimentis aliquid decedat, quam declarationem facile admitto.* Um des weiteren einen Zeugen zu foltern, genügt es, dass er den unteren Ständen angehört. *Vilitas personae est justa causa torquendi testem*[6]; und Clarus vertritt die Auffassung, es genüge, dass nur einige wenige Indizien gegen einen Menschen vorlägen, um ihn zur Folter zu führen; da im Bereich von Folter und Indizien man keine bestimmte Regel vorschreiben könne, bleibe alles dem Ermessen des Richters überlassen: *Sufficit adesse aliqua indicia contra reum ad hoc, ut torqueri possit [...] in hoc autem quae dicantur indicia ad torturam sufficientia scire debes quod in materia judiciorum et torturae propter varietatem negotiorum et personarum non potest dari certa doctrina sed remittitur arbitrio judicis.* Und so reicht denn schon das bloße Gerücht aus, um, wenn der Richter es will, einen Menschen auf die Folter zu bringen[7]. Eine Schrecklichkeit möge hier genügen; sie wird berichtet von dem berühmten Mailänder Clarus, dem größten Lehrmeister dieser Praxis: „Ein Richter kann, wenn er eine verdächtige Frau in Haft sitzen hat, sie heimlich in sein Dienstzimmer bringen lassen, sie dort küssen, liebkosen, den Verliebten spielen, ihr die Freiheit versprechen, nur um sie zum Geständnis des Verbrechens zu bewegen, und auf diese Weise brachte einmal ein Untersuchungsführer ein Mädchen dazu, sich des Mordes zu bezichtigen, und er brachte sie damit um ihren Kopf". Damit man nicht glaubt, dass all diese gegen die Religion, die Tugend und die heiligsten Grundsätze der Menschheit verstoßenden Schrecklichkeiten übertrieben dargestellt seien, gebe ich hier wörtlich wieder, was Clarus sagt[8]: *Paris dicit, quod judex potest mulierem ad se adduci facere secreto in camera et eidem dicere quod vult eam habere in suam et fingere velle illam deosculari et eipolliceri liberationem et et quod ita factum fuit a quodam regente qui quandam mulierem blanditiis illis induxit ad confitendum homicidium, quae postea decapitata fuit.*

Ich glaube, ich habe mich nicht zu weit hinreißen lassen, wenn ich sage, dass die Folter schon an und für sich eine höchst fürchterliche Angelegenheit ist, dass die Leichtigkeit, mit der sie nach Willkür eines einzigen Richters in der Einsamkeit der Folterkammer vollzogen werden kann, und dass die hinterhältige Moral, zu der sich die Richter von einigen der berühmtesten Rechtslehrer anhalten ließen, wahrlich ein würdiges Zeichen jener ungebildeten früheren Zeiten der Finsternis ist. Es ist daher eine außerordentlich ernste und der Beachtung würdige Frage, und es gibt nichts, was imstande wäre, den Abscheu oder die Bedeutsamkeit zu mindern.

---

6 *Bald. Butrio, Farinac. qu. 79. n. 3.*
7 *Gand. de malef. in tit. de quaest. num 39. Aug. ad Angel. de malef. in verbo: fama publica, num 41.; Caravita de ritu magnae curiae num. 8. et Brun. de incidiis fol. 41. num. 32.*
8 *S. 760. num. 80.*

IX. Ist die Folter ein Mittel zur Erforschung der Wahrheit?

Wenn die Erforschung der Wahrheit durch Quälerei schon an sich eine Grausamkeit ist, wenn sie naturgemäß das Gemüt eines fühlenden Menschen verfinstert, wenn jedes nicht völlig verkehrte Herz sogleich ihre Abschaffung und Ächtung verlangt; so unterdrückt und erstickt doch ein aufgeklärter Mitbürger diese einsame Aufwallung und setzt den Schmerzen, mit denen ein tatverdächtiger Mensch bedrängt wird, den Vorteil, den die Aufdeckung der Wahrheit über Verbrechen bietet, entgegen; er wägt in Ruhe den Schmerz eines Einzelnen gegen die Ruhe von Tausenden ab. Und dies muss auch das Empfinden dessen sein, der sich bei der Verteilung seiner menschlichen Empfindungen nicht der ungerechten Parteinahme schuldig macht und sie ganz und gar dem Mitleid mit verdächtigen Bürgern zuteilt, für die größere Zahl unschuldiger Bürger aber nichts übrig lässt. Dieses ist der zweite Grund, auf den sich diejenigen berufen, die bis zum heutigen Tage die Folter für eine wohltätige und zweckmäßige, für die Erhaltung des Staates notwendige Einrichtung halten.

Aber die Verteidiger der Folter gehen mit diesen Überlegungen von einer falschen Voraussetzung aus. Sie setzen voraus, dass die Quälereien ein Mittel zur Erforschung der Wahrheit seien. Gerade dies ist aber die Frage. Ihnen obliegt die Beweislast dafür, dass es sich um ein Mittel zur Gewinnung der Wahrheit handelt; dann erst könnten sie sich auf dieses Argument stützen: aber wie wollen sie es beweisen? Ich glaube ganz im Gegenteil, recht leicht die folgenden Sätze beweisen zu können:

I. dass Quälereien kein Mittel zur Entdeckung der Wahrheit sind;

II. dass nicht das Gesetz und nicht einmal die strafgerichtliche Praxis Quälereien als ein Mittel der Wahrheitsfindung ansehen.

III. dass, selbst wenn ein solches Vorgehen zur Wahrheitsfindung führen sollte, es seinem Wesen nach ein ungerechtes Mittel wäre.

Um zu zeigen, dass Quälereien kein Mittel zur Erforschung der Wahrheit sind, will ich von den Tatsachen ausgehen. Jeder Kriminalist, so wenig er auch dieses erbärmliche Mittel angewendet haben mag, wird mir zugestehen, dass es nicht selten vorkommt, dass robuste und fest entschlossene Angeklagte alle Qualen erdulden, ohne auch nur den Mund zu öffnen, und lieber einen qualvollen Tod sterben als sich selbst zu beschuldigen. In diesen Fällen, die weder selten noch erfunden sind, trägt die Quälerei nichts zur Erforschung der Wahrheit bei. In vielen anderen Fällen bekennt sich der Gefolterte des Verbrechens schuldig; aber beweisen nicht all die Schrecken, die ich soeben berichtet und aus dem Dunkel der Kerker, in denen sie hundert Jahre gelegen hatten, ans Licht gezogen habe, zur Genüge, dass diese vielen

Unglücklichen sich eines unmöglichen und absurden Verbrechens schuldig bekannten, und dass es die Quälerei gewesen sein muss, die eine ganze Serie von Lügen, nicht aber die Wahrheit ihrem Munde entrissen hat? Das Schrifttum ist voll von Beispielen weiterer Unglücklicher, die sich unter der Macht der Schmerzen eines Verbrechens beschuldigten, dessen sie nicht schuldig waren. Man lese selbst bei Clarus nach, der berichtet, dass zu seiner Zeit sich mehrere Leute aufgrund der Folter zur Ermordung eines Adligen bekannt hätten und zum Tode verurteilt worden seien, und dass einige Jahre später der vermeintlich Getötete wieder aufgetaucht sei und erklärt habe, von den Verurteilten niemals behelligt worden zu sein[1]. Man lese in Muratoris *Annali d'Italia*[2] wo er folgendermaßen über den Tod des Dauphins spricht: „Graf Sebastian Montecuccoli, sein Mundschenk, ein angesehener Edelmann aus Modena, wurde dieserhalb beschuldigt. Es wurde ihm, ungeachtet seiner schwächlichen Körperverfassung, mittels unglaublicher Quälereien das falsche Geständnis eines Mordes abgepresst, den er auf Anstiftung Antonio de Leras und des Kaisers selbst begangen habe, weshalb der unschuldige Kavalier zu einem grässlichen Tode verurteilt worden sei". Dieses Faktum beweist uns, dass Quälereien kein Mittel zur Aufdeckung der Wahrheit sind, denn in manchen Fällen bringen sie nichts, in anderen hingegen bringen sie Lügen hervor.

Mit diesen Tatsachen stehen die Vernunftgründe in Übereinstimmung. Welche Empfindungen entstehen in einem Menschen, wenn er Schmerzen erduldet? Es ist die Empfindung, *der Schmerz solle weichen*. Je heftiger der Schmerz ist, um so heftiger wird dieser Wunsch und die Ungeduld, das Ende möge kommen. Wie kann ein gequälter Mensch die Beendigung der Schmerzen beschleunigen? Mit dem Geständnis, des Verbrechens schuldig zu sein, welches untersucht wird. Ist es aber die Wahrheit, dass der Gefolterte das Verbrechen begangen habe? Ist die Wahrheit bereits bekannt, so ist die Quälerei nutzlos, ist sie aber zweifelhaft, so ist der Gefolterte vielleicht unschuldig; und der unschuldige Gefolterte wird ebenso wie der Täter gezwungen, sich des Verbrechens zu beschuldigen. Demnach sind die Quälereien kein Mittel zur Wahrheitsfindung, wohl aber sind sie ein Mittel, das einen Menschen zwingt, sich eines Verbrechens zu beschuldigen, ob er es nun begangen hat, oder nicht. Diese Argumentation hat alle Eigenschaften eines vollständigen Beweises.

In den Zügen eines Menschen, der dem Zustand seiner natürlichen Empfindungen überlassen ist, kann man sehr leicht die Heiterkeit der Unschuld oder die Verwirrung der Gewissensbisse erkennen. Die gelassene Sicherheit, die ruhige Stimme, die Leichtigkeit, womit im Verhöre die Einwände beseitigt werden, lassen häufig den unschuldigen Menschen erkennen. Ebenso kann aber auch eine finstere Verwirrung,

---

1   *Clar. V, 64. No. 46 Gothofred. Bav. de reat.*
2   *t. X. S. 237.*

der veränderte Ton der Stimme, ein ungewöhnliches Verhalten, die Widersprüchlichkeit der Antworten den Verdacht der Schuld erwecken. Nehmen wir nun aber an, beide, Schuldiger und Unschuldiger, würden den Schmerzen, den schrecklichsten Quälereien der Folter ausgesetzt, so würden diese empfindsamen Unterschiede sich verflüchtigen; Verwirrung, Verzweiflung und Schrecken würden sich gleichermaßen in den Zügen beider abzeichnen, gleichermaßen würden sie zittern, und statt aus den unterschiedlichen Zügen die Wahrheit ablesen zu können, würden alle Anzeichen auf grausame Weise verwischt.

Der Straßenräuber, der an ein hartes und wildes Leben gewöhnt ist, einen kräftigen Körperbau besitzt und an Schrecken gewöhnt ist, bleibt auf der Folter entspannt und behält im Geiste stets mit ruhiger Entschlossenheit die äußersten Quälereien vor Augen, die ihm drohen, wenn er jetzt dem Schmerz nachgibt; er überlegt, dass das Aushalten dieser Schmerzen ihm das Leben rettet, während, wenn er dem Wunsch nach ihrer Beendigung nachgibt, er sich dem Galgen ausliefert; da er starke Muskeln besitzt, schweigt er und schlägt der Folter ein Schnippchen. Dagegen stelle man sich nun vor, ein armer Bürger, der an ein bequemes Leben gewöhnt ist, der nicht mit Schrecknissen vertraut ist, werde eines Verbrechens verdächtigt und auf die Folter gespannt; jede empfindsame Fiber brennt ihm, ein gewaltsames Zittern überkommt ihn schon beim bloßen Anblick; er möchte den unmittelbar drohenden Schmerz, dieses ihn unerträglich Bedrückende, vermeiden, und er zieht den größeren, aber entfernteren Schmerz vor; diese Gedanken steigen in der höchsten Angst in ihm auf, und er beschuldigt sich eines nicht begangenen Verbrechens. So wirken sich die Schmerzen auf zwei unterschiedliche Menschen aus, und dies ist zwangsläufig so. Damit ist schlüssig dargetan, dass die Folter kein Mittel zur Wahrheitsfindung ist, sondern eine Aufforderung zur Selbstbeschuldigung sowohl an den Täter wie an den Unschuldigen; sie ist somit ein Mittel zur Verwirrung der Wahrheit, nicht aber zu ihrer Ermittlung.

X. Halten Kriminalgesetze und Kriminalliteratur die Folter für ein Mittel zur Erforschung der Wahrheit?

Als zweites habe ich mir vorgenommen zu beweisen, dass Gesetzgebung und Kriminalisten die Folter gar nicht als Mittel zur Erkenntnis der Wahrheit ansehen. Dies sieht man leicht ein, wenn man bedenkt, dass weder im Codex Theodosianus noch im Codex Justinianus sich eine Vorschrift über das Verfahren findet, Tatverdächtigen Schmerzen zuzufügen. In der ganzen erdrückenden Masse von Gesetzen und Verordnungen, wo auch die kleinsten Fall-Unterschiede in Zivil- und Kriminalrechtsfällen minutiös geregelt sind, wird nichts in Betreff der Folter geregelt. Hätte nun das Gesetz wirklich die Folter als ein Mittel zur Erkenntnis der Wahrheit angesehen, dann hätte es doch nicht in beiden Codices unterlassen, die Fälle, in denen sie anzuwenden ist, und ihre Einschränkungen zu regeln. Daher schließe ich aus dem Stillschweigen des Gesetzes-Corpus, dass das Gesetz die Folter nicht für ein Mittel zur Ermittlung der Wahrheit hält. Wer aber dieses negative Argument nicht für einen hinreichen Grund hält, lese *D l. 1. 25 sqq. de quaestionibus*, woraus sich ergibt, dass der Geist der römischen Gesetze weit davon entfernt ist, die Folter als ein Mittel der Wahrheitsfindung anzusehen. Vielmehr ist dort zu lesen: „Die Folter ist ein sehr unzuverlässiges und gefährliches Mittel, das häufig trügt. Es gibt nämlich viele, die mit Körperkraft und Geduld die Schmerzen überwinden und unter keinen Umständen reden; andere können wenig vertragen und lügen lieber tausendmal, statt den Schmerz zu ertragen". *Quaestio res est fragilis et periculosa et quae veritatem fallat. Nam plerique patentia sive duritia tormentorum illa tormenta contemnunt, ut eprimieis veritas nullo modo possit; alii tanta sunt impatientia ut quodvis mentiri quam pati tormenta velit.*

So sagen die Digesten ausdrücklich, und so war auch die Ansicht der Römer, unserer Gesetzgeber und Lehrmeister, welche die Handhabung der Folter gegenüber Sklaven kannten, wie wir noch sehen werden. Die Gesetze also halten die Folter nicht für ein Mittel zur Erforschung der Wahrheit.

Ich habe aber weiter behauptet, dass nicht nur das Gesetz, sondern auch die praktische Kriminalliteratur die Folter nicht als Mittel der Wahrheitsgewinnung ansieht. Dies scheint paradox, aber ich glaube hierfür den ausreichenden Beweis erbringen zu können.

Zunächst einmal: Würden die Doktoren die Folter wirklich als Mittel zur Erforschung der Wahrheit über Verbrechen betrachten, so würden sie sich nicht selbst von der Folter ausnehmen; denn es liegt im Interesse der menschlichen Gesellschaft, dass Verbrechen aufgedeckt werden, und niemand sich den Mitteln zu ihrer Aufdeckung entziehen kann, so dass die Doktoren vor Todesstrafe, Exil usw. sicher sind, wenn ein von ihnen begangenes Verbrechen dies verdient. Ich verstehe ja, dass ein jeder versucht, seinen eigenen Berufsstand so hoch wie möglich gehoben zu sehen, und deshalb erregt es auch nicht mein Erstaunen, wenn Wesenbeck sagt, dass die Doktoren den Adligen und hohen Militärs an Rang gleich stehen. *Doctores nobilibus et decurionibus dignitate, militibus autem meritis aequiparantur:* doch wäre es unverzeihlich, wenn jemand versuchen würde, dem eigenen Beruf Straflosigkeit für Verbrechen zu verschaffen. Wenn somit die Adligen und die Doktoren von der Folter verschont sind, so ist dies ein Zeichen dafür, dass diese von den Kriminalisten nicht als ein Mittel zur Erlangung der Wahrheit angesehen wird.

Hinzu kommt, dass die Doktoren, wenn sie die Folter als ein Mittel zur Erlangung der Wahrheit ansähen, vorschreiben würden, dass das, was ein Gefolterter unter Qualen aussagt, als gewiss anzuerkennen sei. Die Kriminalliteratur ordnet jedoch an, dass es dann nicht anzuerkennen sei, wenn ein Mensch einige Zeit später an einem weit von jedem Folterinstrument entfernten Ort sich weigert, seine Selbstbezichtigung zu bestätigen; es kann demnach keinem Zweifel unterliegen, dass die Gewalt der zugefügten Schmerzen die Gefolterten dazu gebracht hat, sich fälschlich selbst zu bezichtigen. Somit sieht die Rechtsliteratur selbst den Schmerz der Folter für ein ungeeignetes Mittel zur Gewinnung der Wahrheit. Wie die Praxis aussieht, haben wir bei den beiden Unglücklichen, Piazza und Mora, gesehen; und es ist eine unabweisliche Barbarei, die Folter gegen einen Menschen zu erneuern, der die gegen sich selbst unter Folterqualen erhobene Beschuldigung widerrufen hat. Einige Doktoren halten eine solche Alternative für unbeschränkt zulässig, so oft der Gefolterte seine Selbstbeschuldigung widerruft; so dass er am Ende entweder unter den immer wiederholten Qualen stirbt oder sein Geständnis nach der Folter jedesmal wiederholen muß. Andere Doktoren, z.B. Clarus[1], beschränken dieses Vorgehen auf drei Folterungen. Zeigt aber die Kriminalpraxis selbst, dass sie nicht an das glaubt, was ein Gefolterter unter den Qualen der Folter gegen sich selbst aussagt, sondern verlangt, dass dieser in Ruhe und frei von Schmerzen diese Anklage wiederhole, so kann hieraus ein starker Beweis dafür entnommen werden, dass die Kriminalpraktiker selbst die Folter nicht für ein Mittel der Wahrheitsfindung halten.

---

1 *Bartous in leg. Uniuis §. Reus in ult. Verb. de quaest.: et ita tenent communiter doctores ut dixit Blaneus de indic. n. 219. Hanc etiam esse communem opinionem tetatur Bossius tit. de tort. N. 34. ubi etiam subdit, quod ita est in praxi absque ulla haesitatione. – Clar. Sent. V, quaest. XXI. num. 36.*

XI. Ist die Folter ein erlaubtes Mittel der Wahrheitsfindung?

Mir bleibt noch zu beweisen, dass selbst dann, wenn die Folter ein Mittel der Wahrheitsfindung wäre, sie ein in sich ungerechtes Mittel ist. Diesen Beweis finde ich sehr leicht. Ich beginne damit, dass die Worte „Verdachtsgründe", „Indizien", „halbe Beweise", „halbvolle Beweise", „Fast-Beweise" u.s.w. und ähnliche barbarische Unterscheidungen und Feinsinnigkeiten die Natur der Sache selbst niemals verändern können. Sie können nur die Dunkelheit noch vergrößern und unvorsichtige Gemüter irreführen. Die Frage muß jedoch stets auf den Punkt zurückgeführt werden: Ist das Verbrechen *gewiss* oder ist es bloß *wahrscheinlich*? Ist das Verbrechen gewiss, so sind die Quälereien nutzlos und die Folter ist überflüssig, und zwar selbst dann, wenn sie ein Mittel der Wahrheitsfindung sein sollte, und wenn durch sie nicht Schuldlose zur falschen Selbstanklage gezwungen werden. Die Folter wäre daher in diesem Falle ungerecht, denn es ist ungerecht, einem Menschen ohne Grund ein Leid, und zwar ein recht großes Leid, zuzufügen. Ist das Verbrechen aber nur wahrscheinlich – egal, mit welchem Wort nun die Kriminalisten den schwierig zu messenden Grad der Wahrscheinlichkeit bestimmen mögen –, so ist es offensichtlich möglich, dass der mögliche Täter in Wirklichkeit unschuldig ist; es ist jedoch eine große Ungerechtigkeit, einen Menschen einer sicheren Grausamkeit und fürchterlichen Qualen auszusetzen, der möglicherweise unschuldig ist; und einen unschuldigen Menschen einem Elend und Schmerz auszusetzen, ist um so ungerechter, als es durch öffentliche Gewalt selbst geschieht, die den Richtern übertragen ist, um den Unschuldigen vor Beleidigungen zu schützen. Die Kraft dieses uralten Arguments haben die Vorkämpfer der Folter mit verschiedenen fragwürdigen Distinktionen zu entkräften gesucht, die sich aber alle auf einen Sophismus reduzieren, denn zwischen Sein und Nichtsein gibt es keinen mittleren Punkt, und genau da, wo das Verbrechen nicht mehr sicher ist, beginnt die Möglichkeit der Unschuld. Demnach ist der Gebrauch der Folter an sich ungerecht, und sie darf selbst dann nicht angewendet werden, wenn sie ein Mittel zur Wahrheitsgewinnung sein sollte.

Wie könnte man hier von den Gesetzen der Inquisitoren sprechen, die es gestatteten, dass der Vater gegen seinen Sohn, der Gatte gegen die Gattin als Ankläger auftrat! Die Menschlichkeit empörte sich, wenn sie dies sah, und die Natur forderte ihre heiligsten Rechte. Personen, die durch die erhabensten Bande so eng miteinander verbunden waren, sollten sich gegenseitig verderben! Das weltliche Recht verschmäht solche Ankläger und schließt sie aus. Die Frage sei gestattet, ob ein Mensch weniger eng mit sich selbst verbunden ist als er es mit seinem Vater oder seiner Gattin ist. Ist es aber ungerecht, wenn ein Bruder gegen den anderen eine Kriminalanzeige erstattet, um wieviel mehr muss es dann ungerecht und naturwidrig sein, wenn ein Mensch zum Ankläger gegen sich selbst wird, und die Personen des Anklägers und des Angeklagten zu einer einzigen werden. Die Natur hat in das Herz eines jeden Wesens das schlichte Gesetz der Selbstverteidigung gepflanzt; die Selbstverletzung sowie die Selbstanklage in einem Kriminalverfahren ist entweder eine Heldentat, wie sie gelegentlich aus eigenem Antrieb vorkommen mag, oder aber eine Tyrannei von schlimmster Ungerechtigkeit, wenn ein Mensch durch die Macht der Schmerzen dazu veranlasst werden soll.

Die Offenkundigkeit dieser Gründe erkennt man um so klarer, wenn man bedenkt, dass ein Gesetz schmachvoll und schändlich wäre, das den Strafverteidigern aufgäbe, ihre Mandanten auszuliefern. Kein Tyrann, den ich kenne, hat jemals ein solches Gesetz erlassen; es würde alle heiligsten Bande der Natur auf infame Weise zerreißen. Trifft dies aber zu, so müssen wir fragen, ob denn der Advokat seinem Mandanten enger verbunden ist als es der Mandant sich selbst ist. Will doch die Folter durch Zufügung von Schmerzen den Menschen veranlassen, sich selbst auszuliefern, auf seine Verteidigung zu verzichten, sich selbst zu verletzen und zu verderben. Dies allein reicht schon hin, auch ohne weitere Überlegungen festzustellen, dass die Folter als solche ein ungerechtes Mittel zur Erforschung der Wahrheit ist und daher nicht erlaubt sein kann, selbst wenn man durch sie die Wahrheit finden könnte.

Wie aber konnte denn eine so rohe und grausame, eine so nutzlose, eine so ungerechte Praxis jemals bei gebildeten Völkern Einfluss gewinnen und sich bis auf den heutigen Tag halten? Ich will kurz darauf eingehen, welches die alten Bräuche gewesen sind und auf welche Grundsätze gestützt, von welchen Gesetzen befohlen, die Folter eingeführt worden ist. Danach werde ich einiges zu den Ansichten verschiedener Autoren sowie über die gegenwärtigen Bräuche einiger europäischer Nationen sagen, wonach ich dann diese Betrachtungen mit einer allgemeinen Untersuchung der verschiedenen Gesichtspunkte, unter denen man diesen traurigen und interessanten Gegenstand vernünftig betrachten kann, abschließen zu können glaube.

XII. Die Folter bei den alten Völkern

Glaubt man Remus[1] und Gian Lodovico Vives[2], so verdanken wir die Erfindung der Folter dem letzten römischen Könige Tarquinius Superbus, dem Maxentius und dem Phalaris. Man muß dem Kriminalisten Remus Dank dafür sagen, dass er mit sicherem Urteil drei berüchtigte Tyrannen ausgewählt hat, um auf drei Tyrannen den Abscheu über diese unmenschliche Erfindung fallen zu lassen. Wir wissen aber, dass zur Zeit der Tyrannen Phalaris, Nearch und Hieronymus die berühmtesten Philosophen ihrer Zeit, Zenon von Elea und Theodoros, der Folter unterzogen wurden; und der Philosoph Anaxarchos wurde auf Befehl des Tyrannen Nikokreon grausam gefoltert[3].

Die Ursprünge dieser grausamen Erfindung liegen in der vorkulturellen Zeit; und wahrscheinlich ist die Folter eben so alt wie die Lust des Menschen, andere Menschen despotisch zu beherrschen, und so alt wie die Tatsache, dass die Macht nicht immer mit Aufklärung und Tugend verbunden ist, und eben so alt wie der Instinkt in dem mit erdrückender Macht ausgestatteten Menschen, seine Handlung nicht nach der Vernunft, sondern nach den Möglichkeiten der Macht zu bemessen. Die Gesetzgebung der Heiligen Schrift übergehe ich hier als ein Gesetz, das vom Schöpfer der Natur selbst einem hartherzigen Volke gegeben worden ist; und ich erwähne dieses Rechtsgebilde einzig und allein als ältestes uns bekanntes Zeugnis für die Gewohnheiten ferner Zeiten; ich bemerke allerdings, dass die Heilige Schrift der Folter keinerlei Erwähnung tut, dass vielmehr dort, wo die Regeln über den Umgang mit Angeklagten aufgestellt werden, sie auf den Weg der Überführung mit Zeugen verweist und kein Geständnis des Angeklagten verlangt. Man lese nur im *Deuteronomium* Kap. 19, Vers 10: „Beflecke nicht mit unschuldigem Blut das Land, das Gott dir zur Wohnung gegeben hat, auf dass nicht eine Blutschuld auf dir laste"[4]. Und in Vers 16 wird das Verfahren für den Beweis von Verbrechen, nämlich durch Zeugenaussagen, geregelt: „Ein einzelner Zeuge zählt nicht, egal, um welches Verbrechen es geht, durch zwei oder drei Zeugen aber wird voller Beweis erbracht"[5]. Und der Anzeigenerstatter soll mit dem Angeklagten vor dem Angesicht Gottes und der Priester

---

1 *Const. crim. Art. 58.*
2 *In comment. ad August. De civit Dei lib. XIX. Cap. 6.*
3 *Zigler th. 47. de tort. §. 2. Valer. Max. 3, 3. Diog. Laert. lic. tusc. qu. tertull, Apol. etc.*
4 *Non effundatur sanguis innoxius in medio terrae, quam Dominus Deus tuus dabit tibi possidendam, ne sis sanguinis reus.*
5 *Non stabit testis unus contra aliquem, quidquid peccati et facineris finerit, sed in ore duorum, vel trium testium stabit omne verbum.*

und Richter erscheinen, die beide sorgfältig ausforschen sollen; gelangen sie zu dem Ergebnis, dass eine Verleumdung vorliege, so sollen sie diese mit derselben Strafe belegen, die für die angezeigte Tat verwirkt gewesen wäre[6]. So war die Kriminalgesetzgebung des jüdischen Volkes, wo man Verbrechen durch Zeugen bewies und ein Widerspruch zwischen Ankläger und Angeklagtem durch sorgfältige Untersuchungen seitens der Richter, nicht aber mit den Quälereien der Folter gelöst wurde.

Was können denn die Verteidiger der Folter, die meinen, sie sei für ein gutes Regieren im Interesse des Volkes unentbehrlich, dagegen noch einwenden? Wird denn der höchste Gesetzgeber seinem auserwählten Volk wohl ein Mittel guten Regierens vorenthalten? Muss man denn die Menschen unter der Geltung des Gesetzes der Gnade härter behandeln als unter demjenigen des geschriebenen Gesetzes? Sind etwa die Völker unserer Zeit verhärteter und der Unterdrückung bedürftiger als damals die Juden? Finden wir Christen im Evangelium irgendeine Lehre, wonach wir unsere Brüder grausam behandeln sollen? Das einzige Urteil, das Christus im Laufe seines Lebens fällte, war jenes, womit er die Frau, die gesteinigt werden sollte, freisprach. Und die Christen, die doch Nacheiferer des duldsamen, gütigen, menschlichen, mitleidvollen Lebens des Erlösers sein sollen, schreiben Abhandlungen darüber, wie sie ihre Brüder mit möglichst grausamen und erfindungsreichen Methoden quälen? Der Widerspruch ist nur allzu deutlich. Doch kehren wir zu den Alten zurück.

Bei den Griechen war die Folter gegenüber Menschen ebenso unbekannt wie bei den Römern. Ich spreche nicht von den Sklaven, die in ihren Rechtssystemen nicht als Personen betrachtet wurden, sondern im großen und ganzen als Sachen, so dass man sie verkaufte, tötete, verstümmelte, wie es die Herren von Tieren tun, ohne dass ein Gesetz diese Herrschaft beschränkte. Folter wendete man also gegen Diener, d.h. gegen Sklaven an, nicht aber gegen Bürger und Menschen. Ob es nun gut oder schlecht ist, einen Teil der Menschheit auf den Rang von Tieren zu degradieren, wage ich nicht zu entscheiden. Beide Völker sind schließlich unsere Lehrmeister gewesen, deren Größe bis heute unser Erstaunen erregt; wir haben noch nicht die Höhe ihrer Kultur erreicht, und von einem einzelnen Übelstand lässt sich schlecht über das Ganze und über den notwendigen Zusammenhang, den eine teilweise Unordnung manchmal mit der Vollkommenheit des Systems im allgemeinen bildet, urteilen. Ich weiß, dass, wenn man in einem Staate eine Klasse von Menschen unter

---

6   *Si steterit testes mendax contra hominem accusans eum praevaricationis, stabant ambo, quorum cusa est ante Dominum in conspectu sacerdotum et judicum, qui fuerint in diebus illis, cumque diligentissime percrutantes invenerit falsum testem dixisse contra fratrem suum mendacium, reddent ei sicut fratri suo facere cogitavit et auferes malum de medio tui, ut audientes ceteri timorem habeant at nequaquam talia audeant facere. Non miscreberis ejus, sed nimam pro anima, oculum pro oculo, dentem pro dente, manum pro manu, pedem pro pede anges.*

der Willkürherrschaft des Volkes erdrücken will, jedes Mittel, das diese Klasse schwächt oder erniedrigt, der politischen Zielsetzung entspricht. Ich befinde mich hier an dem selben Punkt wie der unsterbliche Präsident Montesquieu, und mir fällt nichts besseres ein, als seine eigenen Worte zu benutzen: *Tant d'habiles gens et tant de beaux génies parler après eux. J'allais dire qu'elle pourrait convenir dans les gouvernements despotiques où tout ce qui inspire la crainte entre plus dans les ressorts du gouvernement; j'allais dire que les esclaves chez les Grecs et chez les Romains ... mais j'entends la voix de la nature qui crie contre moi.* [Es haben so viel kluge Köpfe, so viel gebildete Geister gegen die Folter geschreiben, dass ich nicht noch nach ihnen auftreten will. Ich könnte sie unter einer tyrannischen Regierung für nützlich halten, denn da entspricht überhaupt alles, was nur Furcht erzeugt, den Wünschen der Regierung, ich könnte die Sklaven der Griechen und Römer als Beispiel anführen ... aber nein, ich höre, die Stimme der Natur schreit gegen mich. *Esprit des lois VI, 17*].

Dass die Griechen gegen Bürger keine Folter verhängten, ist bei Lysias[7] und dem Redner Curius Fortunatus[8] nachzulesen, für die Römischen Bürger in den leges 3 und 4 der *Lex Julia Majestatis*[9]. Als die Freiheit Roms unterjocht und die Tyrannei eingeführt war, wurden immer noch Personen von Geburt und Stand sowie Militärangehörige von der Folter ausgenommen. In der Zeit der Republik aber waren einzig und allein Sklaven dieser Quälerei ausgesetzt, niemals jedoch Menschen, die Söhne des Vaterlandes waren und eine persönliche Existenz besaßen. Folgerichtig sagt auch L. 27. zur Lex Julia de adulteribus §. 5.: *Liber homo tortus non ut liber sed ut servus aestimatur.* [Ein freier Mann, der gefoltert worden ist, wird nicht als Freier, sondern als Sklave angesehen]. Man lese, was Sallust in der *Coniuratio Catilinae* schreibt: er bezeugt, dass die Römischen Gesetze es verbieten, einen freien Menschen zu foltern. Und deshalb drückte auch Cicero in seiner Rede *Pro Sulla* Empörung über die unerhörte drohende Tyrannei in den Worten aus: *Quaestiones nobis servorum et tormenta minantur* [Wir sind von den Verhören und Foltern der Sklaven bedroht].

---

7   *Lysias in Argorat.*
8   *Schol. lib. 2.*
9   *L. 3.4. D. ad leg. Jul. majest.*

XIII. Wie die Folter Eingang in den Kriminalprozess gefunden hat

Der Zerfall des Römerreiches brachte die Folter hervor. Als die Ämter der Konsuln, des Volkstribunen und des Obersten Priesters in der einzigen Person des Kaisers vereinigt waren, ging die Republik unter und es bildete sich die despotische Herrschaft heraus, in der der Oberbefehl über das Heer, der Vorsitz im Senate, die Vertretung des Volkes und die Leitung der heiligen Handlungen, der Auguren und all dessen, was auf die Meinung des Volkes Einfluss ausübt, in einer Person vereinigt waren. Würde in Venedig derselbe Mensch Oberbefehlshaber des Heeres, Doge, Arogador, Staatsinquisitor und Patriarch zugleich, so wäre die Republik in diesem Augenblick ohne Änderung des Systems beseitigt; und gerade so geschah es in Rom. Zunächst achteten Cäsar und nach ihm Augustus die Erinnerungen an die Freiheit, die im Gemüt der Römer noch frisch waren; doch allmählich schwanden diese, und mit dem Nachlassen solcher Einstellungen wuchs in den Despoten der natürliche Wunsch nach unbeschränkter Macht über alles. Also bemühten sie sich durch Geschenke, Schauspiele, Verteilung von Lebensmitteln und Schwächung angesehener konsularischer Familien um die Beliebtheit beim Volke. Indem auf diese Weise das Volk durch die Erniedrigung der Vornehmen getröstet wurde, deren Stolz ihm immer lästig gewesen war, gewann sie die politische Möglichkeit, die zahlreichste Partei zu ihren Gunsten zu formen; indem der Princeps mit dem Volke gemeinsame Sache gegen den Adel machte und die Reichen ungestraft ihrer Besitztümer beraubte, um dem kapriziösen Luxus des Herrschers und der faulen Indolenz des römischen Volkes zu gefallen, dezimierte man die Zahl jener Familien, die als einzige mit ihrem Ansehen und Reichtum als Schutzwall gegen die Tyrannei dienen konnten; und so kam es schließlich zu einer Regierungsform, in der Einer alles war. Was noch widerstehen konnte, wurde aufs schlimmste gedemütigt, und damit gab es gegen die unbeschränkte Gewalt des Despoten kein Hemmnis mehr. So also sah der Beginn des römischen Kaiserreichs aus; zu einem solchen Beginn passt es, dass die Adligen und Bürger erniedrigt und den Sklaven gleichgestellt wurden. Die Folter, die in den glücklichen Zeiten Roms nur diesen gegenüber angewandt worden war, breitete sich nun in demselben Maße auf die Freien aus, in dem die Tyrannei sich festigte. Darum konnte auch Emilio Fervetti behaupten: *Non invenies ante Diocletiam et Maximianum imperatores quaestionem unquam habitam fuisse de homine ingenuo.* [Vor Diokletian und Maximian wird man kein Beispiel finden, dass ein freier Mann gefoltert worden wäre].

Es ist die Behauptung aufgestellt worden, dass zur Zeit Karls des Großen die Freien wieder von der Folter freigestellt worden seien. Sicher ist jedenfalls, dass, soviel mir bekannt ist, sich vor dem 14. Jahrhundert kein Autor findet, der eine systematische Untersuchung von Foltermethoden vorgelegt hat – was beweist, dass man die Folter nicht als wesentlichen Bestandteil von Kriminalverfahren angesehen hat. Nach dieser Zeit kamen die Kriminalrechts-Autoren, die, wenn sie in einem weniger barbarischen Latein geschrieben hätten, bei jedem, der noch beanspruchte, ein bißchen Menschlichkeit in der Brust zu haben, Abscheu erregt hätten. Damals war gerade die Zeit, in der die Menschen aus dem Zustand der Unwissenheit heraustraten und unter großen Mühen damit befasst waren, sich in einem Gewirr von Ansichten und Worten zurechtzufinden, und in der sie auf den Bruchstücken der Lehren griechischer, arabischer und jüdischer Autoren Universitäten gründeten, in denen vor allem mit platonischen, aristotelischen und kabbalistischen Ansichten, vereint mit Aussprüchen von Avicenna und Averroes, methodischer Unsinn im Bereich der Metaphysik, der Physik, der Medizin, der Jurisprudenz und allen anderen Fakultäten verbreitet wurde. Dann kamen Clarus, Girlando, Tabor, Giovannini, Zangerius, Oldekoop, Carpzov, Gandinus, Farinacius, Gornez, Manocchio, Brunus, Brunoro, Carerius, Boerius, Cumanus, Capela, Bossius, Bocevius Casonius, Cirillus, Bonacossi, Brussato, Follarius, Jodocius, Damhouder und wie die ganze Menge von Autoren, die ebenso obskurante wie berühmte Kriminalisten sind, auch heißen mag, die, wenn sie ihre grässlichen Lehren und ihre raffinierten technischen Beschreibungen der Foltermethoden in der Volkssprache und in einem Stil geschrieben hätten, dessen Rohheit und Barbarei empfindende und gebildete Menschen nicht von der Lektüre abschreckt, mit demselben Auge wie der Folterknecht, nämlich mit Schaudern und Verachtung, betrachtet würden.

Vielleicht findet die methodische Einführung der Folter nach dem 11. Jahrhundert ihren Ursprung in demselben Grundsatz wie die „Gottesurteile", durch die man mit unvorstellbarer Verwegenheit das Urteil des ewigen Herrn des Weltalls über die frivolsten menschlichen Streitfragen erwirken wollte, wo das Tragen eines glühenden Eisens mit der Hand, das Eintauchen des Armes in kochendes Wasser, mitunter auch das Hinwegschreiten über brennende Holzstöße über Schuld oder Unschuld des Angeklagten entschied. In der Barbarei jener Zeiten glaubte man, dass das ewige Wesen es nicht dulden würde, dass die Unschuld unterdrückt werde, dass er sie vielmehr vor jedem Schmerz und Schaden bewahren würde; als ob Gott unserer kleinen Händel wegen die von ihm selbst geschaffenen Gesetze der Physik umstoßen müsse, wenn wir es nur verlangten! Als dann mit der Zeit die Welt der Unwissenheit wich, empfanden die Völker solche Urteilsarten als vernunftwidrig, und die Urteile mit glühendem Eisen, siedendem Wasser und brennendem Holz mussten in den Augen der Menge, vor denen sie feierlich und mit großem Zeremoniell vorbereitet vollzogen wurden, in dem Maße an Ansehen verlieren, in dem die Vernunft Fortschritte machte. Und gerade dies war die Zeit, in der man für die Fortsetzung der Folter im abgeschiedenen Kerker, vor keinen anderen Zeugen als dem Richter, den Schergen und dem Unglücklichen selbst kein Hindernis mehr erblickte, weil das natürliche Mitleid bei dem, der eine solche grausame Prozedur von Berufs wegen leitet, meistens ausgeschaltet ist, die Klagen derjenigen, die diesen Schrecken erlebt haben, nur schwach klingen und nur wenige von denen, welche die Menschenliebe vereint, genug Ausdauer hatten, einen so traurigen Gegenstand anhand der Lektüre verrohter und verhärteter Autoren dieses Bereichs zu untersuchen, und die Kraft aufbrachten, den Schauder zu überwinden, der sie mehr als einmal die Feder aus der Hand legen ließ.

Was aber auch immer der wirkliche Grund für die Hervorbringung unserer Kriminalpraxis gewesen sein mag; so ist doch gewiss, dass nichts über sie in unseren Gesetzen geschrieben steht, schon gar nichts über Personen, die der Folter unterworfen werden können, über Anlässe für ihre Anwendung, über Art und Weise ihrer Ausübung – ob mit Feuer oder mit Verrenken oder Strecken der Glieder –, über die Dauer der Schmerzzufügung oder über die zulässige Anzahl ihrer Wiederholungen. Die ganze Quälerei, die hier an Menschen ausgeübt wird, geschieht auf Anordnung des Richters, der sich einzig und allein auf die Lehren der zitierten Autoren stützt. Unwissende und grausame Dunkelmänner also sind es, die, ohne zu untersuchen, woraus denn das Recht zur Bestrafung von Verbrechen resultiert, welches denn die Zwecke des Strafens sind, nach welchen Grundsätzen denn die Schwere der verschiedenen Verbrechen abgestuft wird, wie denn das Verhältnis zwischen Verbrechen und Strafe aussieht, ob denn ein Mensch zum Verzicht auf seine Selbstverteidigung gezwungen werden kann, und was der Gründe noch mehr sind, mit deren genauester Kenntnis es einzig und allein möglich ist, die natürlichen, der Vernunft gemäßen und dem Gemeinwohl entsprechenden Folgerungen zu ziehen – Dunkelmänner also und bloße Privatleute, sage ich, haben die Wissenschaft, andere Menschen zu quälen, in ein System gebracht und es mit derselben Ruhe geschrieben und publiziert, mit der man über die Kunst, Krankheiten des menschlichen Körpers zu heilen, schreibt. Und sie wurden befolgt und geachtet wie Gesetzgeber, man machte sie zum Gegenstand eines ernsten und ruhigen Studiums, und in die juristischen Bibliotheken stellte man die Werke von grausamen Autoren ein, welche lehren, wie man mit wohlberechneter Erzeugung von Schmerzen die Glieder lebender Menschen zerreißt, wie man auf raffinierte Weise den Schmerz langsam steigert und verschärft, um Angst und Vernichtung noch trostloser zu gestalten. Solche Bücher, die mit guten Gründen ihre Verfasser ewiger Schande hätten preisgeben müssen und, wenn sie in der Volkssprache geschrieben wären und, was leider nicht der Fall ist, allgemein gelesen würden, entweder die Nation mit Schauder erfüllt oder jeden Keim menschlicher Tugend, des Mitgefühls und des Großmuts erstickt und sie damit wieder in das eherne Zeitalter der Barbarei gestürzt hätten – solche Bücher, sage ich, gewannen in der Finsternis Ansehen, verschafften sich Verehrung in den Gerichten; und obgleich aller äußeren Zeichen gesetzgebender Gewalt entbehrend und bloße Ansichten von Privatleuten, erlangten sie die Kraft von Gesetzen – von Gesetzen, die schon von ihrer Entstehung her illegitim waren und nur der Vernichtung bloß Tatverdächtiger dienten, und dies alles im Innern des schönen, gebildeten und freundlichen Italien, der Mutter und Lehrmeisterin der schönen Künste, und zudem noch in der vollen Erleuchtung des 18. Jahrhunderts. Es ist ein schwierig Ding, die Überzeugung zu verbreiten, dass unsere Vorfahren Barbaren gewesen sein könnten, und einen alten Brauch zu beseitigen, weil er so absurd ist, wie er nur sein kann.

XIV. Ansichten einiger angesehener Autoren über die Folter. Gegenwärtiger Gebrauch in einigen Staaten.

Es hat nicht von Zeit zu Zeit an aufgeklärten Männern gefehlt, die offen ihre Missbilligung der Folter bekundet haben. Man lese nur Cicero in seiner angeführten Rede Pro Sulla; er sagt dort in aller Deutlichkeit: *Illa tormenta moderatur dolor, gubernat natura cujusque tum animi, tum corporis, regit quaesitor, flectit livido, corrumpit spes, infirmat metus, ut in tot rerum angustiis nihil veritati locus relinquatur.* [Die Folter wird vom Schmerz beherrscht und von der geistigen und körperlichen Beschaffenheit des Gefolterten gesteuert; der Richter leitet sie, der Hass steigert sie, die Hoffnung zersetzt sie, die Furcht schwächt sie, so dass in einer so verzweifelten Lage kein Platz für die Wahrheit bleibt]. So sprach Cicero über die Folter, obwohl diese damals doch nur gegen Sklaven angewendet wurde. Man lese auch, wie der Hl. Augustinus dort, wo er über die Fehlbarkeit menschlicher Urteile in Fällen, in denen die Wahrheit verborgen ist – *de errore humanorum judiciorum dum veritas latet* –, schreibt, in aller Deutlichkeit die Anwendung der Folter missbilligt[1]: „Während man noch untersucht, ob ein Mensch unschuldig sei, foltert man ihn bereits, und wegen eines ungewissen Verbrechens wird ein höchst gewisser Schmerz zugefügt; nicht deswegen, weil man weiß, dass der Leidende schuldig ist, sondern gerade deswegen, weil man nicht weiß, ob er schuldig ist; und so führt die Unwissenheit des Richters häufig zur Vernichtung des Beschuldigten" *[Dum quaeritur utrum sit innocens cruciatur et innocens luit pro incerto scelere certissimas poetas non quia illud commississe detegitur sed quia commississe nescitur ac per hoc ignorantia judicis plerumque est calamatis innocentis].*

Quintilian[2] erwähnt freilich den Meinungsstreit zwischen denen, die der Meinung sind, dass die Folter ein Mittel zur Wahrheitsfindung sei, und denen, die lehren, dass sie eine Veranlassung für falsche Aussagen sei, weil die Ausdauernden schweigend lügen und die Schwachen gezwungenermaßen sprechend lügen: *Sicut in tormentis qui est locus frequentssimus cum pars altera quaestionem vera satendi necessitatem vocet, altera saepe etiam causam falsa dicendi, quod aliis patienta facile mendacium faciat, aliis infirmitas necessarium.* Hierzu führt Seneca aus: *Etiam innocentes cogit mentire* [Auch den Unschuldigen zwingt sie zum Lügen].

---

1 *August. de civ. dei XIX. C. 26*
2 *Quinct. III. c. 3. VII. c. 4.*

Valerius Maximus[3] behandelt zwar die Folter, verwirft sie aber. Vives in seinem Kommentar zu der angeführten Stelle des Hl. Augustinus verurteilt grundsätzlich die Anwendung der Folter mit umfangreichen Ausführungen. Ich will aber nur einen Teil davon wiedergeben „Ich wundere mich", führt er aus, „dass wir als Christen dennoch an heidnischen Bräuchen festhalten und sie hartnäckig verteidigen; Bräuche, die nicht bloß der christlichen Nächstenliebe, sondern bereits der Menschlichkeit widersprechen" *[Miror Christianos homines tam multa gentilia et ea non modo charitati et mansuetudini christianae contraria, sed omni etiam humanitate, mordicus retinere]*. Und er fährt fort: „Worin besteht denn die angebliche Notwendigkeit, Menschen zu quälen; diese beklagenswerte Notwendigkeit, die, wenn sich dies machen ließe, mit Strömen von Tränen vertilgen müßte; wenn die Folter nutzlos ist, muss man dann nicht ohne sie auskommen, damit nicht ein Schaden für die Sicherheit des Gemeinwesens entsteht? Wie kann denn eine so große Zahl von Völkern bestehen, auch von solchen Völkern, die von den Griechen und Römern Barbaren genannt werden, die im Quälen eines Menschen, dessen Schuld zweifelhaft ist, eine Roheit und Unmenschlichkeit erblicken? Sehen wir denn nicht häufig Unglückliche, die lieber den Tod erleiden als die Schmerzen weiter erdulden wollen, und die sich eines nicht begangenen Verbrechens beschuldigen, nur um der Folter zu entgehen, obwohl sie sich damit ihr Todesurteil sprechen? Wer hier noch seine Tränen beherrscht, muss wahrlich das Gemüt eines Scharfrichters besitzen, wenn er das Stöhnen und die unendliche, schmerzgetriebene Angst eines Menschen wahrnimmt, von dem wir noch gar nicht wissen, ob er schuldig ist. Warum dulden wir noch solch ein rohes und ungerechtes Gesetz, das drohend über unser aller Häuptern schwebt?" *[Quae est enim ista necessitas tiam intollerabilis et tam plangenda, etiam si fieri potest fontibus lacrymarum irriganda, si nec utilis est, et sine damno rerum publicarum tolli potest? Quomodo vivunt multae gentes et quidem barbarae, ut Graeci et Latini putant, quae ferum et immane arbitrantur torqueri hominem, de cujus facinore dubitatur .... An non frequentes quotidie videmus, qui mortem perpeti malint quam tormenta, et fateantur fictum crimen de supplicio certi, ne torqueantur? Profecto carnifices animos habemus, qui sustinere possumus gemitus e lacrymas, tanto cum dolore expressas, hominis quem nescimus sit ne nocens. Quidquod acerbam et per quam iniquam legem sinimus in capita nostra dominari?]*.

Auch unter den Kriminalisten selbst hat es nie an aufgeklärten und klugen Männern gefehlt, welche die Anwendung der Folter verabscheuen. Dahin gehören Scalerius, Nicolai, Ramirez de Prado[4], Segla[5], Rupert[6], Weissenbach, Wesembeck und andere.

---

3   *Val. Max. III, 3. VII, 4.*
4   *Pentecontarcos c. 9.*
5   Note 36 zu einem Erkenntn. des Parlaments von Toulouse.
6   *Cap. IV. No. 7.*

Letzterer nennt die Folter eine Erfindung des Teufels, die aus der Hölle heraufgebracht worden sei, um die Menschen zu quälen: *inventum diabolicum ad excruciandos homines de tormentis infernalibus allatum.* Und Mattei hat in seinem Traktat *De criminibus* [Von den Verbrechen] gegen die Anwendung der Folter geschrieben[7]. Thomasius erklärt, er bekenne bei seiner Ehre, dass die Folter eine ungerechte und eines christlichen Volkes unwürdige Einrichtung sei[8]: *Iniquam esse torturam et Christianas respublicas non decentem cordate assero.* Schließlich hat Johannes Grevius eine ganze Abhandlung zu unserem Thema verfaßt; sie trägt den Titel: *Tribunal reformatum in quo sanioris et tutioris justitiae via judici Christiano in processu criminali commonstratur, rejecta et fugata tortura cujus iniquitatem et multiplicem fallaciam atque illicitum inter Christianos usum libera et necessaria dissertatione apperuit Joannes Grevius etc.* [Reformiertes Gericht, in dem einem christlichen Richter der Weg einer gesunderen und sichereren Gerechtigkeit in Strafprozessen aufgezeigt und die Folter abgelehnt und verworfen wird und deren Ungerechtigkeit und vielfache Fehlerhaftigkeit und das Verbot ihrer Anwendung unter Christen in einer freien und notwendigen Dissertation aufgezeigt wird durch Johannes Grevius].

Aus solch einer langen Reihe von Autoritäten geht klar hervor, dass diejenigen irren, die behaupten, dass der Abscheu vor der Folter eine neue Erfindung moderner Philosophen sei. Sie können keinen Anspruch auf die Ehre erheben, als erste die Stimme der Vernunft und Menschlichkeit in dieser Frage vernommen zu haben. Der Einspruch gegen diesen barbarischen Brauch ist so alt wie das Denken und der Abscheu vor nutzloser Grausamkeit. Ich werde an dieser Stelle nicht noch einige der modernen Philosophen zitieren; mir genügt es, die Autorität Ciceros, des Hl. Augustinus, des Quintilian, des Valerius Maximus und der anderen anführen zu können.

Es bleibt noch zu erörtern, ob das, was bei den alten Hebräern, Griechen und Römern möglich war, auch in unseren Zeiten durchführbar ist. Dazu werde ich einen Abschnitt aus der Abhandlung des preußischen Königs *Über die Gründe des Erlasses und der Abschaffung von Gesetzen* zitieren:

Qu'on me pardonne si je me récrie contre la question. J'ose prendre le parti de l'humanité contre un usage honteux à des chrétiens et à des peuples policés, et j'ose ajouter contre un usage aussi cruel qu'inutile. Quintilien, le plus sage et le plus éloquent des rhéteurs, dit, en tractant de la question, que c'est une affaire de tempérament: un scélérat vigoureux nie le fait; un innocent d'une complexion faible l'avoue. Un homme est accusé; il y a des indices, le juge est dans l'incertitude, il veut s'éclaircir ce malheureux est mis à la question. S'il est innocent, quelle barbarie ne lui faire souffrir le martyre? Si la force des tourments l'oblige à déposer contre lui-même, quelle inhumanité épouvantable que d'exposer aux plus violentes douleurs, et de condamner à la mort un citoyen vertueux, contre lequel il n'y a que des

---

7   *De crim. de quaest. 5.*
8   *Progr. Num. 27.*

soupçons ? Il vaudrait mieux pardonner à vingt coupables, que de sacrifier un innocent. Si les lois se doivent établir pour le bien des peuples, faut il qu'on en tolère de pareilles qui mettent le juges dans le cas de commettre méthodiquement des actions criantes qui revolent l'humanité? Il y a huit ans que la question est abolie en Prusse: on est sûr de ne point confondre l'innocent et le coupable, et la justice ne s'en fait pas moins. [„Man möge mir verzeigen", sagt der königliche Verfasser, „dass ich mich gegen die Folter ausspreche. Ich wage es, Partei für die Sache der Menschlichkeit gegen einen schändlichen Gebrauch, schändlich für christliche und gebildete Völker, zu ergreifen, gegen einen eben so nutzlosen als auch grausamen Brauch. Der aufgeklärteste und beredsamste aller Redner, Quintilian, sagt: die Folter sei in ihrer Wirksamkeit von der geistigen Beschaffenheit bedingt; ein geistig starker Verbrecher leugne die Tat, ein noch so Schuldloser, aber geistig Schwacher, gesteht. Der Verdacht ruht auf einem Menschen, es sprechen Indizien gegen ihn, der Richter hat sich noch keine feste Ansicht gebildet, er will Gewissheit haben, und deshalb wird der Unglückliche auf die Folter gelegt. Ist er unschuldig – was liegt dann für eine Barbarei darin, dass er fürchterlichen Quälereien ausgeliefert wird! Legt er, von Qualen überwältigt, ein Geständnis gegen sich selbst ab, was für eine niederschmetternde Unmenschlichkeit dann in der Verurteilung eines tugendhaften Bürgers, gegen den nichts als Verdacht spricht, zu den schrecklichen Qualen, zum Tode! Besser zwanzig Schuldige freisprechen, als einen Schuldlosen verurteilen. Wenn die Gesetzgebung zum Wohle der Völker da sein soll, darf man dann eine dulden, vermöge deren die Richter die schreiendsten und empörendsten Untaten begehen dürfen? Acht Jahre sind es nun, dass in Preußen die Folter abgeschafft ist, Schuld und Unschuld werden nicht mehr miteinander vermischt, und doch wird überall die Gerechtigkeit gehandhabt"].

So spricht und bezeugt einer der größten Männer, die jemals auf einem Throne saßen. In Preußen, in Brandenburg, in Schlesien, und in allen Teilen des preußischen Herrschaftsbereiches wird keinerlei Art Folter mehr angewendet, dennoch straft die Justiz die Täter, und die Gesellschaft dort lebt in Sicherheit.

In England wird die Folter schon seit langem nicht mehr geduldet. Das Gesetz verurteilt einen Verbrecher, der nicht antworten will, zu einer Art von Tod, man nennt sie *la peine forte et dure*, doch zu Unrecht nennt man sie Folter, denn sie endet mit dem Tod und ist nicht eine Ermittlung der Wahrheit durch Quälereien *(veritatis indagatio per tormentum)*. Man lese, was dazu der Baron Bielfeld schreibt:

Depuis qu'on voit en Angleterre et en Prusse que tous les crimes se découvrent, qu'ils sont punis, que la justice est rendue, que la société n'en souffre point, il est presque barbare de ne pas abolir l'usage de la question. Quiconque a des entrailles, et a vu une fois faire cette violence à la nature humaine, ne saurait s'empêcher, je pense, d'être de mon sentiment. [Da man in England und in Preußen sieht, dass alle Verbrechen entdeckt und bestraft werden, dass Gerechtigkeit geübt wird, dass die Gesellschaft keinerlei Nachteil leidet, ist es Barbarei, die Folter nicht abzuschaffen.

Wer ein Herz im Leibe hat, und auch nur ein einziges Mal diese Gewalttätigkeit gegen die menschliche Natur mit angesehen hat, muss, denke ich, mir beipflichten][9].

Dass die Folter in England vollständig abgeschafft ist, bestätigt auch der Präsident Montesquieu. Auch im Königreich Schweden werden, glaubt man Otto Tabor[10], keine Foltern angewandt. In den Königreichen Ungarn und Böhmen, in Österreich, Tirol usw., ist durch eine Maria Theresias würdige Verordnung aus dem Jahre 1776 die Folter beseitigt; und am Ende desselben Jahres wurde in Polen eine ebenso menschliche Verordnung erlassen, die mit den Worten beginnt: „Die dauerhafte Erfahrung zeigt, dass das in verschiedenen Strafverfahren angewendete Mittel, die Wahrheit durch Folter zu ermitteln, ein höchst unzuverlässiges und zugleich höchst grausames Mittel zum Beweise der Unschuld ist".

Nun suchen allerdings einige Autoren ihre letzte Zuflucht bei lokalen Mailänder Gegebenheiten und versichern, dass man bei unserer Nation nicht ohne Folter auskommen könne. Gewiss unvorsichtig und aus übertriebener Verehrung für alte, längst überholte Gewohnheiten, verleumden sie so unser Vaterland; gleich so, als ob unsere Bürger so über alle Maßen wild und bösartig seien, dass sie durch kein anderes Mittel im Zaum gehalten werden können, als dass man sie mit Grausamkeit behandelt und sie zu Sklavenwesen erniedrigt. Als ob die Grundsätze von Tugend und Empfindsamkeit in unserem Volks so sehr geschwunden seien, dass diese Mittel, die bei anderen Völkern genügen, für uns unzulänglich sein. Ich weiß wohl, dass der, der solche Ausnahmen machen will, nicht die Folgen bedenkt, die unmittelbar daraus hervorgehen. Wer unser Vaterland kennt, hat von unseren Mitbürgern eine andere Vorstellung, wenn er an die noch nicht lange zurückliegende Zeit zurückdenkt, da unsere wohltätige und unsterbliche Herrscherin Maria Theresia in Gefahr schwebte, da sie von den Pocken befallen war, und alle Kirchen für öffentliche Gebete offenstanden; damals geschah es, dass alle Bevölkerungskreise, Künstler, Bauern, Adlige, Handwerker, ihre Gewerbe liegen ließen, in die Kirchen eilten, schluchzend an den Stufen der Altäre standen und Gebete zum Allmächtigen sandten, ihnen die kostbaren Regierungstage einer Herrscherin zu verlängern, der sie wegen ihrer Tugend, Güte und Pflichterfüllung ihre empfindsamen Herzen geschenkt hatten. Diese zarten und freiwilligen Regungen der Menge, die durch keinen politischen Zweck angestoßen worden sein konnten, reichen als Beweis für die Empfindungen der Güte und Redlichkeit, die sich allgemein in den Herzen regen. Nein, man sage nicht, dass die Mailänder eine bösartige Ausnahme von der allgemeinen Regel bilden.

---

9   *Inst. polit. I, VI, 34.*
10 *De tort. et ind. del. 2, 18.*

XV. Einige Einwände, die zur Rechtfertigung erhoben werden

Aber wie soll denn ein Mensch, der bei der Vernehmung durch den Richter hartnäckig schweigt, zur Antwort gezwungen werden, wenn die Folter als Mittel hierzu nicht zur Verfügung steht? Selbst die Engländer, von denen doch gesagt wird, sie hätten die Folter abgeschafft, haben sie in diesem Falle noch in Gebrauch. Doch darauf ist zu antworten, dass es zwar zutrifft, dass die Engländer ausschließlich in dem Fall, dass vor dem Richter die Antwort verweigert wird, die Strafe verhängen, die sie „schwere und harte Strafe" nennen und die mit dem Tode endet, indem man auf den Verstockten ein schweres Gewicht fallen läßt, das ihn gänzlich zerquetscht. Dies kann man aber nicht als *Folter* bezeichnen; es ist eine Strafe, der sich manche lieber unterwerfen, als wegen eines Verbrechens bestraft zu werden, das neben dem Tod noch die Vermögenskonfiskation nach sich zieht; denn es ist so, dass die Gesetze des Königreiches es nicht gestatten, dass der Fiskus sich das Vermögen desjenigen aneignet, der sein Leben durch die „schwere und harte Strafe" verloren hat; und auf diese Weise veranlasst die Liebe zu den Nächsten manche Beschuldigte, lieber zu schweigen und diese Strafe auf sich zu nehmen. Man kann vielleicht noch hinzufügen, dass die Engländer ein Stück der alten Barbarei aufrecht erhalten haben, indem sie nicht auch die „schwere und strenge Strafe" abgeschafft haben, denn wenn im Zivilrechtsstreit die Gesetze den verstockten Beklagten nach Antrag des Klägers verurteilen, so genügte es ja, dieses Vorgehen auf das Strafverfahren zu übertragen und den verstockt Schweigenden wie einen geständigen Täter zur gesetzlichen Strafe zu verurteilen; damit entfiele jegliche Notwendigkeit der Folter sowohl gegenüber demjenigen der sich überhaupt nicht äußert, wie gegenüber demjenigen, der sich nicht zur Sache äußert. Wenn der Häftling wieder und wieder ermahnt wird, dass sein Schweigen wie ein Eingeständnis des ihm vorgeworfenen Verbrechens behandelt werde, so kann es keinen Zweifel daran geben, dass man es mit jemandem zu tun hat, der hartnäckig sich selbst zu verderben trachtet.

Hierauf erwidern die Verteidiger der gegenwärtigen Praxis: Wir haben kein Gesetz, das uns ermächtigt, denjenigen, der hartnäckig schweigt oder unschlüssige Antworten gibt, als Überführten zu verurteilen. Auf dieser Grundlage haben sie Recht mit der Auffassung, dass ein Gesetz, das bloß die Folter abschaffe, schädlich für den Gang der Gerechtigkeitspflege wäre, solange nicht gleichzeitig ein zweites Gesetz erlassen würde, dass den hartnäckig Schweigenden für überführt erklärte.

Unsere Kriminalpraxis ist wirklich ein Labyrinth sonderbarer Metaphysik. Man verhaftet einen Menschen, den man wegen eines Verbrechens verdächtigt. Dieser Mensch verliert von diesem Augenblick an seine persönliche Existenz. Er ist ein gedankliches Wesen in den Händen des Staates; dieser verhört ihn, verwickelt ihn in Widersprüche, presst ihn aus, quält ihn, bis vor lauter Widersprüchen oder Unstimmigkeiten oder wegen eines aus Überdruss an der Gefangenschaft, aus Elend oder aufgrund der Qualen der Folter abgelegten Geständnisses der Staat hinlängliches Material zu seiner Verurteilung erlangt hat. Und nachdem all diese langwierigen und grausamen Prozeduren überstanden sind, während derer es dem Angeklagten nicht gestattet ist, einen Beistand oder Verteidiger beizuziehen, beschuldigt der Staat ihn dieses Verbrechens und stellt ihn deswegen vor den Richter. In aufgeklärteren Ländern hingegen wird ein kürzerer und natürlicherer Weg eingeschlagen. Sobald der Verdächtige verhaftet ist, beginnt auch schon das Verfahren mit der ersten Vernehmung. Es wird ihm der Grund des Tatverdachts mitgeteilt, die Kläger, falls vorhanden, werden ihm gegenübergestellt. Belastungs- und Entschuldigungsgesichtspunkte werden erörtert, und so einfach und auf klare, leichte und regelmäßige Weise wird jeder Prozess zu Ende geführt. So geschieht es bei den Verfahren vor den Militärgerichten, und so wird es in den beiden Mailänder Regimentern praktiziert, die aus Soldaten bestehen, welche gewiss weder zu den tugendhaftesten noch zu den Dümmsten des Volkes gehören; die Verbrechen werden rasch bestraft, und es herrscht eine begründete Vorstellung von der Richtigkeit der Urteile der Militärgerichte.

Aber wie soll man denn, erwidern die Verteidiger der Folter, jemals einen Schuldigen ohne Folter zur Angabe seiner Helfershelfer bringen? All diese Einwände sind wieder eine Unterstellung dessen, was gerade Gegenstand der Diskussion ist. Man unterstellt nämlich, dass die Folter ein Mittel zur Gewinnung der Wahrheit sei. Doch selbst hiervon abgesehen lautet die Antwort, dass ein Mensch, der sich selbst beschuldigt, regelmäßig auch keine Schwierigkeiten damit haben wird, seine Helfershelfer anzugeben, dass aber ein Mensch, der das Verbrechen leugnet, sie nicht angeben kann, ohne sich selbst zu beschuldigen, und dass schließlich, wenn man alles wissen und niederschreiben will, was jemand sein Leben lang an Verbrechen begangen und gesehen hat, die Gefängnisse sich mit entsprechend vielen Unglücklichen füllen würden und die Verfahren schließlich eine extreme Verlängerung erfahren würden. Die Unkenntnis über einen Teilnehmer und die Bestrafung eines herausgegriffenen Täters ist weniger schlimm, als wenn nach jahrelangem Schmachten im dumpfigen feuchten Kerker mehrere wegen eines Verbrechens verurteilt werden, an das sich niemand mehr erinnert, denn dann hat das Volk nur noch eine isolierte Grausamkeit vor Augen, die in feierlicher Form ein Opfer zelebriert.

Nehmen wir einmal an, die Nachwelt hätte auf Kaiser Justinian gehört. Er fasste die zerstreuten Gesetze, die Ansichten der angesehensten römischen Rechtsgelehrten, der Senatskonsulte und der Volksentscheide zusammen und schränkte alles, was er in der unendlichen Reihe der Bücher nützlich und brauchbar fand, ein, indem er den

Codex und die Pandekten daraus machen ließ, in denen das ganze Corpus der Gesetzgebung enthalten war, und er verbot ausdrücklich jeglichen Versuch, Kommentierungen zu ihrer Auslegung zu schreiben. Wäre dies befolgt worden, wie sollten wir wohl unsere Strafverfahren durchführen? Es gibt kein Gesetz, das den bürgerlichen Tod des Verhafteten anordnet, dass er gefoltert wird, und dass er nach Beendigung des Verfahrens wieder lebendig wird. Hätte es keinen Clarus, Bossi, Farinacius und andere, die wir bereits genannt haben, gegeben, könnte kein Bürger ohne erdrückende Verdachtsgründe seiner Schuld verhaftet werden. Solche stammen aus Zeugenaussagen, die sie des Verbrechens beschuldigen, aus dem faulen und liederlichen Leben, das er führt, aus Ausgaben ohne sichtbare Einnahmequelle oder aus tödlicher und drohender Feindschaft eines Menschen, der beleidigt worden ist. Dann müsste man den Schuldigen nicht vor einen einzigen, sondern vor eine Mehrzahl von Richtern stellen. Dann würden ihm offen der Verdacht und die Verdachtsgründe mitgeteilt. Dann würde man ihn, falls es sich um einen Diebstahl oder um ein Tötungsdelikt handelt, fragen, wo er sich zur Tatzeit aufgehalten habe, geht es um einen Diebstahl, wie er an das Geld gelangt sei, das man bei ihm gefunden hat, und so fort je nach Fallgestaltung; und nach wenigen Stunden wüsste man, ob der Verhaftete schuldig oder unschuldig ist. Dies ist die Prozedur, die angewendet würde, wenn in der Kriminaljustiz nur das Gesetz beobachtet worden wäre und nicht eine Praxis, die sich ohne Rechtsgrundlage auf die Privatmeinungen einiger obskurer und barbarischer Autoren stützt. So ist der Verfahrensgang in Großbritannien, wo überdies der Angeklagte noch zwei unschätzbare Vorteile genießt. Der eine besteht darin, dass er von Personen gerichtet wird, die aus seinem Stande ausgewählt sind und nicht aus dem Kreise raffinierter Kriminalrichter; der zweite besteht darin, dass er eine gewisse Anzahl der ausgewählten Richter ablehnen kann, wenn er Anlass zu Misstrauen sieht. Eben dies ist auch das Verfahren, welches man vor den Militärgerichten in Mailand für die italienischen Regimenter befolgt, und die Gerechtigkeit nimmt rasch ihren Gang, ohne dass jemand sich über Tyrannei beklagt und ohne dass man Unschuldige als Schuldige verurteilt – ein Fall, der nicht so selten vorkommt, wie man vielleicht glaubt.

XVI. Schluß

Ich weiß nur zu gut, dass die von der Praxis der Gerichte geheiligten und von der ehrwürdigen Autorität der Magistrate bestätigten Meinungen am schwierigsten und mühsamsten zu überwinden sind; auch kann ich mir nicht schmeicheln, dass meine eigenen in der Lage seien, mit einem Schlage den ganzen Wust von Meinungen, welche die Kriminaljustiz beherrschen, zu erneuern. Alle, die an ihr teilhaben, glauben ja, dass es für die öffentliche Sicherheit unerlässlich sei, an der herrschenden Praxis festzuhalten. Sei diese Auffassung nun richtig oder falsch, sie straft jedenfalls nicht die Reinheit des Zieles, das mich bewegt, Lügen. Die Verfechter der Folter mögen aber bedenken, dass die Prozesse gegen Hexen und Zauberer sich genau so wie die Folter auf die Autorität unzähliger Autoren stützte, die Druckwerke über die Teufelswissenschaft veröffentlicht hatten, dass die Tradition hochgeehrter Menschen und Gerichte lehrte, dass Hexen und Zauberer zum Feuertod verurteilt werden müssten, und doch all dieses heute der Lächerlichkeit preisgegeben ist, weil bewiesen ist, dass es weder Hexen noch Zauberer gibt. Alles, was man zugunsten der Folter anführen kann, konnte man vor fünfzig Jahren auch zugunsten der Existenz der Zauberei anführen. Mir scheint es unmöglich, dass der Brauch, heimlich im Kerker Menschen zu quälen, um die Wahrheit zu finden, noch lange Zeit wird herrschen können, wenn erst einmal klar geworden ist, wie endlos viele Unschuldige aufgrund der Folter zum Tode verurteilt worden sind, dass sie eine himmelschreiende Quälerei ist, die häufig in der schlimmsten Weise und ohne Zeugen vollzogen wird, dass es ganz von der Laune des Richters abhängt, ob sie verschärft wird, dass sie kein Mittel der Wahrheitsfindung ist, und dass auch weder die Gesetze noch die Gelehrten selbst sie als ein solches ansehen, dass sie an sich ungerecht ist, dass die bekannten Völker des Altertums sie nicht angewandt haben, dass die angesehensten Autoren sie stets verworfen haben, dass sie während der Barbarei vergangener Jahrhunderte rechtswidrig Eingang gefunden hat und dass schließlich heutzutage verschiedene Nationen sie abgeschafft haben oder im Begriffe stehen, sie abzuschaffen, ohne dass ihnen daraus irgend ein Nachteil erwächst.

ALESSANDRO MANZONI
GESCHICHTE DER SCHANDSÄULE
(1840)

Einleitung

Die Richter, die 1630 in Mailand einige Angeklagte, die unter ebenso albernen wie schrecklichen Erfindungen beschuldigt worden waren, die Pest verbreitet zu haben, zu grässlichen Strafen verurteilten, meinten, etwas so Denkwürdiges vollbracht zu haben, dass sie im Urteil selbst neben der Verhängung der Todesstrafe nicht nur befahlen, das Haus eines der Unglücklichen zu zerstören, sondern auch, auf dessen Fläche eine Säule zu errichten. Diese sollte den Namen „Schandsäule" tragen, und eine Inschrift sollte den Nachgeborenen von dem Verbrechen und von der Strafe berichten. Und darin täuschten sie sich nicht: dieses Urteil blieb wahrlich denkwürdig.

In einem Kapitel eines früheren Werkes[1] hat der Verfasser seine Absicht kundgetan, die Geschichte dieser Ereignisse zu veröffentlichen; er unterbreitet sie nun der Öffentlichkeit nicht ohne Beklemmung – weiß er doch, dass andere angenommen haben, dies sei ein, gelinde gesagt, stoffreiches und daher umfangreiches Werk. Muss er aber schon das Lächerliche dieser Fehleinschätzung auf sich nehmen, so sei ihm doch wenigstens der Einspruch gestattet, dass er keine Schuld an diesem Irrtum trägt und dass, wenn dabei nur eine Maus das Licht der Welt erblickt hat, er jedenfalls nicht behauptet hat, der Berg werde kreißen. Er hat nur gesagt, dass diese Geschichte als Episode allzu lang geraten wäre, und dass, wenn auch der Gegenstand bereits von einem zu recht berühmten Schriftsteller (*Pietro Verri*, Osservazioni sulla tortura) behandelt worden sei, er doch gemeint habe, dass dieser ein weiteres Mal aus einer anderen Sicht behandelt werden könne. Eine kurze Bemerkung über diese andere Sicht wird genügen, um die Gründe dieses neuen Versuchs sichtbar werden zu lassen. Man könnte auch von ihrem Nutzen sprechen, aber dieser hängt ja leider mehr von der Ausführung als von der Absicht ab.

Pietro Verri hat sich, wie schon der Titel seines Werkes verrät, vorgenommen, jenem Vorgang ein Argument gegen die Folter zu entnehmen; und zu diesem Behufe hat er sichtbar gemacht, wie diese in der Lage war, das Geständnis eines physisch und moralisch unmöglichen Verbrechens zu erpressen. Und seine Beweisführung war eben so zwingend, wie sein Vorhaben edel und menschlich war.

Jedoch muss man der knapp gefassten Erzählung eines verwickelten Geschehnisses, eines großen Leides, das Menschen von Menschen zugefügt wurde, mit Notwendigkeit Betrachtungen entnehmen können, die allgemeinerer Art sind und einen Nutzen

---

1 Promessi Sposi, dt.: Die Verlobten.

bringen, der vielleicht nicht so unmittelbar, doch nicht weniger real ist. Wer sich nämlich mit dem zufrieden gibt, was hauptsächlich jener speziellen Absicht dienen kann, läuft Gefahr, sich einen Begriff von der Sache zu bilden, der nicht nur halbiert, sondern sogar falsch ist, denn er sieht als ihre Gründe die Unwissenheit jener Zeiten und die Barbarei der Rechtsprechung an und betrachtet sie als ein fast schicksalhaftes und zwangsläufiges Ereignis; das aber würde bedeuten, einem verhängnisvollen Irrtum zu erliegen, wo man eine nützliche Lehre ziehen kann. Unkenntnis der Physik kann Unannehmlichkeiten hervorrufen, aber keinen Frevel, und ein schlechtes Rechtsinstitut wendet sich nicht von selbst an. Mit Sicherheit war es keine notwendige Folge des Glaubens an die Wirksamkeit von pesterregenden Schmierereien, zu glauben, Guglielmo Piazza und Gian Giacomo Mora hätten sie ins Werk gesetzt; ebenso wenig, wie es eine notwendige Folge der Existenz des Rechtsinstituts der Folter war, alle Angeklagten sie erdulden zu lassen, noch, alle, die man sie erdulden ließ, für schuldig zu erkennen. Diese Wahrheit mag wegen allzu großer Offenkundigkeit albern erscheinen.

Aber nicht selten sind gerade die nur allzu offenkundigen Wahrheiten, die selbstverständlich sein sollten, vergessen worden. Und davon, dass diese Wahrheit nicht vergessen wird, hängt die richtige Beurteilung dieses grauenvollen Urteils ab. Wir haben versucht, sie ins Licht zu rücken und sichtbar zu machen, dass jene Richter Unschuldige verurteilten, dass sie, auch bei festester Überzeugung von der Wirksamkeit der Pestsalben und unter der Geltung eines Gesetzes, das die Folter erlaubte, Unschuldige erkennen konnten, dass sie vielmehr, um sie für schuldig zu befinden, um die Wahrheit, die jederzeit in tausend Erscheinungsformen und an tausend Stellen mit damals wie heute stets klaren Eigenschaften zutage trat, zurückzustoßen, unermüdlich geistige Kunstgriffe anwenden mussten und zu Mitteln greifen mussten, deren Ungerechtigkeit sie gar nicht übersehen konnten.

Wir wollen gewiss nicht – denn dies wäre ein trauriges Unterfangen – der Unwissenheit und der Folter ihren Anteil an diesem schrecklichen Vorgang benehmen. Die erstere war ein bedauernswerter Anlass, die andere ein grausames und wirksames Mittel, jedoch gewiss weder das einzige noch das hauptsächliche. Wir glauben aber, dass es darauf ankommt, die wirklichen und ausschlaggebenden Ursachen zu unterscheiden; denn wodurch sonst als durch fehlgeleitete Leidenschaften werden denn ungerechte Handlungen hervorgebracht?

Gott allein konnte wissen, welche von ihnen mehr, welche weniger im Herzen dieser Richter gewaltet und ihren Willen unterjocht hat: ob der Zorn über verborgene Gefahren, der ungeduldig, einen Gegenstand zu finden, alles ergriff, was ihm gerade in den Weg kam, der eine erwünschte Kunde erhalten hatte und sie nicht falsch finden wollte, der bloß sagte: „Schluss jetzt!" und nicht sagen wollte: „Wir sind noch am Anfang", der Zorn, der von langer Furcht genährt worden war und zum Hass und zur

Spitzfindigkeit gegen jene Unglücklichen anwuchs, die sich seinem Zugriff entziehen wollten. Oder ob es die teils begründete, teils leichtsinnige Furcht war, einer allgemeinen Erwartung nicht nachzukommen, weniger fähig zu erscheinen, wenn man Unschuldige entdeckte, die Schreie der Menge gegen sich aufzubringen, wenn man nicht auf sie hörte; vielleicht auch die Furcht vor schweren öffentlichen Unglücksfällen, die daraus erwachsen könnten – eine scheinbar weniger schmachvolle, aber ebenso abwegige und nicht weniger schändliche Furcht, wenn man sie mit der wahrhaft edlen und wirklich weisen Furcht vergleicht, eine Ungerechtigkeit zu begehen. Gott allein konnte wissen, ob diese Richter, die Schuldige für ein Verbrechen fanden, das gar nicht existierte, von dem man aber wollte, dass es existiere[2], eher Mittäter oder Diener einer Menge waren, die, nicht von Unwissenheit, sondern von Bosheit und Raserei verblendet, mit diesem Geschrei die heiligsten Gebote der göttlichen Gesetze verletzte, die zu befolgen sie sich rühmte. Doch Lüge, Machtmissbrauch, Verletzung der bekanntesten und anerkanntesten Gesetze und Regeln, Anwendung doppelter Gewichte und Maße sind Dinge, welche auch Menschen in menschlichen Handlungen erkennen können; und sind sie erkannt, so können sie auf nichts anderes als auf fehlgeleitete Leidenschaften des Willens zurückgeführt werden; und um für die sachlich ungerechten Handungen dieses Gerichts eine Erklärung zu finden, kann man keine natürlichere und zugleich betrüblichere finden als jenen Zorn und jene Furcht.

Indes waren jene Gründe in einer bestimmten Zeit leider nichts besonderes; auch geschah es nicht nur anlässlich von Irrtümern in Dingen der Physik und bei Anwendung der Folter, dass jene Leidenschaften, wie alle anderen, Menschen, die alles andere als berufsmäßige Verbrecher waren, dazu brachten, Missetaten zu begehen, sei es durch ruhestörendes Verhalten in der Öffentlichkeit, sei es in verborgenen privaten Verhältnissen. „Wenn aber der Schauder, den ich auf mich nehme" schreibt der oben erwähnte Autor, „auch nur ein unglückliches Opfer rettet, die Greuel, die ich hier vor Augen führe, nur eine einzige Folterung verhindern, so wird mein schmerzliches Empfinden vergolten, und die Hoffnung auf einen solchen Erfolg soll mein Lohn sein"[3]. Wir, die wir den geduldigen Leser einladen, von neuem den Blick auf bereits bekannte Schrecknisse zu werfen, glauben, dass es nicht ohne neuen wertvollen Ertrag sein wird, wenn der Schauder und die Entrüstung, die man jedesmal wieder darüber empfinden muss, sich auch und vor allem gegen Leidenschaften richtet, die nicht wie falsche Systeme verbannt noch wie schlechte Institutionen abgeschafft werden können, sondern nur weniger mächtig und weniger schädlich gemacht werden können, indem man sie in ihren Auswirkungen erkennt und indem man sie verächtlich macht.

---

2 Ut mos vulgo, quamvis falsis, reum subdere. Tacitus. Ann. I, 39.
3 P. Verri. Osservaioni sulla tortura, § VI.

Und wir tragen keine Furcht, hinzuzufügen, dass inmitten der schmerzlichsten Gefühle es noch etwas Tröstliches geben kann. Wenn wir in einem Geflecht grausamer Taten von Menschen gegen Menschen eine Wirkung der Zeiten und Umstände zu sehen glauben, so werden wir zugleich mit dem Schrecken und dem Mitleid selbst eine Entmutigung, eine Art von Verzweiflung empfinden. Es erscheint uns die menschliche Natur aus Gründen, welche unabhängig von ihrer Willkür sind, unbesiegbar zum Bösen geneigt, wie verbunden in einem wüsten und unglücklichen Traume, dem sie sich nicht entwinden kann, den sie nicht einmal unbeachtet lassen kann. Unvernünftig erscheint uns die Verachtung, die unwillkürlich in uns gegen die Urheber jener Verbrechen entsteht, und uns nur für den Augenblick edel und heilig vorkommt: es bleibt der Schrecken, und es schwindet die Schuld; und auf der Suche nach einem Schuldigen, den wir mit Recht unsere Verachtung fühlen lassen könnten, sieht unser Denken sich mit Entsetzen dahin gebracht, zwischen zwei fluchwürdigen Möglichkeiten zu schwanken, welche beide nur im Delirium erzeugt sein können: die Vorsehung zu leugnen oder sie anzuklagen. Betrachtet man jedoch diese Taten aufmerksamer, so entdeckt man eine Ungerechtigkeit, welche auch von ihren Urhebern erkannt werden konnte, ein Überschreiten der Vorschriften, die auch von ihnen anerkannt wurden; man entdeckt Handlungen, die mit den Einsichten nicht nur der damaligen Zeit im Widerspruch standen, sondern auch mit Ansichten, welche die Handelnden unter ähnlichen Umständen selbst zu haben bezeugten. Doch es ist ein tröstlicher Gedanke, dass, wenn sie nicht wussten was sie taten, dies deshalb der Fall war, weil sie es nicht wissen wollten, weil jene Unwissenheit herrschte, die der Mensch nach Belieben annimmt und verliert. Dies ist keine Entschuldigung, sondern gerade ein Schuldbeweis. Man kann zwar gezwungen werden, zum Opfer solcher Taten zu werden, nicht aber, zu ihrem Täter zu werden.

Ich habe aber nicht behaupten wollen, dass der oben genannte Schriftsteller unter den Schrecken dieses Urteils nie und in keinem Falle die persönliche und freiwillige Ungerechtigkeit der Richter erkannt habe. Ich habe bloß sagen wollen, dass er sich nicht vorgenommen habe, zu beobachten, welcher Art und Größe sie war, viel weniger, zu zeigen, dass sie die hauptsächliche – genau gesagt: die einzige – Ursache war. Ich füge aber hinzu, dass er dies nicht tun konnte, ohne seinem besonderen Vorhaben zu schaden. Hätten doch die Parteiführer der Tortur darin noch eine Rechtfertigung für diese gefunden – denn die törichtesten Einrichtungen haben, solange sie nicht vollständig untergegangen sind, häufig auch noch danach, noch solche aus demselben Grunde, der sie ins Leben treten ließ. – „Seht ihr?", hätten sie gesagt, „die Schuld liegt nur in dem Missbrauch, nicht in der Sache selbst". – Dies wäre nun wahrlich die eigentümlichste Rechtfertigung einer Sache, wenn man außer dem Beweise ihrer Absurdität im allgemeinen noch aufzeigte, dass sie in einem einzelnen Fall als Werkzeug der Leidenschaften zu den törichtesten und fürchterlichsten Handlungen dienen konnte. Aber vorgefasste Meinungen verstehen es nun einmal so. Andererseits wären jene, welche wie Verri die Abschaffung der Folter wünschten, unzufrieden gewesen, wenn er die Sache mit Unterscheidungen verwickelter gemacht hätte und wenn er, indem er die Schuld anderen zuwies, die Schrecken der Folter vermindert hätte. So jedenfalls geschieht es gewöhnlich: Wer eine entgegenstehende Wahrheit aufhellen will, findet unter Anhängern wie unter Gegnern ein Hindernis, sie rückhaltlos darzulegen. Wahr ist freilich auch, dass noch die große Masse jener Menschen übrigbleibt, die keine Partei ergreifen, ohne Vorurteile sind, aber auch ohne Anteilnahme, und keine Lust haben, die Wahrheit in irgendeiner Gestalt zu erfahren.

Was die Materialien angeht, deren wir uns bei der Abfassung dieser kleinen Erzählung bedient haben, so müssen wir vor allem bemerken, dass die Nachforschungen, die wir angestellt haben, um die Originalakten des Prozesses zu entdecken, trotz aller Bemühungen und freundlichster und nachdrücklichster Unterstützung zu nichts anderem als zu der immer größeren Gewissheit geführt haben, dass sie gänzlich verlorengegangen sind. Zu einem guten Teil ist aber noch die Abschrift vorhanden, und zwar aus folgendem Grunde. Unter jenen unglücklichen Beschuldigten befand sich, und nur zu sehr durch die Schuld eines derselben, eine bedeutende Persönlichkeit, Don Giovanni Gaetano de Padilla, ein Sohn des Kommandanten des Mailänder Kastells, Ritter von S. Jago, und Hauptmann der Kavallerie; er konnte seine Verteidigungsschriften drucken lassen und sie mit einem Auszug aus den Prozessakten ergänzen, der ihm, als er in den Anklagestand versetzt war, zugestellt worden war. Und gewiss dachten jene Richter damals nicht daran, dass sie von einem Drucker ein authentischeres Denkmal erstellen ließen als jenes, welches sie einem Baumeister in Auftrag gaben.

Außer diesem Auszug gibt es noch eine Abschrift, in einigen Teilen recht knapp, in anderen recht weitläufig, die dem Grafen Pietro Verri gehörte und uns von dessen würdigem Sohne, dem Herrn Grafen Gabriele, mit großzügigem und freundlichem Entgegenkommen zur Verfügung gestellt worden ist. Sie diente dem berühmten Verfasser bei der Abfassung des erwähnten Werkes und ist bedeckt mit Bemerkungen, schnell hingeworfenen Gedanken oder plötzlichen Ergüssen schmerzlichen Mitgefühls und heiliger Empörung. Sie trägt den Titel: *Summarium offensivi contra Don Johannem Cajetanum de Padilla*; und man findet in ihr überaus vieles, zu dem es in dem gedruckten Auszug nur Andeutungen gibt; auch sind am Rande die Seitenzahlen der Original-Prozessakten vermerkt, aus denen die verschiedenen Passagen ausgezogen sind; der ganze Auszug ist bedeckt mit kurzen lateinischen Bemerkungen, die von derselben Hand stammen wir der Auszug selbst: *Detentio Morae; Descriptio Domini Johannis; Adversatur Commissario; Inverisimile; Subgestio* und ähnlichen, die sich offenbar der Advokat Padillas für seine Verteidigungsschriften notiert hat. Aus alledem geht klar hervor, dass es sich um eine wörtliche Kopie eines aktenmäßigen Auszuges handelt, welcher dem Advokaten zugestellt wurde, und dass dieser, als er sie drucken ließ, Verschiedenes als weniger wichtig weggelassen hat, bei anderem sich auf Andeutungen beschränkt hat. Warum aber nur findet sich in der gedruckten Fassung einiges, was im Manuskript fehlt? Wahrscheinlich konnte der Verfasser die Original-Prozessakten noch einmal durchgehen und einen zweiten Auszug von dem, was ihm für die Sache seines Klienten nützlich schien, erstellen.

Diesen beiden Auszügen haben wir natürlich das meiste entnommen; und da der erste von ihnen, der recht selten war, vor kurzem abermals gedruckt worden ist, kann der Leser, wenn er es wünscht, durch Vergleich mit diesem die Stellen ermitteln, die wir aus der Kopie des Manuskripts entnommen haben.

Auch die erwähnten Verteidigungsschriften haben uns verschiedene Tatsachen und Stoff zu mancherlei Bemerkungen geliefert, und da sie niemals neu gedruckt worden sind und die Exemplare daher sehr selten sind, werden wir nicht ermangeln, sie jedesmal zu zitieren, wenn wir von ihnen Gebrauch machen.

Einige unbedeutende Dinge konnten wir schließlich den wenigen verstreuten Originaldokumenten entnehmen, die aus jener Zeit der Verwirrung und des Verderbens übrig geblieben sind und in jenem Archiv aufbewahrt werden, aus dessen Beständen wir in der vorhergehenden Schrift *(I promessi sposi / Die Verlobten)* mehr als einmal zitiert haben.

Sodann haben wir gemeint, dass es nicht unpassend sei, nach einer kurzen Geschichte des Prozesses auch eine ganz kurze Geschichte der Ansichten über ihn bis hin zu Verri, also über eineinhalb Jahrhunderte hinweg, zu geben. Ich meine damit die Meinungen, die in Büchern zum Ausdruck gebracht worden sind, denn dies ist meistens und in großem Umfang die einzige Quelle, aus der die Nachgeborenen schöpfen können, und sie besitzt jedenfalls eine besondere Bedeutung. In unserem Falle zeigt sich, dass es eine eingetümliche Erscheinung sein könnte, zu sehen, wie ein Schriftsteller dem anderen nachgefolgt ist wie die Schäfchen bei Dante, ohne daran zu denken, sich über die Sache, von der sie glaubten berichten zu müssen, zu informieren. Ich sage nicht, dass sie sich einer vergnüglichen Sache hingegeben hätten, denn nachdem wir diesen grausamen Kampf und diesen furchtbaren Sieg des Irrtums über die Wahrheit, der gewalttätigen Leidenschaft über die unbewaffnete Unschuld mit angesehen haben, können wir nur Unwillen, ja geradezu Hass empfinden gegen Leute jeglichen Standes, gegen diese Worte zur Bekräftigung und Verherrlichung des Irrtums, gegen dieses unbeirrbare Ausharren bei einem so gedankenlosen Glauben, gegen jene Verwünschungen der Opfer, gegen jene falsche Entrüstung; doch ein solcher Unwille hat auch seinen Vorteil, denn er vermehrt den Abscheu und das Misstrauen gegen jenen alten, noch nicht hinreichend der Verachtung anheimgegebenen Missbrauch, gegen eine Wiederholung ohne Überprüfung, und, wenn man mir diesen Ausdruck gestattet, dagegen, dass ein jeder dem allgemeinen Wein seinen eigenen beimischt, der ihm schon mehrmals in den Kopf gestiegen ist.

Zu diesem Zwecke hatten wir zunächst daran gedacht, dem Leser eine Sammlung aller Urteile in dieser Sache vorzulegen, die sich in irgendeinem Buch finden ließen. Doch in der Befürchtung, damit seine Geduld auf eine allzu harte Probe zu stellen, haben wir uns auf wenige Autoren beschränkt, von denen keiner unbekannt ist, die meisten berühmt sind, also auf jene, die auch in ihren Irrtümern für uns lehrreich sind, wenn diese nicht mehr ihre ansteckende Kraft ausüben können.

Erstes Kapitel

Am Morgen des 21. Juni 1630, gegen vier und ein halb Uhr, stand, wie es das Unglück wollte, eine Frau namens Caterina Rosa am Fenster eines Bogens, der damals über die Einfahrt der Via della Vetra de' Cittadini geführt war, und sah von der Seite, die zum Corso an der Porta Ticinese führt (fast gegenüber den Colonnaden von San Lorenzo), einen Mann in einem schwarzem Mantel herankommen, den Hut über die Augen gedrückt und ein Stück Papier in der Hand, auf welches er, wie sie in ihrer Zeugenaussage bekundete, „die andere richtete, so dass es aussah, als ob er schreibe". Es kam ihr vor, als ob er, als er in die Straße eintrat, sich nahe an die Mauer der Häuser drückte und dann rasch um die Ecke bog, und dass er da und dort rücklings mit der Hand die Wände bestrich. „Da", fügte sie hinzu, „kam mir in den Sinn, ob das nicht vielleicht einer von jenen gewesen sein könnte, die in den vergangenen Tagen herumzogen und die Mauern beschmierten". Von diesem Verdacht erfüllt ging sie in ein anderes Zimmer, von dem aus man die ganze Straße überblicken konnte, um den Unbekannten im Auge zu behalten, der sich in ihr fortbewegte; „und da sah ich", sagte sie aus, „dass er die besagte Mauer fortwährend mit den Händen berührte".

Am Fenster eines Hauses in derselben Straße stand eine andere Zuschauerin namens Olivia Bono, von der nicht mehr sicher ist, ob sie denselben albernen Verdacht wie die erste von sich aus schöpfte, oder erst, als die andere Lärm geschlagen hatte. Auch sie wurde befragt und gab an, sie habe ihn von dem Augenblick an gesehen, als er in die Straße eingebogen sei, tat aber der Berührung der Mauern beim Gehen keine Erwähnung. „Ich sah", bekundete sie, „dass er hier am Ende der Gartenmauer des Hauses der Crivelli anhielt; und ich sah, dass er ein Papier in der Hand hielt, auf das er die rechte Hand legte, so dass es mir vorkam, als wolle er schreiben; und sodann sah ich, dass er die Hand von dem Papier erhob und sie über die erwähnte Gartenmauer strich, wo ein weißer Fleck war. Es war möglich, dass er auf diese Weise die tintenbefleckten Finger reinigen wollte, denn es schien, als schreibe er wirklich. Tatsächlich antwortete er, als er am nächsten Tag befragt wurde, ob seine Geschäfte, die er an jenem Morgen betrieben habe, Schreiben erfordert hätten: „Ja, Signore". Und was den Grund seines Streifens an den Mauern anging, so war es, wenn ein solcher überhaupt angegeben werden muss, wohl der, dass es regnete, wie jene Caterina selbst bezeugte – allerdings, um daraus gerade einen Hinweis für ihren Verdacht zu erblicken, denn dies sei ein wichtiger Umstand: Gestern, als er diese Schmieraktionen vorgenommen habe, habe es geregnet, und er müsse diese Zeit des Regnens gewählt haben, weil auf diese Weise noch mehr Personen, während sie unter dem Schutz der Mauer hart an dieser entlang gingen, sich die Kleider beschmutzen würden.

Nachdem er, wie beschrieben, angehalten hatte, kehrte er um, ging dieselbe Straße zurück, gelangte an die Straßenecke und schickte sich gerade an zu verschwinden, als ihm, durch ein weiteres unglückliches Zusammentreffen, jemand begegnete, der in die Straße einbog und ihn grüßte. Jene Caterina war, um den Mauerbeschmierer so lange wie möglich im Blick zu behalten, an ihr früheres Fenster zurückgekehrt und fragte nun den anderen, wer denn jener Mann gewesen sei, den er gerade begrüßt habe. Der andere, der, wie er später aussagte, jenen von Ansehen kannte, aber nicht seinen Namen wusste, antwortete das, was er wusste, dass jener nämlich ein Sanitätskommissär sei. „Und ich sagte ihm", fuhr Caterina in ihrer Aussage fort, „dass ich jenen gewisse Handlungen habe vornehmen sehen, die mir ganz und gar nicht gefallen hätten". Plötzlich verbreitete sich dieser Vorfall, d.h. sie war es, zumindest hauptsächlich, die ihn verbreitete; und man zog vor die Tore und sah die Mauern mit einer gewissen fetten Tinktur bestrichen, deren Farbe ins Gelbliche spielte. Und besonders die Leute von der Porta Tradate gaben an, sie hätten die Mauern ihres Torweges ganz beschmiert vorgefunden. Die andere Frau bekundete dasselbe. Befragt, ob sie wisse, weshalb jener mit seiner Hand über die Mauer gestrichen sei, antwortete sie: „Man fand hinterher die Mauern beschmiert, vor allem an der Porta del Tradate".

Und – was in einem Roman unwahrscheinlich erschiene, aber leider durch die Verblendung der Leidenschaft hinreichend erklärt wird: weder der einen noch der anderen der beiden Frauen kam es in den Sinn, dass, während sie, besonders die erste, Schritt für Schritt den Weg beschrieben, den der ManN in der Straße zurückgelegt hatte, sie nicht sagen konnten, ob er in jenen Torweg getreten war; es schien ihnen überhaupt „kein wichtiger Umstand", dass er, ausgerechnet um eine derartige Tätigkeit auszuführen, gewartet haben sollte, bis die Sonne aufging, noch, dass er nicht wenigstens vorsichtig zu Werke ging und einen Blick zu den Fenstern warf, noch, dass er in aller Ruhe dieselbe Straße zurückging, als ob es die Gewohnheit von Missetätern sei, sich länger als unbedingt nötig am Tatort aufzuhalten, noch, dass er ohne eigenen Schaden mit einem Stoff hantierte, der doch jene, die damit ihre Kleider beschmutzten, töten sollte, noch, dass allzu viele weitere, eben so erstaunliche Unwahrscheinlichkeiten hinzukamen. Am erstaunlichsten und grässlichsten ist indes, dass nicht einmal dem Ermittlungsbeamten diese Umstände auffielen und dass er keine Erklärung für sie verlangte. Sollte er sie aber verlangt haben, so wäre es noch viel schlimmer, dass im Prozess nichts davon erwähnt worden ist.

Den Nachbarn, die der Schreck wer weiß wie viele Schmierereien entdecken ließ, die sie wahrscheinlich seit wer weiß wie langer Zeit bereits vor Augen gehabt hatten, ohne sie erwähnenswert zu finden, entrüsteten sich nunmehr und beeilten sich, sie mit brennendem Stroh zu entfernen. Gian Giacomo Mora, ein Barbier, der an der Straßenecke wohnte, meinte wie die anderen, dass die Mauern seines Hauses beschmiert seien. Der Unglückliche – er wusste nicht, welche andere Gefahr ihn noch bedrohte, und zwar von eben jenem Sanitätskommissar, unglücklich auch er.

Der Bericht der Frauen wurde sogleich mit neuen Umständen angereichert; vielleicht stimmte aber auch schon das, was sie sogleich den Nachbarn berichteten, nicht in allen Punkten mit dem überein, was sie dann vor dem *Capitano di Giustizia* aussagten. Der Sohn jenes armen Mora, der später gefragt wurde, ob er wisse oder gehört habe, wie der besagte Kommissär die besagten Mauerwerke und Häuser beschmiert habe, antwortete: „Ich hörte, dass eine der Frauen, die über dem Torbogen standen, der die besagte Via Vedra überquert, und deren Namen ich nicht kenne, sagte, dass besagter Kommissar mit einer Feder die Mauern beschmutzt und ein kleines Gefäß in der Hand gehalten habe". Es könnte sehr gut sein, dass jene Caterina von einer Feder gesprochen hat, die sie wirklich in der Hand des Unbekannten gesehen hat; und jeder stellte sich nur allzu leicht vor, was der andere Gegenstand gewesen sein könnte, den sie kleines Gefäß getauft hatte; denn in einer Vorstellung, die nichts anderes als Schmierereien sah, musste eine Feder eine unmittelbarere und engere Beziehung mit einem kleinen Gefäß als mit einem Tintenfaß besitzen.

Leider aber ging in jenem Gewirr von Geschwätz nur ein einziger wahrer Umstand nicht verloren, nämlich der, dass der Mann ein Sanitätskommissär war, und anhand dieses Hinweises fand man auch schnell heraus, dass es sich um einen gewissen Guglielmo Piazza handelte, der ein *Schwiegersohn der Gevatterin* Paola war, die wohl eine in jener Gegend recht bekannte Hebamme sein musste. Diese Kunde verbreitete sich nach und nach in den anderen Stadtvierteln, und sie wurde auch von allerlei Leuten weitergetragen, die es sich angelegen sein ließen, das Oberste zuunterst zu kehren. Einer von diesen Berichten wurde auch dem Senat hintertragen, und dieser befahl dem *Capitano di Giustizia*, sogleich Erkundigungen einzuziehen und nach Befinden des Falles zu verfahren.

„Es ist dem Senat gemeldet worden, dass gestern morgen die Mauern der Häuser in der Vedra de' Cittadini mit tödlichen Fetten beschmiert wurden", sprach der Capitano di Giustizia zum *Notaio Criminale*, den er auf jene Spedition mitnahm. Und mit diesen Worten, die bereits voll einer beklagenswerten Sicherheit waren und unverändert aus dem Munde des Volkes in den der Beamten übergegangen waren, war der Prozess eröffnet.

Angesichts dieser so sicheren Überzeugung, dieser törichten Furcht vor einem chimärischen Anschlag, kann man sich nicht der Erinnerung dessen entschlagen, was an ähnlichen Vorkommnissen noch vor wenigen Jahren in verschiedenen Teilen Europas in der Zeit der Cholera vorkam. Hatten auch in diesem Falle die Unterrichteten mit wenigen Ausnahmen nicht an dieser unseligen Überzeugung teil, bekämpfte vielmehr die Mehrheit sie nach Kräften, so hätte sich doch kein Gericht gefunden, das seine schützende Hand über die solcherart Beschuldigten gehalten hätte, es sei denn, um sie der Wut der Menge zu entziehen. Zweifellos ist dies bereits ein großer Fortschritt; doch wenn er auch noch größer wäre, wenn man sicher sein könnte, dass bei gleichartiger Gelegenheit niemand mehr an gleichartige Anschläge denken würde, so sollte man doch nicht die Gefahr von Irrtümern dieser Art, wenn auch nicht an diesem Gegenstand, für gebannt halten. Leider kann der Mensch sich täuschen, er kann sich fürchterlich täuschen, mit mehr oder weniger Ausschweifung. Solche Verdächtigung und solche Verbitterung entstehen gleichermaßen anlässlich von Unglücksfällen, wie sie auch äußerst heilsam sein können, und mitunter werden sie durch menschliche Bosheit ausgelöst; werden aber Verdächtigung und Verbitterung nicht durch Vernunft und Mitempfinden gezähmt, so haben sie die betrübliche Kraft, Unglückliche für Schuldige zu halten, unter den nichtigsten Anzeichen und unter den abenteuerlichsten Behauptungen.

Um hierfür ein Beispiel zu geben, das ebenfalls noch nicht weit zurückliegt, kurz vor der Cholera: Als in der Normandie die Brandstiftungen sich häuften, was fragte man danach, warum urplötzlich ein Mensch als Urheber einer solchen Vielzahl angesehen wurde? Es war der erste Mensch, den man dort oder in der Nachbarschaft fand, ein Mensch, der unbekannt war und sich nicht hinreichend ausweisen konnte – was sich doppelt belastend auswirkt, wenn der Vernommene erschrocken ist und die Vernehmenden wütend sind; ein Mensch, der von einer Frau angezeigt wurde, die eine Caterina Rosa hätte sein können, von einem Knaben, der, selber verdächtigt, ein Werkzeug des Verbrechens anderer gewesen zu sein, bedrängt wurde, anzugeben, wer ihn mit der Brandstiftung beauftragt habe, und einen beliebigen Namen nannte. Glücklich die Geschworenen, wenn solche Beschuldigten überhaupt vor ihnen erscheinen (denn mehr als einmal hat die Menge von sich aus ihr Urteil vollstreckt); glücklich die Geschworenen, wenn sie den Gerichtssaal in der vollen Überzeugung betreten, dass sie noch nichts wissen, wenn in ihrem Bewußtsein keinerlei Widerhall jenes Lärms von außen zurückgeblieben ist, wenn sie bedenken, dass sie nicht das Volk sind, wie es häufig mit einem Ausdruck jener gesagt wird, die den eigentlichen und wesentlichen Charakter der Sache aus den Augen verloren haben – einem Ausdruck, der in den Fällen, in denen das Volk sich bereits ein Urteil gebildet hat, ohne doch die Mittel dazu zu besitzen, bedenklich und grausam ist –, sondern dass sie Menschen sind, die als einzige und allein mit der heiligen, notwendigen und schrecklichen Vollmacht betraut sind, darüber zu entscheiden, ob andere Menschen schuldig oder unschuldig sind.

Die Person, die dem *Capitano di Giustizia* als diejenige bezeichnet worden war, welche Kenntnisse besitze, konnte dazu nichts anderes bekunden, als dass sie am Tage zuvor, als sie durch die Via della Vetra gegangen sei, die Mauern abgeflemmt gesehen habe und das Gerücht gehört habe, diese seien an jenem Vormittag von einem *Schwiegersohn der Gevatterin Paola* beschmiert worden. Der Capitano di Giustizia und der Notar begaben sich in jene Straße und sahen in der Tat abgeflemmte Mauern, von denen eine, nämlich diejenige des Barbiers Mora, frisch geweißt war. Auch ihnen wurde *von verschiedenen Leuten, welche sich dort befanden, gesagt,* dies sei aus dem Grunde geschehen, dass man dort Schmierereien entdeckt habe, wie auch „von dem genannten Herrn Capitano und mir, dem Notar", schreibt dieser, „*an den abgeflemmten Stellen einige Spuren einer fettigen, ins Gelbliche spielenden Substanz, wie mit Fingern verstrichen, dort erblickt wurden".* Was für ein Befund eines *corpus delicti!*

Eine Frau aus jenem Haus in der Gegend der Porta del Tradate wurde vernommen; sie sagte aus, *dass die Mauern des Torweges mit einem gewissen gelben Stoff in großem Umfang beschmiert gewesen seien.* Die beiden Frauen, deren Bekundungen wir bereits mitgeteilt haben, wurden vernommen, ferner einige andere Personen, die nichts Sachdienliches hinzuzufügen wussten, darunter der Mann, der den Kommissär gegrüßt hatte. Dieser antwortete, erneut befragt, ob er *bei seinem Gang durch die Via della Vetra de' Cittadini die Mauern beschmiert gesehen habe*: er habe darauf *nicht achtgegeben, weil bis dahin noch nichts darüber gesprochen worden sei.*

Schon war der Befehl zur Verhaftung Piazzas gegeben worden, und dazu gehörte nur wenig. Noch am selben Tage, dem 22. Juni, meldet ein Gerichtsdiener dem genannten Herrn Capitano, der sich noch in seinem Wagen befand, der ihn nach Hause bringen sollte, *dass er, als er an dem Hause des Herrn Senators Monti, Präsidenten der Gesundheitsbehörde, vorbeigegangen sei, den oben bezeichneten Sanitätskommissär Guglielmo vor der Tür getroffen und ihn in Ausführung des ihm erteilten Befehls ins Gefängnis verbracht habe.*

Zu erklären, wieso das sichere Verhalten des Unglücklichen die Voreingenommenheit der Richter kein bißchen minderte, reicht gewiss die Unwissenheit jener Zeiten nicht aus. Sie erachteten die Flucht des Beschuldigten für ein Anzeichen der Schuld; wären sie doch von dieser Auffassung aus zu dem Verständnis gelangt, dass das Unterlassen der Flucht und gar ein solches Unterlassen der Flucht ein Anzeichen für das Gegenteil sein müsse! Doch es wäre lächerlich, wollte man zu beweisen versuchen, dass Menschen etwas sehen konnten, was der Mensch einfach sehen muss; denn es kann ja sein, dass er es nicht sehen will.

Sogleich wurde Piazzas Haus durchsucht, von oben bis unten durchwühlt *in omnibus arcis, capsis, scriniis, cancellis, sublectis*, um zu sehen, ob sich Gefäße mit Salben oder Geld darin befänden, und man fand nichts darin: *nihil penitus compertum fuit.* Doch auch dies gereichte ihm keineswegs zum Vorteil, wie nur zu deutlich dem Protokoll der ersten Vernehmung zu entnehmen ist, der er noch am selben Tag durch

Geschichte der Schandsäule

den *Capitano di Giustizia* im Beisein eines Vernehmungsrichters, wahrscheinlich desjenigen des Gesundheitstribunals, unterzogen wurde.

Befragt nach seinem Beruf, seinen gewöhnlichen Tätigkeiten, über den Weg, den er am Tag zuvor zurückgelegt hatte, über die Kleidung, die er getragen hatte, wurde ihm schließlich die Frage vorgelegt: *ob er wisse, dass einige beschmutzte Stellen an den Mauern von Häusern dieser Stadt gefunden worden seien, vor allem an der Porta Ticinese*. Er antwortete: *Davon weiß ich nichts, weil ich mich nicht an der Porta Ticinese aufhalte*. Man hielt ihm vor, dass dies nicht wahrscheinlich sei, und man wolle ihm beweisen, dass er davon wissen müsse. Auf vierfach wiederholtes Befragen gibt er viermal dieselbe Antwort mit anderen Worten. Man geht zu einem anderen Gegenstand, jedoch nicht mit anderer Zielsetzung, über: denn wir werden sehen, mit welch grausamer Bosheit man auf dieser behaupteten Unwahrscheinlichkeit insistierte und wie man von der einen zu der anderen übersprang.

Unter den Ereignissen des vergangenen Tages, von denen Piazza gesprochen hatte, tauchte auch auf, dass er mit den Angehörigen einer Pfarrei zusammengewesen sei. (Es waren dies angesehene Männer, die in jeder Pfarrei vom Sanitätsgericht ausgewählt waren, um auf Streifgängen durch die Stadt die Ausführung seiner Anordnungen zu überwachen). Er wurde nun befragt, wer denn jene seien, mit denen er zusammen gewesen sei, und er antwortete: *dass er sie nur von Aussehen her kenne, nicht aber mit Namen*. Und auch hier wurde ihm entgegengehalten: *dass dies nicht wahrscheinlich sei*. Ein fürchterliches Wort: um seine Bedeutung zu verstehen, sind einige allgemeine Hinweise zur Verfahrensweise der Kriminalgerichte jener Zeit, die leider nicht allzu kurz ausfallen dürfen, erforderlich.

Zweites Kapitel

Das Gerichtsverfahren stand bekanntlich in Italien, wie fast in ganz Europa, unter der Autorität der Rechtsgelehrten, aus dem einfachen Grund, weil es für die meisten Fälle keine andere Autorität gab, nach der man sich hätte richten können. Es folgte aus dem Umstand, dass es keine unter allgemeine Gesichtspunkte gebrachten Gesetze gab, ganz natürlich zweierlei; einmal, dass die Ausleger der Gesetze sich zu Gesetzgebern aufwarfen und dass sie als solche beinahe allgemein anerkannt wurden. Denn wenn das, was not tut, durch diejenigen, welche ihr Beruf dazu auffordert, nicht oder nicht auf die rechte Weise geschieht, so entsteht in einigen der Gedanke, es selbst zu tun, in den anderen, es anzunehmen, von wem auch immer. Regelloses Verfahren ist die ermündendste und schwierigste Tätigkeit.

Die *Statuten von Mailand* enthielten keine andere Rechtsbestimmung oder Befugnis des Richters, einen Menschen auf die Folter zu bringen, als dass die Anschuldigung von Zeugen bestätigt und auf das angeschuldigte Verbrechen die *Todesstrafe* gesetzt war. Für dieses Verbrechen sollten Anzeichen[1] vorhanden sein, doch welche, ist nicht gesagt. Die Befugnis des Richters, zur Folter zu schreiten, war also, wenn auch nicht ausdrücklich, zugestanden und damals als mit der Befugnis Recht zu sprechen im natürlichen Zusammenhang stehend erachtet. Die römische Gesetzgebung, die bei Fällen, welche die Statuten nicht vorsahen, Geltung hatte, sagt im wesentlichen auch nichts anderes, obwohl sie mehr Worte verschwendet. „Die Richter", heißt es dort[2], „dürfen nicht mit der Folter beginnen, aber sich derselben bedienen, sobald wahrscheinliche und zu billigende Gründe vorhanden sind; und wenn sie anhand dieser als sicherer Anzeichen glauben, zu der Folter schreiten zu dürfen, um die Wahrheit zu entdecken, dann sollen sie sie durchführen, sofern der Zustand der Personen es erlaubt". Ist doch nach diesem Gesetz das Ermessen des Richters in bezug auf die Beschaffenheit und Gewichtigkeit der Anzeichen in ihr volles Recht eingesetzt – ein Ermessen, das nach den Statuten von Mailand später von selbst verschwand.

In den sogenannten *Neuen Konstitutionen*, welche auf Befehl Karls V. (1500–1558) bekannt gemacht wurden, ist die Folter nicht einmal genannt. Und von ihnen herab bis zur Zeit des Prozesses und lange hernach finden sich gleichwohl und noch dazu in sehr großer Anzahl gesetzliche Bestimmungen, worin die Folter als Strafe ausge-

---

1   Statuta criminalia; Rubrica generalis de forma citationis in criminalibus; De tormentis, seu quaestionibus.
2   Cod. Lib. IX; Tit. XLI, De quaestionibus, I, 8.

sprochen ist, aber keine einzige, soviel ich weiß, worin die Befugnis, sie zur Beweismittelgewinnung anzuwenden, beschränkt würde.

Auch davon sieht man leicht den Grund ein: die Wirkung war die Ursache geworden. Der Gesetzgeber hatte in Italien und anderswo besonders für das Gerichtsverfahren ein Mittel gefunden, welches die Notwendigkeit seines Eingreifens weniger fühlen, ja fast ganz vergessen ließ. Die Rechtsgelehrten besonders jener Zeit, in der die einfachen Kommentare der römischen Gesetze abnahmen, dagegen selbständigere, regelrechtere Werke hervortraten, behandelten den Gegenstand der Gesetzgebung ebenso nach allgemeinen Prinzipien wie mit einer gewissen Ausführlichkeit im einzelnen, nicht allein im Kriminalfach, sondern in jeder Rechtsmaterie. Die Gesetze mehrten sich, indem man sie auslegte, nach Analogie ihre Anwendung auf andere Fälle ausdehnte, aus Gesetzen für einzelne Vorkommnisse allgemeine Bestimmungen entnahm. Reichte dies nicht aus, so fügte man nach eigenem Ermessen und auf Vernunft, Bildung und Naturrecht gegründeter Erwägung hinzu; hier ein Autor mit dem anderen in Übereinstimmung, indem einer dem anderen nachschrieb, dort im vollkommenen Gegensatz der Ansicht. Die Richter, gelehrt, auch Autoritäten in ihrer Wissenschaft, hatten fast in jedem Fall und in jeder untergeordneten Beziehung desselben, einen Entscheid zur Befolgung oder zur Verwerfung vor sich. Das Gesetz war, wie bemerkt, eine Wissenschaft geworden, ja die Wissenschaft schlechthin, nämlich das von ihr ausgelegte römische Recht, die alten Gesetze der verschiedenen Länder, welche das Studium und das wachsende Ansehen des römischen Rechts noch nicht in Vergessenheit gebracht hatte und gleichfalls von der Wissenschaft ausgelegt wurden, die verschiedenen Rechtssprüche, die im Gewohnheitsrecht Geltung erlangt hatten, hießen fast ausschließlich: Gesetz. Alle Handlungen der Regierungsgewalt, sie mochten beschaffen sein wie auch immer, hießen Verordnungen, Dekrete, öffentliche Bekanntmachungen u.s.f. und trugen alle das Gepräge des zufälligen und zeitweiligen Bedürfnisses an sich. Um nur ein Beispiel anzuführen, so hatten die öffentlichen Bekanntmachungen der Statthalter von Mailand, deren Gewalt auch eine gesetzgebende war, nur auf die Dauer der Regierungsgewalt ihrer Urheber Geltung. Der erste Akt des Nachfolgers bestand darin, sie provisorisch zu bestätigen. Jedes *Gridario*[3], wie man es nannte, war eine Art prätorisches Edikt, welches immer einen bestimmten Zweck und eine äußere Veranlassung hatte. Die Wissenschaft hingegen, welche ununterbrochen und nur ins allgemeine arbeitete, welche änderte, aber nur unmerklich, welche zu Meistern immer solche hatte, die als ihre Schüler angefangen hatten, war, ich möchte fast sagen, eine beständige Revision und teilweise Komplikation der Zwölftafel-Gesetze in Tätigkeit und diese war einem unauflöslichen Zehnmännerrat anvertraut oder überlassen.

---

3 Eine Art Verordnung.

Ein so allgemeines und dauerndes Ansehen von Privatleuten im Bereich der Gesetzgebung wurde, da man später ebenso die Notwendigkeit wie die Möglichkeit, dasselbe zu brechen, einsah, und neue, vollständigere, im Ausdruck bestimmtere, geordnete Gesetze verfasste, als eine ungewöhnliche und der Menschheit nachteilige Tatsache erkannt, besonders, was die Kriminalgesetzgebung und das Gerichtsverfahren betraf. Wie natürlich jenes Ansehen sich entwickelte, wurde bereits angedeutet. Andererseits war dies auch keine neue Tatsache, sondern nur eine außerordentliche Ausdehnung einer sehr alten und in gewissem Umfang zeitlosen. Denn so lange die Gesetze den einzelnen Fällen angepasst werden müssen, so lange werden sie Ausleger nötig haben, so lange werden die Richter, hier mehr, dort weniger, denen folgen, welche unter ihnen als Männer gelten, die das Studium derselben bereits vor ihnen sich zur Aufgabe ihres Lebens gemacht haben. Eine ruhige und genaue Prüfung wird vielleicht auch die gute Seite davon entdecken; denn dieser Zustand der Wissenschaft folgte auf einen viel schlimmeren.

Es wäre in der Tat schwer zu begreifen, wie Männer, welche eine Menge möglicher Fälle vor sich haben und aus der Erklärung der positiven Gesetze oder aus allgemeineren und höheren Prinzipien ihre Regeln abstrahieren wollen, ungerechtere, unvernünftigere, grausamere, willkürlichere Ansichten vorbringen könnten, als diejenigen, welche die bloße Willkür in den verschiedenen Fällen und auf einem Gebiet, welches so leicht die Leidenschaft erregen kann, eingibt. Schon die Menge der Schriften und der Autoren, die Vielfalt und wachsende Kleinlichkeit in den von ihnen aufgestellten Bestimmungen deuten ihre Absicht an, das Ermessen zu beschränken und es so weit wie möglich anhand von Vernunft und Gerechtigkeit zu leiten; denn so weit, dass man die Menschen besonders anweist, wie sie in den einzelnen Fällen ihre Gewalt missbrauchen können, geht man nicht. Es lohnt nicht die Mühe, einem Rosse, das man nach seinem eigenen Gefallen laufen lassen will, erst noch Zaumzeug und Geschirr zu fertigen und anzulegen. Man nimmt ihm die Zügel ab, falls es welche hat.

Aber so geht es gewöhnlich bei menschlichen, schrittweisen Reformen (ich spreche von wahren und gerechten Reformen, nicht von allen Erscheinungen, welche diesen Namen angenommen haben), dass denen, welche sie unternehmen, welche die Aufgabe hatten, die Sache selbst umzugestalten, sie in ihren verschiedenen Teilen zu verbessern, dort wegzunehmen, dort hinzuzufügen, von den Nachkommen Vorwürfe bekommen. Diese halten sich nur an das Nächstgelegene, sehen im Vorausgegangenen nur die schlimme Seite und schmähen die Urheber der Sache, deren Name sie trägt, weil sie es sind, welche ihr die Gestalt gegeben, mit welcher sie fortbesteht und die Zeit beherrscht.

In diesen, ich möchte fast sagen, beneidenswerten Irrtum, weil er der Gefährte großer und wohltätiger Unternehmungen ist, scheint uns auch mit anderen ausgezeichneten Männern seiner Zeit der Verfasser der *Betrachtungen über die Folter*[4] gefallen zu sein. Je überlegener und gründlicher er ist, die Torheit, die Ungerechtigkeit und Grausamkeit des fluchwürdigen Verfahrens zu zeigen, um so eilfertiger scheint er uns darin zu sein, dem Ansehen der Autoren zuzuteilen, was die Folter Abscheuliches an sich hatte. Es liegt wahrhaftig nicht daran, dass wir unsere untergeordnete Stellung gegen den Verfasser jener Betrachtungen vergessen hätten, was uns den Mut gibt, der Ansicht eines so berühmten Mannes, der sie in einem nur aus edlen Beweggründen hervorgegangenen Buch unterstützt hat, offen widersprechen zu wollen, sondern das Vertrauen auf den Vorteil, dass wir einer späteren Zeit angehören und, indem wir zum Hauptgesichtspunkt denjenigen wählen, der ihm nur ein beiläufiger war, zugleich mit ruhigerem Auge eine Tatsache, die er noch als herrschende, als ein wirkliches Hindernis neuer und wünschenswerter Reformen zu bekämpfen hatte, im Zusammenhang mit allen ihren Wirkungen und während der ganzen Periode ihrer Dauer beobachten und als etwas Totes und historisch Abgeschlossenes betrachten können. Auf jeden Fall hängt jene Tatsache mit seiner und meiner Aufgabe so zusammen, dass wir beide ganz natürlich von ihr etwas Allgemeines sagen mußten: Pietro Verri, weil er daraus, dass jenes Ansehen der Rechtsgelehrten in der Zeit des ungerechten Urteils anerkannt war, den Beweis führt, dass es selbst mit Schuld trage und großenteils Urheber sei; wir, indem wir das, was jenes Ansehen in den einzelnen Fällen vorschrieb oder lehrte, hervorheben und uns dessen als eines zwar nur beihelfenden, aber doch höchst wichtigen Kriteriums bedienen, um lebendiger die ganz eigentümliche Ungerechtigkeit des Gerichtsverfahrens selbst aufzuzeigen.

Es ist gewiss, sagt der geistvolle, aber nicht vorurteilsfreie Verfasser, dass nichts in unseren Gesetzen, weder über die Personen, welche auf die Folter gebracht werden können, noch über die Fälle, in welchen sie in Anwendung kommt, noch über die Art der Marter mit Feuer oder Dehnen und Strecken der Glieder, noch über die Zeit ihrer Dauer, noch über die Anzahl der Wiederholungsfälle geschrieben steht; alle diese Qual verdankt man nur den mit richterlicher Gewalt Bekleideten, welche sich auf die Lehre der kriminalistischen Autoren beriefen.

Aber in diesen unseren Gesetzen stand die Folter geschrieben, ja selbst in den Gesetzen eines großen Teils Europas, auch in den römischen, welche so lange Zeit den Namen und das Ansehen des gemeinen Rechts innehatten, stand die Folter geschrieben. Die Frage muss also dahin lauten, ob die kriminalistischen Kommentatoren (wir werden sie so bezeichnen, um sie von denen zu unterscheiden, welche das Verdienst und das Glück hatten, sie für immer von sich auszuschließen) dahin gelangt sind, die Folter mehr oder weniger schrecklich zu machen, als es bereits in der Hand der Willkür stand, welcher sie das Gesetz fast ausschließlich anheimgestellt hatte.

---

4   Pietro Verri (1728–1797).

Verri hat in seinem Buch den Beweis zu ihren Gunsten geführt oder wenigstens angedeutet. „Farinacius selbst", sagt der aufgeklärte Autor, „berichtet, wenn er von seiner Zeit spricht, dass die Richter zu ihrem Vergnügen, das sie beim Foltern der Angeklagten empfinden, neue Arten der Quälereien erfunden hätten." (*"Iudices qui propter delectationem, quam habent torquendi reos, inveniunt novas tormentorum species."*)[5]

Ich sagte: zu ihren Gunsten, weil nicht nur Farinacius, sondern alle Kriminalisten überhaupt es dem Richter zur Pflicht machten, sich neuer Arten der Folter zu enthalten. Auch ist es nicht Farinacius allein, der in lauten Tadel und Klagen über die zügellose und erfinderische Grausamkeit der Willkür ausbricht und dadurch Zeugnis von ihr ablegt und auf ihre Unterdrückung hinarbeitet. Diesem Tadel, diesem Streben treten die anderen Kriminalisten ebenfalls bei. Selbst die oben angeführten Worte übernimmt jener Rechtslehrer einem älteren, dem Francesco dal Bruno, der sie wieder einem noch älteren, Angelo d'Arezzo, mit anderen gewichtigen und kräftigen Worten nachspricht. Sie mögen hier eine Stelle finden und lauten so: „Richter, in Wut und Unmoral befangen, haben von Gott ihre Strafe zu erwarten; unwissende Richter; denn der weise Mann tritt erschrocken vor solchen Dingen zurück und gibt dem Bau der Wissenschaft mit dem Licht der Tugend Gestaltung."[6]

Schon vor diesen allen schrieb im 13. Jahrhundert Guido von Suzara über die Folter. Er begründete sein Werk mit dem Wort eines Reskripts des Kaisers Konstantin über die Bewachung des Angeschuldigten und sagt, „es sei sein Wille, den Richtern, welche mit maßloser Grausamkeit verführen, einige Mäßigung anzuempfehlen[7]".

Im folgenden Jahrhundert wendet Baldus das berühmte Reskript Konstantins gegen den Herrn, der einen Sklaven ermordet, auf die Richter an, welche den Angeschuldigten körperlich peinigen, auf dass er gestehe, und er verlangt, dass, wenn dieser in Folge der Folter stirbt, der Richter als Mörder geköpft werde[8].

Später wettert Paris dal Pozzo gegen jene Richter, welche vor lauter Blutdurst immer nur nach frischem Blut schnauben, und nicht, um ein Verbrechen zu sühnen oder ein abschreckendes Beispiel zu geben, sondern um ihres Ruhmes willen *(propter eorum gloriam)* und deshalb für Mörder zu erachten sind[9]. „Der Richter nehme Abstand, gesetzlich nicht erlaubte und ungewöhnliche Folterinstrumente anzuwenden; denn wer solches tut, ist wert, eher ein Henkersknecht denn ein Richter zu hei-

---

5   P. Verri, Oss. § VIII. – Farin., Praxis et theoria criminalis, Quaest. XXXVIII, 56.
6   Franc. a Bruno, De indiciis et tortura, part. II, quaest. II, 7.
7   Guid. de Suza, De tormentis, I – Cod. Lib. IX, Tit. 4, De custodia reorum.
8   Baldi, ad lib. IX Cod. tit. XIV, De emendatione servorum, 3.
9   Par. de Puteo, De syndicatu, in verbo: Crudelitas officialis, 5.

ßen", sagt Julius Clarus[10]. Und Antonio Gomez[11]: „Man muss laut die Stimme erheben *(clamandum est)* gegen die strengen und grausamen Richter, die eitlen Ruhms halber und nur aus Sucht nach höchsten Stellen den armen Angeschuldigten neue Arten von Folter auferlegen."

Lust und Ruhm! Was für Leidenschaften! Und was ist ihr Tummelplatz! Wonne, Menschen zu quälen, Stolz, eingekerkte Menschen zu knechten! Lasst uns wenigstens glauben, dass diejenigen, welche diese Leidenschaften enthüllten, nicht darauf ausgingen, sie zu nähren.

Zu diesen Zeugnissen (und andere brauche ich jetzt wohl nicht anzuführen) will ich noch den Umstand hervorheben, dass in keinem von allen Schriften, die ich wenigstens ausfindig machen konnte, auch nur ein einziges Mal über Richter, welche die Folter zu milde handhaben, Klage erhoben wird. Sollte sich in den Büchern, welche wir nicht gesehen haben, etwas ähnliches finden, so gehörte es wohl zu den Kuriositäten im eigentlichen Sinn des Wortes. Einige von den bereits angeführten und noch anzuführenden Namen hat Verri in eine Liste von „Autoren [gebracht], die, wenn sie ihre grässlichen Lehren und ihre raffinierten technischen Beschreibungen der Foltermethoden in der Volkssprache und in einem Stil geschrieben hätten, dessen Roheit und Barbarei empfindende und gebildete Menschen nicht von der Lektüre abschreckt, mit demselben Auge wie der Folterknecht, nämlich mit Schaudern und Verachtung, betrachtet würden." Gewiss, die Abscheu vor dem, was sie uns enthüllen, kann nicht groß genug sein. Schon das, was sie für zulässig erachten, rechtfertigt dieses Gefühl hinlänglich. Wenn aber das, was sie für zulässig erachteten oder erachtet wissen wollten, unseren Abscheu vor ihnen rechtfertigen und ewige Schande ihnen dafür zuteil werden lassen soll, dann muss auch schon das wenige, was wir angeführt haben, hinreichen, um uns zu einer genaueren Untersuchung zu veranlassen.

Es ist wahr, dass ihre Schriften oder vielmehr die eine und die andere davon sich mehr und ausführlicher als die Gesetze selbst mit der Beschreibung der verschiedenen Folterinstrumente beschäftigen, immer aber werden sie nur als bereits durch die Gewohnheit begründet und festverwurzelt angeführt, nirgends treten sie als neue und eigene Erfindungen der Autoren hervor. Hippolytus de Massiliis, Autor und Richter im fünfzehnten Jahrhundert, führt eine mit Schrecken und Entsetzen erfüllende Liste jener Folterinstrumente auf und ruft mit Bezugnahme auf seine eigene Erfahrung aus: „*Bestien* sind die Richter, welche noch neue erfanden."[12]

---

10   Jul. Clari, Sententiarum receptarum, lib. V, § fin. Quaest. LXIV, 36.
11   Gomez, Variar. Resol., t. III, cap. 13, De trotura reorum, 5.
12   Hipp. de Marsiliis, ad Tit. Dig. de questionibus; leg. In criminibus, 29.

Es ist wahr, jene Autoren stellten die Anzahl auf, wie oft die Folter wiederholt werden könne, aber (und wir werden Gelegenheit haben, dies näher kennen zu lernen) lediglich, um der Willkür Grenzen und Bedingungen zu setzen, da diese nur zu gern die unbestimmten und zweifelhaften Hinweise, welche das römische Recht an die Hand gab, zu ihrem Vorteil benutzte.

Sie setzten einen Zeitraum für die Dauer einer Folterung fest, aber aus keinem anderen Grund, als um das, was die Gesetzgebung versäumt hatte, nachzuholen und ein Maß zu setzen der unersättlichen Grausamkeit, „den Richtern, die in ihrer ebenso argen Unwissenheit als Härte einen Menschen drei bis vier Stunden lang folterten, den Richtern aus der Hefe des Volkes, die in ihrem frevelhaften und verbrecherischen Treiben, ohne die geringste wissenschaftliche Bildung, ohne sittliche Kraft, ohne Verstand, mit dem Angeschuldigten[13], der in ihre Hände oft noch dazu vielleicht unschuldig gefallen ist *(forte indebite)*, nicht anders als auf der Folter sprechen, und, wenn er nicht eingesteht, was sie wollen, ihn ganze Tage, ganze Nächte lang am Seil hängen lassen." So sprach sich Hippolytus de Massiliis im fünfzehnten Jahrhundert aus.

Man kann an diesen und einigen anderen Stellen der oben angeführten Autoren erkennen, wie sie die Grausamkeit zugleich auf die Rechnung der Unwissenheit zu schreiben geneigt sind. Im Gegensatz dazu empfehlen sie im Namen der Wissenschaft wie des Gewissens Mäßigung, Wohlwollen und Milde. Worte, die, auf einen solchen Gegenstand angewandt, zur Verzweiflung bringen können, aber doch zugleich erkennen lassen, ob es die Absicht der Autoren war, das Ungeheuer zu reizen oder zu beschwichtigen.

Im Hinblick auf die Personen, welche auf die Folter gebracht werden konnten, sehe ich nicht ein, was es zu bedeuten haben soll, dass davon in unseren eigentlichen Gesetzen keine Rede war, während im Vergleich zum ganzen übrigen Teil der traurigen Rechtsmaterie in den römischen Gesetzen soviel darüber stand und diese auch die unseren waren.

„Unwissende und grausame Dunkelmänner", fährt Verri fort, „also sind es, die, ohne zu untersuchen, woraus denn das Recht zur Bestrafung von Verbrechen resultiert, welches denn die Zwecke des Strafens sind, nach welchen Grundsätzen denn die Schwere der verschiedenen Verbrechen abgestuft wird, wie denn das Verhältnis zwischen Verbrechen und Strafe aussieht, ob denn ein Mensch zum Verzicht auf seine Selbstverteidigung gezwungen werden kann, und was der Gründe noch mehr sind, mit deren genauester Kenntnis es einzig und allein möglich ist, die natürlichen, der Vernunft gemäßen und dem Gemeinwohl entsprechenden Folgerungen zu ziehen – Dunkelmänner also und bloße Privatleute, sage ich, haben die Wissenschaft, ande-

---

13 Farin. Quaest. XXXVIII, 54.

re Menschen zu quälen, in ein System gebracht und es mit derselben Ruhe geschrieben und publiziert, mit der man über die Kunst, Krankheiten des menschlichen Körpers zu heilen, schreibt. Und sie wurden befolgt und geachtet wie Gesetzgeber, man machte sie zum Gegenstand eines ernsten und ruhigen Studiums, und in die juristischen Bibliotheken stellte man die Werke von grausamen Autoren ein, welche lehren, wie man mit wohlberechneter Erzeugung von Schmerzen die Glieder lebender Menschen zerreißt, wie man auf raffinierte Weise den Schmerz langsam steigert und verschärft, um Angst und Vernichtung noch trostloser zu gestalten."

Aber wie in aller Welt konnte je unbekannten und unwissenden Menschen solche Gewalt übertragen werden? Ich meine, unbekannt in ihrer Zeit und unwissend in Bezug auf dieselbe; denn die Frage ist notwendig nur eine von Proportionen. Sie handelt nicht davon, ob jene Autoren überhaupt die einem Gesetzgeber notwendige Aufklärung besaßen, sondern ob mehrere oder wenige von ihnen diese Gesetze nach eigenem Ermessen anwandten und überhaupt nach eigenem Gutdünken verfuhren. Und hier fragt es sich weiter: Wem ist mehr Roheit zur Last zu legen: dem Urheber und dem Interpreten der Theorien vor der Öffentlichkeit oder dem im stillen handelnden, jeden Widerstand vernichtenden Werkzeug der Willkür? Zu den von Verri angedeuteten Fragen bemerke ich: War auch die Entscheidung der ersten über den Ursprung des Rechtes zum Strafen überhaupt notwendig, um eine weise Strafgesetzgebung zustande zu bringen? Wohl konnte man diese Frage zu Verris Zeiten für gelöst erachten, gegenwärtig aber ist sie mehr als je zur Kontroverse geworden, und dies zum Glück; denn besser ist es, wir schwanken von Zweifel zu Zweifel, als dass wir im Irrtum ruhen. Und was die anderen praktischen Fragen betrifft: Regte nicht wenigstens das Auftreten der Rechtsgelehrten zu einer öffentlichen Diskussion und Prüfung an? Traten diese etwa gar nur hervor, um eine festgesetzte Ordnung gerechterer und menschlicherer Prinzipien umzustoßen, um weisere Lehren zu verbannen, um sozusagen einer vernünftigeren Rechtswissenschaft den Besitz streitig zu machen? Darauf können wir nur unser früheres Nein und abermals Nein antworten! Dies genüge für unseren Zweck. Doch können wir dabei nicht unseren Wunsch unterdrücken, ob wir nicht die Zurückführung der Wissenschaft auf allgemeine Prinzipien gerade jenen Autoren verdanken, da sie als Private, ohne gesetzgebende Gewalt, Gründe für ihre Ansichten angeben mussten, die in den römischen Gesetzen niedergelegten Prinzipien sammelten und ordneten, ob sie es nicht waren, welche dadurch, dass sie aus alten und neuen Materialien eine vollständige und einheitliche Praxis herzustellen suchten, schon die Möglichkeit und das System für eine vollständige, eine einheitliche Strafgesetzgebung an die Hand gaben, ob nicht gerade sie schon die allgemeine Form im Geiste mit sich herumtrugen und den Autoren, von welchen sie nur oberflächlich beurteilt wurden, die Bahn eröffneten, an eine umfassende Reform zu denken. Was endlich die so allgemein und nackt hingestellte Anklage angeht, die Rechtsgelehrten hätten die Folterinstrumente perfektioniert, so haben wir im Gegenteil gesehen, dass dies eine Sache war, die von ihnen großenteils ausdrücklich verabscheut und, soviel an ihnen lag, verboten wurde. Viele der von uns angeführten Stellen können die Rechtsgelehrten auch von dem Vorwurf reinigen, den Gegenstand mit mitleidsloser Ruhe behandelt zu haben. In folgender Stelle kann man eine im voraus eingelegte Verwahrung gegen solche Anschuldigung erblicken. „Ich kann (schreibt Farinacius) in Wut geraten gegen jene Richter, welche den Angeschuldigten lange Zeit gebunden liegen lassen, ehe sie ihn auf die Tortur bringen und die letztere durch das Vorausgehende noch grausamer machen."[14]

Aus diesen Zeugnissen und aus der Anwendung, welche von der Folter in den letzten Zeiten ihres Bestehens gemacht wurde, kann man ohne Zögern den Schluss ziehen, dass die kriminalistischen Kommentatoren sie viel, wirklich sehr viel weniger barbarisch hinterlassen haben, als sie sie vorfanden. Freilich wäre es töricht, einer einzigen Ursache die Verminderung des Übels zuschreiben zu wollen. Aber unter den vielen wäre es nach meinem Ermessen nicht eben verständig, den Tadel und die öffentlich erneuerten und wiederholten Ermahnungen nicht aufzählen zu wollen, welche von Jahrhundert zu Jahrhundert von Männern ausgingen, denen man nur einen faktischen Einfluss auf das Gerichtsverfahren zugestand. Pietro Verri führt daraufhin einige ihrer Vorschläge an. Es würden dieselben aber nicht genügen, um darauf ein allgemein geschichtliches Urteil zu gründen, wenn die Angaben auch vollständig richtig wären. Man lese zum Beispiel eine, worauf er das meiste, aber unverdiente Gewicht legt: „Clarus vertritt die Auffassung, es genüge, dass nur einige wenige Indizien gegen einen Menschen vorlägen, um ihn zur Folter zu führen."[15]

Hätte jener Rechtsgelehrte so gesprochen, so wäre dies mehr die Verirrung eines einzelnen als ein Beweis gegen das Ganze, so sehr ist diese Lehre der Lehre der anderen entgegengesetzt. Ich sage nicht aller anderen, um nicht mehr zu behaupten, als ich weiß, obwohl, wenn ich die Behauptung ausspräche, ich nicht fürchten dürfte, weit über die Wahrheit hinauszugehen. Aber in der Tat sagt Clarus gerade das Gegenteil, und Verri war vielleicht durch einen Druckfehler verführt, er liest nämlich: *Nam sufficit adesse aliqua indicia contra reum ad hoc ut torqueri possit* (denn das Vorhandensein einiger Anzeichen reicht zur Verhängung der Folter hin)[16]. Es muss aber heißen: *Non sufficit* (reicht *nicht* hin), wie ich in zwei früheren Ausgaben finde. Um sich von diesem Irrtum zu überzeugen, ist es nicht einmal nötig, den Vergleich dieser Ausgaben vorzunehmen; denn der Text fährt fort: „wenn solche Anzeichen nicht auch gesetzlich erwiesen sind", eine Wendung, welche mit der vorausgehenden in Widerspruch stehen würde, wenn diese einen affirmativen Sinn hätte. Gleich

---

14   Quaest. XXXVIII, 38.
15   P. Verri, Osservationi. § VIII.
16   Sent. rec. lib. V, quaest. LXIV, 12. Venedig; ex Tip. Baretiana, 1640. S. 537.

darauf folgt: „Ich habe gesagt es genügt nicht *(dixi quoque non sufficere)*, dass Anzeichen vorhanden seien und dass sie, um die Anwendung der Folter zu rechtfertigen, gesetzlich erwiesen sein müssten. Und das ist eine Sache, welche gottesfürchtige Richter stets vor Augen haben müssen, damit sie keinen Menschen ungerechterweise auf die Folter bringen; endlich sind hierin die Richter selbst einem Revisionsverfahren unterworfen. Man erzählt von einem Unglücklichen, der dem König Friedrich geantwortet habe, wie er trotz seiner königlichen Gewalt doch keinem Richter befehlen könne, einen Menschen, gegen den nicht ausreichende Anzeichen vorhanden seien, auf die Folter zu bringen."

So weit Clarus. Und diese Stelle allein würde hinreichend beweisen, dass man einen ganz anderen Sinn als den einer schrankenlosen Willkür an der anderen Stelle zu suchen hat, welche Verri folgendermaßen übersetzt: „da im Bereich von Folter und Indizien man keine bestimmte Regel vorschreiben könne, bleibe alles dem Ermessen des Richters überlassen." Der Widerspruch wäre zu auffallend, und er wäre es womöglich noch mehr, wenn man zum Vergleich heranzieht, was der Verfasser an einer andren Stelle sagt: „Obwohl der Richter freie Hand hat, muss er doch bei dem allgemeinen Recht stehenbleiben, und mögen sich die Gerichtsbeamten wohl hüten, unter dem Vorwand der ihnen frei gegebenen Willkür zu leidenschaftlich zu Werke zu gehen *(ne nimis animose procedant)*." Was heißen denn also die Worte: *remittitur arbitrio judicis*, die Verri mit „Alles dem Ermessen des Richters überlassen" übersetzt? Was heißen sie? Warum wollen wir darin eine besondere Ansicht von Clarus erblicken? Diese Lehre ist nicht sein Eigentum, er wiederholt sie nur, sie war die allgemeine, fast zum Parömium (d.h. Sprichwort) aller Kommentatoren gewordene Ansicht. Als solche führt sie schon Bartolus zwei Jahrhunderte vorher an, wenn er sagt: *Doctores communiter dicunt, quod in hoc non potest dari certa doctrina, sed relinquitur arbitrio judicis.* (Es ist die übereinstimmende Ansicht der Juristen, dass hierüber – nämlich über die Beschaffenheit der Anzeichen – keine bestimmten Vorschriften sich geben lassen, sondern das richterliche Ermessen walten muss.)[17] Damit war man aber auch damals nicht bestrebt, ein Prinzip, eine Theorie aufzustellen, sondern nur eine einfache Tatsache auszusprechen, nämlich dass, weil das Gesetz die Anzeichen nicht fest bestimme, ihre Beurteilung notwendig dem Ermessen der Richter anheimfalle. Guido da Suzara, um ein Jahrhundert älter als Bartolus, behauptet zwar ausdrücklich, dass die Beurteilung der Anzeichen der Willkür der Richter überlassen sei, fügt aber hinzu: „wie im allgemeinen alles, was nicht durch die Gesetzgebung fest bestimmt ist."[18] Um einen etwas jüngeren Autor, den Paris dal Pozzo, anzuführen, so erläutert er den auch von ihm zitierten Gemeinplatz mit

---

17 Bartol. ad. Dig. lib. XLVIII, tit. XVIII, I, 22.
18 Et generaliter omne quod non determinatur a iure, relinquitur arbitrio iudicantis. De tormentis, 30

den Worten: „dem, was nicht durch das Gesetz und die Gewohnheit fest bestimmt ist, muss die Gewissenhaftigkeit des Richters nachhelfen, und darum legt das Gesetz bezüglich der Anzeichen eine große Verantwortlichkeit auf das Gewissen der Richter."[19] Und Bossi, ein Kriminalist des sechzehnten Jahrhunderts und Senator in Mailand, sagt: „Richterliches Ermessen will nichts anderes sagen, als dass das Gesetz dem Richter keine bestimmte Regel biete; denn dies begnügt sich mit der Vorschrift, dass mit der Folter nicht angefangen, sondern nur bei Vorhandensein glaubwürdiger und wahrscheinlicher Gründe verfahren werden solle. Der Richter hat daher zu prüfen, ob ein Indiz wahrscheinlich und glaubwürdig sei oder nicht."[20]

Was man „richterliche Willkür" nannte, war im ganzen nichts anderes als die später so genannte Ermessensbefugnis, ein Ausdruck, der nur statt jenes zweideutigen und widerwärtigen Wortes substituiert wurde – ein gefährliches Ding, aber unvermeidlich in der Anwendung der Gesetze, sie mochten gut oder schlecht sein. Weise Gesetzgeber suchten nicht, es zu entfernen, was Unsinn wäre, sondern es soviel als möglich auf einige bestimmte und weniger wesentliche Tatumstände zu beschränken. Dahin ging auch, das wage ich zu behaupten, die ursprüngliche Absicht und das unausgesetzte Streben der Kommentatoren, besonders was die Folter betraf, in Rücksicht auf welche die vom Gesetze dem Richter zugestandene Befugnis allerdings eine furchtbare Ausdehnung hatte. Schon Bartolus fügt den Worten, welche wir oben anführten, bei: „Aber ich gebe nur die Regeln, die ich zu geben imstande bin." Andere hatten vor ihm keine gegeben, seine Nachfolger schufen immer mehr, und diese gingen dann von Hand zu Hand. Der eine schuf welche nach eigenem Ermessen, der andere wiederholte oder billigte die fremden, bemerkte jedoch dabei nichts stets ausdrücklich, dass sie nur Kommentatoren des tatsächlich bestehenden Gesetzes seien.

Aber mit dem Fortschritt der Zeit und der geistigen Entwicklung wollte man auch die Sprache ändern. Wir haben dies aus Farinacius bewiesen, der zwar später als die hier angeführten Autoren lebte, jedoch der Epoche unseres Prozesses vorausging und damals im höchsten Ansehen stand. Nachdem er wiederholt und durch eine Masse von Autoritäten bekräftigt, dass man „richterliches Ermessen nicht für eine durchaus ungebundene und unbegrenzte Willkür, sondern für ein an die Bedingungen des Rechts und der Billigkeit gebundenes Ermessen" nehmen müsse; nachdem er die Konsequenzen gezogen und mit anderen Autoritäten bestätigt, dass der Richter sich auf die mildere Seite neigen, sein Ermessen mit dem allgemeinen Geiste der Gesetze und der anerkannten Rechtslehrer in Einklang setzen müsse, auch keine Anzeigen nach eigener Laune selbst schaffen dürfe, nachdem er ausführlich und

---

19   Et ideo lex super indiciis gravat conscienctias iudicum. De Syndicatu, in verbo: Mandavit, 18.
20   Aegid. Bossii, Tractatur varii; tit. de indiciis ante torturam, 32.

geordnet wie keiner vor ihm diese Anzeichen besprochen, schließt er: „Es mag nun jeder einsehen, dass die herrschende Maxime der Rechtslehrer – die Beurteilung der Anzeichen sei der Willkür der Richter anheimgestellt – so streng und so einhellig von denselben eingeschränkt werde, dass nicht ganz mit Unrecht viele Juristen sich gebunden glaubten, die entgegengesetzte Regel anzunehmen, nämlich dass die Anzeichen nicht in die Willkür des Richters gelegt seien". Er führt sofort folgendes Urteil von Francesco Casoni an: „Es ist eine allgemeine, aber irrige Ansicht der Richter, dass die Folter lediglich ins richterliche Ermessen gestellt sei, als wenn die Natur die Leiber der Angeschuldigten geschaffen hätte, um sie nur nach Laune zu peinigen."[21]

Hier entdeckt man einen bemerkenswerten Wendepunkt der Wissenschaft. Sie übersieht die ganze Größe ihrer Anstrengungen und fordert nun die Früchte davon. Sie tritt nicht offen mit ihren Forderungen nach einer Umgestaltung hervor, diese konnte sie nicht fordern und auch nicht erlangen, aber sie sucht den Wirkungskreis der Gesetzgebung zu erweitern. Sie ordnet das eigene Ansehen dem eines höheren und ewigen Gesetzes unter. Sie schärft den Richtern Gehorsam gegen die von ihr aufgefundenen Normen ein. Sie will dem Unschuldigen die Pein und sich die Schmach der Ungerechtigkeit ersparen. Immer bleibt es freilich ein trauriger Versuch mit einer an sich schlechten, der Verbesserung unfähigen Sache, aber jedenfalls ist es etwas ganz anderes als ein Inbegriff schlagender Beweise für die Behauptung Verris: „Die Qualen der Folter beschränken sich aber nicht auf die Schmerzen, die sie hervorruft – Schmerzen, die zum Tode mehr als eines Menschen auf der Folter geführt haben; noch größere Schreckensbilder verbreiten die Gelehrten über die Umstände ihrer Handhabung."[22]

Schließlich sei noch eine Bemerkung erlaubt über eine andere von ihm angeführte Stelle; denn alle zu prüfen, würde der Raum nicht gestatten und auch die Frage nicht hinreichend aufklären. „Es genüge ein einziger Irrtum für alle"; und dieser geht von dem berühmten Mailänder Clarus aus, der der höchste Meister in diesem Verfahren ist: „Ein Richter kann, wenn er eine verdächtige Frau in Haft sitzen hat, sie heimlich in sein Dienstzimmer bringen lassen, sie dort küssen, liebkosen, den Verliebten spielen, ihr die Freiheit versprechen, nur um sie zum Geständnis des Verbrechens zu bewegen, und auf diese Weise brachte einmal ein Untersuchungsführer ein Mädchen dazu, sich des Mordes zu bezichtigen, und er brachte sie damit um ihren Kopf. Damit man nicht glaubt, dass all diese gegen die Religion, die Tugend und die heiligsten Grundsätze der Menschheit verstoßenden Schrecklichkeiten übertrieben darge-

---

21 Ibid. Quaest. XXXVII, 193 A 200.
22 P. Verri. Osservationi. § VIII (o. S. 45).

stellt seien, gebe ich hier wörtlich wieder, was Clarus sagt: Paris dicit, quod judex potest etc. (Paris dal Pozzo sagt, was der Richter darf.)"[23]

In der Tat ein fürchterlicher Eingriff; aber um ihn in seiner Bedeutung für unsere Frage gehörig zu würdigen, müssen wir bemerken, dass Paris dal Pozzo in diesen Worten nicht seine eigene Ansicht ausspricht, sie nicht für seine eigene Erfindung ausgibt, sondern nur, allerdings unter allzugroßer Beipflichtung, die Handlung eines Richters referiert, eine von den tausend Handlungen, welche die Willkür ohne Eingebung der Rechtslehrer hervorbrachte. Man bemerke ferner, dass Baiardi, welcher diese Meinung anführt, es in seinen Zusätzen zu Clarus (nicht dieser selbst) es tut, sie ebenfalls verwünscht, und die Handlung als eine teuflische Erfindung bezeichnet; man bemerke endlich, dass kein anderer Autor eine ähnliche Ansicht anführt, von den Zeiten des Paris dal Pozzo bis zu Baiardi, d.h. im Laufe eines ganzen Jahrhunderts. Weiter herab wäre es nun gar empörend, wenn es einen solchen gegeben hätte. Gott behüte uns, diesen Paris dal Pozzo mit Giannone einen *vortrefflichen Juristen* zu nennen, aber seine anderen Worte, welche wir oben angeführt, liefern den Beweis, dass diese unverständigen Äußerungen nicht den alleinigen Maßstab bei der Beurteilung seiner Lehren und seiner selbst abgeben können.

Wir hoffen hiermit gezeigt zu haben, dass die Lehren der Kommentatoren, in ihrem Zusammenhang aufgefasst, die Verschlimmerung des Übels weder beabsichtigen noch verursachen. Eine höchst wichtige Frage; denn es handelt sich hier um die Beurteilung des Zweckes und der Wirksamkeit der geistigen Arbeit mehrerer Jahrhunderte in einer so wichtigen und zur Beförderung der Humanität so unerlässlichen Angelegenheit; eine Frage *unserer* Zeit; denn, wie wir andeuteten und am Ende jeder weiß: Der Augenblick, da an dem Sturze eines Systems gearbeitet wird, ist für eine unparteiische Geschichte dieses Systems nicht der geeignetste, aber es handelt sich auch um ein Problem, das man anders als mit wenigen und aus dem Zusammenhang gerissenen Andeutungen lösen muss, und dasselbe gilt für das Erzählen der betreffenden Geschichte. Gerade die einzelnen aus dem Zusammenhang gerissenen Züge mögen genügen, um die im entgegengesetzten Sinn erfolgte Lösung der Frage in ihrer Übereiltheit darzustellen. Diese Beweisführung aber war gewissermaßen die notwendige Vorbereitung zu unserer Erzählung. Denn in ihr haben wir öfter zu bedauern, dass das Ansehen jener Rechtslehrer nicht in der Tat größer war, und wir sind überzeugt, dass der Leser oft mit uns ausrufen werde: Hätte man doch auf sie gehört!

---

23 (o. S. 46).

Drittes Kapitel

Um endlich zur Anwendung zu kommen, so war unter den Juristen allgemein und fast einstimmig angenommen, dass die Lüge des Angeschuldigten im Verhör vor dem Richter als ein zur Anordnung der Folter hinreichendes Anzeichen gesetzlich anerkannt sei. Darum hielt auch der Untersuchungsrichter dem unglücklichen Piazza vor, es sei unwahrscheinlich, dass er von den Mauerbeschmierungen an der Porta Ticinese nicht gehört habe und dass er den Namen der Verantwortlichen, mit welchen er zu tun gehabt habe, nicht wisse.

Aber wurde denn etwa gelehrt, dass jede falsche Angabe für ausreichend erachtet werde?

„Um einen Grund für die Folter abzugeben, muss die Lüge die Eigenschaften und und wesentlichen Umstände des Verbrechens betreffen, und zwar so, dass die letzteren zu diesen gehören und aus ihnen dasselbe hergeleitet werden kann, sonst nicht."

„Die Lüge gibt keinen zur Folter ausreichenden Grund ab, wenn sie Dinge betrifft, deren Eingeständnis den Angeschuldigten nicht belastet."

Und genügte denn nach ihrer Auffassung, dass die Aussage des Angeschuldigten dem Richter als eine Lüge erschien, dass gegen den Angeschuldigten zur Folter geschritten werden konnte?

„Die Lüge muss, um einen Grund zur Folter abzugeben, schlagend erwiesen sein entweder durch das eigene Eingeständnis des Angeschuldigten oder durch zwei Zeugen, indem es die allgemeine Lehre ist, dass zwei notwendig seien, um einen entfernteren Sachverhalt, wie die Lüge es ist, zu beweisen."[1]

Ich zitiere und werde öfter den Farinacius zitieren; denn er gehört zu den anerkanntesten Autoritäten der damaligen Zeit und ist der fleißigste Sammler der überlieferten Rechtsansichten. Einige begnügten sich freilich mit einem Zeugen, wenn nur nichts gegen ihn einzuwenden war. Aber dass die Lüge durch gesetzliche Beweise als solche dargetan sein müsse und nicht auf der bloßen Vermutung des Richters beruhen dürfe, war allgemeine und unwidersprochene Lehre.

Dies waren die Bedingungen, zu denen jener Kanon der römischen Gesetzgebung Veranlassung gab, vermöge dessen keine Untersuchung mit der Folter angefangen werden durfte. Was muss nicht alles verboten werden, wenn gar zuviel erlaubt ist. „Würde man", fährt derselbe Verfasser fort, „den Richtern die Befugnis zugestehen,

---

1 Farin., Quaest. LII, 11, 13 f.

die Angeschuldigten ohne gesetzliche und ausreichende Anzeichen auf die Folter zu bringen, so wäre es fast ganz in ihre Gewalt gegeben, mit derselben zu beginnen. [...] Aber wenn sie für ausreichend gelten sollen, müssen sie wahrscheinlich und des Beweises fähig sein, sie dürfen nicht leichtsinnig und kurzweg beurteilt, sondern müssen gewichtig, gewiss, klar, ja noch heller als die Mittagssonne, wie man zu sagen pflegt, befunden werden. Es handelt sich um die Anwendung der Folter wider einen Menschen, und die Folter kann über sein Leben entscheiden; wundere dich darum nicht, strenger Richter, wenn die Stimme der Wissenschaft und der Gelehrten so vielfach erwogene Anzeichen fordert, so wiederholt und mit solchem Nachdruck sie fordert."[2]

Wir werden gewiss nicht behaupten, dass alles dies vernünftig sei; denn es kann nicht vernünftig sein, weil es einen Widerspruch enthält. Es waren eitle Bestrebungen, die Gewissheit mit dem Zweifel versöhnen. Man wollte der Gefahr, Unschuldige zu foltern, ausweichen. Man wollte falsche Geständnisse verhüten, und doch wollte man in der Folter immer noch ein Mittel zur Entdeckung von Schuld und Unschuld, zur Herbeiführung des Eingeständnisses einer gegebenen Tatsache finden. Logisch konsequent wäre es gewesen, wenn man die Folter für töricht und ungerecht erklärt hätte, aber dem stand der blinde Gehorsam gegen das Althergebrachte und das römische Recht entgegen. Das kleine Buch „Über Verbrechen und Strafen", das nicht allein die Abschaffung der Folter, sondern die Reform der ganzen Kriminalgesetzgebung bewirkte, beginnt mit den Worten: „Einige Vorteile, welche die Gesetze eines alten Eroberervolkes darbieten." Es galt für das Wagnis eines großen Geistes und war es auch in der Tat; ein Jahrhundert früher wäre es eine Verirrung gewesen. Eine Erscheinung, die uns keineswegs überraschen darf; denn ist jemals irgendeinem System länger Gehorsam erwiesen worden, hat irgendein System sich in der Politik, in der Literatur, in den schönen Künsten stärkere Geltung verschafft? Es kommt in großen wie in kleinen Dingen ein Moment, wo dasjenige, was beiläufige und bloß faktische Geltung hat, sich als natürlich und notwendig verewigen will, aber doch der Erfahrung, der Vernunft, der Übersättigung, der Mode, oft, je nach der Beschaffenheit und Wichtigkeit der Sache, noch geringfügigeren Umständen weichen muss. Aber dieser Moment muss vorbereitet sein. Und es ist schon kein kleines Verdienst der Kommentatoren, wenn sie, wie es den Anschein hat, diejenigen waren, welche den neuen Weg, obwohl langsam und unbewusst, durch die Ausbildung der Rechtswissenschaft anbahnten.

Die von ihnen festgestellten Regeln reichen im vorliegenden Fall aus, um die Richter ihrer offenkundigen Pflichtvergessenheit zu überführen. Letztere wollten unbedingt mit der Folter anfangen. Ohne auf einen der wesentlichen oder unwesentlichen

---

2   Vgl. Farin., Quaest. XXXVII, 2 ff.

Umstände des vorgeblichen Verbrechens einzugehen, häuften sie Fragen auf Fragen, von denen keine in einem notwendigen inneren Zusammenhang mit der anderen stand. Man wollte nichts als einen Vorwand, um den unglücklichen Opfern sagen zu können, dies oder das ist nicht wahrscheinlich; um, indem man solche Wahrscheinlichkeiten zugleich in den Rang gesetzlich erwiesener Lügen hob, sofort zur Folter schreiten zu können. Nicht an der Wahrheit, sondern nur an einem Geständnis war ihnen gelegen. Sie wussten nicht, was für ein wichtiges Ergebnis ihnen eine Prüfung der vorgeblichen Tatsache gewähren würde, darum ergriffen sie Mittel körperlichen Schmerzes, der ihnen freilich einen rascheren und sichereren Vorteil verschaffte. Sie waren wütend. Ganz Mailand wusste (dies ist der gängige Ausdruck), dass Guglielmo Piazza die Mauern, die Ausgänge, die Torwege in der Via della Vetra beschmiert hatte. Und dennoch sollten sie diejenigen, die in ihrer Gewalt waren, nicht alsobald zum Geständnis bringen? Man wird vielleicht einwenden, dass vor der Jurisprudenz, wenn auch nicht vor dem Gewissen, alles durch die abscheuliche, aber damals anerkannte Maxime gerechtfertigt war, bei den allergröbsten Verbrechen dürften die Grenzen des Rechts überschritten werden. Übergehen wir ferner die allgemeine, fast einhellige Ansicht der Rechtslehrer, welche dahin ging (und, wenn es dem Himmel gefällt, dahin gehen musste), dass dieser Grundsatz nicht auf das Untersuchungsverfahren, sondern nur auf die Strafe Anwendung finde. „Denn" – so heißt es, um nur eine Autorität anzuführen – „auch wenn es sich um ein ungeheures Verbrechen handelt, so steht doch noch nicht fest, dass ein bestimmter Mensch es begangen habe; und so lange dies nicht feststeht, ist es Pflicht, das gesetzlich vorgeschriebene Verfahren zu beobachten."[3] Es geschieht nicht allein, um daran zu erinnern und als einen jener merkwürdigen Züge anzuführen, in denen sich die ewige Vernunft durch alle Zeiten offenbart, dass wir uns auf die Rechtsansicht eines Mannes berufen, der zu Beginn des fünfzehnten Jahrhunderts schrieb und lange hernach noch Bartolus des Kirchenrechts genannt wurde, Nicoló Tedeschi, Erzbischof von Palermo, bekannter, so lange er bekannt war, unter dem Namen Palermitanischer Abt. „Je schwerer das Verbrechen ist", sagt derselbe, „desto stärker müssen auch die Präsumtionen sein; denn da, wo die Gefahr größer ist, muss man auch um so vorsichtiger zu Werke gehen."[4] Allein dieser Grundsatz hat für unseren Fall (stets mit Rücksicht auf die Jurisprudenz) kein Gewicht; denn Clarus bezeugt, dass in den Gerichtshöfen von Mailand der entgegengesetzte Rechtsgrundsatz galt, nämlich, dass in jenen Fällen dem Richter erlaubt war, auch in der Untersuchung die Grenzen des Gesetzes zu überschreiten[5]. „Eine Regel", sagt ein anderer berühmter Jurist, „welche

---

3   P. Folleri, Pract. Criminal., Cap. Quod suffocavit, 52.
4   Quanto crimen est gravius, tanto praesumptiones debent esse vehementiores; quia ubi majus periculum, ibi cautius est agendum. – Abbatis Panormitani, Commentaria in libros decretalium: De Paesumptionibus, Cap. XIV, 3.
5   Clar., Sent. Rec. lib. V., § 1, 9.

andere Länder nicht anerkennen sollten", und Farinacius fügt hinzu: „Er hat recht." Aber sehen wir nur, wie Clarus selbst solche Regel erklärt: „Man schreitet zur Folter, wenn auch nicht die Anzeichen ganz und gar ausreichen *(in totum sufficientia)* und durch über allen Einwand erhabene Zeugen bewiesen sind, oft sogar, ohne dem Angeschuldigten eine Abschrift des Voruntersuchungsprozesses übergeben zu haben."[6] Und da, wo er insbesondere die zur Folter gesetzlich berechtigenden Anzeichen behandelt, erklärt er sie ausdrücklich für notwendig, „nicht allein bei kleineren Verbrechen, sondern auch bei größeren und allergrößten, sogar bei dem Verbrechen der verletzten Majestät". Man begnügte sich also mit weniger streng erwiesenen Anzeichen, aber man wollte sie doch einigermaßen bescheinigt haben mit zwar weniger gewichtigen Zeugen, aber wollte doch Zeugen; man begnügte sich auch mit leichteren Anzeichen, aber man wollte doch wirkliche, auf die Tatsache bezügliche Anzeichen; mit einem Wort, man wollte dem Richter die Entdeckung des Verbrechens erleichtern, aber nicht unbedingt ihm die Befugnis zu foltern, unter welchem Vorwand auch immer, einräumen. Es sind dies Dinge, welche die abstrakte Theorie nicht aufnimmt, von der sie nicht einmal träumt, welche die Leidenschaft aber ausführt.

Der ungerechte Untersuchungsrichter legte dem Piazza ans Herz, *er solle den wahren Grund angeben, warum er nicht wissen wolle, dass die Mauern beschmiert seien, und wie die Verantwortlichen hießen, dass man ihn außerdem, da Unwahrscheinlichkeiten zutage lägen, auf die Folter bringen werde, und man so schon die Wahrheit aus diesen vielen Unwahrscheinlichkeiten herausfinden werde.* – „Wenn sie auch mich beim Halse packen, so sollen sie es nur tun, ich weiß von den Sachen, über die ich befragt werde, doch nichts", antwortete der Unglückliche mit jener Art des verzweifelten Muts, der zuweilen die Vernunft ihrer Überlegenheit über die Gewalt sich bewusst werden lässt, der es die Gewalt fühlen lassen will, dass, wohin diese es auch bringen möge, sie es doch nie zur Vernunft bringen werde.

Man sehe, zu welch elender Schlauheit jene Herrschaften ihre Zuflucht nehmen mussten, um ihren Vorwänden ein wenig mehr Gewicht zu geben. Sie machten, wie berichtet, auf eine zweite Lüge Jagd, um von solchen in der Form der Mehrzahl sprechen zu können. Sie suchten eine zweite Null auf, um den Rechnungsansatz zu vergrößern, in den sie keine Zahl einbringen konnten.

Er wurde auf die Folter gebracht. Man sagte ihm, er solle sich entschließen, die Wahrheit zu sagen. Er antwortet unter Wimmern und Klagen, unter Beschwörungen und Bitten. „Ich habe sie gesagt, Herr!" Sie fahren fort. „Ach, bei der Liebe Gottes", schreit der Unglückliche. „Lasse mich der Herr los, ich will sagen, was ich weiß. Reiche man mir ein wenig Wasser!" Losgelassen, zum Sitzen gebracht, von neuem

---

6   Hipp. Riminaldi, Consilia, LXXXVIII, 53. – Farin., Quaest. XXXVII, 79.

verhört, antwortet er: „Ich weiß nichts; Euer Wohlgeboren möge mir ein wenig Wasser reichen lassen."

Wie blind ist doch die Wut! Es kam ihnen nicht in den Sinn, das Geständnis, das sie gewaltsam seinem Munde entpressen wollten, könne er selbst als den schlagendsten Beweis einer Unschuld anführen, wenn das, von dessen Wahrheit sie mit so stolzer Sicherheit überzeugt waren, begründet gewesen wäre. „Ja Herr", konnte er antworten – „ich habe sagen hören, dass die Mauern in der Via della Vetra beschmiert wurden, ich stand gerade, weil ich eben nichts anderes zu tun hatte, unter der Tür Eures Hauses, Herr Präsident des Gesundheitsrates!" Das Argument war um so schlagender, als er zugleich die ihm drohende Gefahr hätte kennen müssen; denn mit dem Gerücht von den Mauerbeschmierungen verbreitete sich zugleich das andere, dass Piazza ihr Urheber sei. In den Richtern konnte ein so naheliegender Gedanke vor ihrer blinden Wut nicht aufkommen, und der Unglückliche konnte nicht darauf verfallen, weil ihm noch nicht gesagt worden war, welches Verbrechens er denn eigentlich beschuldigt werde. Zuerst wollten sie ihn mit der Folter gefügig machen, für sie war dieselbe das wahrscheinliche, von den Gesetzen geforderte Argument, sie wollten ihn fühlen lassen, was für schreckliche Folgen aus einem ihnen geantworteten „Nein" unmittelbar hervorgingen. Sie wollten nun einmal eine Lüge haben; denn dann hätten sie doch ein Recht gehabt, ihm den Glauben zu versagen, wenn er sagte: Ich bin unschuldig. Aber sie erreichten ihre rechtswidrige Absicht nicht. Piazza wird wieder auf die Folter gebracht, in die Höhe gezogen, ihm gesagt, dass er noch höher gehoben werden würde, die Drohung ausgeführt, ihm immer zugerufen, er solle die Wahrheit sagen, und stets antwortete er: „Ich habe sie gesagt." Zuerst heulend, dann mit matter Stimme, bis die Richter, in der Überzeugung, dass er für jetzt in keiner Weise mehr antworten könne, ihn losließen und in das Gefängnis zurückbrachten.

Über das Verhör wurde dem Senat am 23. Juni vom Präsidenten des Gesundheitsrates, der Mitglied desselben war, und vom *Capitano di Giustizia*, der zuweilen als Beisitzer zugezogen wurde, Bericht erstattet. Dieser höchste Gerichtshof beschloss, Piazza solle, nachdem er geschoren, in die Gefangenentracht gekleidet und purgiert worden, auf die scharfe Tortur gebracht und mittels des Seils gefoltert werden, der härteste Zusatz; denn dadurch wurden nicht allein die Arme, sondern auch die Hände verrenkt. Er solle zu wiederholten Malen, nach dem Ermessen der zwei genannten Beamten, gefoltert werden, und zwar auf Grund von einigen Lügen und Unwahrscheinlichkeiten, welche sich aus den Prozessakten ergäben.

Nur der Senat hatte, wenn schon nicht gesetzlich, so doch faktisch die Gewalt, ungestraft so weit auf dieser Bahn voranzuschreiten. Das römische Gesetz über die Wiederholung der Folter[7] wurde auf zweierlei Weise erklärt; die weniger der Wahrheit nahekommende war die menschlichere. Viele Rechtslehrer wollten die Wiederholung der Folter nur unter Hinzutritt neuer Anzeichen gestatten und folgten dabei vielleicht Odofredos[8] Autorität, eines Juristen, der nur von Cino da Pistoia[9] angeführt wird und der älteste aller als Autoritäten zitierten Juristen ist.

Diese neuen Anzeichen müssten klarer als die ersten und, diese Bedingung wurde besonders hinzugefügt, von verschiedener Art sein. Nach der anderen, auf Bartolus gestützten Meinung konnte die Wiederholung der Folter schon dann stattfinden, wenn die ersten Anzeichen vollkommen erwiesen und sehr dringend waren, und, auch diese Bedingung wurde hinzugefügt, die Folter nur leicht gehandhabt worden. Weder die eine noch die andere Erklärung traf auf unseren Fall zu. Keine neuen Anzeichen waren beigebracht; die ersten waren, dass zwei Frauen Piazza die Mauer hätten berühren sehen, und was Indiz und corpus delicti zugleich war, bestand darin, dass die Gerichtspersonen eine fettige Substanz an den angebrannten und angeräucherten Mauern entdeckten, namentlich an einem Torweg, wohin Piazza gar nicht gekommen war. Diese Anzeichen, so deutlich und dringend sie auch sein mochten, waren doch nicht als Beweise in einem Verhör des Beschuldigten vorgebracht worden. Aber was sage ich? Das Dekret des Senats erwähnt nicht einmal die auf das Verbrechen bezüglichen Anzeichen, es wendet nicht einmal das Gesetz falsch an; es tut, als wenn das Gesetz gar nicht in der Welt wäre. Gegen jedes Gesetz, jede gesetzliche Gewalt, jede Vernunft verordnet es, dass Piazza wiederholt gefoltert werde. Es gibt diese Verordnung *auf einige Lügen und Unwahrscheinlichkeiten hin*, befiehlt den Gesetzesvollziehern, erneut dasjenige zu tun und noch verschärfter, was es bestrafen müsste, wenn es einmal geschehen war. Denn es existierte (und konnte es vernünftigerweise anders sein?) die allgemeine Lehre, ein Kernsatz der Rechtswissenschaft, dass ein unterer Richter, welcher einen Angeschuldigten ohne gesetzlich begründete Anzeichen auf die Folter hatte bringen lassen, vom oberen Richter bestraft werden solle. Von dem Senat erwartete Mailand seine Rache, wenn auch nicht seine Rettung. Der Senat war Mailands höchster Gerichtshof, für diese Welt, versteht sich, und der Senat von Mailand konnte an Scharfsinn, Ausdauer und erfolgreicher Erforschung der Wahrheit nicht einer Frau wie Caterina Rosa nachstehen. Denn alles geschah auf deren Aussage hin. Ihr Wort: „*Da kam mir in den Sinn, ob dies nicht vielleicht gar einer von jenen sei*", war die erste Veranlassung des Prozesses und blieb während der ganzen Untersuchung Leitfaden und Ziel. Hätte sie nicht mit

---

7   „Reus evidentioribus argumentis oppressus, repeti in quastionem potest." Dig. lib. XLVIII, tit. 18, I. 18.
8   „Numquid potest repeti quaestio? Videtur quod sic; ut Dig. eo. l. Repeti. Sed vos dicatis quod non potest repeti sine novis indiciis." Odofredi, ad Cod. lib. IX, tit. 41, l. 18.
9   Cyni Pistoriensis, super Cod. lib. IX, tit. 41, l. de tormentis, 8.

der Vermutung begonnen, so hätten die Richter es nicht mit der Gewissheit. Möge es nicht befremden, wenn sich ein Tribunal von einer oder zwei hergelaufenen Frauen gängeln lässt und mit ihnen wetteifert; denn ist erst einmal die Bahn der Leidenschaften betreten, so ist es natürlich, dass die Blindesten sich zu Führern aufwerfen. Möge es nicht befremden, wenn wir Männer, die schon ihrer Stellung wegen das Böse nicht bloß des Bösen wegen wollen konnten und gewiss auch nicht wollten, wenn wir, sage ich, solche Männer offen und grausam jedes Recht verletzen sehen. Denn wenn die Überzeugung das Unrecht für das Recht hält, ist auch der ungerechten Tat der Weg gebahnt, so weit gebahnt, als nur die Verblendung führen kann. Und wenn das Gewissen zögert, in Unruhe gerät, umkehrt, dann hat das Toben der Menge – uneingedenk der Tatsache, dass es einen anderen Richter gibt – die beklagenswerte Macht, Gewissensbisse zu ersticken, ja ihnen zuvorzukommen.

Das Motiv der hasserfüllten, wenn nicht grausamen Anordnung, den Angeklagten zu scheren, einzukleiden und zu purgieren, wollen wir mit den Worten P. Verris anführen. „Dies geschah deshalb, weil man damals glaubte, dass im Haupt- oder Barthaar, in den Kleidern oder im Innern und den Eingeweiden ein Amulett oder ein Teufelspakt verborgen sein könne, dem man nur durch Abrasieren, Ausziehen und Purgieren, auf die Spur kommen könne."[10] Hierin spricht sich allerdings der eigentümlich Charakter der Zeit aus; denn die Gewaltsamkeit war in verschiedenen Gestalten zwar eine Tatsache aller Zeiten, aber zu keiner Zeit eine Doktrin.

Das zweite Verhör war nichts als eine ebenso abgeschmackte, aber noch viel grausamere Wiederholung des ersten und von gleichem Erfolge. Gleich nach Beginn des Verhörs stellte man des unglücklichen Piazza Antworten Einwürfe entgegen, die man als kindisch bezeichnen könnte, wenn dieses Wort hier am Platz wäre. Immer neue Umstände wurden vorgebracht, Umstände, die zum vorgegebenen Verbrechen gar nicht gehörten, darauf nicht einmal hindeuteten und auf deren Grund er einer noch grausameren Folter, als der Senat vorgeschrieben hatte, unterworfen wurde. Da kamen zwar verzweifelte, flehende Worte des Schmerzes hervor, aber nicht jene, auf die es ihnen ankam und um derentwillen sie den Mut hatten, die anderen anzuhören und aussprechen zu lassen: „Ach mein Gott, was für ein Mordanschlag ist dies! Ach, Signor Fiscale! Macht es doch wenigstens kurz mit mir! Lasst mir die Hand gleich abhauen [...] Tötet mich [...] Lasst mich wenigstens nur eine kurze Zeit ausruhen! Ach, Herr Präsident! [...] Bei der Liebe Gottes, gebt mir zu trinken." Aber zugleich auch: „Ich weiß nichts. Ich habe die Wahrheit gesagt." Nach vielen, vielen solcher Antworten versagte ihm auf jenen kalten und wahnsinnigen Befehl, „die Wahrheit zu sagen", die Stimme. Er verstummte. Viermal antwortete er nicht. Endlich konnte er einmal mit schwacher Stimme sagen: „Ich weiß nichts, die Wahrheit, ich hab' sie

---

10 P. Verri, Osservationi. § III.

schon gesagt." Man musste innehalten und ihn abermals ohne Geständnis in das Gefängnis zurückbringen.

Jetzt gab es keine Vorwände, kein Motiv mehr, von neuem anzufangen. Der eingeschlagene Weg hatte die Richter ganz vom Ziele abgeführt. Hätte die Folter ihre Wirkung hervorgebracht, ein lügenhaftes Geständnis erpresst, so hätten sie den Mann gefangen. Und welch entsetzliche Sache! Je bangloser und unwichtiger der Gegenstand der Lüge an sich war, desto mehr erschien sie in ihren Augen als ein schweres Argument für die Schuld Piazzas, indem daraus hervorgehen sollte, dass dieser durchaus sich außerhalb der Sphäre der Tatsache zu halten für nötig finde, wenn er sich ganz unwissend stellte, wenn er log. Aber nach einer ungesetzlichen Folterung, nach einer noch ungesetzlicheren und noch grausameren oder schwereren, wie sie sich ausdrückten, einen Menschen noch einmal auf die Folter zu bringen, weil er leugnete, von einer Tatsache sprechen gehört zu haben und die Namen der Deputierten des Sprengels zu wissen, das hieße denn doch, die Grenzen alles Gewöhnlichen überschreiten. Sie mussten also von vorne anfangen, als wenn gar nichts vorgefallen wäre. Man musste ohne weiteres zur Untersuchung des vorgeblichen Verbrechens schreiten, den Punkt der Anklage Piazza vorhalten und ihn darüber ins Verhör nehmen. Und wenn der Mensch leugnete? Wenn er, wie er schon die Probe abgelegt, dass er es tun könne, hartnäckig wiederum auch auf der Folter leugnete? Diese Folterung musste unbedingt die letzte sein, wenn die Richter nicht ein furchtbares Urteil eines ihrer Kollegen auf sich laden wollten, der ein Jahrhundert zuvor starb, aber dessen Ansehen damals lebendiger war als je, der oben angeführte Egidio Bossi. „Ich habe nie gehört", sagt er, „dass die Folter öfter als dreimal angewendet wurde, außer von Henkersknechten *(nisi a carnificibus)*"[11]. Er spricht, wohl gemerkt, von der gesetzlich angeordneten Folter.

Aber die Leidenschaft ist nur gar zu geschickt und entschlossen, neue Bahnen einzuschlagen, um denjenigen des Rechts auszuweichen, wenn diese lang und ungewiss ist. Sie hatten mit der Streckfolter begonnen, sie verlegten sich jetzt auf eine andere Art. Wie aus einem authentischen Brief des *Capitano di Giustizia* an den kaiserlichen Statthalter Spinola, welcher sich damals bei der Belagerung von Casale befand, hervorgeht, versprach der Auditor des Sanitätsrates in Gegenwart eines Notars dem Piazza Straflosigkeit unter der Bedingung (das ergibt sich aus dem weiteren Verlauf des Prozesses), dass er die reine Wahrheit aussage. Sie waren dahin gekommen, dass sie mit ihm von der Anschuldigung sprechen mussten, ohne darüber noch einen Zweifel aufkommen zu lassen; dass sie mit ihm davon sprechen mussten, nicht um aus seinen Antworten die nötigen Erhellungen zur Erforschung der Wahrheit zu ho-

---

11   Tractat. var.; tit. De tortura, 44.

Geschichte der Schandsäule

len, nicht um zu hören, was er dazu sagen würde, sondern um ihn mächtig anzuspornen, dasjenige zu gestehen, was sie gestanden haben wollten.

Der erwähnte Brief wurde am 28. Juni geschrieben, das heißt zu einer Zeit, als die Untersuchung mit Hilfe jenes Verfahrens schon weit vorgerückt war. „Ich habe es für angemessen erachtet, dass Eure Exzellenz dasjenige in Erfahrung bringe, was man Näheres in bezug auf einige Verruchte entdeckt hat, welche in den jüngsten Tagen an verschiedenen Orten die Mauerwände und die Tore dieser Stadt beschmierten." Es ist vielleicht ebenso unterhaltend als belehrend zu sehen, wie jene Männer ihr eigenes Verfahren erzählten. „Ich hatte", sagte nun der Berichterstatter, „Auftrag vom Senat, den Prozess einzuleiten, indem nach der Aussage zweier Frauen und eines glaubwürdigen Mannes ein gewisser Guglielmo Piazza, von niederer Herkunft, aber Gesundheitskommissär, zunächst belastet war, am Freitag, dem 21., gegen Morgen die Häuser einer Straße in der Gegend der Porta Ticinese, welche da Vetra de' Cittadini heißt, beschmiert zu haben." Und der glaubwürdige Mann, der hier als derjenige angeführt wird, der die Aussage der beiden bekräftigt habe, hatte bloß gesagt, dem Piazza begegnet zu sein, *ihn gegrüßt zu haben und von ihm wieder gegrüßt worden zu sein*. Das hieß also den Piazza belasten, als wenn das ihm angeschuldigte Verbrechen darin bestanden hätte, in der Via della Vetra spazierengegangen zu sein. Der *Capitano di Giustizia* spricht nicht sogleich von der Nachforschung, die er anstellte, um das *corpus delicti* zu entdecken. Auch in den Prozessakten kommt darüber kein Wort mehr vor.

„Es wurde derselbe nun", fährt der Brief fort, „unverzüglich festgenommen." Auch von der Hausdurchsuchung, wobei sich *nichts Verdächtiges* fand, spricht er nicht.

„Und da er nun in seinem Verhör mehr und mehr belastet wurde (man hat gesehen wie!), unterwarf man ihn der verschärften Folter, aber das Verbrechen gestand er nicht."

Hätte jemand Spinola gesagt, dass Piazza gar nicht eigentlich über das Verbrechen verhört worden war, so hätte Spinola ihm geantwortet: „Ich bin entschieden vom Gegenteil unterrichtet. Der *Capitano di Giustizia* schreibt mir nicht gerade dies, was unerheblich gewesen wäre, aber etwas anderes, was dasselbe in sich begreift, ja notwendig voraussetzt. Er schreibt mir, dass Piazza, der verschärften Folter unterworfen, nichts gestand". Hätte nun der andere auf seiner Meinung bestanden, so hätte der berühmte und gewalthabende Mann sagen können, „Glauben Sie, dass der *Capitano di Giustizia* mit mir Possenspiele treiben will, und mir etwas, was gar nicht vorgekommen ist, gar nicht vorkommen konnte, als ein wichtiges Ereignis berichtet?". Und es verhielt sich auch in der Tat so. Der *Capitano di Giustizia* wollte mit dem Gouverneur nur sein Possenspiel treiben; denn es handelte sich um eine Sache, die man nicht so erzählen konnte, wie sie sich zugetragen. Und wie damals, so findet jetzt noch das böse Gewissen leichter Vorwände zu handeln, als Worte, um über seine Handlungen Rechenschaft abzulegen.

Aber was das Verprechen der Straflosigkeit angeht, enthält dieser Brief noch eine andere Täuschung, die Spinola hätte entdecken können, von selbst hätte entdecken müssen, wenigstens teilweise, wenn er an etwas anderes als an die Einnahme von Casale, die ihm doch nicht gelang, dachte. Derselbe fährt nämlich fort: „Nachdem durch die Verordnung des Senats (auch infolge des Befehl, welcher in diesem besonderen Falle von Eurer Exzellenz ausging) vom Präsidenten der Sanitätskommission Straflosigkeit ihm versprochen wurde, gestand er endlich..."

Im einunddreißigsten Kapitel der „Promessi sposi" erwähne ich eine öffentliche Bekanntmachung, worin der Sanitätsrat Belohnung und Straflosigkeit denen versprach, welche die Urheber jener Mauerbeschmierungen an den Toren und Häusern vom Morgen des 18. Mai entdecken würden. Und es wird auch dort ein Schreiben des genannten Rates an den Gouverneur erwähnt, das sich auf jene Tatsache bezieht. In demselben wird berichtet, dass diese Bekanntmachung nach Kenntnisnahme durch den Herrn Großkanzler, welcher damals die Stelle des Gouverneurs vertrat, abgefasst, dagegen der letztere gebeten worden sei, er möge *sie durch seine Autorität* bekräftigen und eine noch größere Belohnung verheißen. Der Gouverneur ließ allerdings darauf am 13. Juni eine Bekanntmachung ergehen, worin *jedem, der innerhalb 30 Tagen Aufklärung gibt über diejenige Person oder diejenigen Personen, welche ein solches Verbrechen begangen haben, begünstigt oder unterstützt, eine Belohnung von soundso viel versprochen wird; im Falle diese Person aber zu den Mitschuldigen gehöre, ihr auch Straflosigkeit verheißen wird*. Es geschah infolge dieser Bekanntmachung, welche sich ausdrücklich auf das Ereignis des 18. Mai bezieht, dass der *Capitano di Giustizia* bemerkte, er habe einem des Ereignisses vom 21. Junius angeschuldigten Menschen Straflosigkeit versprochen, und er sagt dies zu dem nämlichen Mann, der, wenn auch nichts weiter, jene Bekanntmachung immerhin unterschrieben hatte. So sehr hatten sie wohl auf die Belagerung von Casale vertraut! Denn die Annahme wäre zu weit hergeholt, dass sie sich in diesem Punkt selbst versahen.

Aber warum bedurfte es Spinola gegenüber solcher Winkelzüge?

Es war die Notwendigkeit, sich seiner Autorität zu vergewissern, um eine sowohl nach allgemeinem Recht als nach der Landesgesetzgebung ungesetzliche und missbräuchliche Handlung zu übersehen. Es war nämlich allgemeine Lehre, dass es nicht in des Richters eigener Befugnis stehe, Straflosigkeit zu verheißen[12]. In den Konstitutionen Karls V., worin dem Senat die weiteste Machtvollkommenheit eingeräumt ist, wird ausdrücklich ausgenommen das Recht, „Straferlassungen, Gnaden und

---

12   Farin, Quaest. LXXXI, 277.

Freigeleite zu erteilen, da dies allein dem Fürsten vorbehalten bleibt"[13]. Und der schon angeführte Bossi, welcher damals als Senator in Mailand einer der Sammler jener Konstitutionen war, sagt ausdrücklich: „Dieses Versprechen der Straflosigkeit steht allein dem Fürsten zu."[14]

Aber noch einmal: Warum sich mit solchen Winkelzügen abgeben, wenn sie zur rechten Zeit an den Gouverneur sich wenden konnten, da dieser doch sicherlich vom Fürsten betreffende Vollmacht hatte und sie wieder auf andere übertragen durfte? Eine Handlungsweise, die nicht bloß unserer Phantasie möglich erscheint, sondern von ihnen selbst bei Gelegenheit eines anderen Unglücklichen, der später in den grausamen Prozess verwickelt ward, befolgt wurde. Der Vorgang steht in den Prozessakten und lautet: *„Ambrosio Spinola, etc. In Übereinstimmung mit dem Gutachten des Senats vom 5. d.M., werdet ihr, kraft des Gegenwärtigen, Ungestraftheit verheißen dem Stefano Baruello, welcher angeklagt ist als Verkäufer und Fertiger pestverbreitender Salben, welche in hiesiger Stadt hie und da zum Verderb des Volkes angewendet wurden, sobald er innerhalb des Termins, welcher ihm vom genannten Senat gestellt werden wird, die Urheber und Mitschuldigen dieser Übeltat namhaft macht."*

Piazza wurde die Ungestraftheit nicht in einem förmlichen und authentischen Vorgang verheißen; es geschah dies bloß mündlich durch den Auditor des Sanitätsrates, abseits des gewöhnlichen Prozessverfahrens. Und das ist begreiflich. Ein solcher Akt wäre eine zu offenbare Fälschung gewesen, wenn man sich auf die öffentliche Bekanntmachung berief, eine Rechtsanmaßung, wenn man sich auf keine berief. Aber warum, frage ich, sich gewissermaßen die Möglichkeit abschneiden, einen Akt von solcher Wichtigkeit in urkundlicher Form zu vollziehen?

Es bleiben diese Fragen, weil man nie vollständige Aufklärung über sie bekommen kann, aber wir werden später sehen, wie den Richtern ihre derartige Handlungsweise zustatten kam.

Jedenfalls lag die Unrechtmäßigkeit eines solchen Verfahrens so offen zutage, dass es sogar Padillas Verteidiger freimütig rügte. Obwohl er sich nur auf das, was seinen Klienten unmittelbar berührte, zu beschränken brauchte, um ihn vollständig von der unsinnigen Anklage zu reinigen, wie er auch mit vollem Recht erwähnt; obwohl er ganz ohne Grund und außer allem Zusammenhang mit der Sache die Wirklichkeit des Verbrechens und das Vorhandensein wirklicher Schuldiger in diesem Gewirre von Einbildungen und Erfindungen zulässt; macht er doch noch, zum Überfluss, wie er sagt, und um alles, was in einigem Zusammenhang mit der Anschuldigung steht, zu entkräften, verschiedene Einwendungen gegen den Teil des Prozesses, der nur die

---

13 Constitutiones dominii nediolanemsis; De Senatoribus.
14 Op. cit. tit. De confessis per torturam, 11.

anderen betrifft. Im Hinblick auf die Machtvollkommenheit des Senats bei Verheißung der Straflosigkeit hält er sich an den Grundsatz, dass die Menschen sich durch Zweifel an ihren Befugnissen mehr als durch Zweifel an ihrer Redlichkeit beleidigt fühlen. Er bezweifelt daher nicht im geringsten das Befugnis des Senats dazu, hebt aber hervor, dass Piazza bloß vor den genannten Auditor gebracht worden sei, dieser gar keine Jurisdiktion habe, weshalb denn das Verfahren ungültig sei und gegen alle Vernunftgründe verstoßen habe. Er kommt dann auf die Straflosigkeit, die später aber nur gelegentlich erwähnt wird, zu sprechen und sagt: „Bis zu dieser Stelle erscheint weder, noch liest man in den Akten das Versprechen der Straflosigkeit, welche doch notwendig vor der Zurücknahme desselben in den Akten stehen musste."

An dieser Stelle der Verteidigungsrede findet sich ein, wenn auch nur zufällig hingeworfenes, doch sehr bezeichnendes Wort. Während der Advokat die Handlungen durchgeht, welche der Verheißung der Ungestraftheit vorausgingen, macht er keine ausdrückliche und unmittelbare Einwendung gegen die Folterung des Piazza, aber er lässt sich darüber doch folgendermaßen vernehmen: „Er wurde unter dem Vorwand von unwahrscheinlichen Aussagen auf die Tortur gebracht." Es ist nach meinem Dafürhalten merkwürdig genug, dass die Sache schon damals bei ihrem rechten Namen genannt wurde, auch vor den Ohren derjenigen, welche ihre Urheber waren, und von einem, der durchaus nicht daran dachte, die Rechtssache zu verteidigen, deren Opfer Piazza war.

Erwähnt muss werden, dass die Verheißung der Straflosigkeit im Publikum wenig bekannt wurde; denn Ripamonti, der doch in seiner Geschichte der Pest die Haupttatsachen des Prozesses erzählt, tut ihrer nicht nur keine Erwähnung, sondern nimmt sie sogar als nicht geschehen an. Dieser Autor, zwar unfähig, eine vor ihm liegende Wahrheit zu entstellen, aber unentschuldbar, weder die Verteidigungsreden Padillas noch den ihnen beigegebenen Aktenauszug gelesen zu haben, vielmehr an die Gerüchte, welche im Publikum umherliefen, oder an die Lüge dieses und jenes Parteinehmenden geglaubt zu haben, erzählt im Gegenteil, dass Piazza plötzlich nach der Folter und während man ihm die Stricke löste, um ihn ins Gefängnis zurückzubringen, mit einer freiwilligen Eröffnung herausgerückt sei, mit der niemand gerechnet habe[15]. Die lügenhafte Eröffnung wurde in der Tat gemacht, aber des Tags darauf, nach einer Besprechung mit dem Auditor des Sanitätsrats und vor Leuten, welche damit gar wohl gerechnet hatten. Wären nicht jene wenigen Dokumente übriggeblieben, hätte der Senat es allein mit dem Publikum und der Geschichte zu tun gehabt, so hätte er seine Absicht erreicht und diese dem Prozess so wesentliche Tatsache, die das Motiv aller späteren wurde, dem Vergessen anheimgegeben.

---

15 De peste. S. 84.

Was in jener Besprechung verhandelt wurde, weiß niemand. Jeder, der die Sache etwas näher besieht, kann sich's aber denken. „Es ist recht wahrscheinlich", sagt Pietro Verri, „dass er selbst in seinem Kerker zu der Überzeugung gelangte, dass, wenn er weiterhin leugne, die Folter jeden Tag von neuem beginnen würde; dass man von dem Vorhandensein des Verbrechens überzeugt sei und es für ihn keinen anderen Ausweg gebe, als sich selbst zu beschuldigen und Mitschuldige zu benennen, um sein Leben zu retten und sich weiteren Quälereien zu entziehen, die täglich von neuem drohten. Piazza forderte also und erhielt Straflosigkeit zugesichert, jedoch unter der Bedingung, dass er offenherzig die Tat berichte."[16]

Es scheint jedoch nicht so ganz wahrscheinlich, dass Piazza die Straflosigkeit gefordert hat. Der Unglückliche tat, wie wir im Verlauf des Prozesses sehen werden, keinen Schritt weiter vorwärts, ohne dazu geschleppt zu werden, und es ist anzunehmen, dass er nur durch Anerbietungen des Auditors zu diesem ersten fürchterlichen Schritt der falschen Anklage seiner selbst und anderer gedrängt wurde. Noch mehr, die Richter würden in ihren später mit ihm darüber gepflogenen Verhandlungen einen so wesentlichen Umstand nicht unberührt gelassen haben, einen Umstand, welcher dem Geständnisse ein um so größeres Gewicht beilegte. Auch hätte wohl der *Capitano di Giustizia* in seinem Brief an Spinola davon gesprochen.

Aber wer kann sich die Kämpfe in diesem Gemüt vorstellen, in welchem die Erinnerung an die erlittenen Martern zugleich die Bilder neuer fürchterlicher hervorrief, in welchem die Hoffnung, einem schreckenvollen Tod zu entgehen, zugleich mit dem Gedanken, diesen Tod einen anderen Unschuldigen erleiden zu lassen, auftauchte, denn dass die Richter eine Beute wieder fallen lassen würden, ohne wenigstens eine andere erhascht zu haben, dass sie, ohne ein Verdammungsurteil ausgesprochen zu haben, Ruhe geben würden, konnte er doch nicht glauben. Er gab nach, klammerte sich an jene Hoffnung, so fürchterlich und ungewiss sie auch war, machte sich ans Werk, so ungeheuer und schwer es auch war, und entschloss sich, ein Opfer an seine Stelle zu setzen. Aber wie es finden! Mit welchem Faden sich an dasselbe festmachen? Wie wählen unter Personen, die nicht existierten? Er, das stand fest, hatte zur Veranlassung und zum Vorwand einer Anschuldigung gedient. Er war in die Via della Vetra eingebogen, hatte sich hart an der Mauer gehalten, hatte sie berührt. Ein schlechtes Weib hatte falsch gesehen, aber sie hatte doch etwas gesehen. Eine an sich unschuldige und andererseits gleichgültige Tatsache gab ihm, wie man sieht, die Person und die Geschichte an die Hand.

Der Barbier Gian Giacomo Mora fertigte und vertrieb eine Salbe gegen die Pest, eines der tausend spezifischen Mittel, an das man glaubte und fest glauben musste, während das Übel, gegen das überhaupt noch kein Mittel bekannt ist, so große Ver-

---

16 Osservationi. § IV, (o. S. 15).

heerungen anrichtete, und an das nur eine Zeit glauben konnte, in der die Arzneiwissenschaft noch zu wenig gelernt und gelehrt hatte, als dass sie nicht ihre Folgerungen als unumstößlich hingestellt und diese allenthalben Glauben gefunden hätten. Die letzten Tage vor seiner Verhaftung hatte Piazza vom Barbier diese Salbe verlangt. Letzterer hatte auch versprochen, sie ihm zu bereiten. Als er ihn am Morgen des Tages seiner Verhaftung auf dem Carobio traf, hatte er ihm gesagt, dass das Döschen bereitstehe und er es holen solle. Man begehrte von Piazza eine ausführliche Geschichte der Mauerbeschmierungen in der Via della Vetra. Diese neuen Umstände mussten ihm das Material liefern, aus dem sich eine solche Geschichte zusammensetzen ließ, wenn man das Zusammenreichen wirklicher Umstände mit einer ihnen unvereinbaren Erdichtung überhaupt als „zusammensetzen" bezeichnen kann.

Den folgenden Tag, es war der 26. Juni, wurde Piazza vor die Untersuchungsrichter geführt, und der Auditor legte ihm ans Herz, *dass er in Übereinstimmung mit dem, was er außergerichtlich gesagt habe, auch in Gegenwart des Notars Balbiano aussagen solle, ob er wisse, wer der Verfertiger der Salben sei, womit so oft die Tore und Häuser der Stadt und Umgegend beschmiert gefunden wurden.*

Aber der Unglückliche suchte sich bei seiner unfreiwilligen Lüge doch so wenig als möglich von der Wahrheit zu entfernen und antwortete bloß: „Mir hat die Salbe der Barbier gegeben." Wörtlich wiedergegeben, aber doch den wahren Sinn entstellend, lauten die Worte bei Ripamonit: *dedit unguenta mihi tonsor.*

Man sagt ihm, dass er den Barbier namhaft machen solle, und desselben Mitschuldiger und Helfer bei solchem Attentat antwortet: „Ich glaube, er heißt Giovanni Giacomo, seinen Familiennamen kenne ich nicht." Er wusste nur ungewiss anzugeben, wo er wohnte oder vielmehr, wo sein Laden stand, und bei einem weiteren Verhör gab er Auskunft darüber.

Man fragt ihn, *ob er vom genannten Barbier, der ihm vorgestellt wird, wenig oder viel von der bezeichneten Salbe erhalten habe?* Er antwortet: *„Er hat mir ungefähr soviel davon gegeben als das Tintenfass auf dem Tisch da fassen würde".* Hätte er von Mora das Döschen erhalten, worin das gewünschte Schutzmittel enthalten war, so hätte er dasselbe beschrieben. Da er sich aber durchaus auf nichts besinnen konnte, hielt er sich an einen gegenwärtigen Gegenstand, um sich doch an etwas Wirkliches zu halten. Sie fragen weiter, *ob der genannte Barbier sein Freund sei*, und er, nicht ahnend, dass die Wahrheit, welche ihm sein Gedächtnis hervortreten ließ, mit der Erfindung in argem Widerspruche stehe, antwortet. *„Er ist mein Freund, ja gnädiger Herr, guten Tag, gutes Jahr, so ist er mein Freund*, ja gnädiger Herr." was doch nur sagen will, dass er ihn kaum mehr als dem Äußeren nach kannte. Ohne weitere Bemerkungen gingen die Richter zu der Frage an Piazza über, *bei welcher Gelegenheit ihm der genannte Barbier die Salbe übergeben habe?* Und siehe da, er antwortet: „Während ich an ihm vorüberging, rief er mich an und sagte: Ich habe etwas für Euch, ich weiß selbst nicht, was; und ich fragte ihn, was es denn sei? Und er sagt, es ist ich weiß nicht was für eine Salbe; und ich sagte: ich werde es ja sehen, wenn ich etwas davon nehme; und nach drei Tagen gab er mir etwas davon." Piazza verändert die tatsächlichen Umstände in dem Grade, als es nötig ist, sie mit seiner Erdichtung in Einklang zu setzen; aber er lässt ihnen ihre Färbung. Einige der Worte, die er anführt, waren zweifelsohne diejenigen, welche zwischen ihnen gewechselt wurden. Worte, die infolge eines Übereinkommens fielen, ein Pestschutzmittel zu erhalten, deutet er um zur Absicht, ein ebenso albernes wie fürchterliches Vergiftungsmittel zu verbreiten.

Die Richter schreiten sofort zum Verhör über Ort, Tag, Stunde der Verabredung und der Ablieferung. Und als seien sie mit diesen Antworten zufriedengestellt legen sie keine andere Frage vor als die: *„Was sagte der Barbier, als er dem Piazza die Salbe ablieferte?"*

„Er sagte mir: Nehmt dies Döschen und beschmiert da rückwärts die Mauern damit und kommt dann zu mir, wo Ihr eine Menge Geld erhalten sollt."

„Aber warum beschmierte denn der Barbier nachts nicht selbst die Mauern, so oft er wollte!" – eine Randglosse, welche Graf Verri an die Stelle der Prozessakten schrieb. Und eine solche Unwahrheit wird im Verhör durch Frage und Antwort immer weiter ausgesponnen. Befragt, *ob der Barbier den Ort bestimmte, welchen er beschmieren sollte*, antwortete Piazza: „Er sagte mir, dass ich die Mauern in der Via della Vetra de' Cittadini beschmieren und am Ausgang derselben anfangen sollte, wo ich auch in der Tat anfing."

„Nicht einmal den Ausgang seines eigenen Hauses hatte der Barbier selbst bestrichen!" – wiederum eine Randbemerkung Verris – eine Bemerkung, zu welcher nicht eben viel Scharfsinn gehört, und nur die Verblendung der Leidenschaft konnte die Richter sie mit Stillschweigen übergehen lassen, denn aufdrängen musste sie sich ihnen doch.

Der Unglückliche erzählte seine Erfindungen so weitläufig, immer, als wenn er durch äußere Gewalt gezwungen würde, immer nur erst nach besonderer Aufforderung und auf einzelne Fragen, dass man nicht recht erraten kann, ob das Versprechen der Belohnung in seiner eigenen Einbildungskraft entstanden oder ob es ihm in der außergerichtlichen Besprechung mit dem Auditor von diesem an die Hand gegeben worden sei. Dasselbe gilt von einer anderen Erfindung, mit deren Hilfe er im Verhör indirekt einem anderen schwierigen Punkt auswich, nämlich, ob er mit einer so tödlichen Salbe umgehen konnte, ohne je Schaden zu nehmen. Sie fragten ihn, *ob der Barbier ihm gesagt habe, warum er denn die Torwege und Mauern bestreichen solle!* Er antwortet: „Er hat mir dies nicht gesagt. Ich denke wohl, die Salbe war vergiftet und könnte dem menschlichen Körper schaden, weshalb er mir am folgenden Morgen ein Wasser zu trinken gab, wobei er mir sagte, dass solches mich gegen das Gift dieser Salbe schützen werde."

Allen diesen Antworten und anderen von ähnlichem Gewicht, deren weitere An- und Ausführung zu weitläufig und unnütz wäre, wussten die Richter nichts entgegenzusetzen. Über einen einzigen Umstand verlangten sie Aufklärung. Sie fragten, *warum er denn diese Aussage nicht zuvor gemacht habe.* Er antwortete: „Ich weiß nicht, es müsste denn durch das Wasser geschehen sein, das er mir zu trinken gab; denn die Herren sahen ja, dass ich, soviel ich auch gefoltert wurde, nichts sagen konnte."

Diesmal wenigstens gehen diese Menschen, welche so geneigt sind, sich zufrieden zu geben, zur weiteren Frage fort, *warum er die Wahrheit nicht früher gesagt, da er doch auf der Folter die härtesten Martern erlitten, am Sonnabend und gestern.*

Welche Wahrheit!

„Ich habe sie nicht sagen können", fährt er fort, „weil ich nicht konnte. Und wenn ich hundert Jahre lang am Seile gehangen hätte, ich hätte nichts sagen können, weil ich nicht sprechen konnte; denn wenn ich über etwas gefragt wurde und ich antworten wollte, versagte mir die Stimme."

Da sie dies angehört hatten, schlossen sie das Verhör und führten den Unglücklichen ins Gefängnis zurück.

Aber passt auch der Ausdruck „Unglücklicher" für ihn?

Bei einer solchen Art zu verhören, verwirrt sich das Gewissen, es weicht aus, ich möchte sagen, es erklärt sich für unzuständig. Es erscheint als Anmaßung, als pharisäischer Hochmut, wissen zu wollen, wer unter solchen Beängstigungen und Nachstellungen eigentlich die Hand im Spiel hatte. Aber gezwungen, Rede zu stehen, muss das Gewissen sagen: Ich trage auch Schuld. Die Leiden und Schrecken des Unschuldigen wirken mächtig, haben eine große Kraft, aber niemals können sie das ewige Gesetz ändern und der Verleumdung die Schuld nehmen. Sogar das Mitleid derer, welche vielleicht den Gefolterten entschuldigen wollten, empört sich plötzlich gegen den Verleumder. Sobald ich einen neuen Unschuldigen habe angeben hören, sehe ich auch neue Leiden, neue Schrecken voraus, vielleicht auch neue Schuld.

Und die Menschen, welche diesen Jammer bereiteten, welche diese Fallstricke legten, könnten sie vielleicht damit entschuldigt werden, dass man sagt, sie selbst hätten an die Mauerbeschmierungen geglaubt und seien deshalb zur Folter geschritten? Auch wir glauben an die Möglichkeit, Menschen durch Gift zu töten. Was würde man zu einem Richter sagen, welcher mit dieser Möglichkeit die Verurteilung eines Menschen als Giftmischer rechtfertigen wollte? Darauf steht nun doch die Todesstrafe. Was würde man zu dem sagen, welcher mit dieser Tatsache allein Todesurteile rechtfertigen wollte? Nein, die Folter konnte im Fall von Guglielmo Piazza nicht eintreten. Die Richter waren es, welche sie wollten, welche sie, sozusagen für diesen Fall, erfanden. Wenn sie sich getäuscht hätten, wäre es ihre Schuld gewesen, weil es ihr Werk war. Aber wir haben gesehen, dass Selbsttäuschung nicht im Spiele war. Geben wir auch zu, dass sie durch Piazzas Worte im letzten Verhör getäuscht wurden, wie konnten sie an eine Tatsache glauben, die auf diese Weise auseinandergesetzt und nach ihren Umständen erklärt war? Wer hat jene Worte hervorgelockt? Wie haben sie sie herausgebracht? Durch ein Mittel, über dessen Ungesetzlichkeit sie sich nicht täuschen konnten, und sie täuschten sich darüber in der Tat auch nicht, weil sie dasselbe zu verbergen und zu verhüllen suchten.

Wenn, was unmöglich ist, alles Folgende durch ein zufälliges Zusammentreffen von Umständen veranlasst wurde, die zur Bestärkung der Täuschung so ganz geeignet waren, würde immer noch die Schuld diejenigen treffen, welche die Bahn dazu geöffnet hatten. Aber wir sehen im Gegenteil, dass alles von ihrem eigenen Willen geleitet wurde, und dieser, um die Täuschung bis ans Ende zu erhalten, auch den Gesetzen Hohn sprechen musste, der offenen Wahrheit widerstreben musste, mit der Rechtschaffenheit ein Spiel treiben und sich gegen jedes Mitgefühl verhärten musste.

Viertes Kapitel

Der Auditor eilte mit der Schar der Sbirren nach dem Hause Moras, wo sie ihn in seinem Barbierladen fanden: Ein weiterer Angeklagter, der nicht an Flucht dachte oder daran, sich zu verbergen, obwohl sein Mitschuldiger doch schon seit drei Tagen im Gefängnis war. Er hatte einen Sohn, und der Auditor ließ beide verhaften.

Pietro Verri, welcher die Kirchenbücher von San Lorenzo nachgeschlagen hat, hat gefunden, dass der unglückliche Barbier auch mit noch drei Töchtern abgeführt werden konnte, eine von vierzehn, eine von zwölf, eine von kaum sechs Jahren. Es ist erfreulich zu sehen, wie ein reicher, berühmter Adliger es sich zur Aufgabe macht, nach der Geschichte einer armen, unbekannten, vergessenen, was sage ich, der öffentlichen Schmach preisgegebenen Familie zu forschen, und einer noch blind und hartnäckig an der törichten Verwünschung der Vorfahren hängenden Nachkommenschaft gegenüber neue Gegenstände eines edlen und verständigen Mitleids aufzufinden. Gewiss lässt es sich nicht rechtfertigen, wenn die Gerechtigkeit durch das Mitleid in ihrem Laufe aufgehalten werden soll; denn sie soll strafen, wenn auch unter Tränen, und eine schlechte Gerechtigkeit wäre es, wenn die Strafe des Schuldigen durch den Schmerz des Unschuldigen gesühnt werden dürfte. Wenn aber die Tätigkeit des Mitleids gegen Betrug und Gewalt gerichtet ist, dann ist sie eine vernünftige. Und wenn hier nur die Angst einer Gattin und Mutter, die unerwarteten Schrecknisse des unerhörten Jammers in die Waagschale gelegt würde, der über Mutter und Tochter hereinbrechen musste, sobald sie ihren Gatten, Sohn, Vater und Bruder mit auf den Rücken gebundenen Händen als Verbrecher behandeln sahen, es wäre dies ein schrecklicher Anklagepunkt gegen die Männer, welche nicht von der Gerechtigkeit die Verpflichtung, sondern nur vom Gesetz die Erlaubnis hatten, so weit zu gehen.

Denn auch, um zur Verhaftung zu schreiten, bedurfte es natürlich der Anzeichen. Hier handelte es sich aber weder um das Gerücht noch um die Flucht, noch um die Klage eines Angegriffenen, noch um die Beschuldigung irgendeiner glaubwürdigen Person, noch um die Aussage von Zeugen; es fand sich ferner kein *corpus delicti* vor; es war bloß die Angabe eines vorgeblichen Mitschuldigen vorhanden. Und dass eine solche Angabe, die an sich selbst in keiner Weise ein Gewicht hatte, die Befugnis einzuschreiten geben konnte, dazu waren viele Bedingungen notwendig. Wir werden zu bemerken Gelegenheit haben, dass mehr als eine derselben nicht eingehalten wurde, und man könnte dies von vielen anderen nachweisen. Dies ist jedoch nicht nötig; denn wären sie auch bis auf ein Pünktchen eingehalten worden, so fand sich doch in diesem Fall ein Umstand vor, welcher die Anklage von Grund auf und unwiederbringlich nichtig machte, nämlich der, dass jene Angabe infolge des Versprechens der Straflosigkeit gemacht wurde. „Niemand, der getrieben von der Hoffnung auf Straflosigkeit Eröffnungen macht, verdient – es mag nun die Straflosigkeit vom Gesetz zugestanden oder vom Richter versprochen worden sein – Glauben in Bezug auf die von ihm beschuldigten Personen"[1]. Dies sind Farinacius' Worte. Und Bossi sagt: „Dem Zeugnisse eines Menschen, der es in der Hoffnung auf Straflosigkeit abgelegt hat, lässt sich entgegentreten; denn ein Zeuge soll die lautere Wahrheit aussagen und ohne Hoffnung auf einen Vorteil. Dies gilt auch in den Fällen, in welchen man aus anderen Gründen den Mitschuldigen gegen die allgemeine Rechtsregel zur Zeugenaussage zulassen kann. Denn derjenige, welcher um eines Versprechens der Straflosigkeit willen zeugt, heißt bestochen, und Glauben wird ihm nicht beigemessen"[2]. Und dies war eine unwidersprochene Lehre.

Während sie sich anschickten, das Geringfügigste im Hause Moras zu untersuchen, sagte letzterer zum Auditor: „Seht nur an, Herr! Ich weiß, dass Ihr um jener Salbe willen gekommen seid. Ihr seht sie hier. Und gerade dieses Döschen habe ich zugerichtet, um es dem Kommissär auszuhändigen, aber er hat es nicht abgeholt. Ich, Gott sei Dank, habe nicht gefehlt. Ihr seht, Herr, aus dem Ganzen, ich habe nicht gefehlt. Ihr braucht mich auch nicht gebunden halten zu lassen." Der Unglückliche glaubte, dass sein Verbrechen darin bestehe, dieses Spezifikum ohne Erlaubnis verfertigt und verkauft zu haben.

Sie durchsuchten alles, von Büchsen zu Büchschen, von Flaschen zu Fläschchen. (Die Barbiere damaliger Zeit übten die niedere Chirurgie aus und machten dabei auch ein wenig den Arzt, dann auch den Apotheker; dazwischen lag nur ein kleiner Schritt.) Zwei Dinge schienen verdächtig, und mit Erlaubnis des Lesers werden wir davon sprechen müssen, weil der durch sie während der Haussuchung erregte Verdacht für den armen Unglücklichen später ein Fingerzeig wurde, wie er sich selbst auf der Folter für schuldig erklären konnte, auch müssen wir in der ganzen Geschichte ja schon mehr als bloßen Ekel überwinden.

Zur Zeit der Pest war es üblich, dass jeder, der mit vielen Personen und besonders mit Kranken zu tun hatte, so viel als möglich von seiner Familie abgesondert lebte. Und der Verteidiger Padillas beruft sich darauf, als er, wie wir bald sehen werden, dem Prozessverfahren die Abwesenheit des *corpus delicti* entgegengesetzt. Die Pest selbst hatte unter der trost- und hoffnungslosen Bevölkerung das Bedürfnis der Reinlichkeit gemindert, ein Bedürfnis, das an sich schon nicht eben in hohem Grad vorhanden war.

---

1   Quaest. XLIII, 192. V. Summarium.
2   Tractat. var.; tit. De oppositionibus contra testes, 21.

Man fand also in einem kleinen Zimmer hinter der Barbierstube *duo vasa stercore humano plena* (zwei Gefäße mit menschlichem Kot gefüllt), wie sich die Akten ausdrücken. Einem Sbirren fällt dies auf und er macht (wie dann jeder gegen die Pestschmierer sprechen konnte) die Bemerkung: „Da oben ist ja der Abtritt", worauf Mora antwortet: „Ich schlafe da unten und gehe nicht hinauf."

Das zweite, was man in einem kleinen Hofe entdeckte, war ein Öfchen mit einem eingemauerten kupfernen Kessel, worin sich eine trübe Flüssigkeit mit einem klebrigen, gelblich weißen Bodensatz befand. Man strich davon etwas an die Mauer und unglücklicherweise blieb es kleben. Mora sagte: „Es ist Lauge." Die Akten bemerken, dass er ein besonderes Gewicht darauf gelegt habe – ein Beweis, wie sehr den Richtern an der Entdeckung eines Geheimnisses lag. Nun entsteht aber die Frage, wie sie sich so weit in der Untersuchung des so wirksamen und geheimnisvollen Giftes zu gehen getrauen konnten. Nur die Wut kann die Furcht erstickt haben, und diese war gerade eine Veranlassung der ersteren.

Unter den beschlagnahmten Papieren fand man ein Rezept, welches der Untersuchungsrichter Mora in die Hand gab, damit er sich über dessen Inhalt und Bedeutung erkläre. Dieser zerriss es, weil er es in seiner Verwirrung für das Rezept des Medikaments hielt. Die Stücke wurden schnell zusammengelesen, und wir werden sehen, welchen Ausschlag dieser an sich so bedeutungslose Zufall gegen den Unglücklichen gab.

Im Aktenauszug findet sich nicht angegeben, wie viele Personen zugleich mit Mora verhaftet wurden. Ripamonti sagt, dass alle Personen, welche sich im Hause und in der Barbierstube befanden, abgeführt worden seien, junge Männer, Burschen, Ehefrauen, Kinder und auch Verwandte, kurz, alles, was anwesend war[3].

Beim Herausgehen aus dem Haus, das sein Fuß nicht wieder betreten sollte, das von Grunde aus abgerissen werden sollte und dessen Schwelle von einer Schandsäule bezeichnet werden sollte, sagte Mora: „Ich habe nicht gefehlt. Und wenn ich gefehlt habe, so will ich dafür gestraft werden. Aber außer jenem Elixier habe ich kein anderes verfertigt, wenn ich daher in einem anderen Ding gefehlt haben sollte, so flehe ich um Erbarmen."

Er wurde noch am selben Tag verhört und besonders über die Lauge, die sie daheim bei ihm gefunden, wie über seine Verbindung mit dem Kommissär befragt. In Bezug auf das erstere antwortete er: „Herr, ich weiß nichts, die Frauen haben es hergestellt, befragen Sie die, sie werden es sagen können. Ich war der Auffassung, es sei Lauge, als ich heute abgeführt wurde."

---

3 „Et si qui consanguinei erant", S. 87.

Geschichte der Schandsäule

Was den Kommissär anging, erzählte er von einem Döschen, das er ihm aushändigen sollte und gab die Ingredienzien desselben an. In anderen Beziehungen, behauptete er, sei er mit ihm nicht gestanden, außer dass derselbe, ungefähr vor einem Jahr, zu ihm ins Haus gekommen sei, um sich von ihm rasieren zu lassen.

Gleich nach ihm wurde der Sohn verhört, und da wiederholte der arme Junge das alberne Märchen vom Döschen und von der Feder, welches wir bereits erwähnt. Das übrige Verhör ergab nichts Wesentliches. Verri sagt in einer Randbemerkung, „dass man den Sohn des Barbiers über jene Lauge hätte befragen sollen und von ihm erfahren haben würde, seit wie lange sie sich im Kessel befunden habe, zu welchem Zweck sie bereitet worden, das würde bessere Aufklärung verschafft haben". „Aber", fügt er hinzu, „sie fürchteten, ihn unschuldig zu finden." Und diese Furcht ist der Schlüssel zum Ganzen.

Man verhörte die arme Ehefrau, welche auf verschiedene Fragen antwortete, dass sie vor etwa zehn oder zwölf Tagen Wäsche gehabt, dass sie allemal von der Lauge zu gewissem chirurgischen Gebrauch einen Teil zurückstelle, dass man deswegen davon noch in ihrem Haus vorgefunden habe, dass sie noch nicht verbraucht worden, weil es noch nicht nötig gewesen sei.

Man ließ die Lauge von zwei Wäscherinnen und drei Ärzten untersuchen. Jene sagten, dass es Lauge, aber verdorbene sei, diese, dass es keine Lauge sei, die einen und die anderen, weil der Bodensatz klebrig war und Fäden zog. „Was ist natürlicher", sagte Piertro Verri, „als wenn sich in einem Barbierladen, wo Wundverbände und Pflasterfleckchen gewaschen werden müssen, in dem Waschwasser an heißen Sommertagen ein schmutziger, dicker, zäher und gelblicher Bodensatz bildet?"[4]

Das Ergebnis aller dieser Untersuchungen war am Ende nicht so sehr Aufklärung als vielmehr ein Widerspruch. Der Verteidiger Padillas zieht daraus mit ganz einleuchtendem Grund den Schluss, „dass aus den in diesem skandalösen Prozess gesammelten Akten nichts Bestimmtes über das *corpus delicti* hervorgeht, obgleich dies die notwendige und unerlässliche Bedingung zum Verfahren gegen einen bestimmten Angeschuldigten ist, obgleich die schwersten Folgen und ein unersetzlicher Schade gerade daraus entstehen konnten". Er bemerkt weiter, dass die Erörterung des *corpus delicti* um so notwendiger gewesen sei, als man den Tod so vieler Menschen zur Folge eines Verbrechens habe machen wollen, obwohl er doch eine ganz natürliche Ursache gehabt habe. „Bei diesen ungewissen Anzeichen und Aussagen", fährt er fort, „hätte man notwendig an die Erfahrung sich wenden müssen, man hätte bedenken sollen, was für unglückliche Konstellationen am Himmel waren, dass die Astrologen für das Jahr 1630 nichts anderes als Pest verkündeten, andererseits so viele herrliche Städte der Lombardei und ganz Italiens verödeten, und man hier nicht ent-

---

4   Osservationi. § IV, (o. S. 18).

fernt an das Fett dachte oder sich davor fürchtete." Auch der Irrtum kommt hier der Wahrheit zu Hilfe. Sie bedurfte seiner hier nicht. Und unangenehm berührt es, wenn man nach solchen und ähnlichen Bemerkungen, die das Chimärenhafte des Verbrechens so treffend hervorheben, wenn man nach seiner Deduktion, wie die Anschuldigungen seines Klienten nur der Gewalt der Folter zuzuschreiben seien, von demselben Mann diese befremdenden Worte hört: „Es lässt sich verstehen, wie die Bosheit der genannten Leute und ihrer Mitschuldigen, welche die Häuser ausrauben und Beute machen wollten, wie der Barbier (Bl. 104) aussagt, wirklich zu einem solchen Verbrechen gegen das eigene Vaterland verleitete." In dem Bericht an den Gouverneur spricht der *Capitano di Giustizia* von diesem Umstand so: „Der Barbier ist verhaftet, und in seinem Haus haben sich Mixturen vorgefunden, die nach dem Urteil der Sachverständigen sehr verdächtig sind." Verdächtig! Das ist das Wort, mit dem der Richter beginnt, aber nicht endet, wenigstens nur ungern und erst nachdem er alle Mittel, zur Gewissheit zu kommen, angewendet hat. Aber wenn auch niemand diese Mittel gekannt oder die, welche damals im Gebrauch waren, geahnt hätte, sobald es sich um die Erforschung der giftigen Beschaffenheit des vorgefundenen Drecks handelte, würde gewiss der Mensch, welcher den ganzen Prozess leitete, sie uns schon haben wissen lassen. In dem anderen oben erwähnten Bericht, durch welchen der Sanitätsrat den Gouverneur von jener großen Mauerverunreinigung am 19. Mai in Kenntnis setzt, spricht er von einem an Hunden vorgenommenen Experiment, woraus man habe ersehen wollen, ob solche Beschmierung pestbringend sei oder nicht. Aber damals hatten sie auch keinen Menschen unter den Händen, an dem sie das Experiment der Folter machen konnten, und noch hatte die Menge nicht ihr „Kreuzige ihn!" geschrien.

Bevor sie jedoch Mora auf die Folter brachten, wollten sie vom Kommissär deutlichere und bestimmtere Aussagen haben, und der Leser wird wohl glauben, dass es deren bedurfte. Sie ließen ihn nun kommen und befragten ihn, ob dasjenige, was er ausgesagt, wahr sei, und ob er sich keines anderen Umstandes erinnere. Er bestätigte die erste Aussage, aber fand nichts hinzufügen.

Da sagten sie nun zu ihm, es sei sehr unwahrscheinlich, dass zwischen ihm und dem Barbier kein anderer Verkehr stattgefunden habe, als der von ihm eingestandene, da es sich doch um ein so wichtiges Geschäft gehandelt habe, dessen Ausführung man nur nach vorausgegangener weitläufiger und geheimer Besprechung und nicht im Vorübergehen, wie er ausgesagt, jemandem anvertraue.

Die Bemerkung war richtig, aber sie kam zu spät. Warum machte man sie nicht schon, als Piazza seine Aussagen in der schon bekannten Weise erstattete? Warum nannten sie ihre Voraussetzungen „die Wahrheit"? Wie dunkel war ihr Begriff des Wahrscheinlichen, wie lange brauchte er, damit er sich ihnen ausbildete, wenn sie einen ganzen Tag zu der Bemerkung bedurften, dass hier nur Unwahrscheinlichkeit herrsche. Nicht sie, jeder andere musste das sehen. Ihr Verstand war scharf, ja überschärft. Hatten sie nicht eine Unwahrscheinlichkeit darin gefunden, dass Piazza nicht von den Pestbeschmierungen in der Via della Vetra habe reden hören und den Namen die Deputierten des Sprengels nicht wisse? Und warum in einem Fall so spitzfindig, in einem anderen so leichtsinnig?

Das Warum kannten sie und Er, der alles weiß. Was auch wir einsehen können ist, dass sie die Unwahrscheinlichkeit auffanden, als diese ein Vorwand zu Piazzas Folterung sein konnte, aber keine finden wollten, sobald sie ein allzu offenkundiges Hindernis für die Verhaftung Moras gewesen wäre.

Wir haben zwar gesehen, dass die Aussage des ersteren als von Grund auf null und nichtig ihnen kein Recht geben konnte, so weit zu gehen. Aber da sie um jeden Preis von ihr Gebrauch machen wollten, so mussten sie sie wenigstens unangefochten lassen. Hätten sie von allem Anfang an zu ihm gesagt, „Das hat viel Unwahrscheinlichkeit", wäre die Schwierigkeit nicht dadurch behoben worden, dass die ganze Tatsache in eine weniger auffallende Gestalt umgeformt und jeder Einwand gegen das bereits Gesagte unterlassen worden wäre (was allerdings nicht zu erwarten war). Sie würden sich sofort in der Alternative befunden haben, entweder den Mora laufen zu lassen oder ihn einzusperren, obgleich sie schon im Voraus gegen einen solchen Akt gewissermaßen Widerspruch eingelegt hatten.

Diese Bemerkung wurde von einem furchtbaren Zusatz begleitet. „Falls er sich nicht entschließen sollte, die Wahrheit ganz und gar zu sagen, wie versprochen, so gebe man ihm zu verstehen, dass man auch ihm nicht die versprochene Straflosigkeit halten würde." Dies sagte man so oft zu ihm, wie die vermeintliche Wahrheit nicht vollkommen eingestanden und nicht das alles ausgesagt erschien, was vorgegangen sein sollte. Dagegen solle er wirklich ungestraft ausgehen, wenn er die Wahrheit sage.

Hier sieht man, wie wir oben andeuteten, was es den Richtern half, sich wegen Straflosigkeit nicht an den Gouverneur gewandt zu haben. War sie von diesem kraft des vorbehaltenen königlichen Rechts in feierlicher Form und mittels Aufnahme in die Prozessakten versprochen, konnte man sie nicht so launenhaft wieder zurückziehen. Hingegen konnten die vom Untersuchungsrichter ausgegangenen Worte eben durch andere Worte widerrufen werden.

Man bemerke, dass Straflosigkeit für den Baruello vom Gouverneur am 5. September eingeholt wurde, das heißt, nach der Hinrichtung von Piazza, von Mora und einigen anderen Unglücklichen. Man konnte sich nun der Gefahr aussetzen, den einen und den anderen entschlüpfen zu lassen, das wilde Tier hatte gefressen und sein Gebrüll war nicht mehr so stürmisch fordernd. Nach dieser Mitteilung musste der Kommissär, wollte er auf seinem unglücklichen Vorsatz beharren, seinen Verstand möglichst zusammennehmen, aber er wusste nur immer die alte Geschichte zu erzählen. „Ich werde dem Herrn erzählen: Zwei Tage zuvor, ehe mir der Barbier das Fett gab, war er auf dem Corso der Porta Ticinese mit drei anderen in Gesellschaft. Als er mich vorübergehen sah, sagte er zu mir: Kommissär, ich habe eine Salbe für Euch. Ich sagte ihm: Wollt Ihr mir sie jetzt geben? Er sagte nein. Und damals sagte er mir nicht die Wirkung, welche die Salbe hervorbringen sollte, aber als er sie mir später gab, sagte er, dass die Salbe dazu bestimmt sei, die Mauern zu bestreichen, um die Leute davon sterben zu lassen. Ich fragte ihn aber nicht, ob er schon einen Versuch damit angestellt habe." Das erste Mal hatte er ausgesagt: „Er sagte mir nichts. Ich denke wohl, dass die Salbe vergiftet war", das zweite Mal: „Er sagte mir, dass sie dazu bestimmt sei, die Leute davon sterben zu lassen." Ohne sich nun um einen solchen Widerspruch zu kümmern, fragen die Richter weiter nach seinen Begleitern und deren Kleidung.

Wer sie waren, weiß er nicht. Er vermutet, dass es Nachbarn von Mora waren. Wie sie gekleidet waren, weiß er auch nicht mehr. Er hat bloß so viel behalten, dass dies die Wahrheit sei gegen das, was Mora ausgesagt. Auf die Frage, ob er bereit sei, dies in Anwesenheit von Mora zu behaupten, antwortete er: Ja. Er wird sofort auf die Folter gebracht, damit er sich von der Unehrenhaftigkeit reinige und gegen jenen Unglücklichen eine gültige Aussage tun könne.

Die Zeiten der Folter liegen uns, dem Himmel sei Dank, so fern, dass wir zum Verständnis dieser Worte einer besonderen Erklärung bedürfen. Ein römisches Gesetz bestimmte nämlich, dass die Zeugenschaft eines Gladiators oder einer ähnlichen Person nicht gültig sei ohne Folter[5]. Die Rechtswissenschaft hatte zu den Ehrlosen diejenigen Personen gerechnet, auf welche diese Rechtsregel ihre Anwendung finden sollte. Der Angeschuldigte, hatte er bekannt oder war er überführt, gehörte auch in diese Kategorie. Man begreift nun, in welcher Weise sie es verstanden, dass die Folter von der Unehrenhaftigkeit reinige. Als unehrenhaft, sagten sie, verdient der Mitschuldige keinen Glauben, aber wenn er eine Sache behauptet gegen sein dringendes, lebendiges, gegenwärtiges Interesse, dann kann man glauben, dass es die Wahrheit sei, welche ihn nötige, das Geständnis abzulegen. Wenn man also einem Angeschuldigten, nachdem er sich zum Ankläger eines anderen aufgeworfen, es einschärft, dass er entweder seine Angabe zurücknehmen oder sich auf die Folter bringen lassen solle, und er dann auf der Aussage besteht, und wenn er, nachdem die Drohung ausgeführt, noch auf der Folter dabei verharrt, dann wird seine Aussage glaubhaft. Die Folter hat ihn von der Ehrlosigkeit gereinigt und legt seiner Aussage jenes Gewicht bei, das ihm seine Persönlichkeit an sich nicht verleihen konnte.

---

5   Dig. lib. XXII, tit. V. De testibus; l. 21,2.

Geschichte der Schandsäule

Warum hat man nun Piazzas erste Aussage nicht auf der Folter von ihm bestätigen lassen? Sollte vielleicht die zur Verhaftung Moras ebenso unzulängliche als für die Richter unentbehrliche Aussage nicht gefährdet werden? Gewiss, eine solche Unterlassung machte diese Verhaftung noch ungesetzlicher; denn konnte auch die von einem Ehrlosen erstattete, auf der Folter nicht wiederholte und bestätigte Anschuldigung, wie jedes andere mangelhafte Indiz, Veranlassung zu neuen Aufklärungen über den Tatbestand gewähren, so durfte sie doch nicht als ein Grund zum Verfahren gegen eine bestimmte Person benutzt werden. Man höre, was Clarus bezüglich des Mailänder Gerichtsbrauchs in allgemeinster Form bezeugt: „Um die Aussage eines Mitschuldigen glaubhaft zu machen, ist es nötig, dass dieselbe auf der Folter bestärkt worden sei; denn da derselbe auf Grund seines eigenen Verbrechens unehrenhaft ist, so kann er ohne Folter nicht als Zeuge zugelassen werden. Und so wird es auch bei uns gehalten *(et ita apud nos servatus)*"[6].

Ließ sich also wenigstens durch das formelle Recht Piazzas Folterung rechtfertigen? Gewiss nicht! Sie war ungerecht, auch nach den Gesetzen; denn sie gaben ihm die Folter zur Bekräftigung einer Aussage, die durch kein Rechtsmittel gesetzlich gemacht werden konnte, nachdem ihm einmal die Straflosigkeit versprochen worden war. Nun höre man noch die Worte, die den Richtern ihr eigener Landsmann Bossi zuruft: „Da die Folter ein gar nicht wieder gut zu machendes Übel ist, so hüte man sich sehr, dieselbe grundlos einen Angeschuldigten in ähnlichen Fällen erdulden zu lassen, nämlich wenn keine anderen Rechtsvermutungen oder Anzeichen des Verbrechens vorhanden sind"[7].

Was folgt nun daraus? Die Richter handelten ebenso wider das Gesetz, wenn sie ihn der Folter unterwarfen, als wenn sie ihn damit verschonten. Das ist das wunderbare Verhängnis, dass, wenn man einmal eine falsche Bahn eingeschlagen hat, man sogleich auf zwei Bahnen geschleudert wird, von denen weder die eine noch die andere die rechte ist.

Übrigens ist leicht zu erachten, dass die Folter, welche ihm der Bestätigung einer bereits niedergelegten Anschuldigung halber gegeben wurde, nie den Grad derjenigen, die ihn zur Selbstanklage bringen sollte, erreichen durfte. In der Tat, sie hatten diesmal keine Ausrufe zu verzeichnen, kein Geheul und Wimmern zu registrieren. Er blieb ruhig bei seiner Aussage.

Ihre Frage, warum er seine Aussage nicht in den beiden ersten Verhören schon erstattet habe, zeigt, dass sie weder aus dem Kopfe die Meinung, noch aus dem Herzen die Gewissensbisse, die törichte Geschichte möchte doch wohl eine Eingebung der Hoffnung auf Straflosigkeit sein, bannen konnten. Der Gefolterte antwortete:

---

6 Op. cit., Quaest. XXI, 13.
7 Op. cit. De indiciis et considerationibus ante torturam, 152.

„Das Wasser, das ich getrunken, wie schon gesagt, ließ mich nicht dazu kommen."
Die Richter hätten gerne etwas Schlagenderes gehört, aber sie mussten damit zufrieden sein. Sie vergaßen, was sage ich, sie verbannten, sie machten alle Mittel, welche zur Entdeckung der Wahrheit führen konnten, unmöglich. Von zwei entgegengesetzten Schlüssen, welche aus der Untersuchung sich ergeben konnten, haben sie nur einen gewollt, und zuerst das eine, dann das andere Mittel zur Erreichung des letzteren um jeden Preis angewandt.

Durften sie hierbei diejenige Beruhigung finden, welche nur die mit lauteren Mitteln aufgefundene Wahrheit gewähren kann? Das Licht auszulöschen ist zwar das sicherste Mittel, eine Sache nicht zu sehen, welche uns nicht gefällt; wir sehen dann aber auch nicht das, was wir sehen wollen.

Sobald er vom Seil abgenommen war und während sie ihn losbanden, sagte der Kommissär: „Herr, ich will ein wenig bis morgen nachdenken, und will dann auch das noch eingestehen, dessen ich mich sowohl in Bezug auf mich als auf die anderen erinnere."

Während man ihn nun ins Gefängnis zurückführte, stand er stille und sprach: „Ich muss etwas, ich weiß nicht recht was, sagen", und er nannte da als Befreundete von Mora jenen Baruello und zwei Scherenschleifer, Girolamo und Gaspare Migliavacca, Vater und Sohn.

So suchte der Unglückliche durch die Zahl der Opfer den Mangel der Beweise zu ergänzen. Aber konnte es denjenigen, welche ihn verhörten, nicht in den Sinn kommen, dass diese nachträglichen Aussagen nur dafür Beweise waren, dass er nicht wusste, was er antworten sollte? Sie waren es, welche ihm Umstände abfragten, welche die Tatsache wahrscheinlich machten, und wer die Schwierigkeit aufwirft, der kann nicht sagen, dass er die Wahrheit nicht sehe. Diese neuen aus der Luft gegriffenen Denunziationen, oder wenigstens diese versuchten Denunziationen wollten offen sagen: „Ihr anderen wollt, dass ich Euch eine Tatsache aufkläre; wie ist dies möglich, wenn dieselbe gar nicht vorhanden ist? Aber was Euch drückt, das ist: Ihr wollt Personen zu verurteilen haben. Die will ich Euch an die Hand geben; an Euch ist es, aus ihnen soviel herauszubringen, als Ihr nötig habt. Mit dem einen oder dem anderen wird es Euch gelingen, ist es Euch doch schon mit mir gelungen."

Die drei von Piazza Genannten und die anderen, welche im Verlauf des Prozesses mit gleichem Grund angegeben und mit gleicher Gewissheit verurteilt worden sind, erwähnen wir nur, wenn es zur Geschichte von Piazza und Mora notwendig sein wird (da diese beiden zuerst in die Hände der Richter fielen und als die Haupturheber des Verbrechens galten), oder sofern daraus sich eine andere wichtige Bemerkung ableiten lässt. Wir werden hier untergeordnete und zufällige Tatsachen übergehen, um sofort zum zweiten Verhör Moras zu gelangen, welches noch am selben Tag stattfand.

Bestürmt von verschiedenen Fragen über sein Pestmedikament, über die Lauge, über gewisse Eidechsen, die er sich durch Knaben bringen ließ, um daraus ein damals gewöhnliches Medikament zu bereiten – Fragen, auf die er Bescheid gab wie ein Mensch, der nichts zu verbergen noch zu erfinden braucht –, legen sie ihm auch die Stücke jenes Papiers vor, welches er während der Hausdurchsuchung zerrissen hatte. „Ich erkenne darin", sagte er, „jenes beschriebene Blatt wieder, das ich unachtsamerweise zerriss, und es können wohl die Stücke wieder zusammengesetzt werden, um den Inhalt kennenzulernen, und ich erinnere mich auch, von wem ich dasselbe erhielt."

Sie gingen nun zu der weiteren Frage über: „Wie es denn gekommen sei, dass der Kommissär Guglielmo Piazza, mit dem er doch seiner letzten Aussage nach nicht auf so ganz verrautem Fuße stand, so frei und offen von ihm das Döschen mit dem Medikament verlangte, und dass er, Mora, mit solcher Rückhaltlosigkeit und Bereitwilligkeit sich erbot, es ihm auszuhändigen, ja ihn sogar danach aufforderte, es abzuholen, wie er in seinem früheren Verhör ausgesagt hat?"

Diese Frage bahnt den Weg zu der strengen Maßregel, für welche sie die Wahrscheinlichkeit der Tat brauchten. Als Piazza das erste mal ausgesagt hatte, er kenne den Barbier, wie man jemandem „Guten Tag" und „Glückliches Neujahr" wünsche, und dieser habe ihm mit so großer Rückhaltlosigkeit und Bereitwilligkeit ein Döschen angeboten, mit Hilfe dessen er ein allgemeines Sterben veranlassen könne, da fanden sie alles ganz natürlich, erst dann wurden sie schwierig, als kein Gift, sondern ein Heilmittel darin gewesen sein sollte. Und doch war es in der Natur der Sache begründet, dass sie weniger schwierig sein mussten, wo die Teilnahme an einer leichten Kontravention (der unbefugten Arzneizubereitung), eine an sich nicht im mindesten ehrenrührige Sache, in Frage kam, und sie nicht ohne Not an einen ebenso verderblichen wie fluchwürdigen Versuch denken durften. Es ist dies eine Bemerkung, die nicht erst im letzten und vorletzten Jahrhundert gemacht worden ist; denn nicht der Geist des siebzehnten Jahrhunderts, sondern die Leidenschaft des Menschen spricht sich in diesem Verfahren aus. Mora antwortete: „Ich tat es aus Interesse."

Sie fragten ihn darauf, ob er diejenigen kenne, welche Piazza benannt habe. Er antwortete, dass er sie zwar kenne, aber nicht ihr Freund sei; denn es gebe Leute, „die man im Guten und im Bösen gehen lassen müsse". Sie fragten ihn, ob er wisse, wer die Mauerbeschmierungen in der ganzen Stadt vollführt habe, er antwortete: Nein. Ob er wisse, von wem der Kommissär die Salbe erhalten habe, um damit die Mauern zu bestreichen. Er antwortete wieder: Nein.

Sie fragten ihn schließlich, ob er wisse, dass jemand, unter Geldversprechungen, den Kommissär veranlasst habe, die Mauern in der Via della Vetra de' Cittadini zu bestreichen und ob er ihm zu diesem Zwecke ein gläsernes Döschen mit dieser Salbe gegeben habe? Er antwortet, den Kopf senkend und mit verfallener Stimme *(caput flectens et submissa voce)*: „Ich weiß nichts davon".

Vielleicht dämmerte es ihm erst damals auf, was für ein unerwartetes und fürchterliches Ziel am Ende dieses ganzen Fragenlabyrinthes ihn erwartete. Und er wusste, in welcher Fassung die ganze letzte Frage an ihn gerichtet wurde, da die Richter selbst noch nicht bestimmt wissen konnten, was sie mit ihrer Entdeckung zu machen hätten, und je sicherer sie eine verneinende Antwort voraussahen, desto mehr sich das Ansehen geben mussten, als hätten sie volle Gewissheit. Was dabei in ihrem Äußeren sich aussprach, davon steht natürlich nichts im Protokoll. Endlich rückten sie mit der direkten Frage heraus: „ob er den Guglielmo Piazza, Sanitätskommissär, veranlasst habe, die Mauern in der Gegend der Via della Vetra de' Cittadini zu bestreichen, und ob er ihm zu diesem Zweck ein gläsernes Döschen mit der anzuwendenden Salbe gegeben habe, unter dem Versprechen, ihm auch noch eine Summe Geldes zu geben?"

Mehr schreiend als sprechend antwortete er: „Herr, nein. Helf mir Gott. Nein, nein in Ewigkeit, ich solche Dinge tun!" Es sind dies Worte, die ebenso ein Schuldiger als ein Unschuldiger ausrufen kann, aber nicht in derselben Weise.

Es wurde ihm vorgehalten, „was er denn dazu sagen würde, wenn der Sanitätskommissär Guglielmo Piazza ihm diese Wahrheit ins Gesicht behauptete"?

Schon wieder „diese Wahrheit!" Sie kannten die Sache ausschließlich nach der Aussage eines vorgeblichen Mitschuldigen. Und diesem hatten sie am selben Tage, als er sie erstattete, gesagt, sie habe viel Unwahrscheinliches. Er selbst konnte auch nicht einen Schatten von Wahrscheinlichkeit hinzufügen, sollte sich kein Widerspruch ergeben. Und zu Mora sagten sie frei heraus: „diese Wahrheit!" War dies, frage ich noch einmal, die Rohheit der Zeiten? War dies die Barbarei der Gesetze? War dies Unwissenheit? War dies Aberglaube? Oder war dies einer der Fälle, wo die Ungerechtigkeit sich selbst Lügen straft?

Mora antwortete: „Wenn er mir dies ins Gesicht sagt, so werde ich ihm sagen, dass er ein Schurke ist und nichts zu sagen hat, weil er mit mir nie über so etwas gesprochen hat, und Gott soll mich davor behüten!"

Man lässt Piazza kommen und in Gegenwart von Mora wird er gefragt, rasch nacheinander, ob dieses und dieses und dieses wahr sei, alles das, was er ausgesagt habe. Er antwortet: „Ja, Herr, das ist wahr!" Der arme Mora schreit: „Ach Gott, Erbarmen! Niemals wird man dies befinden!"

Der Kommissär: „Ich bin imstande, gegen Euch dies zu behaupten."

Mora: „Man wird es nie beweisen; Ihr könnt nie beweisen, dass Ihr in meinem Hause wart."

Danach wurden sie, jeder nach seiner Zelle, abgeführt.

Der *Capitano di Giustizia* gibt in dem schon öfter zitierten Bericht an den Gouverneur Rechenschaft über diese Konfrontation in folgenden Worten: „Piazza hat standhaft ihm ins Gesicht behauptet, es sei wahr, dass er von ihm die Salbe erhalten, auch die Umstände des Orts und der Zeit angegeben." Hiernach musste Spinola allerdings glauben, dass Piazza über diese Umstände vollständige Auskunft erteilt, im Widerspruch mit Mora verharrt habe; doch reduziert sich diese ganze standhafte Behauptung in Wirklichkeit auf: „Ja, Herr, es ist wahr." Das Schreiben endigt mit den Worten: „Man gab sich ferner weiter Mühe, die anderen Mitschuldigen oder Rädelsführer zu entdecken. Inzwischen habe ich das Vorgefallene Eurer Exzellenz melden wollen, welcher ich untertänigst die Hand küsse und einen glücklichen Ausgang ihrer Unternehmung wünsche." Wahrscheinlich wurden noch andere Berichte gefertigt, welche aber verlorengegangen sind. Was die Unternehmung anbetrifft, so blieben die für sie ausgesprochenen Wünsche erfolglos. Spinola erhielt keine Verstärkung und verzweifelte, Casale einzunehmen; auch aus Verdruss erkrankte er gegen Anfang September und starb am 25., er, der zuletzt noch seinen berühmten Beinamen *Der Städtebezwinger*, den er in Flandern gewonnen hatte, verlor und auf dem Sterbebette (auf Spanisch) sprach: „Sie haben mir die Ehre genommen." Noch Übleres taten sie ihm an, als sie ihn auf einen Posten stellten, auf dem so vielfache Sorgen lasteten; denn nur eine einzige von allen lag ihm, wie es scheint, am Herzen, und nur um dieser einen willen hatten sie ihm wohl auch diesen Posten gegeben.

Den Tag nach der Gegenüberstellung verlangte der Kommissär verhört zu werden. Er wurde vorgeführt und sagte aus: „Der Barbier hat behauptet, dass ich nie in seinem Hause gewesen sei; befrage darüber Eure Exzellenz den Herrn Baldassare Litta, welcher in Antianos Hause wohnt, in der Straße di S. Bernardino, und Stefano Buzzio, welcher den Tüncher macht und an dem Pförtchen gegenüber von S. Agostino, nahe an S. Ambrogio wohnt, beide wissen, dass ich im Hause und im Laden des Barbiers gewesen bin."

Gab er aus eigenem Antriebe diese Erklärung? Oder wurde sie ihm von den Richtern an die Hand gegeben? Das erstere wäre befremdend; für die letztere Annahme spricht ein sehr starkes Motiv. Man bedurfte nämlich eines Vorwandes, um Mora auf die Folter zu bringen. Und unter den Umständen, welche nach der Meinung vieler Rechtslehrer die an sich gewichtlose Aussage eines Mitschuldigen gegen den anderen zu einem so starken Verdachtsgrunde erhob, dass gegen diesen auf die Folter erkannt werden konnte, wurde eine zwischen den beiden fraglichen Individuen bestehende Freundschaft aufgeführt. „Es wurde jedoch hierunter nicht gerade jedweder freundschaftliche Verkehr, jegliche Bekanntschaft verstanden, denn dann", sagt Farinacius, „würde jede Angabe eines Komplizen ein Indiz abgeben, da es nur allzu leicht ist, dass der Angeber den Angegebenen irgendwie kennt; wohl aber entscheidet hier ein vertraulicher und seit längerer Zeit bestehender Verkehr, und zwar deshalb, weil daraus hervorgehen kann, dass die fraglichen Individuen sich miteinander über ein Verbrechen verabreden konnten."[8] Deswegen hatten sie von Anfang an den Kommissär gefragt: „Ob der Barbier ein Freund von ihm sei?" Nun erinnert der Leser sich der Antwort, die sie erhielten. „Freund ja, vom Sehen und Grüßen." Die Drohung, welche ihm hernach gemacht wurde, hatte nichts weiter zuwege gebracht; und dasjenige, was ihnen als Mittel zum Zweck hatte dienen sollen, war ein Hindernis für sie geworden. Es war und konnte dasselbe zwar niemals ein gesetzliches Mittel werden, und die innigste und offenbarste Freundschaft konnte einer Aussage, welche unwiderruflich durch das Versprechen der Straflosigkeit null und nichtig gemacht worden war, kein Gewicht geben. Aber lassen wir diese Schwierigkeit, wie so viele andere, welche sich tatsächlich aus dem Prozesse ergeben, dahingestellt, sie hatten sie selbst mit ihren Fragen hervorgebracht, und man musste nun daran denken, sie zu beheben. In den Akten sind Aussagen von Gefängniswärtern, Sbirren und wegen anderer Verbrechen verhafteteten Individuen niedergelegt, welche absichtlich mit unseren Angeklagten zusammengesperrt worden waren, um aus ihnen etwas herauszubringen. Es ist daher wahrscheinlich, dass sie auf diesem Wege dem Kommissär sagen ließen, dass seine Freisprechung von dem Beweise abhänge, welchen er für seine Freundschaft mit Mora beibringen würde, und dass der Unglückliche dadurch erst darauf gebracht wurde, etwas aus der Luft zu greifen, etwas, woran er von selbst gar nicht gedacht haben würde, auszusagen. Denn inwiefern er sich auf das Zeugnis der zwei von ihm Genannten berufen konnte, das ersieht man aus ihren Aussagen. Baldassare Litta antwortete auf die Frage, ob er je Piazza im Hause und in der Bude des Mora gesehen, „Herr, nein". Stefano Buzzi, befragt, ob er wisse, dass zwischen Piazza und dem Barbier eine Freundschaft stattgefunden, antwortet: „Es kann sein, dass sie Freunde sind und dass sie sich grüßen, doch wüsste ich nichts darüber zu sagen, Herr." Von neuem befragt, ob er wisse, „dass Piazza je im Hause und im Laden des Barbiers gewesen sei", antwortet er: „Ich wüsste dies Euch nicht zu sagen, Herr."

Sie wollten dann einen anderen Zeugen hören, um den von Piazza in seinem Verhör beteuerten Umstand zu bewahrheiten. Es war nämlich ein gewisser Matteo Volpi gegenwärtig, als der Barbier ihm sagte: „Ich habe Euch etwas zu geben, ich weiß nicht recht was." Dieser Volpi, darüber befragt, antwortet nicht allein, dass er davon nichts wisse, sondern bemerkt noch auf den ihm gemachten Vorhalt hin entschlos-

---

8   Quest. XLIII, 172 ff.

sen: „Ich werde es beschwören, dass ich die beiden nie miteinander sprechen gesehen habe."

Am folgenden Tag, den 30. Juni, wurde Mora einem neuen Verhör unterworfen; aber wie sie dasselbe begonnen, würde gewiss niemand so leicht erraten.

„Beschuldigter möge sagen, warum er, in dem zweiten Verhör, nachdem er mit dem Sanitätskommissär Piazza konfrontiert worden, beinahe geleugnet habe, dass ihm derselbe in irgendeiner Weise bekannt sei, indem er behauptet, dass er nie in seinem Hause gewesen, während ihm doch von diesem das Gegenteil ins Gesicht gesagt und im ersten Verhör behauptet worden, er kenne ihn genau; was andere ebenfalls zu den Akten ausgesagt hätten und namentlich daraus hervorgehe, dass er seinem Geständnis im ersten Verhör zufolge mit aller Bereitwilligkeit ihm eine Dose mit Salbe gefertigt und angeboten habe."

Darauf antwortet er: „Es ist wahr, dass der Kommissär öfter an meinem Laden vorüberging, aber mit meinem Hause und mit mir hatte er keinen Verkehr."

Sie halten ihm vor, „dies stehe nicht nur seiner ersten Aussage, sondern auch der Aussage anderer Zeugen entgegen".

Hier ist jede Bemerkung unnötig.

Sie wagten jedoch nicht, ihn auf die Aussage Piazzas hin auf die Folter zu bringen, aber was taten sie? Sie griffen zum Mittel der Unwahrscheinlichkeiten, und – unglaublich! – eine fanden sie darin, dass er leugnete, mit Piazza in Freundschaft gestanden zu haben, dass dieser in seinem Hause aus und ein gegangen sei, während er doch versicherte, dass er ihm das Medikament versprochen. Der andere Umstand war der, dass er nicht hinreichend Aufschluß über den Grund habe geben können, warum er das beschriebene Blatt in Stücke gerissen. Denn Mora behauptete fortwährend, dass er es aus Unachtsamkeit getan und nicht geglaubt habe, die Justiz würde davon einige Notiz nehmen. Sei es nun, dass der arme Unglückliche fürchtete, sich durch das Geständnis, er habe dadurch den Beweis einer unbefugten Handlung (Bereitung des Schutzmittels) vernichten wollen, oder dass er sich in der Tat von dem, was er in den ersten Augenblicken der Verwirrung und des Schreckens vornahm, nicht Rechenschaft geben konnte – sei dem, wie ihm wolle, die Stücke hatten sie noch, und wenn sie glaubten, dass auf dem Blatte ein Indiz seines Verbrechens sich finde, so konnten sie es zusammensetzen und wie zuvor lesen; Mora selbst hatte ihnen dies an die Hand gegeben. Wer sollte auch glauben, dass sie es nicht schon getan hatten?

Sie schärfen nun Mora, unter Androhung der Folter, ein, er solle über diese zwei Punkte die Wahrheit sagen. Er antwortete: „Ich habe schon ausgesagt, was das Blatt betrifft, und sage der Kommissär, was er will, so sagt er eine unverschämte Lüge; denn ich gab ihm nichts".

Er glaubte (und sollte er es nicht glauben?), dass dies zu allerletzt die Wahrheit sei, welche sie von ihm wollten. Aber nein! Sie sagten ihm, sie wollten, wenn auch über keinen weiteren Umstand, doch darüber die Wahrheit jetzt erfahren, was der Grund gewesen, warum er das Blatt zerrissen und warum er geleugnet habe und noch leugne, dass der Kommissär in seiner Bude war, indem er vorgebe, ihn gar nicht gekannt zu haben.

Ich denke, man wird nicht leicht ein zweites Beispiel einer so frechen Umgehung der gesetzlichen Formen finden. Da der hauptsächliche, vielmehr der einzige Grund der Anklage nicht gewichtig genug war, um darauf die Verhängung der Folter zu gründen, mussten sie auf die Ermittlung einer anderen bedacht sein. Aber der Mantel der Ungerechtigkeit ist knapp und man kann ihn nicht über eine Blöße ziehen, ohne eine andere Stelle zu entblößen. Und so stellte es sich denn heraus, dass sie für ihre Gewalttätigkeit nur zwei höchst schwache Vorwände besaßen, und sie einen davon für einen solchen schon dadurch selbst erklärt hatten, dass sie nicht einmal Einsicht von dem, was das Blatt enthielt, nehmen wollten; der zweite aber vermöge der Zeugnisse, welche ihn zu einem gesetzlich anerkannten Anzeichen stempeln wollten, in seiner ganzen Ungesetzlichkeit und als etwas noch viel Schlimmeres hervortrat.

Aber was will man mehr? Selbst wenn die Zeugen die zweite Aussage Piazzas in bezug auf diesen einzelnen und zufälligen Umstand vollkommen bestätigt hätten, selbst wenn das Versprechen der Straflosigkeit nicht ins Mittel getreten wäre, hätte doch die Aussage des letzteren kein gesetzliches Anzeichen liefern können. „Der Mitschuldige, welcher unbestimmte und sich widersprechende Aussagen macht und deswegen als eidbrüchig gilt, kann nicht gegen die von ihm Angeklagten ein Indiz zur Tortur hergeben, nicht einmal zur Anstellung einer Untersuchung, und diese Lehre kann als die von den Rechtlehren allgemein anerkannte gelten."[9]

Mora wurde auf die Folter gebracht!

Der Unglückliche hatte nicht die Stärke seines Anklägers. Einige Zeit hindurch erpresste ihm jedoch der Schmerz nichts als jammervolle Ausrufe und Beteuerungen, die Wahrheit gesagt zu haben. „O mein Gott, ich kenne den Mann nicht und hatte nie Umgang mit ihm, und deswegen kann ich nicht sagen [...] und deswegen lügt er, dass er in meinem Hause aus und ein gegangen und dass er bei mir im Laden gewesen. Ich werde gemordet! Erbarmen, mein Herr, Erbarmen! Ich habe das Blatt zer-

---

9   Farin., Queast. XLIII, 185 f.

rissen, weil ich glaubte, es sei das Rezept meines Medikaments [...], denn ich wollte den Gewinn allein."

„Dies ist kein befriedigender Grund", sagten sie ihm. Er flehte, losgelassen zu werden, er würde die Wahrheit aussagen. Er wurde losgelassen und sagte: „Die Wahrheit ist, dass der Kommissär keinen Umgang mit mir hatte." Die Folter wurde von neuem und verstärkt begonnen. Auf die deutlich erklärten Fragen der Untersuchungsrichter antwortete er: „Sehet Herr, ich will alles sagen, was ihr wollt, dass ich sage", die Antwort des Philotas, den man auf Befehl Alexanders foltern ließ, welcher hinter einer Tapete zuhörte[10]: „Sage mir, was du willst, dass ich sage!"[11] Eine Antwort Gott weiß wie vieler Unglücklicher!

Endlich, nachdem die Qual mächtiger geworden war als der Abscheu vor dem Gedanken einer Selbstanklage, mächtiger als die Furcht vor der Strafe, rief er: „Ich habe dem Kommissär ein Döschen Kot gegeben, damit er die Mauern bestreiche. Lasst mich jetzt los, Herr. Ich will die Wahrheit sagen."

So war es ihnen gelungen, von Mora die Bestätigung des ihm von dem Sbirren beigemessenen Verdachtes zu erlangen, wie man von Piazza die Einbildungen eines schlechten Weibes hatte bestätigen hören, aber in diesem zweiten Falle durch eine ungesetzliche Tortur, wie im ersten durch ein ungesetzliches Versprechen der Straflosigkeit. Die Waffen waren aus dem Zeughause der Jurisprudenz genommen; aber die Hiebe wurden willkürlich und meuchlings geführt. Während sie sahen, dass der Schmerz die gewünschte Wirkung hervorbringe, erhörten sie nicht das Flehen des Unglücklichen, ihm denselben sogleich zu ersparen. Sie schärften ihm ein, „dass er zu gestehen anfangen sollte".

Er sagte: „Es war Menschenkot, Lauge (hier zeigte sich die Wirkung der Untersuchung über die Substanz im Kessel, die mit so großem Aufheben begonnen und mit so vieler Perfidie abgeschnitten worden war), er bat mich darum, der Kommissär, um die Häuser damit zu beschmieren, auch war von dem Stoff dabei, welcher aus dem Mund der Toten läuft, die auf den Totenwagen liegen." Und doch war dies nicht seine Erfindung. In einem späteren Verhör befragt, wo er solche Mixturen gelernt, antwortete er: „In der Barbierstube erzählte man, dass man jede Materie anwende, welche aus dem Mund des Toten läuft, und ich dachte, noch Speichel und Menschenkot hinzuzufügen". Er hätte auch antworten können: von meinen Meuchelmördern habe ich das gelernt, von Euch da und den Leuten.

Aber hier begegnet uns noch ein anderer befremdlicher Umstand. Als er solche Geständnisse, die sie ihm nicht besonders abverlangt hatten, ablegte, verbaten sie sich

---

10   Plutarch, Alexander.
11   Q. Curtii, VI, 11.

auch dann und wann eine Antwort mit den Worten, „man verlange nicht diesen einzelnen Umstand zu wissen, da man ihn darüber nicht befrage". Der Schmerz folterte ihm die Lüge aus dem Mund, darum wollte man auch wahrscheinlich, dass die Lüge nicht weiter als die Frage gehe. Er konnte sagen, dass er der vertrauteste Freund des Kommissärs sei, er konnte einen Grund mehr für seine Schuld, einen Grund für die Verschärfung der Strafe erfinden und mit ihm erklären wollen, warum er das Blatt zerrissen. Aber warum noch weiter gehen als sie ihn trieben? Gaben sie ihm vielleicht während der Folter noch andere Mittel an die Hand, um mit ihm fertigzuwerden? Stellten sie noch andere Fragen, als die in den Akten aufgeführten? Wäre dem so, so könnten wir dadurch zu der Behauptung verführt werden, dass sie den Gouverneur mit dem Vorgeben, Piazza sei über sein Verbrechen befragt worden, hintergingen. Wenn wir nicht schon früher den Verdacht aussprachen, dass nicht sowohl im Bericht als vielmehr im Verfahren, worüber der Bericht erstattet wurde, das Lügenhafte stecke, so geschah dies, weil uns damals zu dieser Behauptung noch nicht die Tatsachen berechtigen. Jetzt liegt die Schwierigkeit darin, dass wir etwas ganz Außerordentliches annehmen und zu bereits klar erwiesenen Unmenschlichkeiten eine neue, wahrscheinliche, hinzufügen müssen. Entweder hat Mora freiwillig, ohne besondere äußere Veranlassung, sich des furchtbaren Verbrechens angeklagt, eines Verbrechens, das er nie begangen hatte und das ihm einen qualvollen Tod bringen musste, oder die Richter mussten sich selbst sagen, dass kein hinreichender Grund zur Folter vorliege und mit Hilfe dessen auf das Geständnis hingearbeitet werden könne, wollten aber aufgrund eines anderen Vorwandes zu dieser schreiten und ihm dadurch ein entsprechendes Geständnis abpressen. Der Leser kann zwischen beiden Annahmen wählen. Das von den Richtern nach der Folter angestellte Verhör war, wie das mit dem Kommissär nach Erteilung des Versprechens der Straflosigkeit abgehaltene, ein Gemisch, oder besser ein steter Gegensatz von Unsinn und Schlauheit, eine Häufung grundloser Fragen und ein Unterlassen von Nachforschungen, die schon durch die Natur der Sache geboten waren, noch kategorischer aber von der Jurisprudenz erfordert wurden.

Weil der Grundsatz gilt, dass keiner ein Verbrechen ohne Grund begeht, weil es Tatsache ist, dass viele, denen der innere Halt fehlte, Verbrechen eingestanden haben, woran sie nach der Verurteilung, im Augenblick der Strafvollstreckung, jede Beteiligung ableugneten, und deren Unschuld erst, als es zu spät war, erwiesen wurde, stellte die Rechtswissenschaft als einen ihrer obersten Grundsätze auf, dass nur dann das Geständnis Gültigkeit haben könne, wenn es auch die Veranlassung zum Verbrechen enthielt, und diese Veranlassung wahrscheinlich, vollwichtig und im richtigen Verhältnis zum Verbrechen selbst war[12]. Nun musste der unglückliche Mora zur Bestätigung der Lügen, die ihn einer fürchterlichen Strafe entgegenführen

---

12   Farin., Quaest. L, 31. LXXXI. 40, LII, 150, 152.

sollten, neue Geschichten erfinden, und gab im Verhör an, „er habe den Geifer der an der Pest Gestorbenen vom Kommissär erhalten. Dieser habe ihn zum Verbrechen aufgefordert, und der Grund, warum er dieser Aufforderung gefolgt sei, sei gewesen, dass, wenn viele Personen dadurch erkrankten, sie alle beide dabei gewinnen müssten, der eine in seiner Eigenschaft als Gesundheitskommissär, der andere durch den Verkauf des Medikaments." Wir möchten den Leser nicht fragen, ob die Größe dieses den Gesetzen der Natur nach an sich schon unmöglichen Gewinnes zu der Verworfenheit und den Gefahren eines solchen Verbrechens in irgendeinem Verhältnis gestanden habe? Und wollte man auch annehmen, dass die Richter aus dem siebzehnten Jahrhundert fähig gewesen seien, ein richtiges Verhältnis zwischen beiden zu gestatten, so werden wir bei einem anderen Verhör gerade die entgegengesetzte Überzeugung bei ihnen finden.

Aber da war noch mehr! Gegen das von Mora angegebene Motiv spricht eine noch viel speziellere, materiellere, wenn nicht stärkere Schwierigkeit. Der Leser erinnert sich, dass der Kommissär bei seiner Selbstanklage als eine Veranlassung zu einem Verbrechen die Worte des Barbiers anführte: *„Beschmiert nur [...] und hernach kommt zu mir, ihr sollt dann eine Hand"*, und, wie er im späteren Verhör aussagte, *„eine große Menge Geld von mir bekommen."*

Siehe da, also zwei Gründe für ein Verbrechen! Nicht allein zwei verschiedene, sondern entgegengesetzte und unvereinbare Gründe. Derselbe, welcher nach einem Geständnisse Geld reichlich anbietet, um einen Mitschuldigen zu haben, ist nach dem anderen Geständnis aus Hoffnung eines elenden Gewinns willig. Vergessen wir, was bisher vorgefallen, wie diese Gründe zum Vorschein kamen, mit welchen Mitteln diese Geständnisse erzwungen wurden. Fassen wir nur die Sache, wie sie vorliegt, ins Auge. Was hätten an dieser Stelle Richter getan, deren Gewissen noch nicht von der Leidenschaft verwirrt, verfinstert und betört waren? Sie mussten erschrecken, so weit gegangen zu sein, wenn es auch ohne ihre Schuld geschehen war. Sie mussten darin, dass sie wenigstens nicht schon zum Äußersten gegriffen hatten, dass der Schaden noch nicht unheilbar war, einen Trost finden. Sie mussten stehenbleiben, als ihnen ein glücklicher Fehltritt den Abgrund aufdeckte, vor dem sie standen, anklammern mussten sie sich an diese Schwierigkeit, wollten sie diesen Knoten lösen. Alle Kunst, alle Beharrlichkeit mussten sie anwenden, mit der besonnensten Berechnung Frage auf Frage stellen. Zu Konfrontationen ihre Zuflucht nehmen. Keinen Schritt weiter vorwärts tun, bevor nicht klar dargetan war, welcher von beiden, oder gar alle beide gelogen hatten. (Und war das vielleicht eine schwierige Aufgabe?) Was taten dagegen unsere Untersuchungsrichter? Sobald sie die Worte von Mora, *„denn Piazza würde viel gewonnen haben, wenn viele Personen erkrankt wären, und ich hätte viel mit meinem Medikament gewonnen"*, hatten, gingen sie zu etwas anderem über.

Nach dieser Darstellung mag es genügen, wenn wir nicht schon zu weitläufig wurden, die übrige Geschichte des Angeklagten rasch und in Ausschnitten zu behandeln.

Befragt, ob noch andere Mitschuldige in dieser Sache beteiligt seien, antwortete er: „Piazza wird allerdings noch seine Genossen haben, wer diese aber sind, weiß ich nicht." Man wandte ihm ein, „es sei nicht wahrscheinlich, dass er sie nicht kenne". Beim Klang dieser Worte, des fürchterlichen Vorläufers der Folter, behauptete der Unglückliche schnell in der positivsten Weise, *„es sind die Scherenschleifer und Baruello"*, Leute, welche ihm im vorhergehenden Verhör genannt und auf diese Weise bekannt geworden waren.

Er sagte ferner aus, er habe das Gift im Öfchen versteckt, wo sie auch sich eingebildet hatten, dass es gewesen sein könnte. Er sagte aus, wie er es zusammensetzte und schloss: „Ich warf den Rest auf die Straße." Wir können nicht umhin, hier Pietro Verris Randbemerkung wiederzugeben: „Und er hätte nach der Verhaftung von Piazza nicht auch den letzten Rest auf die Gasse geworfen?"

Er antwortete, wie es der Fall gerade mit sich brachte, auf die ihm über Örtlichkeiten, Zeit und andere bei der Handlung vorkommende Umstände vorgelegten Fragen, als ob es sich um eine klare und im wesentlichen schon bewiesene Tatsache handele und nur noch die Angabe einiger spezieller Nebenumstände fehle. Das Ende davon war, dass er von neuem auf die Folter gebracht wurde, damit seine Aussage Gewicht gegen die übrigen Angeschuldigten und insbesondere gegen den Kommissär erhalte. Und diesen hatten sie gefoltert, um einer anderen, der gegenwärtigen in wesentlichen Punkten gerade entgegengesetzten Aussage Gewicht zu geben. Hier können wir weder Gesetzesstellen noch juristische Autoritäten anführen; denn die Jurisprudenz hatte einen derartigen Fall nicht vorausgesehen.

Das auf der Folter gemachte Geständnis galt nicht, wenn es nicht, ohne vorausgegangene Anwendung der Folter, in einem anderen Raum, als wo diese sich befand, überhaupt, ohne dass man die Marterinstrumente vor Augen hatte und an einem anderen Tag, als an dem die Folter stattgefunden, wiederholt wurde. Es waren dies Kunstgriffe der Wissenschaft, wodurch womöglich ein erzwungenes Geständnis zu einem freiwilligen gemacht und zugleich des gesunden Menschenverstands, welcher dem vom Schmerz ausgepressten Geständnis bestimmt den Glauben verweigern musste, so wie dem die Folter heiligenden römischen Recht Genüge getan werden sollte. Ja, selbst den Grund dieser Vorsichtsmaßregeln entnahmen die Ausleger demselben Recht, nämlich den befremdlichen Worten desselben: „Die Folter ist ein unzuverlässiges, gefährliches, die Wahrheit täuschendes Ding. Die meisten setzen sich entweder aus Geduld oder dank ihrer körperlichen Kraft so über die Folter hinweg, dass die Wahrheit auf keine Weise aus ihnen herausgebracht werden kann. Andere dagegen können so wenig vertragen, dass sie viel lieber lügen, als die Folter erdulden zu wollen."[13] Das sind befremdliche Worte in einem Gesetz, welches die Folter noch aufrechterhält. Um aber zu begreifen, wie man keine andere Folgerung als die Meinung, dass man der Folter nicht immer trauen dürfe, daraus zog, muss man bedenken, dass dieses Gesetz ursprünglich sich nur auf die Sklaven bezog, diese bei der niedrigen Bildungsstufe und den verkehrten Ansichten der heidnischen Völker nur als Sachen, nicht als Personen betrachtet werden konnten, und die allgemeine Ansicht herrschte, man könne sich gegen sie jede Handlung, also auch die Folter, zum Zweck der Entdeckung von Verbrechen anderer erlauben. Neue Bedürfnisse, neue Gesetzgeber dehnten ihre Anwendung auch auf freie Personen aus, und die Macht der Autorität ließ sie so viele Jahrhunderte das Heidentum überleben – ein nicht seltenes aber bemerkenswertes Beispiel, wie weit ein Gesetz, wenn es sich einmal Bahn gebrochen hat, über ein Prinzip hinaus sich erstrecken und ohne dasselbe fortexistieren kann.

Um also dieser Form zu genügen, riefen sie Mora am folgenden Tag in ein neues Verhör. Auch hier mussten sie ihm, wie immer, Fallen legen, die Antworten in den Mund legen und Suggestivfragen stellen. Dem Gesetz nach mussten sie ihn fragen, ob er bereit sei, sein Geständnis zu bestätigen. Statt dessen lautete die Frage, „ob er seinem Verhör und Geständnis, das er gestern, nachdem er von der Folter abgenommen, gemacht, etwas hinzuzufügen habe"? Für sie war kein Zweifel mehr vorhanden; die Rechtswissenschaft wollte, dass das auf der Folter abgelegte Geständnis noch einmal einer Prüfung unterworfen werde, sie hingegen nahmen dasselbe als unumstößlich an und verlangten bloß, dass es noch weiter ausgedehnt werde.

Aber in den verflossenen Stunden (dürfen wir sagen, der Ruhe?) hatte das Gefühl der Unschuld, der Schrecken vor der Strafe, der Gedanke an Frau und Kinder, dem armen Mora vielleicht die Hoffnung gegeben, er werde mit größerer Stärke eine Wiederholung der Martern ertragen. „Nein, Herr", lautete seine Antwort, *„ich habe nichts hinzuzufügen, eher davon wegzunehmen."* Sie mussten ihn nun fragen, was er hinwegzunehmen habe, worauf er offener und wie von frischem Mut beseelt antwortete: *„Solche Salbe, von der ich gesprochen, habe ich niemals gemacht, und was ich gesagt, habe ich der Folter wegen gesagt."* Sofort bedrohten sie ihn mit einer neuen Folterung und noch dazu, die übrigen gewaltsamen Gesetzverletzungen gar nicht zu erwähnen, ohne dass sie die Widersprüche zwischen seiner und des Kommissärs Aussagen an das Licht zogen, ohne dass sie sich selbst sagen konnten, ob diese neue Folter infolge seiner oder eines anderen Aussage verhängt werde, ob sie ihn nur wegen Mitschuld oder wegen Anstiftung des Verbrechens treffe, ob er Verführer oder Verführter sei, ob wegen eines Verbrechens, wofür er reichlichen Lohn gezahlt oder von dem er einen armseligen Gewinn erhofft hatte.

---

13   Dig. lib. XLVIII, tit. XVIII, I. I, 23.

Bei dieser Drohung antwortete er noch, „und was ich gesagt, habe ich der Folter wegen gesagt." Dann fuhr er fort: „Lassen mich Euer Wohlgeboren ein Ave Maria beten, und dann will ich tun, was der Herr mir eingibt." Darauf warf er sich vor dem Bild des Gekreuzigten, dessen, der eines Tages über seine Richter zu Gericht sitzen würde, auf die Knie nieder. Nach einem Augenblick stand er wieder auf und, nachdem man in ihn gedrungen, seine Aussage zu bestätigen, sagte er: „Auf mein Gewissen, es ist nichts davon wahr." Sofort wurde der Unglückliche in die Folterkammer abgeführt und mit der grausamen Schärfung des Seils gerenkt. Da rief er dann: „Herr, foltert mich nicht weiter, die Wahrheit dessen, was ich bekundet habe, will ich bestätigen." Losgebunden und in das Verhörzimmer gebracht, sagte er wiederum: „Nichts daran ist wahr." Von hier kam er von neuem auf die Folter und sagte wieder aus, was sie wollten, und als ihm der Schmerz auch noch den letzten Rest von Mut genommen, bestätigte er das, was er gesagt und erklärte sich bereit, sein Geständnis zu wiederholen, doch verbat er sich das Vorlesen desselben. Hierein willigten sie jedoch nicht; denn gewissenhaft wollten sie eine bei der damaligen Sachlage ganz überflüssige Formalität beachten, während sie viel wichtigere und positivere Vorschriften verletzten. Nachdem man ihm das Verhör vorgelesen hatte, sagte er: „Es ist alles Wahrheit."

Nach alledem blieben sie fest bei ihrer einmal angenommenen Methode und gingen nicht einen Schritt weiter vorwärts, suchten keine einzige Schwierigkeit zu beheben, bevor sie nicht die Folter in Anwendung gebracht hatten, und doch verbietet ein solches Verfahren das Gesetz ausdrücklich, gerade so ein Verfahren war es, was Kaiser Diokletian (284–305) und sein Mitregent Maximian (gest. 310)[14] hatten verhüten wollen. Endlich dachten sie noch an die Frage, „ob er nicht eine andere Absicht gehabt habe, als durch den Verkauf seines Elixiers Geld zu verdienen", worauf er antwortete: „Was weiß ich, was mich anbetrifft, so hatte ich keine andere Absicht."

„Was weiß ich!" Wer außer ihm konnte wissen, was in seinem Inneren vorgegangen war? Und doch waren diese so befremdlichen Worte den Umständen angepasst. Der Unglückliche konnte keine anderen finden, welche besser bezeichnet hätten, bis zu welchem Grade er sozusagen sich selbst aufgegeben hatte und wie er alles eingestehen oder leugnen oder wissen wollte, was die, welche über die Folter verfügten, von ihm eingestanden, geleugnet oder gewusst haben wollten.

Sie fuhren fort und fragten ihn: „Es hat viel Unwahrscheinlichkeit an sich, dass, bloß damit der Kommissär viel zu tun und er sein Elixier zu verkaufen gehabt habe, sie beide mittels Mauerbeschmierungen Verderben und Tod im Volk verbreiteten. Er solle daher sagen, zu welchem Zweck und in welcher Absicht sie beide bewogen

---

14 Siehe oben, Kap. II.

worden seien, so zu handeln, da doch der abfallende Gewinn sonst ein zu geringer sei."

Kommt jetzt jene Unwahrscheinlichkeit zutage? Sie hatten ihm also gedroht und ihn zum wiederholten Male foltern lassen, um ein an sich unwahrscheinliches Geständnis von ihm bestätigen zu lassen! Die Bemerkung war richtig, aber sie kam zu spät, müssen wir auch hier sagen. Denn bei der Wiederholung derselben Tatsachen müssen sich auch unsere Bemerkungen wiederholen. Sie dachten nicht eher an die in Piazzas Worten liegende Unwahrscheinlichkeit, als sie auf eben diese Worte hin Mora ins Gefängnis abgeführt hatten. Und auch jetzt fiel ihnen das Unwahrscheinliche von Moras Aussage nicht eher auf, als bis sie ihm ein Geständnis erpresst hatten, das in ihrer Hand ein genügender Grund zu seiner Verurteilung werden musste. Wollen wir annehmen, dass ihnen dies in diesem Augenblick wirklich erst in den Sinn kam? Wie sollten wir dann die Handlungsweise erklären und bezeichnen, welche nach einer solchen Bemerkung ein solches Geständnis für gültig erachtete? War vielleicht Moras Antwort bündiger als Piazzas? Sie lautet so: „Wenn der Kommissär es nicht weiß, ich weiß es nicht; und er muss es wissen, und von ihm werdet Ihr, Herr, es auch erfahren, da er der Erfinder ist." Man sieht, dass dieses Zuschieben der Hauptschuld des einen auf den anderen weniger deswegen geschah, um die eigene zu mindern, als sich der Verpflichtung zu entziehen, Dinge aufzuklären, welche nicht aufzuklären waren.

Nach einer ähnlichen Antwort schärften sie ihm ein, *„dass, weil er die bezeichnete Zusammensetzung der Salbe im Einverständnis mit dem Kommissär gemacht habe, er sie diesem hernach auch gegeben habe, um die Mauern der Häuser damit zu bestreichen, auch die Art und Weise, wie solches geschehen, von ihm und dem Kommissär eingestanden worden sei, nicht minder der dabei verfolgte Zweck, ein allgemeines Sterben zu verbreiten, zugegeben worden sei, so habe er, der Angeschuldigte selbst, sich die Strafe des Gesetzes zugezogen, welche es über alle verhänge, die dergleichen Taten verüben oder beabsichtigen".*

Fassen wir zusammen: Die Richter sagen zu Mora: „Wie ist es möglich, dass Ihr Euch entschlossen habt, ein solches Verbrechen zu begehen, um solchen Gewinnes willen?" Mora antwortet: „Der Kommissär muss wissen, was ihn und mich betrifft. Fragt ihn." Er weist sie an einen anderen. Dieser soll ihnen etwas erklären, was in seinem Innern nur vorgehen kann, und dadurch soll ihnen klar werden, was für ein Motiv in ihm seinen Entschluss habe zur Reife bringen können. Wer ist nun der andere? Ein Mann, der ein solches Motiv gar nicht zugegeben hat, sondern das Verbrechen einem ganz anderen Grund zuschreibt. Und die Richter finden, dass die Schwierigkeiten gelöst seien, dass das von Mora eingestandene Verbrechen wahrscheinlich geworden sei, so dass sie ihr Schuldig über ihn sprechen.

Nicht Unwissenheit konnte es sein, die sie in einem solchen Motive Unwahrscheinlichkeit erblicken ließ; aber auch die Jurisprudenz war es nicht, die sie zu einer solchen Anwendung der durch die Jurisprudenz erdachten und vorgeschriebenen Regeln verleitete.

Fünftes Kapitel

Straflosigkeit und Folter hatten zwei Geschichten erzeugt, und obwohl dies solcher Art von Richtern genügte, um zwei Urteile auszusprechen, so wollen wir doch noch zusehen, wie sie nach Kräften und mit Erfolg bestrebt waren, die zwei Geschichten in eine zu verschmelzen. Danach wird es sich zeigen, wie sie zuletzt tatsächlich bewiesen, dass sie selbst auch von dieser überzeugt waren.

Der Senat bestätigte die Entscheidung seiner Bevollmächtigten und dehnte sie noch aus. „In Anbetracht dessen, was aus dem Geständnis von Gian Giacomo Mora hervorging, in Erwägung jedes einzelnen Umstandes im Zusammenhang mit dem Vorausgehenden", während doch für ein einzelnes Verbrechen zwei verschiedene Urheber, zwei verschiedene Veranlassungen, zwei verschiedene Kategorien von Tatsachen hervortraten, verordnete er, „dass Mora noch einmal strengstens verhört würde, jedoch ohne Folter, um zu bewirken, dass er die eingestandenen Tatsachen besser aufkläre und um von ihm die anderen Urheber, Rädelsführer und Mitschuldigen des Verbrechens zu erfahren. Nach dem Verhör soll er für schuldig erklärt werden, aufgrund seines Geständnisses, die tödliche Salbe zusammengerührt und sie Piazza gegeben zu haben." Auch wurde ihm ein Termin von drei Tagen für seine Verteidigung gestellt. Piazza wurde gefragt, ob er zu seinem Geständnis noch etwas hinzuzufügen habe, da man dasselbe unvollständig finde. Und da er nichts mehr hinzuzufügen hatte, wurde er für schuldig erklärt, die bezeichnete Salbe verbreitet zu haben, und ihm eine Frist von drei Tagen für seine Verteidigung gesetzt. Das heißt: Holt noch aus dem einen und dem anderen soviel wie möglich heraus. Auf jeden Fall sind sie für schuldig zu erklären, jeder auf sein Geständnis hin, obwohl die zwei Geständnisse sich widersprechen.

Man begann mit Piazza noch am selben Tag. Er hatte nichts hinzuzufügen. Er wusste, was sie noch wollten, und indem er selbst einen Unschuldigen anklagte, hatte er vielleicht nicht vorausgesehen, dass er damit einen Ankläger herausfordere. Sie fragten ihn, warum er nicht eingestanden, den Speichel der Pestkranken dem Barbier gegeben zu haben, um daraus Salbe zu fertigen. „Ich habe ihm nichts gegeben", antwortete er, als wenn diejenigen, die ihm die Lüge geglaubt hatten, nun ihm auch die Wahrheit glauben müssten. Nach einer Folge von Fragen wandten sie ihm gegenüber ein, *dass ihm, da er nicht die volle Wahrheit ausgesagt, wie versprochen, auch nicht die versprochene Straflosigkeit zuteil werden könne.* Da sagt er plötzlich: *„Herr, es ist wahr, dass der Barbier mich aufforderte, ihm diesen Stoff zu bringen. Und ich brachte ihm denselben, um daraus die Salbe zu machen."* Er hoffte, wenn er alles zugab, seine Straflosigkeit wiederzuerlangen. Sei es, um sein Verdienst zu erhöhen oder um Zeit zu gewinnen, fügte er bei, dass das ihm vom Barbier versprochene Geld von einer „hohen Person" kommen sollte, und dass er dies vom Barbier selbst gehört habe, ohne jedoch von ihm ihren Namen zu erfahren. Er hatte nicht Zeit gehabt, ihn zu erfinden.

Sie befragten Mora am folgenden Tag darüber, und wahrscheinlich hätte ihn der Unglückliche erfunden, wie es in seiner Macht gestanden hätte, wenn er auf die Folter wäre gebracht worden. aber wie wir gesehen haben, hatte der Senat sie für diesmal untersagt, um die neue Bestätigung seines vorhergehenden Eingeständnisses auf weniger gewaltsame Weise herauszubringen. Mora, befragt, ob er der erste gewesen sei, der den Kommissär angegangen, und ob er ihm Geld versprochen, antwortete: „Nein Herr, und woher meinen denn Euer Wohlgeboren, dass ich eine solche Menge Geldes nehmen solle?" Sie konnten sich in der Tat erinnern, welchen Schatz sie bei seiner Verhaftung und der in seinem Haus angestellten Nachsuchung entdeckt hatten: Es hatte sich eine Trinkschale mit zwölf und einem halben Soldo gefunden. Befragt um die hohe Person, antwortete er: „Euer Wohlgeboren will ja nur die Wahrheit, und diese habe ich bereits auf der Folter gesagt und noch weit mehr."

In den zwei Aktenauszügen ist nicht erwähnt, dass er das vorausgehende Geständnis bestätigt habe. Wenn, wie anzunehmen, sie ihn dazu veranlassten, dann waren diese Worte ein Protest, dessen Gewicht er vielleicht selbst nicht kannte, das aber sie kennen mussten. Übrigens stand von Bartolus, ja von der Glosse an bis zu Farinacius als die allgemeine Rechtslehre und als Axiom der Rechtswissenschaft fest und steht noch fest, dass das Geständnis auf der Folter, welche ohne rechtliche Gründe gegeben worden war, null und nichtig blieb, wenn es später auch tausendfach ohne Folter bestätigt worden wäre[1].

Hierauf wurde Mora und Piazza der Prozess, wie man sich damals ausdrückte, eröffnet (d.h. die Akten bekanntgemacht) und zur Verteidigung ein Termin von zwei Tagen gegeben. Man sieht nicht ein, warum um einen Tag weniger, als der Senat ausgesprochen hatte. Dem einen wie dem anderen wurde ein Pflichtverteidiger bestellt. Der dem Mora zugeteilte weigerte sich jedoch, dessen Verteidigung zu übernehmen. Pietro Verri sucht nach einer Vermutung den Grund dieser Weigerung in etwas, was bei dieser Bewandtnis der Umstände nur zu nahe lag. – „Der Fanatismus", sagt er, „[ging] schließlich so weit [...], die Verteidigung des unglücklichen Opfers für eine schlechte und entehrende Handlung zu halten"[2]. Im gedruckten Auszug, welchen Verri nicht gesehen haben kann, ist der wahre Grund aufgeführt, vielleicht ein ebenso befremdlicher und gewissermaßen noch traurigerer. „Denselben Tag, am 2. Juli, sagte der Notar Mauri, welcher dem Mora zur Verteidigung beige-

---

1 Etiam quod millies sponte sit ratificata. Vgl. Farin., Quaest. XXXVII, 110.
2 Osservationi. § IV.

Geschichte der Schandsäule

geben war: Ich kann diesen Auftrag nicht annehmen, weil ich zum einen Kriminalautor bin, welcher keine Verteidigung annehmen darf, und auch weil ich weder Prokurator noch Advokat bin. Ich will wohl hingehen und mit ihm sprechen, um ihm einen Gefallen zu erweisen, aber die Verteidigung selbst werde ich nicht übernehmen." Einem Mann, welcher vor das Blutgericht geführt werden sollte (und was für ein Blutgericht und in welcher Weise), einem Mann ohne Bekanntschaft, ohne Einsicht, und welchem nur mit beidem geholfen werden konnte, gaben sie einen Verteidiger, welchem die nötigen Eigenschaften zur Erledigung eines solchen Auftrags fehlten und dessen Eigenschaften mit diesem Auftrag selbst in Widerspruch standen. Mit solchem Leichtsinn verfuhren sie! Dass Bosheit mit ins Spiel kam, wollen wir nicht einmal annehmen. Der Untergebene musste sie erst zur Beobachtung der bekanntesten und heiligsten Rechtsregeln aufrufen.

Nachdem der Verteidiger Mora gesprochen hatte, sagte er: „Ich bin bei Mora gewesen. Er hat mir frei gestanden, dass er kein Unrecht getan und dass dasjenige, was er ausgesagt, auf Rechnung der Folter zu schreiben sei. Und weil ich ihm frei heraus gesagt habe, dass ich den Auftrag, seine Verteidigung zu übernehmen, weder wahrnehmen wolle noch könne, bat er, dass wenigstens der Herr Präsident geruhen möge, für einen anderen Verteidiger Sorge zu tragen, und dass derselbe nicht zulassen möge, dass er ohne Verteidiger sterbe." Um solche Gunst, mit solchen Worten flehte die Unschuld die Gerechtigkeit an. Sie ernannte ihm in der Tat einen anderen Verteidiger.

Der Piazza zugeteilte Verteidiger erschien und verlangte mündlich, „dass man ihm die Prozessakten seines Klienten vorlege, und sie ihn, nachdem er sie empfangen, lesen lasse". War dies eine Gunst, welche sie der Verteidigung erwiesen? Nicht immer, obwohl der Advokat Padillas, in welchem sich, wie wir bald sehen werden, die aus der Luft gegriffene Abstraktion einer hohen Person konkretisierte, die Prozessakten selbst zu seiner Disposition hatte, so lange, dass er davon jenen großen Teil, welcher dadurch zu unserer Kenntnis gelangte, abschreiben lassen konnte.

Als das Ende der Frist heranrückte, verlangten die beiden Unglücklichen eine Verlängerung derselben. Der Senat verlängerte sie nur um den folgenden Tag. Die Verteidigungsschrift von Padilla wurde in drei Teilen vorgetragen, einer am 24. Juli, dieselbe wurde entgegengenommen unbeschadet des Rechtes, später noch eine weitere Ausführung folgen zu lassen, der andere am 13. April 1632 und der letzte am 10. Mai desselben Jahres. Padilla saß da schon an die zwei Jahre lang. In der Tat eine schmerzliche Langsamkeit für einen Unschuldigen, aber verglichen mit der Eile, in welcher man Piazza und Mora aburteilte, denen nur der Akt ihrer Hinrichtung selbst lange dauern sollte, war solche Langsamkeit eine monströse Parteilichkeit.

Die neue Erfindung von Piazza verschob jedoch die Hinrichtung um einige Tage trügerischer Hoffnungen, aber auch zugleich neuer grausamer Martern und neuer schwerer Anklagen. Der Untersuchungsrichter des Sanitätsrates wurde beauftragt, ganz im geheimen und ohne die Gegenwart eines Notars eine neue Aussage Piazzas entgegenzunehmen. Und diesmal war er es, welcher die Aussprache veranlasste, indem er zu verstehen gab, dass er noch etwas in bezug auf die hohe Person auszusagen habe. Er dachte wahrscheinlich, dass, wenn es ihm gelänge, in dies der Flucht so verschlossene, am Eingang so weite Netz einen großen Fisch zu verwickeln, derselbe, um zu entkommen, einen solchen Riss machen würde, dass auch die kleinen dabei entkommen könnten. Vielerlei Vermutungen waren in bezug auf die unglücklichen Pestbeschmierungen vom 18. Mai durch den Mund des Volkes gegangen. Die Grausamkeit des Gerichtsverfahrens verdankte man größtenteils der Gereiztheit, dem Schrecken und der dadurch hervorgebrachten Überzeugung. Unter anderen hatte man auch von besoldeten Spaniern gesprochen, und dies gab dem unglücklichen Lügner einen Anhaltspunkt, woran er sich anklammern konnte. Der Grund, warum Piazza eher als jeden anderen Padilla angab, lag wohl darin, dass dieser der Sohn des Kastellans war, und daher an diesem einen natürlichen Verteidiger hatte, der den Prozess umstoßen konnte. Vielleicht war Padilla auch der einzige spanische Name, der ihm bekannt war. Kaum hatte er seine Eröffnung gemacht, so sollte er sie als gerichtliche Aussage zu Protokoll geben. In einem anderen Verhör hatte er behauptet, der Barbier habe ihm die hohe Person nicht nennen wollen. Jetzt behauptete er das Gegenteil. Um den Widerspruch einigermaßen zu mildern, fügte er hinzu, dass er sie ihm nur nicht sogleich habe nennen wollen. „Endlich sagte er mir nach vier oder fünf Tagen, dass das hohe Haupt ein gewisser Padiglia sei. Auf seinen Namen kann ich mich nicht mehr besinnen. Gesagt hat er mir aber, und so viel weiß ich gewiss und erinnere mich deutlich, dass er sagte, er sei der Sohn des Schloßhauptmannes im Kastell von Mailand." Geld aber vom Barbier empfangen zu haben, leugnete er nicht nur, sondern wollte auch durchaus nicht wissen, ob dieser welches von Padilla empfangen hatte.

Diese Aussage musste Piazza unterschreiben, und der Untersuchungsrichter des Sanitätsrates wurde sogleich abgeordnet, um sie dem Gouverneur mitzuteilen, wie die Prozessakten berichten. Der Grund dieses Berichts lag wahrscheinlich darin, dass man Padilla den bürgerlichen Gerichten überwiesen haben wollte; denn er war Hauptmann der Kavallerie und stand bei dem Heer vor Montferrat. Der Untersuchungsrichter kehrte zurück, ließ schnell die Aussage Piazzas noch einmal bestätigen und begab sich sofort zum unglücklichen Mora. Der wurde zum Geständnis, ob er dem Kommissär Geld versprochen habe, aufgefordert und dabei auf die hohe Person aufmerksam gemacht, welche ihre Hand mit im Spiel habe, zuletzt ihm auch der Name derselben genannt, worauf er antwortete: „Da wird in Ewigkeit nichts herauskommen, wenn ich etwas davon wüsste, würde ich es sagen, bei meinem Gewissen."

Man schreitet zu einer neuen Konfrontation und fragt Piazza, ob Mora ihm Geld mit dem Hinweis gegeben, „er tue dies alles auf Befehl und im Auftrag Padiglias, des Sohnes des Herrn Kastellans von Mailand". Der Verteidiger Padillas bemerkt mit gutem Recht, dass sie die Konfrontation dazu benutzen, dem Mora alles das erst anzudeuten, was sie von ihm ausgesagt haben wollten. Und dieses oder ein anderes ähnliches Mittel war wohl der einzige Weg, auf dem sie eine Anklage gegen diesen hochgestellten Mann zustande bringen konnten. Die Folter konnte wohl Lügen vorführen, aber gewiss nicht Allwissenheit verleihen.

Piazza bestätigte von neuem, was er bereits ausgesagt hatte. „Und Ihr wollt das behaupten?", schrie Mora. „Ja, das will ich behaupten, dass es die Wahrheit ist", entgegnete der schamlose Unglückliche. „Und ich bin durch Euch in dies Unglück geraten und Ihr wisst wohl, dass Ihr mir dies noch an der Tür Eures Ladens gesagt habt." Mora hatte vielleicht gehofft, dadurch seinem Verteidiger seine Unschuld dargetan zu sehen, und nun musste es ihm deutlich werden, dass neue Folterungen ihm neue Geständnisse entreißen sollten; dennoch hatte er Kraft genug, diesmal die Wahrheit der Lüge entgegenzusetzen. Er sagte nur: „Geduld, Euretwegen werde ich sterben."

Piazza wurde sogleich abgeführt und ihm eingeschärft, „dass er diesmal die Wahrheit sage". Kaum hatte er geantwortet: „Herr, ich habe die Wahrheit gesagt", bedrohten sie ihn mit der Folter, jedoch „unbeschadet dessen, wessen er überführt und geständig". Es war dies eine gewöhnliche Formel. Aber dass man sie in diesem Fall angewandt hat, zeigt, in welchem Grad die Verurteilungswut sie der Besinnung beraubt hatte. Denn notwendig musste das Geständnis, wonach Piazza durch von Padilla erhaltenes Geld zum Verbrechen verleitet worden sein sollte, dem anderen Geständnisse entgegentreten, wonach Piazza durch die Hoffnung auf reichen, aus dem Vertrieb des Schutzmittels zu ziehenden Gewinn zu dem Verbrechen verführt worden sein sollte.

Auf die Folter gebracht gestand Mora schnell, was der Kommissär ausgesagt hatte. Da dies den Richtern aber nicht genug war, so sagte er noch aus, „dass Padilla ihn mit der Anfertigung einer Salbe beauftragt habe und zugleich, dass er damit die Tore bestreiche, dabei sei ihm Geld, soviel er nur wolle, versprochen, auch soviel er begehrte, ausgezahlt worden."

Wir, die wir weder von Furcht vor Pestschmierereien noch von Wut gegen die Pestschmierer besessen sind, auch nicht darauf brennen, unseren Leidenschaften Befriedigung zu verschaffen, wir sehen klar und ohne viel Mühe, wie jenes Geständnis zustande kam und wodurch es zuwege gebracht wurde. Zum Überfluss hat uns aber auch noch der, von dem es ausging, den Schlüssel dazu an die Hand gegeben. Unter den vielen Zeugnissen, welche der Verteidiger Padillas sammeln konnte, befindet sich auch das des Hauptmanns Sebastiano Gorini, der sich damals, man weiß nicht warum, ebenfalls im Gefängnis befand und oft mit einem Diener des Untersuchungsrichters des Sanitätsrats sprach, dem die Bewachung des Unglücklichen aufgetragen war. Es lautet: „Der bezeichnete Diener sagte mir, kaum eine Stunde nach dem Verhör des Barbiers: Der Herr weiß nicht, dass mir der Barbier nur eben erst vertraut, dass er im letzten Verhör den Herrn Don Giovanni, Sohn des Herrn Kastellans, in den Prozess verwickelt? Und ich, wie ich dies hörte, erstaunte und sagte zu ihm: ‚Ist das wahr?' Der Diener entgegnete, dass es wahr sei; aber es sei auch ebenso wahr, dass er behauptet habe, niemals mit einem Spanier gesprochen zu haben, und dass, wenn man ihm den genannten Herrn Giovanni gezeigt hätte, er ihn nicht erkannt hätte. Hier fügte der Diener noch hinzu: Ich sagte ihm, warum er ihn dennoch in den Prozess verwickelt habe. Und da sagte er, er habe es getan, weil er ihn da habe nennen hören und dass er alles aussage, was er höre oder was ihm auf die Lippen komme." Dies Zeugnis hatte, dem Himmel sei Dank, zugunsten Padillas Gewicht. Aber können wir glauben, dass den Richtern, welche dem Diener des so tätigen und inquisitorischen Untersuchungsrichters die Bewachung Moras übertragen hatten, die Worte, welche Mora unmittelbar, nachdem die Folter ein so unwahrscheinliches Geständnis erpresst hatte, hoffnungslos aussprach, Worte, die an sich soviel Wahrscheinliches haben, erst nach so langer Zeit und nur zufällig bei Gelegenheit einer Zeugenaussage hinterbracht worden seien?

Unter so vielem Außerordentlichen fiel es den Richtern doch auch auf, dass ein Mailänder Barbier in einem so nahen Verhältnis zu einem spanischen Ritter gestanden haben sollte. Deshalb fragten sie Mora, wer denn die Mittelsperson gewesen sei, worauf er antwortete: Einer von seinen Leuten, so und so gestaltet und gekleidet. Als er nun bestürmt wurde, ihn zu nennen, sagte er: Don Pietro di Saragossa. Dies war aber ein rein aus der Luft gegriffener Name. Es wurden auch (nach Moras Hinrichtung versteht sich) die ins kleinste gehenden, sorgfältigsten Nachforschungen über ihn angestellt. Es wurden Soldaten und Beamte verhört, selbst der Kommandant des Kastells, Don Francesco de Varga, der Nachfolger von Padillas Vater, wurde vorgeladen. Niemand hatte diesen Namen jemals nennen gehört. Endlich fand sich, im Gefängnis des Podestà, ein Pietro Verdeno, aus Saragossa gebürtig, welcher des Diebstahls angeklagt war. Dieser sagte im Verhör aus, dass er zu jener Zeit in Neapel gewesen sei. Auf die Folter gebracht, bestätigte er seine Aussage, und man sprach nicht mehr von Don Pietro Saragossa.

Immer mit neuen Fragen bestürmt, sagte Mora noch aus, dass er selbst dem Kommissär den Vorschlag gemacht habe, dieser auch schließlich Geld empfangen habe, von wem aber wisse er nicht. Er wusste es gewiss nicht; aber die Richter wollten es wissen. Sobald der Unglückliche auf die Folter kam, nannte er nur zu leicht eine wirkliche Person, einen Bankier Giulio Sanguinetti, der erste beste, der dem Menschen auf der Folter einfiel[3].

Piazza, der immer behauptet hatte, kein Geld erhalten zu haben, sagte in einem neuen Verhör plötzlich: „Ja!" (Der Leser wird sich vielleicht besser als die Richter erinnern, dass diese, als sie das Haus von Piazza durchsuchten, noch weniger Geld als bei Mora fanden, nämlich gar nichts.) Er behauptete nun, Geld von einem Bankier erhalten zu haben. Und da ihm die Richter den Sanguinetti nicht genannt hatten, so nannte er einen anderen, Girolamo Turcone. Dieser und jener und verschiedene ihrer Geschäftsführer wurden verhaftet, verhört, auf die Folter gebracht. Doch da sie standhaft leugneten, wurden sie endlich freigegeben.

Den 21. Juli wurden dem Piazza und Mora die seit Wiederaufnahme des Prozesses darüber geführten Akten mitgeteilt, ihnen auch zur Verteidigung ein neuer Termin von zwei Tagen bewilligt. Beide wählten diesmal einen Verteidiger, wahrscheinlich auf Anraten derjenigen, welche ihnen zuerst ex officio zugeteilt gewesen waren. Den 23. desselben Monats wurde Padilla verhaftet. Es wurde ihm nämlich, wie in seiner Verteidigungsrede aufgeführt ist, vom *Commissario generale della Cavalleria* gesagt, dass er auf Befehl Spinolas sich als Gefangener im Kastell von Pomate zu stellen habe, was er auch tat. Der Vater, wie aus der Verteidigung hervorgeht, tat Einspruch durch seinen Stellvertreter und seinen Sekretär, dass man die Vollziehung des Urteils gegen Piazza und Mora verschöbe, bis sie mit Don Giovanni konfrontiert worden seien. Es wurde ihm geantwortet, dass man keinen Aufschub gestatten könne, weil das Volk schon in wildes Geschrei ausbreche. – Da haben wir wieder einmal einen Fall von dem *civium ardor prava jubentium*! Es war dies auch der einzige Fall, den die Richter anführen konnten, ohne eine schmähliche und grausame Nachgiebigkeit einzugestehen; denn es handelte sich nur um die Vollziehung eines Urteils, nicht um das Urteil selbst. Aber brach erst damals das Volk in Geschrei aus? Oder nahmen die Richter erst damals Rücksicht auf sein Geschrei? „In jedem Fall möge es Don Francesco nicht übel aufnehmen, es können ja so ehrlose Buben, wie die beiden, mit ihrer Aussage der Ehre des Don Giovanni nicht zu nahetreten." Und doch trat die Ehre eines jeden von den beiden „ehrlosen Buben" der des anderen geradezu entgegen! Und die Richter hatten so oft von „Wahrheit" gesprochen! Im Urteilsspruch selbst verordneten sie, dass nach der Verlesung desselben der eine wie der andere auf die Folter gebracht und wegen der Mitschuldigen noch einmal verhört werden solle.

Ihre Aussage brachten wieder Folterungen zuwege, und diese wieder Geständnisse und diese Verurteilungen. Endlich zum Überfluss Verurteilungen ohne Geständnisse.

---

3   „Quorum capita [...] fingenti inter dolores gemitusque occurete." Lib. XXIV, 5.

„Und so", schließt die Aussage des genannten Sekretärs, „gingen wir zum Herrn Kastellan und erstatten ihm Bericht über das Vorgefallene. Er selbst sagte kein Wort dazu. Ein tiefer Schmerz ergriff ihn. Wenige Tage darauf starb er."

Dieses teuflische Urteil besagt, dass sie auf einem Karren zum Richtplatz geführt, unterwegs mit glühenden Zangen gezwickt, jedem die rechte Hand abgehauen, vor dem Laden von Mora Glied für Glied mit dem Rad zermalmt, jeder noch lebendig auf das Rad geflochten und auf demselben sechs Stunden lang ausgestellt, nach Ablauf dieser Zeit ihnen aber die Kehle durchgeschnitten, der Leichnam verbrannt und die Asche in den Fluss geworfen, das Haus von Mora zerstört, an dessen Stelle die Schandsäule errichtet, endlich verboten werden solle, je darauf zu bauen. Wenn noch irgend etwas den Schrecken, die Entrüstung und das Mitleid steigern könnte, so ist es der Umstand, dass diese Unglücklichen noch nach Bekanntmachung des Urteils ihre Geständnisse wiederholt bestätigten, ja erweiterten und doch nur kraft derselben Veranlassung, welche sie ihnen zuerst entlockt hatte. Noch war die Hoffnung, dem Tod, einem solchen Tod zu entgehen, nicht ganz in ihnen erloschen. Alle die ausgestandenen Qualen konnten gegen dieses Ungeheuer von Urteil nur noch leicht erscheinen, sobald es in Wirksamkeit zu treten drohte und nun die Mittel, ihm zu entgehen, wieder ins Gedächtnis kommen mussten; da wurden denn die ersten Lügen wiederholt und neue Personen genannt. So gelang es denn den Richtern mit ihren Versprechen der Straflosigkeit und mit ihrer Folter, nicht allein Unschuldige einem grausamen Tod entgegenzuführen, sondern sie auch, so viel an ihnen lag, als schuldig sterben zu lassen.

In der Verteidigung von Padilla fanden sich – und das ist tröstlich – die Beteuerungen ihrer und der anderen Unschuld. Diese Beteuerungen legten sie sofort nieder, als sie von der Unvermeidlichkeit des Todes und davon, dass sie nicht weiter verhört würden, Gewissheit erlangt hatten. Der kurz zuvor erwähnte Hauptmann sagte aus, dass er Piazza in dem Kerker neben dem seinigen habe toben und sagen hören, er sterbe unschuldig, unter falschen Versprechungen werde er gemordet. Er habe die Dienste zweier Kapuziner, welche ihn auf einen christlichen Tod hätten vorbereiten wollen, zurückgewiesen, und, fügt er hinzu, „was meine Ansicht betrifft, so glaube ich, er hoffte, sein Prozess werde von neuem aufgerollt werden. Ich ging zu dem Kommissär; denn ich glaubte ein christliches Werk zu tun, wenn ich ihm zuredete und ihn dahin brächte, dass er in der Gnade Gottes stürbe. Und ich kann sagen, dass mirs gelungen ist; denn die Patres berührten den Punkt nicht, den ich berührte, dass man nämlich noch nie erlebt oder gehört hätte, dass jemals ein ähnlicher Prozess von dem Senat nach gefälltem Urteil wieder aufgenommen worden sei. Ich redete ihm so zu, dass er sich endlich beruhigte. Dann stieß er einige Seufzer aus und sagte, dass er viele Unschuldige ins Unglück gestürzt." Sowohl er als auch Mora ließen danach von den Geistlichen, welche ihnen beistanden, einen förmlichen Widerruf aller der

Anklagen aufsetzen, welche die Hoffnung oder der Schmerz ihnen abgelockt. Beide ertrugen den langsamen Tod, die ganze Reihe der immer gesteigerten Qualen mit einer Stärke, welche überraschen musste bei Menschen, die so oft von Todesangst und Furcht überwältigt worden waren, die nicht als Märtyrer irgendeiner großen Sache, sondern als Schlachtopfer eines elenden Wahnes, grober und niedriger Hinterlist fielen, die aller über sie gehäuften Schmach ungeachtet doch unbekannt im Dunkel blieben und dem Fluch des Volkes nichts als das Gefühl ihrer Unschuld, an die niemand glaubte, die sie so oft selbst verraten hatten, entgegensetzen konnten, die Frau und Kind zurückließen. Unerklärlich würde diese Fassung erscheinen, wenn nicht die Resignation ihre Macht geltend gemacht hätte. Sie ist das Gnadengeschenk, das den von der Ungerechtigkeit der Menschen Niedergedrückten auf die Gerechtigkeit Gottes verweist, und in den Strafen, welcher Art sie auch seien, die Bürgschaft nicht allein der Vergebung, sondern auch der Belohnung erblicken lässt. Der eine wie der andere sprachen fortwährend bis an ihr Ende, selbst auf dem Rad noch, dass sie den Tod nur als Strafe der Sünden, die sie wirklich begangen, erlitten. Sie nahmen das hin, dessen sie sich nicht erwehren konnten! Wer nur den materiellen Zusammenhang der Dinge im Auge hat, dem müssen diese Worte sinnlos vorkommen, wer aber weiter über sie nachdenkt oder auch ohne weiteres Nachdenken weiß, dass die innere Überzeugung und die Überwältigung des Willens das Schwere und Einflussreiche bei Fassung irgendeines Entschlusses ist, und diese Überzeugung sich ebenso schwer erringen lässt, es möge nun die Ausführung dessen von uns selbst abhängen oder nicht, es möge unseres freien Willens bedürfen oder nicht, für den haben diese Worte einen deutlichen und tiefen Sinn.

Dieser Widerruf konnte das Gewissen der Richter mit Schrecken erfüllen; konnte es empören. Es gelang ihnen aber nur zu gut, denselben teilweise zu vergessen, auf eine Weise, welche die entscheidendste sein könnte, wenn sie zugleich nicht auch die trügerischste wäre; nämlich dadurch, dass sie es dahin brachten, dass die Unglücklichen sich selbst anklagten und viele andere, welche eben durch jenen Widerruf rechtskräftig für schuldlos erklärt wurden. Von diesen anderen Prozessen werden wir bloß, wie schon erwähnt, einiges berühren und wieder bloß Einzelheiten von einzelnen, um zum Prozess von Padilla zu gelangen, welcher wegen der hohen Stellung der bedeutendste der Angeschuldigten ist, sowohl nach Prozessverfahren als Urteil. Er ist der Prüfstein für die anderen alle.

Sechstes Kapitel

Die beiden Schleifer, welche unglücklicherweise zuerst von Piazza und dann von Mora angegeben worden waren, saßen bis zum 27. Juni im Kerker. Die Exekution des Urteils fand am 1. August statt, und bis dahin wurden sie weder miteinander konfrontiert noch überhaupt irgendwann verhört. Am 11. wurde der Vater verhört und den Tag darauf, unter dem gewöhnlichen Vorwand, seine Aussagen widersprächen sich und trügen das Gepräge der Unwahrscheinlichkeit, auf die Folter gelegt. Hier bekannte er, d.h. er erfand eine Geschichte, indem er wie Piazza eine an sich wahre Tatsache bis zur Unkenntlichkeit entstellte. Beide machten es hierin wie die Spinnen, die auch bis an die äußerste Spitze des bereits gesponnenen Fadens kriechen, sich dann von diesem Anhaltspunkt herabspinnen und in der Luft weiter fortarbeiten. Man hatte ein mit einer einschläfernden Substanz gefülltes Fläschchen bei ihnen gefunden, und diese Substanz war in ihrem Haus von ihrem Freund Baruello zubereitet worden. Nach der Aussage des Gefolterten war es jedoch ein Trank, der dem Menschen den Tod gab, ein Extrakt von Kröten und Schlangen, der mit gewissen Pulvern, er wisse nicht welchen, versetzt sei. Baruello seinerseits gab ebenfalls einige allgemein bekannte Personen als seine Mitschuldigen an, und unter diesen befand sich ein gewisser Padilla. Die Richter hätten dieses Geschichtchen gern mit denen ihrer früheren beiden Opfer in Verbindung gebracht und von ihnen die Aussage erpresst, er habe von jenen „Gift und Gold" erhalten. Hätte er einfach geleugnet, so wäre er der Folter verfallen gewesen. Er stellte aber nicht nur alles in Abrede, sondern setzte auch noch hinzu, „dass, wenn er wegen des Ableugnens dieser Frage der Folter unterworfen würde, er sie allerdings zugestehen müsse. Deswegen wäre es aber immer noch eine Lüge". Nun konnten die Richter allerdings nicht gar zu offen ihr Spiel mit Menschlichkeit und Gerechtigkeit treiben und zu einem Mittel ihre Zuflucht nehmen, über dessen sicheren Erfolg sie auf eine so nachdrückliche Weise belehrt worden waren. Doch wurde auch er zum Tode verurteilt, nach der Verkündung des Spruchs auf die Folter gelegt, und hier gab er einen Bankier und noch andere Personen als neue Mitschuldige an, sowie er aber in der Kapelle und später auf dem Richtplatz angelangt war, widerrief er alles, was er ausgesagt hatte.

Wenn Piazza und Mora von diesem Unglücklichen nur behaupteten, dass sie ihm wenig Gutes zutrauten, so hatten sie nicht zuviel gesagt, wie im weiteren Verlauf des Prozesses aus mehreren Tatsachen hervorgehen wird. Aber eine falsche Anklage erhoben sie in demselben Prozess gegen seinen Sohn Gaspare. Dieser bekannte sich zwar selbst zu einer Sünde, allein das Bekenntnis war in solchen Worten, in einem solchen Augenblick, und mit solchem Gefühle abgelegt, dass es nur einen Beweis für die Schuldlosigkeit und Rechtschaffenheit seines Lebenswandels abgab. Unter den Qualen der Folter, im Angesicht des Todes sprach er Worte, die nicht nur den starken Mann, nein, die den Märtyrer charakterisieren. Da aller angewendeten Mühe ungeachtet er weder zu einer falschen Beschuldigung anderer noch seiner selbst gebracht werden konnte, wurde er als überführt, unter welchem Vorwand weiß ich nicht, verurteilt, und nach Verkündigung des Urteils wie gewöhnlich noch einmal peinlich befragt, ob er noch andere Verbrechen begangen und welches seine Mitschuldigen bei dem Verbrechen seien, wegen dessen er verurteilt worden war.

Auf die erste Frage war seine Antwort: „Weder dieses noch andere Verbrechen habe ich begangen, und wenn ich sterbe, so geschieht es deswegen, weil ich mich einmal vom Zorn habe hinreißen und einem einen Faustschlag auf das Auge gegeben habe." Auf die zweite Frage war seine Antwort: „Ich habe keinen Mitschuldigen, weil ich alle meine Handlungen selbst überlegt habe, und wenn ich nichts getan habe, kann ich auch keinen Mitschuldigen haben." Als man ihm hierauf mit der Folter drohte, entgegnete er: „Eure Wohlgeborenen können machen, was sie wollen. Ich werde doch nie etwas gestehen können, was ich nicht getan habe, und über meine Seele haben Sie keine Gewalt, und viel besser ist es, ich halte drei oder vier Stunden lang die Folterqualen aus, als dass ich zur Hölle verdammt werde und dort ewige Pein erdulden muss."

Auf der Folter rief er im ersten Augenblick: „Herr, ich habe nichts getan. Ihr mordet mich." Dann fügte er hinzu: „Diese Qualen vergehen schnell, im Jenseits muss man ewig bleiben." Nun wurden die Qualen gesteigert. Grad um Grad wuchsen sie, bis zum höchsten. Und bei jedem neuen Grade kamen neue Ermahnungen zur Aussage der Wahrheit. Aber immer blieb er bei seiner ersten Antwort: „Ich habe es schon gesagt, dass mir mein Seelenheil mehr am Herzen liegt. Ich bleibe dabei. Ich mag mein Gewissen nicht belasten. Ich habe nichts getan."

Hätten gleiche Gesinnungen Piazza beseelt und ihm gleiche Standhaftigkeit verliehen, so würde der arme Mora ruhig bei den Seinen in seinem Laden geblieben sein. Er und so viele Unschuldige, auch unser mehr der Bewunderung als des Mitleids würdiger Jüngling, würden keine Ahnung haben, welches furchtbare Schicksal über sie hätte hereinbrechen können. Doch einem noch schlimmeren konnte er anheimfallen, denn er wurde verurteilt, ohne dass er sich zu dem ihm beigemessenen Verbrechen bekannte. Die Anzeichen waren so viel wie nichts. Das Verbrechen selbst war also eine bloße Konjektur. Seine Bestrafung musste jeden Sinn für Gerechtigkeit empören, jedes Recht und Gesetz umstoßen; was aber mehr als alles wert war: Er sah niemanden vor sich leiden, von dem er sich hätte sagen müssen: Den habe ich hierhergebracht.

Zu solchen grässlichen Szenen gab die Schwäche, vielmehr die Verworfenheit, die Schurkerei derer Veranlassung, die es für ein Unglück, für eine Niederlage ansahen, wenn sie kein „Schuldig" aussprechen konnten, und, um dies zu ermöglichen, ihr armes Opfer mit gesetzwidrigen und trügerischen Versprechungen zu bezwingen suchten.

Wir haben oben gesehen, wie durch so ein feierliches Versprechen Baruello verleitet worden war. Wir haben zugleich angedeutet, dass wir die Art beleuchten wollen, wie die Richter ihr Wort hielten, und dies war der Grund, warum wir den Fall mit dem armen Unglücklichen in der Kürze erzählt haben. Seine Beschuldigung war aus der Luft gegriffen. Piazza gab ihn als Mitschuldigen Moras an, und Mora behauptete wieder, er sei ein Mitschuldiger Piazzas. Dann beschuldigten ihn beide, er habe für Geld Moras Tinktur verbreitet, ein aus den unflätigsten und noch schlimmeren Substanzen zusammengesetztes Gebräu, und doch hatten beide vorher erst behauptet, sie wüssten von der ganzen Sache nichts. Dann sollte Migliavacca der Erfinder des höllischen Trankes sein und noch viel schlimmere als nur ekelhafte Substanzen dazu verwendet haben. All dieser Verbrechen wurde nun auch er beschuldigt. Auch er sollte mit daran teilhaben, aber er leugnete alles und hielt alle Qualen aus. Während des Prozesses ließ ein Priester, der von Padilla als ein Zeuge angegeben worden war, sich von einem Verwandten Baruellos bewegen, ihn dem Mitleid eines Senatsfiskalen zu empfehlen. Dieser konnte ihm freilich keine andere Nachricht bringen, als dass sein Schützling zum Tode verurteilt worden sei, zum schmachvollen Tod durch Henkershand. Zugleich fügte er aber noch hinzu, „dass der Senat ihm von seiner Exzellenz Begnadigung erwirken wolle", und veranlasste den Priester, den Beschuldigten aufzusuchen und ihn zur Aussage der Wahrheit zu ermahnen; denn „der Senat wollte klar in der Sache sehen und hoffte, die hinlänglichen Informationen von ihm erlangen zu können". Und dies alles noch nach gesprochenem Todesurteil und nach solchen Quälereien!

Als Baruello die niederschmetternde Nachricht und mit ihr zugleich den Vorschlag vernahm, fragte er: „Und werden sie es dann mit mir wie mit dem Kommissär machen?" Der Priester hielt, wie er sagte, das Versprechen für aufrichtig gemeint, und nun erfand er eine Geschichte. Er sagte, gerade so ein Mann wie der Hingerichtete habe ihn zu dem Barbier geführt. Dieser sei dann mit ihnen in das erste Stockwerk gestiegen, habe hier in einer Stube die Tapete von der einen Wand zurückgeschlagen, und hinter dieser Tapete sei eine verdeckte Tür sichtbar geworden. Diese Tür habe sie in einen großen Saal geführt, wo eine Menge Personen im Kreis herum gesessen hätten, unter denen auch Padilla gewesen sei. Der Priester hatte jedoch keine Lust, immer neue Schuldige zu finden. Ihm kam die Sache etwas sonderbar vor. Er unterbrach ihn daher in seiner Erzählung mit der Warnung, er möge sich vorsehen, dass er nicht an Leib und Seele zugleich verderbe, und ging fort.

Baruello glaubte an das Versprechen der Straflosigkeit, korrigierte seine Geschichte und erschien den 11. September vor seinen Richtern. Er erzählte ihnen, „ein Fechtmeister (der leider noch am Leben war) habe ihm gesagt, er habe die beste Gelegenheit, schnell reich zu werden, wenn er dem Padilla einen Dienst erweisen wolle. Darauf habe er ihn auf den Schloßplatz geführt, wo Padilla selbst bald erschienen sei. Und nun habe der Fechtmeister ihn sofort aufgefordert, mit in die Reihen derjenigen zu treten, welche unter seiner Leitung die Wände beschmierten und auf diese Art die Beleidigungen rächen wollten, die Mailand an Don Gonzalo de Cordova bei dessen Wegzug verübt habe. Darauf sei er mit Geld und einem Fläschchen versehen worden. Wir haben hier den Anfang eines Märchens mitgeteilt, in dieser Art geht es bis ans Ende fort und schon jetzt sieht der Leser, dass er nicht eine Erzählung unwahrscheinlicher Tatsachen, sondern einen ganzen Berg des gröbsten Unsinns vor sich hat. Sogar die Richter fanden einiges Unwahrscheinliche und sogar Widersprüche darin. Einige Antworten auf eingeworfene Fragen verwickelten die Sache nur noch mehr, so dass sie ihn endlich ermahnten, „er möge sich deutlicher ausdrücken, damit man das, was bereits fest stehe, von dem, was er sage, gehörig trennen könne".

War es nun, dass er auf jede Weise aus dieser unglücklichen Lage herauskommen wollte oder dass er wirklich einen Anfall von Wahnsinn, der hier allerdings leicht über einen kommen konnte, erlag, kurz, kaum hatten die Richter geendet, so fing er an zu zittern, bekam Zuckungen und schrie: „Zu Hilfe, zu Hilfe!" Er wälzte sich auf dem Boden umher und wollte durchaus unter den Tisch kriechen. Nun wurde der Teufel aus ihm herausgetrieben, er nach und nach wieder beruhigt und zur Fortsetzung seiner Aussagen ermahnt. Sofort erzählte er eine neue Geschichte, in der er eine Menge Hexenmeister, magische Beschwörungsformeln und den Teufel selbst auftreten ließ. Dem letzteren hatte er sich selbst verschrieben. Eine Aussage widersprach der anderen, und was er früher behauptet hatte, wurde durch seine neuesten Angaben gänzlich aufgehoben. Hatte er vorher gesagt, der Zweck von Padillas Unternehmen sei Rache wegen des dem Don Cordova angetanen Schimpfs, so sollte es jetzt die Unterjochung Mailands sein, wobei ihm eine der ersten Hofstellen von Padilla selbst versprochen worden sei. Nur noch wenige Fragen stellten ihm die Richter und schlossen dann das Verhör, wenn es diesen Namen verdient. Er hatte noch drei zu bestehen und in jedem wurde ihm erwidert, dies oder jenes sei unwahrscheinlich, dies oder jenes unglaublich. Die Folge davon war, dass er allemal seine erste Aussage widerrief oder irgendeine Erklärung gab. Fünfmal wurde ihm vorgehalten, Migliavacca habe ihn beschuldigt, ihm die bewusste Flüssigkeit gegeben zu haben, um damit noch andere Personen, die er in seinen Aussagen gar nicht erwähnt hätte, zu bespritzen, aber jedesmal leugnete er alles, und jedesmal gingen dann die Richter zu einen anderen Punkt über. Wir müssen uns hierbei erinnern, dass bei der ersten Unwahrscheinlichkeit, welche man in Piazzas Aussagen zu finden geglaubt hatte, ihm die Richter bedeutet hatten, man werde das Versprechen seiner Straflosigkeit wieder zurücknehmen. Wir erinnern uns, dass bei dem ersten

Zusatz, den er seiner Aussage hinzugefügt hatte, bei dem ersten von Mora wider ihn abgelegten Zeugnis, dem er widersprach, das Versprechen der Straflosigkeit wirklich zurückgenommen worden war, „weil er nicht die vollkommene Wahrheit, wie er doch versprochen, ausgesagt habe". Wir werden ferner zeigen, wenn das nötig sein sollte, dass sie mit ihrem Versprechen im Interesse des Staates ein betrügerisches Spiel treiben wollten, nicht aber dem Angeschuldigten ein Mittel seiner Rettung an die Hand geben wollten, dass das Wort, das sie Piazza gegeben hatten, nichts als der Anfang eines großen Opferfestes sein sollte, das sie der Wut des Volkes und ihrer eigenen bringen wollten.

Wollen wir damit etwa behaupten, Piazza sei der Straflosigkeit wirklich würdig gewesen? Gott bewahre! Denn das wäre gerade so, als wenn man seine Aussagen für wahr halten würde.

Wir wollen nur zeigen, dass das Versprechen eben so gewaltsam zurückgezogen wurde wie es gegeben worden war, und dass dieses das Mittel für jenes war. Überdies können wir nur wiederholen, dass sie auf der Bahn, die sie eingeschlagen hatten, keine Gerechtigkeit üben konnten. Nur wenn sie noch zur rechten Zeit umgekehrt wären, wäre eine Möglichkeit dazu vorhanden gewesen. Sie hatten niemals das Recht, dem Piazza Straflosigkeit zu verkaufen (selbst wenn man einmal die fehlende Zuständigkeit beiseite lässt), gerade so wenig wie ein Räuber das Recht hat, einem Wanderer das Leben zu schenken. Er ist vielmehr dazu verpflichtet. Es war nichts als eine Verheißung der Ungerechtigkeit bei einer ungerechterweise verhängten Folter. Auf beides waren Wille, Gedanke und Streben der Richter gerichtet, nicht aber auf das, was ihnen zu tun doch oblag, nicht etwa bloß nach den Vorschriften der Vernunft, der Gerechtigkeit, der Menschlichkeit, sondern schon nach dem Gesetz. Hiernach nämlich mussten sie die fragliche Tatsache selbst festzustellen suchen, den beiden Anklägerinnen die nötige Erklärung abfordern. Sie mussten untersuchen, ob ihre Beschuldigung auf wirklicher Wahrnehmung oder bloßen Vermutungen beruhte. Sie mussten dem Angeklagten Zeit zur Erklärung lassen, bevor sie ihn überhaupt Angeklagten nennen durften, und sie mussten ihn jenen gegenüberstellen.

Ob die dem Baruello gegebene Zusage der Straflosigkeit gehalten wurde, lässt sich nicht mehr feststellen, da er am 18. September an der Pest starb, nachdem er tags zuvor mit der größten Unverschämtheit eine Konfrontation mit dem von ihm angegebenen Fechtmeister Carlo Vedano durchgestanden hatte. Als er aber sein Ende herannahen fühlte, bat er einen Mitgefangenen, der sich um ihn gekümmert hatte und der ein weiterer der von Padilla benannten Zeugen war: „Tut mir die Liebe und sagt dem Herrn Podestà, dass alle, die ich beschuldigt habe, fälschlich beschuldigt worden sind, dass es nicht wahr ist, dass ich von dem Sohn des Herrn Kastellan Geld erhalten habe [...] Ich weiß, ich muss jetzt sterben. Ich bitte alle, die ich fälschlich angeschuldigt habe, um Verzeihung. Sagt das dem Herrn Podestà, sonst kann ich auf keine Vergebung der Sünden hoffen." „Und", fügte der Zeuge hinzu, „ich bin sogleich zu dem Podestà gegangen und habe ihm ausgerichtet, was mir Baruello gesagt hatte."

Für Padilla konnte dieser Rückzieher Geltung erlangen, Vedano aber, der bis jetzt nur von Baruello als Zeuge benannt worden war, wurde noch an demselben Tag grausam gefoltert. Doch wusste er zu widerstehen; und bis in die Mitte des Monats Januar des folgenden Jahres blieb er verschont, aber immer noch in Gefangenschaft. Der einzige Grund, weshalb die beiden Elenden Padilla im Gedächtnis hatten, war der, dass sie gegen ihn auf dem Kastell zweimal den Degen gezogen hatten. Augenscheinlich war dies auch der einzige Grund, warum ihm Baruello eine Rolle in seiner Geschichte zuteilen konnte. Noch aber hatte er ihn überhaupt nicht beschuldigt, weder, dass er den fraglichen Trank bereitet, noch, dass er ihn verbreitet habe, sondern ihn nur als Mittelsperson zwischen sich und Padilla genannt. Nun konnten doch die Richter nicht die Mittelsperson ohne den Hauptschuldigen verurteilen, und das war wahrscheinlich das, was ihn rettete. Er wurde nur einmal nach Padillas Verhör vernommen, und dessen Freisprechung zog auch seine Freisprechung nach sich.

Padilla wurde aus dem Gefängnis Pizzighettone, wo er einsaß, am 16. Januar 1631 nach Mailand und hier in das Gefängnis des *Capitano di Giustizia* gebracht. Noch am selben Tag kam er ins Verhör, und wenn es nötig wäre, würde das Verfahren, was hier beobachtet wurde, einen Beweis liefern, dass es auch in jenen Tagen Richter gab, die ohne Lug und Trug und ohne Gewalttätigkeit eine Untersuchung führen konnten, die keine Unwahrscheinlichkeiten da finden wollten, wo keine waren, die vernünftigen Aussagen nicht sofort allen Glauben verweigerten und selbst in einer Vergiftungssache die Möglichkeit gestatteten, dass ein Angeschuldigter, selbst wenn er nein sagte, doch die Wahrheit sagen könne. Dies alles würde aus diesem und Padillas beiden nachfolgenden Verhören zur Genüge hervorgehen.

Die einzigen beiden, welche ausgesagt hatten, sie hätten sich mit ihm einmal besprochen, Mora und Baruello, hatten auch angegeben, zu welcher Zeit solches geschehen sein sollte, der erste nur ungefähr, der zweite genauer. Auf die seitens der Richter an ihn gestellte Frage, wann er ins Feld gezogen sei, gab Padilla den Tag an. Auf die Frage, von wo er gekommen sei, antwortete er: „Von Mailand." Ob er zu jener Zeit wieder einmal nach Mailand zurückgekehrt sei? Er erwiderte: „Ein einziges Mal." Geblieben sei er nur einen Tag, den er auch anzugeben wusste. Dies alles stimmte aber auch nicht mit einer einzigen Angabe seiner beiden Ankläger überein. Darauf wurde er aber ohne Drohung und in Güte ermahnt, er möge sich besinnen, ob er nicht zu dieser oder jener Zeit in Mailand gewesen sei. Jedesmal war seine Antwort: „Nein." Und übereinstimmend mit seiner ersten Aussage. Nun wurde er über Personen und namentlich danach befragt, ob er einen Feuerschützen Fontana kenne. Diese Frage beantwortete er mit: „Ja." Es war dieser nämlich der Schwager Vedanos, und Baruello hatte ihn als einen von jenen bezeichnet, die sich bei der ersten Unterredung mit eingefunden hätten. Ob er Vedano kenne? Ja. Auf die Frage, ob er die Vetra de' Cittadini und die Osteria de' sei ladri (Zu den sechs Räubern) kenne, beides Orte, wohin nach Moras Aussage Padilla mit Don Pietro di Saragozza gekommen sein sollte und den Plan von Mailands Vergiftung verabredet haben sollte, antwortete er, weder Straße noch Schenke seien ihm auch nur den Namen nach bekannt. Er wurde ferner über Pietro di Saragozza befragt. Und den kannte er nicht nur nicht, sondern hätte ihn auch unmöglich kennen können. Er wurde nach zwei bestimmten Männern befragt, die als Franzosen, und nach einem unbestimmten Dritten, der als Priester verkleidet gewesen sei. Alle diese Leute hatte Baruello als solche bezeichnet, die mit der ersten Unterredung auf dem Schloßplatz mit Padilla zugegen gewesen seien. Aber er wusste gar nicht, von wem die Rede war.

In dem am letzten Januar stattgefundenen zweiten Verhör wurde er über Mora, Migliavacca, Bruello, über die mit ihnen geführten Unterredungen, über die Summen, die er von ihnen erhalten habe und, über die Versprechungen, die ihm gemacht worden seien, befragt. Aber immer noch wurde er über die Hauptsache, worauf sich dies alles bezog, im dunkeln gelassen. Er antwortete, dass er im ganzen Leben mit keinem von diesen Männern etwas zu tun gehabt, dass er sie nicht einmal dem Namen nach kenne, dass er zu den angegebenen Zeiten gar nicht in Mailand gewesen sei.

Nach mehr als drei Monaten, binnen welcher Zeit die Untersuchung immer fortgedauert, aber, wie es zwangsläufig sein musste, nicht das geringste Resultat geliefert hatte, dekretierte der Senat, dass Padilla der ihm zur Last gelegten Tat für schuldig erkannt, ihm der Prozess gemacht und eine Frist zu seiner Verteidigung gestattet werde. Zu diesem Zweck fand ein drittes und letztes Verhör den 22. Mai statt. Nach mehreren wiederholten Fragen über einzelne Anschuldigungspunkte, worauf er jedesmal mit einem trockenen „Nein" antwortete, kamen sie endlich auf das Faktum selbst, dessen er beschuldigt worden war. Sie erzählten ihm alle drei Geschichten, welche gegen ihn vorgebracht worden waren. Nach der ersten sollte er bei einer Unterredung mit dem Barbier Mora in der Nähe der Osteria zu den sechs Räubern diesem gesagt haben, „er solle eine Beschmierung vornehmen, [...] er solle die bewusste Flüssigkeit nehmen und umhergehen und die Mauern beschmieren". Er sollte ihm ferner eine Menge Dublonen dafür gegeben haben, und der gedachte Barbier auf Don Pietro di Saragozzas Anweisung bei dem und bei jenem Geldwechsler bedeutende Summen aufgenommen haben. Diese Geschichte klingt aber immer noch vernünftig im Verhältnis zu der anderen, nach welcher „der Herr Angeklagte" den Stefano Baruello auf den Schloßplatz habe rufen lassen und zu ihm gesagt habe: „Guten Morgen, Signor Baruello, ich habe schon lange einmal mit Euch sprechen wollen", darauf, nach einigen Höflichkeitsbezeugungen, ihm fünfundzwanzig venetianische Dukaten nebst einem mit der Flüssigkeit angefüllten Döschen gegeben haben und dabei die Worte geäußert haben, es sei noch nicht ganz gut. Er müsse noch einige Eidechsen, Kröten und etwas weißen Wein dazutun, dies alles in einen Topf zusammenschütten und die ganze Mischung langsam kochen lassen, damit die Tiere vor Hitze erst toll würden, ehe sie krepierten. Ein französischer Priester sei mit dem Angeschuldigten zusammen gewesen, auch sei ein Wesen in der Gestalt eines Menschen und im Kostüm des Pantalone erschienen, das Baruello als seinen Herrn und Meister habe anerkennen müssen. Sobald dieses Wesen verschwunden sei, habe Baruello seinen Begleiter gefragt, wer es gewesen sei, und dieser habe geantwortet, dies sei der Teufel selbst gewesen. Ein anderes Mal sei Baruello von dem Angeschuldigten mit noch mehr Geld beschenkt worden und es sei ihm versprochen worden, wenn er tüchtige Dienste leiste, ihn auch ferner bei der Gesellschaft zu behalten.

Zu diesem Punkt schließt Pietro Verri seine Ausführungen folgendermaßen (und beweist damit, wie sehr auch die tüchtigsten Köpfe, wenn sie systematisch auf ein Ziel zusteuern, aller Erfahrungen ungeachtet fehlgehen): „Das ist die Reihenfolge der Tatsachen, die gegen den Sohn des Kastellans vorgebracht wurden, sie wurden von allen anderen darüber verhörten Personen als falsch bezeichnet (außer von den drei Unglücklichen Mora, Piazza und Baruello, die der Gewalt der Folter die Wahrheit zum Opfer gebracht hatten) und wurden dennoch zur Grundlage einer schändlichen Beschuldigung gemacht." Nun haben wir aber deutlich gesehen, und Verris eigene Worte besagen es, dass von den vorgenannten dreien zwei durch das trügerische Versprechen der Straflosigkeit zu ihren Aussagen bewegt wurden und nicht durch die Qualen der Folter.

Nachdem Padilla all das unsinnige Geschwätz angehört hatte, sagte er: „Von allen denen, welche Euer Wohlgeboren mir jetzt genannt haben, kenne ich nur Fontana und Tignona (so wurde Vedano genannt), und wenn alles, was, wie mir Euer Wohlgeboren jetzt gesagt haben, die genannten Personen wirklich zu Protokoll gegeben haben, so ist das die gröbste Lüge und Verleumdung, die nur jemals in der Welt vorkommen konnte. Auch ist es unglaublich, dass ein Kavalier wie ich jemals an ein so infames Unternehmen gedacht oder gar darüber unterhandelt habe. Wenn das wahr ist, so mögen Gott und seine heilige Mutter mich jetzt vernichten. Ich hoffe zu Gott, dass ich die Verleumdungen dieser Menschen an das Licht ziehen und aller Welt offenbar machen werde."

Der vorgeschriebenen Form wegen, aber ohne besonders darauf zu dringen, erwiderten sie ihm darauf mit einer Ermahnung zur Aussage der Wahrheit. Sie teilten ihm die Ansicht des Senates mit, wonach er der Verfertigung und Verbreitung der giftigen Salbe sowie der Anwerbung von Spießgesellen für schuldig erklärt worden sei. „Ich muss mich sehr wundern", war seine Antwort, „dass der Senat einen so wichtigen Beschluss auf eine Angabe hin gefasst hat, wenn man bedenkt, dass dies eine reine Behauptung und Verleumdung nicht nur meiner Person gegenüber, sondern auch gegenüber der Justiz bedeutet. Wie konnte ein Mann von meinem Range, der sein ganzes Leben dem Dienste Seiner Majestät gewidmet hat, der Verteidigung dieses Staates gewidmet hat, der aus einer Familie stammt, deren Mitglieder stets dasselbe getan haben, wie konnte ich eine Tat begehen, oder auch nur daran denken, sie zu begehen, die meinen Vorfahren und mir einen solchen Ruf der Schande eintragen müsste? Ich erkläre erneut, dass alles dies falsch und die größte Verleumdung ist, die jemals gegen einen Menschen begangen worden ist."

Erhebend ist es, wenn man sieht, dass die entrüstete Unschuld eine solche Sprache führt. Aber es jagt einen Schauder ein, daran zu denken, wie vor denselben Männern der Unschuldige der Furcht, der Verwirrung, der Verzweiflung anheimfällt, wie er zum Lügner und Verleumder wird. Deswegen entgeht jedoch ebensowenig die furchtlose, standhafte und wahrhafte Unschuld der Verurteilung.

Padilla wurde freigesprochen. Wann, lässt sich nicht genau angeben, aber soviel ist gewiss, dass es erst nach mehr als einem Jahr geschah; denn erst im Mai 1632 kam er mit seiner zweiten Verteidigung ein. Gewiss war seine Freisprechung keine Begnadigung, aber mussten die Richter nicht selber fühlen, dass durch seine Freisprechung alle von ihnen gesprochenen Verdammungsurteile für rechtswidrig erklärt würden? Sollte man nicht glauben, dass nach diesem Freispruch keine Verurteilungen mehr in dieser Sache vorkommen konnten? Wenn Padilla von der Beschuldigung, Geld für die Verbreitung der geträumten Salbe ausgegeben zu haben, freigesprochen wurde, mussten da nicht auch alle diejenigen, welche aus diesem Grund Geld von ihm empfangen haben sollten, freigesprochen werden? Hatten sie nicht dem Mora vorgehalten, „so etwas habe viel Wahrscheinliches für sich [...], es solle ihm die Gelegenheit benommen werden, seine Latwerge zu verkaufen, und dem Kommissär, solche anzufertigen"? Hatten sie ihm im zweiten Verhör nicht noch, als er alles leugnete, wiederholt vorgehalten, „die ganze Anschuldigung beruhe auf der reinsten Wahrheit"? Hatten sie ihn, weil er bei seiner Gegenüberstellung mit Piazza immer noch beim Leugnen blieb, nicht auf die Folter gebracht, und als er unter deren Qualen ein Geständnis vorbrachte, wiederholt der Folter unterworfen, damit das durch die erste ausgepresste Geständnis die gehörige Gültigkeit erlange? War auf diese Unterstellung nicht der ganze Prozess gegründet? Wurde sie nicht bei jeder Frage ausdrücklich erwähnt oder stillschweigend vorausgesetzt? Wurde nicht in jeder Antwort eine Bestätigung derselben gefunden? Sollte am Ende nicht die Ursache entdeckt und aufgefunden werden, und sie die einzige und wahre Veranlassung zu Piazzas, Moras und der übrigen Verurteilten Verbrechen gewesen sein? Hatte nicht die von dem Großkanzler mit dem Einverständnis des Senates versehene, wenige Tage nach der Hinrichtung Piazzas und Moras erlassene Bekanntmachung noch gesagt, „sie seien einem solchen Grade der Verworfenheit anheimgefallen, dass sie ihr eigenes Vaterland um schnöden Geldes willen verraten hätten"? Und nun am Ende verschwand jene Schuld; denn während des ganzen Prozesses war von keinem anderen als dem von Padilla angeblich ausgeteilten Geld die Rede gewesen. Sahen sie, dass das Verbrechen auf Anschuldigungen beruhe, von denen sie recht wohl wussten, wie sie hervorgepresst worden waren, dass sie unterm Sakrament des Eides und noch in der Stunde des Todes zurückgenommen worden waren? Anschuldigungen, die gleich anfangs mit sich selbst und später auch mit dem Faktum in offensichtlichem Widerspruch standen? Derjenige, der während der ganzen Untersuchung als der Hauptschuldige dastand, wurde freigesprochen. Wussten sie, dass Unschuldige als seine Komplizen verurteilt worden waren?

Und dennoch blieben das Schandmal und das Urteil unangefochten. Die verurteilten Familienväter blieben der Infamie verfallen. Die Kinder, denen man die Ernährer und Beschützer genommen hatte, blieben gesetzlich enteignet. Und was auch im Innern der Richter vorgehen mochte, wer weiß, durch welche Scheingründe sie in ihrem Verkennen der Wahrheit, in ihrem Krieg gegen alle Augenscheinlichkeit verharren wollten? Ein Verkennen, das um so teurer und wertvoller wurde, als das Anerkenntnis der Unschuld die Richter der Gelegenheit beraubt haben würde, Verdammungsurteile zu fällen, als sie sich dann selbst eines furchtbaren Verbrechens hätten für schuldig erachten müssen, als ihre trugvolle Arglist, die Gesetzesverletzungen, deren sie sich recht wohl schuldig wussten, die sie aber durch die Auffindung so gottloser und gefährlicher Verbrecher zu rechtfertigen suchten, nicht nur in ihrer nackten und hässlichen Abscheulichkeit, sondern als die Veranlassung zu einem furchtbaren Justizmord hervorgetreten sein würden. Ein Verbrechen endlich, worin sie von einer stets gewaltigen Macht bestärkt und geschützt wurden, obgleich diese Macht häufig sehr trügerisch und in diesem Fall rein illusorisch war, da sie zum großen Teil auf der richterlichen Autorität selbst beruhte, ich meine die Macht der öffentlichen Meinung, die sie als weise, eifrige und mächtige Rächer und Verteidiger des Vaterlandes hinstellte.

Die Schandsäule wurde erst im Jahre 1778 dem Boden gleichgemacht. 1803 entstand erstmals wieder ein Haus an ihrer Stelle. Bei dieser Gelegenheit wurde auch der Verbindungsbogen zwischen den beiden Häusern, von wo aus Caterina Rosa, *L'infernal dea che alla veletta stava*[1], ihr blutgieriges Geschrei angestimmt hatte, weggerissen, so dass jetzt nichts mehr vorhanden ist, was eine furchtbare Erinnerung oder das Andenken an eine elende Sache in uns erwecken kann. An der Ecke der Via della Vetra auf dem Weg nach der Porta Ticinese stand das Haus, das dem armen Mora gehörte.

---

1 Von oben verfolgte alles die Göttin der Hölle. Vergil, Äneis, VII, 789.

Sehen wir nun, wenn der Leser die Güte hat, uns bei dieser letzten Erkundung zu begleiten, ob ein verwegener Urteilsspruch, nachdem er so viel über die Gerichte vermocht hatte, durch ihre Vermittlung auch in den Büchern seine Herrschaft ausgeübt hat.

Siebentes Kapitel

Von den vielen zeitgenössischen Schriftstellern, die sich dieser Vorgänge angenommen haben, wollen wir nur einen herausnehmen, der nicht zu den obskuren gehört und der sich nicht der gerade gängigen Auffassung angeschlossen hat. Es ist der so oft genannte Giuseppe Ripamonti. Und wir finden in ihm ein bemerkenswertes Beispiel für die Tyrannei, welche eine herrschende Auffassung oft auch auf diejenigen ausübt, deren Gesinnung sie sich nicht unterwerfen konnte. Er stellt die Schuld der Unglücklichen nicht nur nicht ausdrücklich in Abrede (bis auf Pietro Verri geschah dies in keiner für die Öffentlichkeit bestimmten Schrift), es scheint sogar mehr als einmal, als ob er sie ausdrücklich behaupte. Schon wo er von Piazzas erstem Verhör spricht, misst er ihm „Bosheit" bei, rühmt „die Besonnenheit" der Richter und behauptet, er habe durch seine Widersprüche selbst den Beweis des angeschuldigten Verbrechens, indem er es leugnete, geliefert. Ähnlich lautet sein Urteil über Mora, „der wie alle Verbrecher so lange leugnete, als er die Folter aushalten konnte und doch am Ende die Sache, wie sie gewesen, erzählt hat" *(exposuit omnia cum fide)*. Zugleich arbeitet er aber doch auf den Beweis des Gegenteils hin, deutet, wenn auch nur schüchtern und fast verstohlen, einige Zweifel über die einflussreichsten Hauptumstände an und leitet mit einem Wort das Urteil des Lesers auf den Punkt, wohin er ihn haben will. Er legt mehreren Angeschuldigten Worte in den Mund, die mehr für ihre Unschuld sprechen als die von ihm deduzierten Gründe und zeigt am Ende für alle ein Mitgefühl, wie man es nur dem Unschuldigen zuteil werden lässt. Den Kessel betreffend, der in Moras Wohnung aufgefunden wurde, sagt er, „großen Eindruck machte ein an sich vielleicht zufälliger und ganz unschuldiger Umstand. Man glaubte nämlich, das, was man fand, sei auch das, was man suchte." Bei seiner Schilderung der ersten Verhöre sagt er, Mora habe Gottes Gerechtigkeit gegen die Arglist, gegen die boshafte Verleumdung, kurz, gegen eine Falle, in welche jeder noch so Unschuldige geraten könne, angerufen. Er nennt ihn einen bedauernswürdigen Familienvater, der auf sein unglückliches Haupt, ohne dass er es wusste, die Schande und das Elend aller Seinigen gehäuft habe. Alle Bemerkungen, welche wir bereits im Zusammenhang mit dem offensichtlichen Widerspruch der Freisprechung Padillas zu der Verurteilung der übrigen gemacht haben, und weitere, die man noch machen kann, fasst Ripamonti in dem einen Satz zusammen: „Dessenungeachtet wurden doch die Pestschmierer bestraft *(unctores puniti tamen)*." Was liegt nicht alles in diesem einzigen Ausspruch! Und er fügt hinzu, die ganze Stadt wäre zurückgeschaudert vor dieser monströsen Strafe, wenn ein geringeres Verbrechen vorgelegen hätte.

Die Stelle aber, an der er seine Empfindungen noch deutlicher zu verstehen gibt, ist die, an der er sich ausdrücklich gegen sie verwahrt. Nachdem er nämlich mehre Fälle aufgezählt hat, in denen Personen fälschlich als Pestschmierer in Untersuchungshaft genommen worden waren, ohne dass jedoch irgendein Resultat daraus hervorgegangen war, sagt er: „Ich befinde mich sonach in einer eigentümlichen Verlegenheit, wenn ich bestimmt erklären soll, ob ich nach diesen vielen grundlosen Verdächtigungen und Untersuchungen daran glaube, dass es jemals solche Schmierer gegeben habe. In dieser Verlegenheit befinde ich mich aber nicht deshalb, weil ich über die Sache selbst nicht im klaren wäre, sondern weil mir nicht erlaubt ist, was jeder Schriftsteller zu verlangen berechtigt sein muss, nämlich die freie Äußerung seiner Überzeugung. Denn wenn ich die Existenz des Verbrechens überhaupt leugnen wollte, wenn ich behaupten wollte, es habe menschliche Bosheit und Unbesonnenheit die Hand im Spiel gehabt, nicht aber Gottes Strafgericht gewaltet, so würden sie gleich über die Gottlosigkeit meiner Worte schreien und mich der Missachtung eines feierlichen Urteilsspruches zeihen. So tiefe Wurzeln hat die gegenteilige Meinung geschlagen. So sehr hängt die leichtgläubige Menge am Hergebrachten. So sehr ist der stolze Adel bereit, diese Meinung als sein Teuerstes und Heiligstes zu verteidigen. Sich mit allen diesen in eine Fehde einzulassen, wäre ein ebenso schwieriges wie erfolgsloses Unternehmen. Deswegen will ich weder das eine noch das andre leugnen oder behaupten, mich weder für die eine noch für die andere Partei entscheiden, sondern auf eine unparteiische Berichterstattung der anderen Ansicht beschränken"[1]. Hier könnte man allerdings fragen, ob es nicht leichter und vernünftiger gewesen wäre, die Sache ganz mit Stillschweigen zu übergehen. Man muss aber wissen, dass Ripamonti Geschichtsschreiber der Stadt Mailand war, also zu der Klasse von Leuten gehörte, die Geschichten schreiben müssen und doch nichts sagen dürfen.

Ein anderer Geschichtsschreiber, der Venezianer Battista Nani, bewegte sich auf einem freieren Feld und konnte in diesem Falle nicht durch Rücksichtnahmen dazu gebracht werden, die Unwahrheit zu sagen, doch wurde er durch den Eindruck, den eine Inschrift und ein Denkmal auf ihn machten, dazu gebracht, an sie zu glauben. „Wenn auch wahrlich", sagt er, „die Einbildungskraft des Volkes, von der Furcht erregt, sich wunderbare Dinge vorstellen kann, so ist dies Verbrechen doch immerhin aufgedeckt und bestraft worden. Jetzt sind nur noch mit besonderen Inschriften die Stätten bezeichnet, wo früher die Häuser standen, in denen die Ungeheuer ihre Zusammenkünfte abzuhalten pflegten."[2] Wer von diesem Historiker nichts weiter wüsste und das soeben wiedergegebene Urteil zum Maßstab seines Urteils machen würde, würde sich sehr täuschen; in vielen wichtigen diplomatischen Aufträgen ein-

---

[1] S. 107 f.
[2] Nani, Historia veneta, Teil I, I. VIII. Venezia: Lovisa 1720. S. 473.

gesetzt und mit verschiedenen Staatsämtern im Vaterland betraut, hatte er die weiteste und mannigfachste Gelegenheit, Menschen und Welt kennenzulernen. In seinem Geschichtswerk liefert er den hinlänglichen Beweis, dass ihm dies vollkommen gelungen ist. Die Kriminalgerichte und das arme Volk erschienen aber den Historiographen nicht immer als eigentlicher Stoff der Geschichte. Daher darf es uns auch nicht wundern, wenn Nani bei gelegentlicher Darstellung dieser Tatsache es nicht gar zu genau nimmt. Hätte sich jemand auf eine andere in Mailand aufgefundene Säule und Inschrift berufen und ihm dadurch beweisen wollen, dass die Mailänder eine bedeutende Niederlage durch die Venezianer erlitten hätten, so hätte er ihm gerade ins Gesicht gelacht. Und doch wäre dies ebenso unbegründet wie die Greueltat der „Ungeheuer" gewesen.

Noch erstaunlicher und verdrießlicher ist es, wenn man dieselben Gründe und Vorwürfe bei einem noch berühmteren Autor mit großem Verstand liest, nämlich bei Muratori in seiner „Abhandlung über die Pest". Er erwähnt zwar viele hierhergehörige Fälle, „aber keiner ist", wie er sagt, „berüchtigter geworden als der zu Mailand während der Pest im Jahr 1630 vorgekommene. Hier wurden nämlich verschiedene Personen aufgegriffen, die sich zu einem so ungeheuren Verbrechen bekannten und zu einer harten Strafe verurteilt. Zeugnis hiervon gibt die unglückverkündende Inschrift an der Schandsäule, die ich selbst gesehen habe und die sich an der Stätte erhebt, wo früher die Häuser der unmenschlichen Schlächter standen. Ein beachtenswertes Monument; denn solche Greueltaten werden wohl nicht wieder vorkommen." Was einigermaßen wieder mit Muratori hierüber aussöhnt, ist, dass seine Überzeugung bei weitem nicht so entschieden gewesen zu sein scheint als seine Worte lauten. Er sagt nämlich später, wo er von dem schrecklichen Unheil spricht, das aus einer voreiligen Annahme und Leichtgläubigkeit an dergleichen Dinge entspringt, im vollen Ernst: „Es fügt sich, dass man Menschen einkerkert, ihnen unter Qualen aller Art, mit Gewalt Geständnisse aus dem Munde presst, Geständnisse von Verbrechen, derer sie vielleicht niemals fähig gewesen wären, und sie zu einem qualvollen Tod auf die öffentliche Richtstätte schleppt." Ist es nicht, als wenn er unsere Unglücklichen bei diesen Worten im Sinn gehabt habe? Eine Vermutung, die um so begründeter erscheint, als er unmittelbar darauf fortfährt: „Ich habe in Mailand wissenschaftlich gebildete Leute gekannt, die durch ihre Familie bedeutende Verbindungen hatten und nicht etwa fest daran glaubten, dass eine Bande Giftmischer die Pest in der Stadt verbreitet hätten, was doch im Jahr 1630 so allgemeines Aufsehen erregt hatte."[3] Nach diesen Worten kann man sich kaum des Gedankens erwehren, dass Muratori, was er selbst vorher „fluchwürdige Greueltaten" nennt, für eitle Märchen und die angeblichen „unmenschlichen Schlächter" für unschuldig Hingeopferte gehalten habe. Es wäre dies einer von den traurigen, aber nicht selte-

---

3   Lib. I., c. X..

nen Fällen, wo Männer nach der Wahrheit streben, die Macht der Lüge vernichten wollen, aber sich scheuen, einen allgemein verbreiteten Irrtum offen zu bekämpfen und nun lieber selbst eine Lüge sagen, nachher aber das Wahre an der Sache ahnen lassen. Pietro Giannone, als Historiker noch berühmter als Muratori, dabei Rechtsgelehrter und, wie er selbst sagt, „mehr Jurist als Politiker" – Umstände, die sein Urteil über unsere Frage wichtiger als jedes andere erscheinen lassen –, pflichtet der Ansicht Nanis Wort für Wort bei, indem er diesmal seine Quelle ausdrücklich zitiert, eine Ansicht, die unsere Leser bereits kennengelernt haben[4].

Ich sage, er zitiert seine Quelle diesmal ausdrücklich; denn häufig schreibt er von Nani wörtlich ab, ohne ihn besonders zu erwähnen[5]. So schildert er z.B. den Aufstand in Katalonien, die Revolution von Portugal im Jahre 1640, und bei Giannone finden sich hiervon mehr als sieben Großquartseiten, mit nur wenigen Abkürzungen, Zusätzen oder Abänderungen abgeschrieben, wobei noch die wichtigste Änderung die gewesen zu sein scheint, dass er das Ganze, was beim Original in ungetrenntem Zusammenhang fortläuft, in einzelne Kapitel eingeteilt hat[6].

Wer sollte es aber glauben, dass der neapolitanische Advokat bei der Schilderung anderer Aufstände – ich meine weder den von Barcelona noch den von Lissabon, sondern den von Palermo im Jahre 1647 und den gleichzeitigen von Neapel, dem das Außerordentliche seiner Veranlassung, seiner Folgen und das Auftreten Masaniellos eine so große Berühmtheit verliehen haben – ich sage, wer sollte es glauben, dass er, der Neapolitaner, bei Darstellung dieses Ereignisses nichts Besseres zu tun gewusst habe, als nicht bloß die Materialien, sondern die ganze Darstellung völlig aus dem Werk des Venezianers zu entlehnen und in das seinige aufzunehmen? Wer sollte es überhaupt für möglich halten, wenn man die Anfangsworte, womit Giannone die eben besprochene Darstellung beginnt, liest und diese folgendermaßen lauten: „Die unglücklichen Ereignisse bei diesen Revolutionen sind schon von vielen Historikern mehrfach behandelt worden. Einige haben sie als etwas Ungeheures, ganz dem Gang der Natur Zuwiderlaufendes darstellen wollen. Andere halten sich bei geringfügigen Einzelheiten zu lange auf und zersplittern die Aufmerksamkeit des Lesers, heben die wahren Ursachen, Zwecke, den Verlauf der Handlung und das Ende für die Fassungskraft des Lesers nicht genug hervor. Aus diesem Grund wollen wir uns mehr an die ernsteren und klügeren Historiker halten und die Leser auf ihre natürliche und richtige Einstellung zurückführen."

---

4 Giannone, Istoria civile lib. XXXVI, c. 2.
5 Meines Wissens ist diese Eigentümlichkeit noch nicht hervorgehoben worden; vgl. Fabroni (Vitae Italorum, Petrus Jannonius).
6 Giannone, Ist. civ., lib. XXXVI. c. 5. VI, c. I. – Nani, hist. venet. Teil I., lib. XI. S. 651–661.

Geschichte der Schandsäule 163

Kaum hat Giannone diese seine eigene Ansicht mit diesen Worten hingestellt, so macht er sich an Nanis Arbeit[7]. Er interpoliert sie zuweilen mit seinen eigenen Worten, nimmt da und dort, wenn es die Notwendigkeit gebietet, einige Abänderungen vor, und zwar so, dass er da, wo er den Ausdruck des Originals für unpassend hält, die Bezeichnung seines eigentlichen Schöpfers hinwegnimmt und die seinige dafür hinstellt. Wo z.B. der Venezianer sagt „in jenem Reiche", sagt der Neapolitaner „bei uns", wo der Zeitgenosse sagt „Die Parteien erhielten sich fast in ihrer ganzen Integrität", sagt der Historiker „die Überbleibsel der alten Parteien haben sich immer noch erhalten". Wahr ist es, dass in diesem langen Abschnitt Stellen von einer Erhabenheit vorkommen, wie man sie bei Nani nicht findet. Aber auch diese sind nicht Giannones Eigentum, sondern in der Gestalt, wie sie dastehen, wieder von einem anderen Schriftsteller, und zwar Wort für Wort, entlehnt. Diesen Raub beging er an Domenico Parrino, der zwar im Dunkeln geblieben ist, aber viel gelesen wird, vielleicht mehr als er selbst hoffte, wenn nämlich inner- und außerhalb Italiens die „Geschichte des Königreichs Neapel", welche den Namen Pietro Giannones trägt, ebensosehr gelesen wie gelobt wird[8]. Ohne sich nun etwa von den beiden erwähnten Perioden weit zu entfernen, schreibt er nach der Darstellung des katalonischen und portugiesischen Aufstandes aus Nani den Fall des Günstlings Olivarez ab und aus Parrino die Schilderung von dessen Folgen, nämlich die Rückkehr des Herzogs von Medina als Vizekönig von Neapel und von dessen Maßregeln, um seinen Posten so spät wie möglich an seinen Nachfolger Henriquez von Cabrera übergeben zu müssen.

Aus Parrino entnimmt er zum großen Teil die Darstellung von Cordovas Regierung und dann bald von dem einen, bald von dem anderen in buntem Mosaik die Regierung des Herzogs von Arcos, der die Empörung in Palermo und Neapel folgte, das Fortschreiten und Ende derselben unter Don Juan d'Austria und endlich die Zeit des

---

7   Giannone, Ist. civ., lib. XXXVII, c. 2.3.4. – Nani, historia veneta, S. II, lib. IV, S. 146–157.
8   Teatro eroico e politico de' governi de' vicerè del regno di Napoli, etc. – Napoli 1692, tom II. – Nanis Text geht, wie wir gesehen haben, mit nur wenig Veränderungen bei Giannone durch sieben Kapitel, deren letztes mit den Worten schließt: „Sie requirierten neue und bedeutende Lieferungen, teils um andere Plätze zu versorgen, teils um das Reich sicherzustellen." Danach geht es mit parrino weiter mit den Worten: „Der Vizekönig, Herzog von Arcos, war in Geldverlegenheit" [...] Und so geht es paucis mutatis durch beinah drei Kapitel fort. Dann kommt wieder Nani dran, erst allein, später abwechselnd mit dem anderen. Ein Beispiel: „So wurde eine Feuersbrunst erstickt, die dem ganzen Reich den Untergang drohte; ein noch größeres Wunder lag aber in der plötzlichen Umstimmung der Gemüter, die von den Gefühlen des Mordes, der Rache und Hasses auf einmal zu den zärtlichsten Klagen übersprangen, Freund und Feind in ihre Arme schlossen (Parrino, Bd. II, S. 425), wenn auch einige wenige im Bewusstsein ihrer Schuld flüchtig wurden, so kehrten doch die übrigen zu ihren bürgerlichen Beschäftigungen zurück, fluchten der eben erst überstandenen Verwirrung und begrüßten mit lautem Jubel die anbrechende Zeit der Ruhe (Nani, loc. cit. Teil II, I. IV, S. 157)." Giannone, Ist. civ., loc. cit., lib. XXXVII, c. IV, 2.

Grafen Onatte. Von Parrino allein hat er die Züge des Vizekönigs gegen Piombino und Portologone, dann den Angriff des Herzogs von Guise gegen Neapel, endlich die Pest von 1656. Den Pyrenäen-Frieden (1659) hat er dann wieder von Nani übernommen. Und von Parrina stammt dann wieder ein kleiner Anhang, in dem auf die Auswirkungen dieses Friedens für Neapel eingegangen wird[9].

Voltaire berichtet in seinem Werk „Das Jahrhundert Ludwigs XIV." von den in Metz und Breisach von eben diesem König nach dem Frieden von Nimwegen (1678/79) eingesetzten Gerichtshöfen, die über seine Ansprüche gegen Nachbarstaaten entscheiden sollten. Bei dieser Gelegenheit erwähnt er Giannone zwar auf lobende Weise, zugleich aber, um ihn einer Kritik zu unterwerfen. „Giannone", sagt er, „ist durch seine Geschichte Neapels berühmt geworden. Auch ist diese Geschichte recht brauchbar. Die oben genannten Kammern aber versetzt er nach Tournai, wie er denn überhaupt in Dingen, die nicht gerade sein Vaterland betreffen, häufig irrt. So behauptet er z.B., Ludwig XIV. habe den Frieden von Nimwegen mit Schweden geschlossen, und doch war dies sein Bundesgenosse."[10] Mag nun aber auch Lob oder Tadel in diesem Urteil vorherrschen, jedenfalls trifft es nicht Giannone; denn dieser hat sich an dieser wie an so vielen anderen Stellen nicht einmal der Mühe, selber zu irren, unterzogen. Es ist wahr, dass in dem Werk dieses berühmten Mannes Worte vorkommen wie: „Hierauf kam der Frieden zwischen Frankreich, Schweden, dem Reich und dem Kaiser zustande" (von denen ich übrigens nicht zu sagen wüsste, ob sie nicht eher missverständlich als irrig sind), und an einer anderen Stelle: „Die Franzosen setzten darauf in Tournai und Metz zwei Tribunale ein, maßten sich mittels derselben eine bisher noch nie erlebte Jurisdiktion über die benachbarten Souveräne an und ließen sich unter dem Titel der Dependentien den ganzen Grenzstrich nach Flandern und dem deutschen Reiche hin, wie es ihnen gerade passte, als Eigentum zusprechen, setzten sich in faktischen Besitz von den ihnen so zugesprochenen Ländereien, zwangen die Bewohner, den allerchristlichsten König als ihren Herrn anzuerkennen, legten ihnen Steuern auf und vollzogen alle Handlungen, die nur ein Herr gegen seine Untertanen vollziehen kann." Doch gehören diese beiden Stellen immer wieder dem armen verkannten Parrino[11]. Sie sind nicht aus seinem Geschichtswerk herausgenommen, sondern mit diesem zugleich dem Giannones einverleibt, wie denn dieser lieber den ganzen Baum nimmt und in sein Gärtchen verpflanzt, als hier oder dort die eine oder andere Frucht aufzuheben und einzusammeln.

---

9   Giannone, Ist. civ., lib. XXXVI, c. 6, das ganze lib. XXXVII mit seinen sieben Kapiteln und dem Anfang des folgenden. – Nani, Historia venet. Teil I, lib. XII, S. 738, Teil 2, lib. III, IV, VIII. – Parrino, Teatro eroico..., loc. cit., Teil 2, S. 296 ff., Teil III, S. I ff.

10 Voltaire, Siècle de Louis XIV (Das Jahrhundert Ludwigs XIV.), Paix de Ryswick, not. C.

Geschichte der Schandsäule 165

Die ganze Geschichte des Nimweger Friedens, kann man sagen, ist aus Parrino genommen; ebenso zum größten Teil, nur mit vielen Abkürzungen und wenig Zusätzen, ist das Vizekönigtum des Marchese de los Veles in der Zeit des gedachten Friedensschlusses von Giannone und Parrino entlehnt, der damit seine Geschichte schließt, während Giannone das vorletzte Buch der seinigen damit beendigt. Jedenfalls würde man, wollte man eine durchgängige Vergleichung beider Schriftsteller miteinander anstellen, während der ganzen vorhergehenden Periode der spanischen Herrschaft in Neapel, womit Parrino seine Arbeit beginnt, derselben Erscheinung, die uns schon in diesen Bruchstücken aufgefallen ist, begegnen, und doch ist der Name Parrino nicht ein einziges Mal zitiert[12]. Gleichergestalt übernimmt er von Paolo Sarpi (1552–1623) viele Abschnitte[13], ohne ihn auch nur zu erwähnen, ja er hat von ihm die ganze Einteilung des Exkurses, worauf mich eine gelehrte und glaubwürdige Person hingewiesen hat.

Wer weiß, was man noch alles zusammengestellt fände, wenn man sich die Mühe gäbe, danach zu suchen. Wenn wir aber gesehen haben, dass ein berühmter und allgemein als vorzüglich anerkannter Autor nicht nur die Auswahl oder Anordnung der aufzunehmenden Tatsachen, Urteile oder Bemerkungen, nicht nur den Geist, der das Ganze durchwehen soll, von einem anderen übernommen hat, sondern ganze Seiten, Kapitel und Bücher aus ihm abgeschrieben hat, so können wir bereits dies als eine in ihrer Art einzige Erscheinung bezeichnen. Mag der Grund geistige Unfruchtbarkeit oder gedankliche Trägheit oder Frechheit gewesen sein, in dieser Größe kommen sie gewiss nur selten vor, aber unerhörtes Glück ist es, wenn man ungeachtet alles dessen für einen großen Mann gehalten wird. Und dies mag für eine etwas lange Abschweifung im Anhange einer kleinen Schrift uns die Nachsicht des geneigten Lesers sichern.

Jedermann kennt Parinis (1729–1799) Schrift über die Schandsäule. Warum also wurde sie noch nicht von uns erwähnt? Der berühmte Dichter ist leider nur zu sehr das Echo der Menge und der in der Säule eingegrabenen Worte, wenn er sagt:

> Durch ein Gemeng elender Hütten schritt ich und
> Durch Trümmer, da eröffnet sich der Schandplatz mir;
> Aus ödem Dornbusch, Steingeröll, Gestanke
> Steigt eine Säule einsam hier empor.

---

11 Giannone, Ist. civ., lib. XXXIX, letztes Kapitel, S. 461 und 463 des 4. Bandes. – Napoli: Nicolo Naso, 1723. – Parrino, Teatro loc. cit., Bd. III, S. 553–567.

12 In nach Giannones Tod veranstalteten Ausgaben von dessen Geschichte wird sich zwar auf ihn berufen, aber nicht als den Verfasser des Textes, sondern als Augenzeugen der erzählten Tatsachen.

13 Paolo, Sarpi, Discorso dell' origine etc. dell'Uffizio del' inqui, sizione, opere varie, Helmstatt (Venezia) t. I, S. 340. Giannone, Ist. civ. XV, c. ult.

> Kein Mensch wagt mehr den Fuß auf diesen Platz zu setzen,
> Denn warnend ruft des Volkes Schutzgeist ihm entgegen:
> Es bleibe fern, wer's wohl mit seinem Lande meint,
> Damit ihn nicht des Ortes Schande mit befleckt.[14]

War das wirklich Parinis Meinung? Ich weiß es nicht, denn wenn er sich auch noch so bestimmt in einem dichterischen Werk ausdrückte, so ist dies noch kein schlagender historischer Beweis. Wollte man dies annehmen, so würde der Grundsatz gelten, dass der Dichter das Vorrecht besitze, aus jedem Volksglauben, egal, ob wahr unwahr ist, Nutzen zu ziehen, wenn er damit einen starken oder angenehmen Eindruck verschaffen kann. Das Vorrecht! Menschen im Irrtum zu erhalten oder zu bestärken, ein Vorrecht! Dies ist jedoch schon deshalb unmöglich, weil niemand bei einem Dichter Wahrheit sucht. Es gibt nichts darauf zu erwidern; nur mag es befremdlich erscheinen, dass die Poeten mit der Erlaubnis und der Ursache zufrieden sein könnten.

Schließlich kam noch Pietro Verri, der erste nach hundertsiebenundvierzig Jahren, der die Wahrheit erkennt und uns sagt, wer eigentlich die Schlächter gewesen sind, der zuerst in uns das Mitleid für die barbarisch hingemordeten, so lange verabscheuten Unschuldigen erregt, ein ebenso geschuldetes wie verspätetes Mitleid. Aber wie kommt es, dass seine bereits 1777 niedergeschriebenen Bemerkungen erst im Jahre 1804 gedruckt wurden? Sie erschienen nämlich erst zusammen mit anderen seiner veröffentlichten und unveröffentlichten Werke in der Sammlung „Italienische Klassiker über politische Ökonomie". Den Grund für diese Verspätung gibt der Herausgeber in seinem Vorwort zu den genannten Werken an. „Der Verfasser glaubte nämlich, der Senat könne wegen der von seinen Vorgängern verübten Schandtat in seinem Ansehen befleckt werden." Eine Ansicht, die bei dem damaligen Korpsgeist sehr häufig vorkommt und den Nachfolger lieber die Fehler seiner Vorfahren zu den seinigen mit machen ließ, als dass er sie offen zugestanden hätte. Nun hätte ein solcher Korpsgeist nicht Gelegenheit finden müssen, sich so sehr in die Vergangenheit auszudehnen, außer in wenigen Fällen, besser gesagt vor allem in einem Fall, der, weil er nicht menschlichen Ursprungs ist, weder beseitigt noch ersetzt werden kann. Überdies ist jener Geist mehr denn je geschwächt durch den Geist der Individualität. Das Ich dünkt sich viel zu reich, um vom Wir etwas zu erbetteln. Hier gibt es nur ein Heilmittel; Gott bewahre uns davor, es auszusprechen.

Jedenfalls war aber Pietro Verri nicht der Mann, einer solchen Rücksichtnahme das Bekenntnis zu einer Wahrheit zu opfern, die sich wegen der Glaubwürdigkeit, in welcher der Irrtum gründete und mehr noch wegen des Ziels, dem er sie dienstbar machen wollte, wichtig erschien; doch es gab einen anderen Grund, der ihm diese Rücksichtnahme richtig erscheinen ließ. Der Vater des berühmten Verfassers war

---

14 Procul. hinc. procul. erg. boni.cives.ne.vos.infelix. infame.solum.commaculet.

nämlich Präsident des Senats. Und so ist es eben oft geschehen, dass auch gute Gründe schlechten Gründen hilfreich sind und dass wegen der Kraft des einen wie des anderen eine Wahrheit, nachdem ihr Hervortreten wegen des einen Stücks lange verzögert worden ist, wegen des anderen Stücks noch länger hat verborgen bleiben müssen.

Kommentare

KOMMENTAR I

*Ezequiel Malarino**

Pietro Verris „Betrachtungen über die Folter" und die Debatte über die Abschaffung der Folter in der österreichischen Lombardei**

I.

Die ersten kritischen Betrachtung aus der Feder Pietro Verris über den Mailänder Prozess von 1630 gegen mutmaßliche Pestschmierer finden sich in den *Considerazioni sul commercio dello Stato di Milano* („Betrachtungen über den Handel des Staates Mailand") von 1763[1] und in den *Memorie storiche sulla economia pubblica dello Stato di Milano* (Historische Erinnerungen über die Volkswirtschaft des Staates Mailand) von 1768[2]. Zwar widmete Verri nur wenige Zeilen dem Schandsäulen-Prozess, übrigens ohne jede Kenntnis der Prozessakten, doch bereits in diesen beiden Werken zeigte er, dass er erahnt hatte, dass hinter der „Schandsäule" genannten Säule, die in der *Vedra dei Cittadini*, an der Porta Ticinese in Mailand errichtet worden war, und der Inschrift, dass Gian Giacomo Mora und Guglielmo Piazza *hostes*

---

* Professor an der „Carrera de Especialización en Derecho Penal", Juristische Fakultät der Universität Buenos Aires, Argentinien. Dottore di ricerca für Strafrecht der Universität Macerata, Italien.

** Ich danke Prof. Ettore Dezza von der Universität Pavia für seine überaus hilfreichen bibliographischen Hinweise. Mein Dank gilt ferner Emanuele Corn, Emanuela Fronza und Beatrice Pisani von der Universität Trento und Emanuela Fugazza von der Universität Pavia für ihre Hilfe beim Auffinden des Materials.

1   Zuerst veröffentlicht von Carlo Antonio Vianello in der Reihe *Pubblicazioni dell'istituto di storia economica dell'Università commerciale Luigi Bocconi*. Mailand 1939; im folgenden wird diese Ausgabe zitiert.

2   Posthum veröffentlicht von Pietro Custodi in der Reihe *Scrittori Classici Italiani di Economia Politica. Parte moderna*. Band XVII. Mailand (Destefanis) 1804, S. 9–189. Im folgenden zitiert wird die in den *Scritti vari di Pietro Verri.* Ordinati da G. Carcano, veröffentliche Fassung Florenz (Le Monier) 1854. Band I, S. 462 ff. Zur Entstehung dieses Werkes, das eine erweiterte Fassung der *Considerazioni sul commercio dello Stato di Milano* darstellt, s. *Giorgio Panizza*, Scritti economici (1776–1771), in: Giorgio Panizza / Barbara Costa, L'archivio Verri. Zweiter Teil: la „raccolta verriana". Milano (Fondazione Raffaele Mattioli per la storia del pensiero economico) 2000, S. 103 f.

patriae seien³, sich in Wirklichkeit eine andere Geschichte verbarg – eine tragische Geschichte, die, mit den Augen der Vernunft betrachtet, in aller Deutlichkeit zeigte, dass schändlich nicht so sehr die Säule war, als vielmehr der Prozess, in dem ihre Errichtung angeordnet worden war, so dass die alten Feinde des Vaterlandes in Märtyrer einer durch Grausamkeit, Aberglauben und Unkenntnis gekennzeichneten Epoche verwandelt wurden; die *Considerazioni sul commercio* zeigen indes einen Verri, der sich mit dem Ausspruch eines endgültigen Urteils über den Prozess noch zurückhält. Obwohl sein Kommentar deutlich einen kritischen Ansatz erkennen lässt, bringt der abschließende Satz nicht etwa eine umfassende Kritik zum Ausdruck, sondern beschränkt sich auf das Stellen einer Frage:

> „Das Volk, das in jeder Epoche und in jedem Klima stets ein großer Liebhaber von Wundern und von außergewöhnlichen Ursachen ist, schrieb die Pest einigen Giften in Mailand zu, wie es dies in Rom im Jahre 423 nach Gründung der Stadt unter dem Konsulat von Claudius Marcellus und Caius Valerius getan hatte⁴; dabei war dieses Unglück vom Veltlin aus über uns gekommen. Die Meinung in Rom war weniger absurd als bei uns, denn dort hatte man wenigstens den Verdacht auf Gifte, die beim Einnehmen den Tod herbeiführten, während bei uns die Auffassung herrschte, dass einige mit verhexten Salben dieses Unglück zumindest vergrößert hätten. Wäre es noch möglich, dass ein Mensch ohne ersichtliches Interesse zu einem schrecklichen Grad von Niedertracht gelangte, so wäre immer noch zu prüfen, ob es derartige Salben überhaupt gibt. Ich weiß, dass der hochmögende Brogiani und sein *Trattato de Veneno ecc.* (Abhandlung über das Gift usw.) keiner künstlichen Flüssigkeit die Fähigkeit zuerkennt, den Tod durch bloße Berührung herbeizuführen; und es erscheint unwahrscheinlich, dass die Chemie damals fortgeschrittener war als heute. Ich weiß andererseits, dass man grausame Quälereien angewandt hat, um jenen Unglücklichen, die als Täter dieser Missetat angezeigt worden waren, das Geständnis aus dem Munde zu reißen, und ich weiß freilich auch, dass die gedruckten Träume eines Cardano und eines Martino del Rio als Codex dienten, um verschiedene Bürger auf schändliche Weise unter gräßlichen Misshandlungen zugrunde zu richten⁵, sie an den Füßen auf-

---

3   S. den vollständigen Text in Abschn. 7 der *Osservazioni sulla tortura* von Pietro Verri; in der hier herangezogenen, von Silvio Contarini herausgegebenen Ausgabe Mailand (BUR) 2006, S. 108 f.

4   Anmerkung von Verri: „Proditum falsum esse venenis absumptos quorum mors infamem annum pestilentia fecerit. Liv[ius]. Lib. VIII Cap. XVIII. Decad. I. Aedit Paris 1735. Tom. I S. 488".

5   Anmerkung von Verri: „'Superstitio fusa per gentes oppresit omnium fere animos, atque hominum imbecillitatem occupavit'. Cicer[o] de Divinat. Lib. 2. Somaglia, der über Vorgänge aus seiner Zeit berichtet, sagt, er sei an der Pest erkrankt, und spricht von Magie und Zauberei, und dies war gewiss die allgemeine Auffassung, obwohl in der Inschrift der Schandsäule nur von 'laetiferis unguentis huc et illuc aspersis' die Rede ist. Welchen Bedarf an Verdächtigung über den Tod von Bürgern gab es nicht, 'dum pestis atrox saeviret'? Vgl. Ios. Ripamontii de Peste pag. 84 et seg. [:] 'On croiroit alors tout bonnement aux Sorciers. Il faut avouer néanmoins que les Juges de la Maréchalle d'Encre devoient être au dessous des préjugés du peuple, leur ignorance, ou leur cruauté envoya cependant la Femme d'un Maréchal de France au bûcher ou elle fut brûlée vive. Ses Juges n'etoient pas assurement des grands Sorciers ... que nous sommes

zuhängen, zu rädern, mit Zangen zu zwicken usw. wegen Pestschmierei, Magie und Zauberei. Wenn die Schandsäule, die an der Stelle des zerstörten Hauses des Mora errichtet wurde, ein Denkmal an sein Verbrechen oder an das Unglück jener Zeiten ist, so ist es nicht meine Aufgabe, dies zu untersuchen, noch, eine Entscheidung darüber zu treffen."[6]

In den *Memorie storiche* hat es dann aber mit dieser Vorsicht ein Ende, und die Kritik wird sehr radikal. Verri greift die eben zitierte Passage aus den *Considerazioni sul commercio* wieder auf – übrigens ein Werk, aus dem die *Memorie* hervorgegangen sind –, und er entwickelt seine Gedanken folgendermaßen:

„Ein Denkmal der abergläubischen Grausamkeit und Unwissenheit des vergangenen Jahrhunderts besitzten wir in Mailand in der Schandsäule. Während der Pest, die 1630 aus dem Veltlin zu uns gekommen war, ein Gemetzel unter unseren Bürgern anrichtete, dem, wie es scheint, 150.000 von ihnen zum Opfer gefallen sind[7], verbreitete sich der Aberglaube im Volk, dass diese Katastrophe von Hexern verursacht und durch Zaubersalben über die Stadt verbreitet worden sei. Das Volk von Rom verfiel im Jahre 423 nach Gründung der Stadt unter den Konsuln Claudius Marcellus und Caius Valerius einem vergleichbaren Wahn. Wir lesen bei Livius: *Proditum falso esse venenis absumptos quorum mors infamem annum pestilentia fecerit*[8]. Zwei bedauernswerte Bürger, Piazza und Mora, wurden von der Wut des Volkes als Täter des Schmierens von Hexensalben verdächtigt und verhaftet. Die Foltern, mit denen sie über mehrere Tage hinweg gepeinigt wurden, erregen Grauen. Ripamonti hat getreu die Geschichte dieses Ereignisses aufgeschrieben, und obwohl er selbst im selben allgemeinen Vorurteil befangen war, so ersieht man doch aus seinem Bericht, dass sie nicht schuldig waren und dass sogar in jenen Zeiten einige sie für unschuldig hielten[9]; in der Sammlung von Don Pio Della Croce kann man lesen, dass Piazza und Mora nach ihrer Verurteilung das, was sie im Prozess gestanden hatten, als falsch widerrufen hätten und bis zum letzten Atemzug hartnäckig erklärt hätten, sie seien unschuldig, womit sie übrigens ihren Tod mit einem weiteren guten Argument unterstützten.

---

heureux de n'être pas nés dans ces Siècles trop fameux par des exemple de férocité, et d'ignorance crasse, risibles en eux-mêmes si l'humanité pouvoit se prêter à rire des attentats faites contre les droits de ses enfans. Vgl. 'Mémoires pour servir à l'Histoire des Finances', S. 88".

6   Verri, *Considerazioni sul commercio*, a.a.O., S. 41.
7   Anmerkung von Verri „Somaglia lässt ihn auf 180.000 erhöhen, pag. 500. Aus dem Bericht von di Casal Mag[gio]re an den Senat vom 3. April 1663 ersieht man, dass mehr als 10.000 Personen in Casal Maggiore an der Pest zugrunde gingen, wo man im Jahr zuvor, 1667, nicht mehr als 453 Seelen zählte. Und Ripamonti, der Chronist der Stadt Mailand, lässt sein Buch *De Peste* 1640 drucken und erklärt uns: 'ego nihil compositum ad ostentationem scenae gaudentis incredibilibus, sed spectata cuncta hisce oculis, et saepe defleta narraturus sum' und führt über die Zahl der Einwohner von Mailand an, dass 'trecenta millia capita aliquando censa fuerunt; ducenta habitavere ante cladem'".
8   Anmerkung von Verri: „Liv. 8 Cap. 12. Decad. I. Aedit Paris 1735. Tom. I S. 888".
9   Anmerkung von Verri: „Joseph Ripamonti de Peste pag. 84".

Denn daraus las man noch die teuflische Verhexung in diesem Falle heraus[10]. Die Logik jener Zeiten war so beschaffen, dass man damit begann, sie als Täter zu verdächtigen, und anschließend den Beweis ihrer Unschuld mit den Grundsätzen der Zauberei erklärte. Der Senat ließ sie mit Zangen, Messern und Feuer unter schrecklichen Qualen zum Tode bringen: Der Aberglaube, der unter den Leuten verbreitet war, beherrschte fast alle Gemüter und nahm von der Schwäche der Menschen Besitz[11]. Er ließ das Haus des unglücklichen Mora zerstören und errichtete dort eine Schandsäule mit einer Inschrift, in der zu lesen ist: *laetiferis unguentis huc et illuc aspersis plures ad diram mortem compulit dum pestis atrox saeviret.* Der Senat glaubte: I. dass, wenn es eine grausame Pest gebe, man den Grund für das Sterben woanders suchen müsse; II. dass eine zwecklose Grausamkeit im menschlichen Herzen es ermögliche, Menschen ohne Unterschied ohne irgend einen eigenen Nutzen zu vergiften; III. dass es Salben gebe, die schon bei der bloßen Berührung zur Vergiftung führen. Die Chemie hat zum Glück für das Menschengeschlecht bislang solche künstlichen Salben noch nicht erfunden; sie sind im vollen Licht dieses unseres Jahrhunderts Herrn Dr. Brogiani, der sich so hohes Ansehen mit seiner Schrift über Gifte erworben hat, unbekannt geblieben. Damals belastete die Unkenntnis der Richter diese und andere Opfer mit Unterstützung durch die Träume des Cardano und des Martino del Rio. Man kann dazu das sagen, was ein französischer Autor von den Richtern der Marschallin d'Ancre sagte: *Ses Juges de la Maréchalle d'Encre devoient être au-dessous des préjugés du Peuple, leur ignorance, ou leur cruauté envoya cependant la Femme d'un Maréchal de France au bûcher où elle fut brûlée vive. Que nous sommes heureux de n'être pas nés dans ces siècles trop fameux par des exemples de férocité, et d'ignorance crasse, risibles en eux-mêmes si l'humanité pouvoit se prêter à rire des attentats faites contre les droits de ses enfans!*[12] Nachdem die Minister das Volk in allen Ländern verdorben hatten, wurden sie selbst verdorben und nahmen selbst an der Meinung des Volkes teil."[13]

Obwohl die beiden zitierten Werke nur wenige Bezugnahmen auf den Prozess von 1630 enthalten – da sie ja die historische Rekonstruktion und die Analyse des zeitgenössischen Funktionierens der Wirtschaft des Herzogtums Mailand zum Gegenstand hatten und Verri zur Einsicht der Tatsachen nur indirekt, durch die Werke von Ripamonti[14] und Somaglia[15], gelangt war –, finden sich in ihnen bereits einige Argumente, die später in den *Osservazioni sulla tortura* wieder auftauchen sollten. Vor

---

10 Anmerkung von Verri „Memorie delle cose notabili successe in Milano intorno il mal contagioso l'anno 1630. Stampato in Milano da Giuseppe Maganza pag. 49".
11 Anmerkung von Verri: „Cicero. de divinat. Lib. 2."
12 Anmerkung von Verri: „Mémoires pour servir à l'Histoire des Finances pag. 88".
13 Verri, *Memorie storiche*, a.a.O., S. 464 ff.
14 *Giuseppe Ripamonti Canonici scalensis, chronistae urbis Mediolani,* de peste quae fuit anno 1630. Das Buch wurde von Franceso Cusani ins Italienische übersetzt und 1841 vom Verlag Pirrota *La Peste di Milano del 1630* erstmals übersetzt. Im folgenden wird die 2003 vom Verlag Arnaldo Forni herausgegebene Fassung (mit Einführung von Ermanno Paccagnini) zitiert.
15 *Cavatio della Somaglia*, Alleggiamento per lo stato di Milano per le imposte e loro ripartimenti. Milano (Malatesta) 1653.

Kommentar I 175

allem bezieht Verri bereits in den *Memorie storiche* eine sehr klare kritische Position gegenüber der Tätigkeit des Senats von Mailand. Es sind freilich nur wenige Passagen in den zitierten Paragraphen, wie beispielsweise die Anspielung auf Cardano[16] und auf Martin del Rio[17], die in dem später veröffentlichten Text der *Osservazioni* keinen Platz mehr fanden.

II.

Die *Betrachtungen über die Folter*, die das wichtigste strafrechtliche Werk des lombardischen Aufklärers bilden, wurden einige Jahre später geschrieben, nach einer eingehenden Untersuchung eines Exemplars des *Summarium offensivi contra don Johannem Cajetanum de Padilla*, einem Auszug aus den Akten des Prozesses gegen die Pestschmierer[18], der zur Verteidigung von Giovanni Gaetano de Padilla, dem

---

16 Gerolamo Cardano (Pavia 1501 – Roma 1576), Arzt und Mathematiker, der sich in der Welt des Okkulten, der Magie, der Chiromantik und der Traumdeutung umtat. Von seinen verschiedenen Werken verdienen Erwähnung „Synesiorum somniorum omnis generis insomnia explicantes". 1562 (4 Bücher über die Arten von Träumen und Träumern und über die Theorie der Träume). Diese vier Bücher wurden in zwei Bänden auf Italienisch veröffentlicht: „Sogni" 1993 (enthält die Bücher II, III und IV) und „Sul sonno e sul sognare" 1996 (enthält Buch I); beide im Verlag Marsilio in Venedig unter der Leitung von Agnese Grieco und Mauro Mancia. Auf dieses Buch nimmt Verri in seinen „Considerazioni" und in den „Memorie" Bezug, wenn er von den Träumen des Cardana spricht.

17 Martin Antonio del Rio (Antwerpen 1551 – Löwen 1608), belgischer Kleriker, Philosoph und Jurist spanischer Herkunft. Sein Hauptwerk „Disquisitionum magicarum libri sex" puliziert in Löwen 1599, behandelt natürliche, künstliche und teuflische Magie und wurde in den Hexenprozessen in großem Umfang benutzt. Es gibt auch eine Fassung in spanischer Sprache („La magia demoníaca". Übersetzt und hrsg. von Jesús Moya. Madrid [Hiperión] 1991).

18 Verri verfügte nicht über die vollständigen Originalakten des Prozesses von 1630, sondern nur über einen *extracto* der *pars offensiva,* der von der Verteidigung Padillas zur Vorbereitung eben der Verteidigung hergestellt worden war. Auch handelte es sich dabei um ein Exemplar, das nach dem Prozeß redigiert worden war. Wichtig ist in diesem Zusammenhang ein Brief Pietros an seinen Bruder Alessandro vom 30. April 1777: „Das Manuskript habe ich abschreiben lassen; es handelt sich nicht um ein Schriftstück des vergangenen Jahrhunderts (…) Ich weiß weder wie noch wann es abgeschrieben worden ist (…). Das Manuskript enthält nicht das Ende der Tragödie „ (vgl. „Carteggio di Pietro e di Alessandro Verri", Bd. IX. Vom 1. April 1777 bis zum 30. Juni 1778. Hrsg. von Giovanni Sereni. Mailand [Milesi & Figli] 1937, S. 30). Verri arbeitete mit einem handschriftlichen Exemplar dieses Manuskripts, das er während der Lektüre mit einer Reihe von Randbemerkungen versah. *(Anmerkungen Verris).* Dieses Exemplar hat, wie Panizza berichtet, eine glänzende Geschichte gehabt, denn Jahre später zeigte Gabriele Verri, Pietros Sohn, es Alessandro Manzoni, der sich anschickte, die *Geschichte der Schandsäule* zu schreiben. Manzoni ließ eine Kopie des Manuskripts und der Bemerkungen Verris anfertigen und fügte seine eigenen Eindrücke über diese Dokumente mit weiteren Randbemerkungen bei *(Anmerkungen Manzonis).* Die Prozeßakten über die *pars offensiva* waren erstmals 1633 veröffentlicht worden. 1839 publizierte Cesare Cantù sie erneut im Verlag G. Truffi in Mailand unter dem Titel „Processo originale degli untori nella peste del 1630" und fügte ihnen einige Auszüge aus seinen „Ragionamenti sulla storia lombarda" bei. 1841 fügte Francesco Cusani als Anhang zu seiner Übersetzung des Werks von *Ripamonte*, La Peste di

Sohn des Kastellans von Mailand, gedient hatte[19]. Verri erhielt die Möglichkeit, an die Akten zu kommen, durch Grassini, den Sekretär der Gesundheitsbehörde *(Ufficio di Sanità)* von Mailand[20]. Der Zeitpunkt der Aushändigung kann freilich nicht mehr genau ermittelt werden[21]. Sehr wahrscheinlich liegt er, wie Barbarisi annimmt, im Jahre 1775, in einer Zeit also, in der die Beziehungen zwischen Verri und Grassini sehr eng und die Kontakte zwischen beiden sehr häufig waren[22].

Hingegen kann der Zeitpunkt, in dem Verri die Akten las und seine *Betrachtungen* schrieb, mit größerer Genauigkeit bestimmt werden, wenn man sich auf die Korrespondenz zwischen den beiden Brüdern Pietro und Alessandro Verri stützt. Nach

---

Milano del 1630, a.a.O., eine Zusammenfassung des bis dahin unveröffentlichten Defensivprozesses an: „Defensiones D. Joannis Gaytani de Padilla Equitis Sancti Jacobi a Spata Ducis Equitis pro S. M. In Dominio Milani" (S. 130 ff. des zitierten Werkes). 1988 veröffentlichten Giuseppe Farinelli und Ermanno Paccagnini im Verlag Garzanti in Mailand eine neue Version der Prozessakten: „Processo agli untori. Milano 1630 cronaca e atti giudiziari". Es handelt sich um einen Text, der auf den beiden ältesten erhaltenen Exemplaren der *pars offensiva* des Prozesses beruht; einige Passagen der *defensiones* sind in den Fußnoten zitiert. Vgl. zu allem *Francesco Cusani*, Appendici del traduttore al libro secondo, in: Ripamonti, La Peste di Milano del 1630, a.a.O., S. 129 ff; *Gennaro Barbarisi*, Introduzione, in: Pietro Verri, Osservazioni sulla tortura, hrsg. vom Verlag Barbarisi, Serra und Riva (Mailand) 1985, S. XLII f.; *Panizza*, Scritti economici, a.a.O., S. 148 f; *Giuseppe Farinelli*, Osservazioni introduttive, testi, cronologia del processo, criteri della presente edizione, in: Processo agli untori, hrsg. von Farinelli und Paccagnini, a.a.O., S. 150 ff.

19 Giovanni Gaetano de Padilla wurde angeklagt, die Pestschmierereien von Mailand erdacht, angeordnet und unterstützt zu haben, und sodann am 28. Juni 1633 entbunden. Sein Vater, Francesco de Padilla, war Kastellan von Mailand bis zum 26. August 1630, als er starb, nachdem er sich die Pest zugezogen hatte. Angesichts der von Francesco de Padilla ausgeübten herausragenden politischen Position, der vierthöchsten der spanischen Lombardei, ist die These vertreten worden, der Prozess gegen die Pestschmierer sei Teil eines politischen Manövers der Mailänder Hocharistokratie gegen die spanische Zentralherrschaft gewesen. In diesem Sinne z.B. *Romano Canosa*, Tempo di Peste. Magistrati ed untori nel 1630 a Milano. Rom (Sapere 2000), 1985, S. 13 und 116 ff; auch S. 15 und 84 f. Zu allen diesen Fragen vgl. anche *Farinelli, Osservazioni introduttive*, a.a.O., S. 150; *Ermanno Paccagnini*, Cronaca di un contagio, in: Processo agli untori, hrsg. von Farinelli und Paccagnini, a.a.O., S. 98 f. und 81; *Piero Clini*, Il processo degli untori nella peste del 1630. Mailand (Giordano) 1967, S. 14 und 306 ff.

20 Darüber belehrt uns ein Brief von Pietro an Alessandro vom 30. April 1777: „Die Akten über den Prozess gegen die Schmierer von Pestgift habe ich von Grassini, dem Sekretär der Gesundheitsbehörde, erhalten", Carteggio, Bd. IX, a.a.O., S. 30.

21 Vgl. *Giorgio Panizza, Scritti storici* (1776–1786), in: Panizza / Costa, L'Archivio Verri. Zweiter Teil, a.a.O., S. 149. Der einzige sichere Umstand ist, dass er, als er 1768 seine *Memorie* verfasste, noch nicht über die Akten verfügte, denn es gibt keinen einzigen Hinweis auf sie, da er die Geschichte des Schandsäulen-Prozesses aus Sekundärquellen entnimmt, vor allem aus dem Werk von Ripamonti.

22 *Gennaro Barbarisi*, Per una nuova lettura delle „Osservazioni sulla tortura" di Pietro Verri, in: Alessandro Manzoni, Storia della Colonna Infame. (Bd. XII der Edizione Nazionale ed Europea delle Opere di Alessandro Manzoni, hrsg. von Carla Riccardi. Milano [Centro Nazionale Studi manzoniani] 2002, Anhang S. 392 ff. Zum Verhältnis von Grassini und Verri s. insb. *Pietro Verri*, Manoscritto per Teresa, hrsg. von Gennaro Barbarisi. 2. Aufl. Mailand (LED) 1999.

dem, was aus dieser Dokumentation hervorgeht, steht fest, dass am 22. Mai 1776 Pietro die Akten bereits gelesen hatte, denn von diesem Tag datiert der Brief an Alessandro, in dem er, neben anderen Angelegenheiten, erklärt: „Ich habe das Exzerpt des Schandsäulen-Prozesses in meinen Händen gehalten: oh lieber Alessandro, welche Abscheulichkeit! Die Kannibalen sind nicht so grausam wie diese Unglücklichen, die unter Qualen und Foltern zugrunde gerichtet wurden, und dabei unschuldig waren"[23].

Andererseits steht fest, dass er bereits vor dem 19. April 1776, dem Tag der Verabschiedung durch den Senat von Mailand, jene von Senator Gabriele Verri geschriebene Antwort auf die Stellungnahme gelesen hat, die von Wien zu der Frage erbeten worden war, ob es sich empfehle, das – wenige Monate vorher von Maria Theresia für ihre Erbstaaten erlassene – Dekret über die Beseitigung der Folter und über die Beschränkung der Todesstrafe auf schwere Verbrechen auf das Herzogtum Mailand auszudehnen[24]. Am 26. April 1777 schrieb Pietro an Alessandro, dass, während ihr Vater Gabriele mit der Abfassung seiner Stellungnahme befasst gewesen sei, er selbst an seinem Manuskript über die Folter gearbeitet habe: „[...] zu jener Zeit verfasste ich mein Manuskript"[25].

Das Manuskript, das Verri hier erwähnt, bildet tatsächlich die erste Version der *Betrachtungen*, ein einleitender Text, ursprünglich mit dem Titel *Osservazioni sulla pestilenza che devastò Milano l'anno 1630* (Betrachtungen über die Pest, die 1630 Mailand verwüstete), später geändert und ersetzt durch den Titel *Osservazioni sulle unzioni venefiche alle quale si attribuì la pestilenza che devastò Milano l'anno 1630* (Betrachtungen über die Giftsalben, auf die man die Pest, die 1630 Mailand verwüstete, zurückgeführt hat)[26], der „mit heißer Nadel" Hand in Hand mit dem Fortschreiten der Lektüre der Prozessakten gestrickt wurde, wie ein Satz aus dem Manuskript selbst bezeugt: „Wie diese Überlegungen, die ich in dem Maße zu Papier bringe, wie ich in der Lektüre vorankomme [...]"[27]. Alle diese Quellen zeigen deutlich, dass die

---

23 *Alessandro Giulini / Giovanni Seregni* (Hrsg.), Carteggio di Pietro e di Alessandro Verri. Bd. VIII. Vom 1. Januar 1776 bis zum 31. März 1777. Mailand (Milesi & figli) 1934. S. 102. Angesichts der engen Beziehungen zwischen den Brüdern Verri und der Intensität ihres Schriftwechsels, kann zwischen der Lektüre der Prozessakten und der Mitteilung an Alessandro nicht viel Zeit vergangen sein.

24 Zum Gutachten s. noch u. Pkt V.

25 Carteggio. Bd. IX, a.a.O., S. 27 f.

26 Vgl. *Barbarisi*, Per una nuova lettura, a.a.O., S. 395; *Barbarisi*, Introduzione, a.a.O., S. XV f; *Gennaro Barbarisi*, Nota al Testo, in: Verri, Betrachtungen, hrsg. von Barbarisi, a.a.O., S. 96 ff., dort auch eine Rekonstruktion der ersten Fassung des Textes; *Panizza*, Scritti storici, a.a.O., S. 151 ff. (es handelt sich um den als „redazione A" bezeichneten Text).

27 *Barbarisi*, Nota al Testo, a.a.O., S. 102.

Lektüre der Prozessakten und die erste Fassung der *Betrachtungen* zur selben Zeit Anfang 1776 stattfanden.

Die endgültige Fassung stammt vom Beginn des darauffolgenden Jahres. Der Briefwechsel zwischen den Brüdern Verri, der für die Rekonstruktion der Entstehung der *Betrachtungen* stets wichtig ist, liefert noch einmal beredtes Zeugnis. Drei Briefe von Pietro an Alessandro Verri vom Beginn des Jahres 1777 beziehen sich auf dieses Thema.

Am 11. Januar schrieb Pietro an seinen Bruder: „Ich habe in den vergangenen Tagen an einem Thema gearbeitet, über das ich bereits seit der glücklichen Zeit unseres Studiums Material gesammelt hatte, nämlich über die Folter. Ich übersende dir das Manuskript, sobald es abgeschrieben ist. Die größte Freude, die ich bei seiner Abfassung empfunden habe, war die, dass ich es dir senden würde"[28]; am 19. Februar teilte er ihm mit, dass die Übertragung noch nicht beendet sei: „es wird doch noch einen Monat dauern, bis meine Abhandlung über die Folter übertragen ist"[29]; am 9. April kündigte er ihm schließlich die Übersendung des Werkes an: „Mit der normalen Post von heute sende ich dir ein Paket mit dem Manuskript über die Folter"[30].

---

28 Carteggio, Bd. VIII, a.a.O., S. 242.
29 Carteggio, Bd. VIII, a.a.O., S. 265, wo er den Schreiber der Säumigkeit zeiht: „[...] weil der exakte Schreiber, dessen ich mich bediene, äußerst langsam ist". *Barbarisi*, Per una nuova lettura, a.a.O., S. 399, regt an, die Verzögerung so zu verstehen, dass sie in Wirklichkeit weniger der Langsamkeit des Schreibers zuzuschreiben sei als der Tatsache, dass Veri das Werk noch nicht beendet hatte; *Panizza*, Scritti storici, a.a.O., S. 145, äußert dazu nur leisen Zweifel.
30 Carteggio, Bd. IX, a.a.O., S. 15. Diese Zeitangaben finden Bestätigung in der 1781 für die Tochter Teresa geschriebenen Biographie seiner Gattin Maria: „Es kam der bitter kalte Winter 1777 [...]; da ich ein Zimmer hatte, in das ich mich zurückziehen konnte, machte ich mich an die Arbeit und brachte mein Buch über die Folter und ihre Wirkungen anlässlich der Pestilenz von Mailand von 1630 in Ordnung: *Notizie in torno la vita, i costumi e la morte di vostra madre*, in: Verri, „Manoscritto" per Teresa, a.a.O., S. 28. Das genaue Datum der letzten Änderungen am Text durch Verri zu ermitteln, ist uns nicht möglich. Wahrscheinlich wurden sie nach dem 17. Mai 1777 angebracht, denn auf dieses Datum geht der Brief zurück, in dem Pietro dem Bruder Alessandro für seine Bemerkungen zum Text dankt und die Absicht äußert, diesen entsprechend zu ändern: „Ich danke Dir von Herzen für die klugen Beobachtungen, die Du zur Folter angestellt hast. Im ganzen bin ich Deiner Auffassung und werde sie befolgen". (Carteggio, Bd. IX, a.a.O., S. 48). Auf die erwähnten Anmerkungen zum Text beziehen sich drei Briefe Alessandros aus dem Jahre 1777: am 23 April schlug Alessandro vor, den historischen Teil auszuweiten: „Wenn in diesem Teil einiges anwachsen würde, wäre er noch besser. [...] Wenn Dich die Lust ankommt, dich noch einmal mit diesem schönen Stück zu befassen, vermehre die Tatsachen; was die Beweisführung angeht, gibt es zwar nichts zu ergänzen, aber die Tatsachen berühren das Herz, und hundert mal fällt einem das Buch aus der Hand; aber wegen des großen Interesses an der Sache muss man wieder nach ihm greifen" (Carteggio, Bd. IX, a.a.O., S. 22 f.); am 3. Mai versprach er die Rücksendung des Manuskripts „mit den wenigen Überlegungen", die er angebracht habe (Carteggio, Bd. IX, a.a.O., S. 31 f.); und am 7. Mai kündigt er die Rücksendung des Textes mit einigen Bemerkungen an: „Du wirst im Manuskript ein Blatt mit meinen Bemerkungen finden, d.h. überwiegend Korrekturen von Irrtümern des Kopisten, wenn sie nicht Dir selbst bei noch heißem Blut unterlaufen sind" (Carteggio, Bd. IX, a.a.O., S. 34).

Sodann machte sich Verri an die Korrektur des Originaltextes, fügte einige ganz neue Partien ein, unterteilte das Werk in Kapitel und veränderte wesentlich die Struktur des Werkes, indem er den historischen Teil über den Schandsäulen-Prozess in angemessener Weise mit dem theoretischen über die Folter vereinigte[31].

Wenngleich also die *Betrachtungen* zwischen Anfang 1776 und Anfang 1777 geschrieben worden sind[32], gehen viele ihrer Reflexionen und Gedanken in Wirklich-

---

Weder das von Alesandro zurückgesandte Manuskript noch das Blatt mit seinen Anmerkungen sind aufgefunden worden, vgl. *Barbarisi*, Per una nuova lettura, a.a.O., S. 404 Fußn. 3.

31 *Panizza*, Scritti storici, a.a.O., S. 151 ff. bietet eine detaillierte Aufstellung des Inhaltes der ersten und der zweiten Fassung.

32 Hierüber besteht heute Einigkeit, vgl. *Panizza*, Scritti storici, a.a.O., S. 142 ff., insb. 146 und 150 f; *Barbarisi*, Per una nuova lettura, a.a.O., S. 393 ff.; *Contarini*, Nota al Testo, in: Verri, Betrachtungen, hrsg. von Contarini, a.a.O., S. 45; *Carla Riccardi*, Le lezioni della Storia e la passione del vero, in: Manzoni, Storia della Colonna Infame, Bd. XII der Edizione Nazionale ed Europea delle opere di Alessandro Manzoni, hrsg. Riccardi, a.a.O., S. LXIII, sowie *Bonchio*, Prefazione, in: *Verri, Betrachtungen*, hrsg. von Bonchio. Mailand (Universale Economica) 1950, S. 5.

Über längere Zeit hinweg wurde die Frage allerdings kontrovers behandelt. Einige Hinweise von Verri, die sein Interesse an der Thematik der Folter auf einige Zeit vor das Jahr 1776 zurückzuführen schienen (dazu noch weiter unten im Text), und insbesondere ein Irrtum im Archiv bezüglich der Materialien über die *Betrachtungen* hatten *Barbarisi*, Introduzione, a.a.O., S. XV f., sowie Nota al Testo, a.a.O., S. 94, zu der Auffassung geführt, dass die erste Fassung auf 1770 zurückgehe. Der Irrtum Barbarisis – übernommen von *Paolo Preto*, Epidemia, Paura e Politica nell'Italia moderna. Rom, Bari (Laterza) 1988, S. 106 – verdankte sich der Tatsache, dass im „Archivio Verri" das Material der *Betrachtungen* in einer Hülle mit den Aufschriften „Original / Diktiert im Monat 8ber / 1770" und „Folter" zusammengefasst war. Das erste war das Autograph Verris; das zweite aber wurde erst später – vermutlich am Beginn des 20. Jahrhunderts – von einem zerstreuten Archiar hinzugefügt. Vor einigen Jahren hat *Panizza*, Scritti storici, a.a.O., S. 150, gezeigt, dass die Aufschrift „Original / Diktiert im Monat 8ber 1770" sich nicht auf die *Betrachtungen*, sondern auf die *Meditazioni sull'economia* bezog und dass aufgrund eines schlichten Archivierungsfehlers der Inhalt nicht dem entsprach, was in der Inhaltsangabe behauptet wurde. In einer weiteren Schrift hat *Barbarisi*, Per una nuova lettura, a.a.O., S. 395 Fußn. 3, eingestanden, dass ein Archivierungsfehler bei ihm einen Irrtum über die Datierung der ersten Fassung hervorgerufen habe.

Kann diese Frage heute als gelöst angesehen werden, so könnten doch immer noch zwei Elemente die These, dass die erste Fassung auf einen Zeitraum vor 1776 vorzuverlegen sei, bekräftigen. Das erste Element ist eine Bemerkung von Alessandro aus fast 40 Jahren Abstand in den *Osservazioni sull'Elogio del Conte Pietro Verri esposte candidamente ed in ossequio della libertà conceduta dall'urbanissimo estensore del medesimo*, die einem Brief an Isidoro Bianchi vom 29 Juni 1803 beigefügt sind: „Meine Erinnerung ist, dass Pietro, kurz nachdem dieses Buch [gemeint ist *Dei Delitti e delle pene*] erschienen war, eine Abhandlung über die Folter schrieb, deren Material er vor allem Johannes Grevius entnahm, und dass er mehrere Jahre später, nachdem es ihm gelungen war, an die Prozessakten wegen der Pest von 1630 heranzukommen, dieses Werk wieder aufgriff und es anhand dieses schrecklichen Beispiels überarbeitete"; zit. b. *Barbarisi*, Per una nuova lettura, a.a.O., S. 386 Fun. 2 der seinerseits meint, dass die Erinnerung Alessandros „unpräzise" sei und von keinem einzigen Dokument bestätigt werde. Das zweite Element findet sich im Text der *Betrachtungen* selbst. In Abschnitt 14 zitiert Verri eine Passage aud der italienischen Übersetzung der *Dissertation sur les raisons d'établir*

keit auf eine frühere Zeit zurück, insbesondere auf diejenige der „Accademia dei Pugni" und der Zeitschrift *Il Caffè*[33]. Nicht nur die Geschichte der Schandsäule hatte schon früher, wie gezeigt, die Aufmerksamkeit Verris gefesselt – und zwar in so nachdrücklicher Weise, dass er sich entschlossen hatte, ihr einige Abschnitte seiner

---

ou d'abroger les lois Friedrichs II. von Preußen und fügt in Klammern eine Bemerkung von dessen Hand als Zitat hinzu: „[...] Es sind bereits acht Jahre vergangen (damals, als der König dies schrieb; heute sind es dreißig Jahre), seit die Folter in Preußen beseitigt ist" (Ausgabe Contarini, a.a.O., S. 148). Als Friedrich II. schrieb („damals, als der König dies schrieb"), waren acht Jahre seit der Beseitigung der Folter in Preußen vergangen, denn sie geht auf das Jahr 1740 zurück und die *Dissertation* stammt aud dem Jahre 1748. Als Verri seinen Text schrieb („heute"), waren „dreißig Jahre" vergangen. Dies lässt vermuten, dass Verri seinen Text – zumindest diesen Teil – um 1770 geschrieben hat. Allerings lässt die, wie schon bemerkt, recht dichte Korrespondenz zwischen den Brüdern keinen Raum für eine solche zeitliche Vorverlegung. Wahrscheinlich ging dieser Teil aus einigen früheren Notizen zur Folterproblematik hervor, auf die im Briefwechsel zwischen den Brüden Verri und im 1. Abschnitt der *Betrachtungen* Bezug genommen wird (s. dazu den Text).

33 Die *Accademia dei Pugni* war keine Akademie im herkömmlichen Sinne des Wortes, noch viel weniger eine Freimaurer-Loge; sie besaß kein offizielles Programm und kein Statut, sie war überhaupt keine Gesellschaft im förmlichen oder korporationsrechtlichen Sinne wie viele andere Akademien, die es zu jener Zeit in Italien gab. Die *Accademia dei Pugni* war vielmehr einfach ein Grüppchen junger Freunde patrizischer oder gar adeliger Herkunft, die gegen die Gesellschaft, der sie entstammten, opponierten und die, ohne sich an irgendeine Förmlichkeit zu halten, sich im Hause der Verri – im Palazzo der Contrada del Monte in Mailand – versammelten, um gemeinsam über Politik, Ökonomie, Recht, Philosophie und Kultur im allgemeinen zu lesen und zu diskutieren; es handelte sich um eine Gruppe von *livres penseurs,* die stark beeinflusst war von den französischen *philosophes* und sich, um eine Beschreibung von Venturi aufzugreifen, der Erforschung „des Wahren, des Gerechten und des Nützlichen" hingab (S. 681) und beabsichtigte, die Gesellschaft, in der sie lebten, zu beeinflussen. Obwohl die Akademie die absolute Gleichheit ihrer Mitglieder vorsah, bestand faktisch doch eine unbestrittene Suprematie des Ältesten der Gruppe, Pietro Verri. Neben Pietro gehörten der Gruppe an: dessen Bruder Alessandro Verri, Cesare Beccaria, Luigi Lambertenghi, Giambattista Biffi, Paolo Frisi, Alfonso Longo, Pietro Secco Comneno und Giuseppe Visconti di Saliceto. Außer den beiden zuletzt Genannten haben alle Mitglieder unverwischbare Spuren in der Geschichte der europäischen Aufklärung hinterlassen. Die Akademie wurde 1761 gegründet und dauerte bis 1766. Ihr Name leitete sich von einem Gerücht über einen Streit mit „Faust"-Schlägen zwischen Beccaria und Pietro Verri her, das sich im Sommer 1763 in den Straßen von Mailand verbreitet hatte. Die Zeitschrift *Il Caffè,* ihr Verbreitungsorgan, wandelte sich rasch zur wichtigsten Stimme der italienischen Aufklärung. Dabei erschien sie nur von 1764 bis 1766. Es handelte sich um ein Periodikum, das in mancher Hinsicht dem Vorbild des *Spectator* von Joseph Addison und Sir Richard Steele sowie der *Encyclopédie* Diderots folgte und das zugleich zu anderen wichtigen, freimaurerisch beeinflussten Zeitschriften des 18. Jahrhunderts wie der *Gazzeta di Milano* und der gebildeten *Raccolta milanese* Distanz hielt. Vgl. dazu *Franco Venturi*, Settecento riformatore. Bd. I: Da Muratori a Beccaria. Neudruck Einaudi 1988, S. 645 ff; *Carlo Capra*, I progressi della ragione. Vita di Pietro Verri. Bologna (Il Mulino) 2002, S. 177 ff; *Gianni Francioni*, Storia editoriale del „Caffè", in: „Il Caffè" 1764–1766, hrsg. von Gianni Francioni und Sergio Romagnoli. Torino (Bollati Boringhieri editore) 1993, S. LXXX ff.; *Sergio Romagnoli*, „Il Caffè" tra Milano e l'Europa, in: „Il Caffè" 1764–1766, hrsg. von Gianni Francioni und Sergio Romagnoli. Torino (Bollati Boringhieri editore) 1993, S. XIII ff.; *Sergio Romagnoli*, Introduzione, in: „Il Caffè" ossia brevi e vari discorsi distribuiti in fogli periodici, hrsg. von Sergio Romagnoli. Mailand (Feltrinelli) 1960, S. IX ff.

ökonomischen Arbeiten zu widmen –, sondern auch Spuren der Hauptargumente, die er in seinem Buch ausbreitet, sind bereits in seinen früheren Arbeiten nachweisbar. In erster Linie in seiner *Orazione panegirica sulla giurisprudenza milanese* (Panaegyrische Rede über die mailänder Rechtsprechung), einem fabelhaften, vor Ironie triefenden Lobgesang aus dem Jahre 1763, in dem er vor allem die Ermessensbefugnisse des Senats von Mailand angreift und auch die ersten kritischen Bemerkungen gegen die Folter richtet[34], sodann in *Il Male di Milza indovinello* von Anfang 1764, worin in wenigen Zeilen die Haupteinwände gegen die Folter aufgeführt sind[35], und schließlich in seiner 1764 in der Zeitschrift *Il Caffè* veröffentlichten Arbeit *Sulla interpretazione delle leggi* (Die Auslegung der Gesetze), einem Schlüsseltext in der Diskussion über den Vorrang des Gesetzes, über die Gesetzesbindung des Richters und über die Rechtssicherheit[36].

In der Einleitung zu den *Betrachtungen* selbst bemüht Verri sich um eine Präzisierung dessen, was er seit langem über den Schandsäulen-Prozess und über die Folter erforscht hatte

> „Schon vor einer Reihe von Jahren hat der Abscheu, den ich vor den Kriminalprozeduren empfinde, in mir den Entschluß erzeugt, diese Materie in den Personen der Handelnden zu untersuchen, deren Grausamkeit und Dummheit mich in der Überzeugung gestärkt hatte, daß die im Kerker gehandhabten Quälereien eine ganz überflüssige Tyrannei seien. Zu diesem Zwecke machte ich mir viele Aufzeichnungen, die aber ungenutzt blieben. Ebenfalls schon seit langem habe ich mich mit dem Ereignis beschäftigt, das die Vertilgung des Hauses eines Bürgers und die Aufpflanzung einer Schandsäule an dessen Stelle zur Folge hatte. Ich habe von Anfang an bezweifelt, daß das Verbrechen, das den Tod so Vieler zur Folge hatte, überhaupt möglich sei, und ich gelangte zu der Überzeugung, daß ein solches Verbrechen sowohl in der physischen, wie in der moralischen Welt unmöglich sei, daß sich keine künstlichen Salben herstellen ließen, die für diejenigen, die damit hantierten, unschädlich wären und doch schon bei der bloßen äußeren Berührung wenn sie einige Zeit der freien Luft ausgesetzt gewesen, eine Pest verursachen könnten, sowie, daß sich Menschen zu-

---

34 Die Schrift wurde erstmals 1938 von Carlo Antonio Vianello im *Giornale storico della letteratura italiana*, Bd. CXII, Heft 334, S. 52–75, herausgegeben; vorliegend wird die Fassung im Anhang von *Verri*, Betrachtungen, hrsg. von Contarini, a.a.O., S. 161 ff., zitiert.

35 Er zitiert: „Ich bin eine Königin und lebe unter den Schergen, ich reinige den Befleckten, ich beflecke den Unbefleckten, man glaubt, ich sei nötig, um die Wahrheit zu erkunden, und man glaubt dem, der aufgrund meiner Tätigkeit redet. Die Robusten finden in mir ihr Heil, die Schwachen finden in mir ihr Verderben. Gebildete Nationen sind auf meine Hilfe nicht angewiesen, mein Reich ist in den Zeiten der Finsternis entstanden, meine Herrschaft gründet sich nicht auf die Gesetze, sondern auf die Meinung einiger Privatleute. Manch einer wird zu sagen wagen, dass der in diesem Rätsel gesuchte Name ‚Streckfolter' sei, welche *Regina tormentorum* genannt wird"; zitiert bei *Capra*, I progressi della ragione, a.a.O., S. 202, ferner bei *Barbarisi*, Per una nuova lettura, a.a.O., S. 384.

36 Il Caffè, Band II, Bl. XXVIII, in: „Il Caffè" (1764–1766), hrsg. Gianni Francioni und Sergio Romagnoli. Turin (Bollati Boringhieri) 1993, S. 695–704.

sammen finden könnten, die alle Mitbürger ihrer Stadt ohne Unterschied dem Tode weihen könnten. Zufällig fielen mir die umfangreichen Prozeßakten über diesen Vorfall in die Hände, und die aufmerksame Lektüre bestätigte mich immer mehr in meiner Überzeugung. Das vorliegende Buch ist aus den Beobachtungen der kriminalistischen Autoren und des Prozesses wegen der Pestschmierereien hervorgegangen."[37]

Ähnliche Hinweise finden sich in den Briefen zwischen Pietro und Alessandro aus der Zeit der Abfassung der *Betrachtungen*[38].

Obgleich die Thematik der Folter und des Prozesses von 1630 Verri lange Zeit beschäftigt hatte, blieben die *Betrachtungen* wie viele andere Arbeiten des lombardischen Denkers lange Jahre unveröffentlicht und wurden erst posthum, sieben Jahre nach seinem Tod, 1804 veröffentlicht[39]. Dies war eine Entscheidung Verris, der einerseits vermeiden wollte, sich den Senat zum Feind zu machen, der ihm immerhin bei der Lösung einiger Familienstreitigkeiten nützlich sein konnte, andererseits ein Konfrontation mit seinem Vater Gabriele vermeiden wollte, der einige Monate vorher im Namen des Senats die ablehnende Antwort auf die von Wien angeforderte

---

37 *Verri, Betrachtungen*, Abschn. 1 (S. 56 f. der von Contarini besorgten Ausgabe, a.a.O.).

38 Brief Pietros vom 22. Mai 1776: „Was die Folter angeht, habe ich so viel Material angesammelt, dass ich daraus ein Buch des Schreckens machen kann". (vgl. Carteggio, Bd. VIII, a.a.O., S. 102). Brief Pietros vom 11. Januar 1777: „ich habe in den vergangenen Tagen über ein Thema gearbeitet, zu dem ich seit den glücklichen Zeiten unseres Studiums Material gesammelt habe, nämlich über die Folter." (vgl. Carteggio, Bd. VIII, a.a.O., S. 242). Brief Allesandros vom 19. April 1777: „ich erinnere mich noch genau an das riesige Blatt, besser gesagt, das riesige Bettlaken, das Du in dieser Sache bereits beschrieben hattest und in dem Du immer Lehren und Ansichten zur Sache gesammelt hattest" (vgl. Carteggio, Bd. IX, a.a.O., S. 19 f.).

39 Die erste Auflage wurde veröffentlicht in Band XVII der Sammlung „Scrittori Classici Italiani di Economia Politica" (Klassische italienische Schriftsteller der politischen Ökonomie). Moderner Teil. Mailand (Destefanis) 1804, unter verantwortlicher Leitung von Pietro Custodi. Der von Custodi veröffentlichte Text entspricht nicht genau dem ursprünglichen Manuskript von Pietro Verri. Einer damals üblichen Praxis entsprechend, die den Herausgeber als ermächtigt ansah, in den zu veröffentlichenden Text einzugreifen, nahm Custodi einige Änderungen am Original vor. Im allgemeinen dienten diese Änderungen der Verbesserung des Verständnisses des Textes oder der Verschönerung von dessen Stil (Korrekturen in der Interpunktion, Modernisierung der Sprache, kleine stilistische Änderungen der Textfassung). Allerdings fügte Custodi auch zwei längere, von ihm selbst geschriebene Abschnitte ein. Der erste, in Kapitel 2, betrifft die Zitierung eines Passage aus der *Istoria civile del regno di Napoli* des neapolitanischen Autors *Pietro Giannone* (Ischitella 1876 – Torino 1748). Der zweite, in Kapitel 7, ist eine ausgiebige Erläuterung der Position Giuseppe Ripamontis zur Pest von 1630. Alle späteren Ausgaben schleppten diesen Irrtum weiter, bis 1985 Gennaro Barbarisi im Verlag Serra e Riva die Originalversion der *Betrachtungen* veröffentlichte. Seither benutzen alle Ausgaben den von Barbarisi veröffentlichten Text. Zu weiteren Einzelheiten in den Unterschieden zwischen dem von Custodi veröffentlichten Text und der Originalausgabe vgl. *Barbarisi*, Introduzione, a.a.O., S. XLI f., sowie insb. *Barbarisi*, Nota al Testo, a.a.O., S. 116 f.

Stellungnahme zur Abschaffung der Folter in der österreichischen Lombardei verfasst hatte[40].

Die Möglichkeit, sein Werk bekannt zu machen, ohne seine eigene Zukunft zu gefährden, wurde von Verri erwogen. Pietro dachte daran, das Manuskript Joseph von Spergs, dem Berichterstatter der Italien-Abteilung in Österreich zu übergeben[41], der

---

40 Wir verfügen hierzu über zahlreiche Dokumente. Von besonderem Interesse sind einige Briefe Pietros an Alessandro. Brief vom 22. Mai 1776: „aber, mein Freund, die Zeit des Urteils ist gekommen. Für das bischen Rauch eines bescheidenen Ruhms will ich mir nicht den Senat zum Feind machen; dessen günstige Meinung, die sich irrt, war der Grund dafür, dass unser Vater sich zu einer Verständigung mit mir herabließ. Von einem Tag auf den anderen kann es sein, dass ich dieser Herren bedarf, sei es gegen den Onkel, sei es gegen die Mutter, und ich werde gewiss keine Händel mit meinem Brotgeber vom Zaum brechen" (Carteggio, Bd. III, a.a.O., S. 102). Brief vom 11. Januar 1777: „Ich würde aber nicht gut daran tun, es zum Druck zu geben, denn ich könnte mir den Senat verstimmen, in dem ich heute viele Freunde habe, und ich früher oder später leicht bedürfen könnte wegen unserer Alten, oder auch noch wegen anderem, wenn unser Vater aus dem Leben scheiden sollte" (Carteggio, Bd. VIII, a.a.O., S. 242). Brief vom 9. April 1777: „Ich werde es gewiss nicht drucken lassen: es könnte den Senat gegen mich aufbringen, und der Glorienschein eines Buchverfassers ist kein Ausgleich für die körperlichen Bedürfnisse eines vornehmen Mannes" (Carteggio, Bd. IX, a.a.O., S. 15). Brief vom 26. April 1777, in dem er im Anschluss an den Hinweis, dass das von seinem Vater erstellte Gutachten über die Folter von den Mailändern positiv aufgenommen worden sei, fortfährt: „Ich ergänze alle Gründe, die ich dir schon geschrieben habe, weshalb ich für diese Schrift nicht veröffentliche: sie wäre schlechten Beurteilungen ausgesetzt, würde sich für den Teil, der unglücklicherweise vom Vater besorgt ist, nicht ziemen und würde mir den Senat zum Feinde machen" (Carteggio, Bd. IX, a.a.O., S. 27 f.). Alessandro bestärkt Pietro in mehreren Antworten in seiner Meinung. Brief vom 29. Mai 1776: „...Du tust völlig recht daran, Dich nicht in die Behandlung von Materien einzumischen, womit Du die öffentlichen Körperschaften und nicht zuletzt den Senat beleidigen würdest ..." (Carteggio, Bd. VIII, a.a.O., S. 105). Brief vom 21. Januar 1777: „...ich bin ganz Deiner Ansicht, Dir den Senat nicht zum Feind zu machen" (Carteggio, Bd. VIII, a.a.O., S. 254). Brief vom 19. April 1777: „Doch ich stimme mit Dir überein, dass Du es nicht drucken solltest, und zwar gerade deshalb, weil Deine Auffassung allzu siegreich sein würde und Du dem Senat einen recht schwarzen Flecken anbringen würdest, denn die Angelegenheit ist noch nicht allzu alt und noch nicht vergessen" (Carteggio, Bd. IX, a.a.O., S. 20). Brief vom 3. Mai 1777: „Was Dein Werk angeht, ist es einfach zu stark und bringt dem Senat einen Flecken bei; damit aber ist es dem allgemeinen entgegengesetzt, so dass Du Dir damit nichts als Schereien einhandeln würdest. Kannst Du Dir vorstellen, wie man aus dem Kopf der Milanesen die Auffassung vertreiben kann, dass die Schandsäule ein Denkmal der Gerechtigkeit des Senates sei?" (Carteggio IX, a.a.O., S. 31 f.). Vgl. ferner das Manuskript, das Pietro seiner Tochter Teresa anvertraut: „...ein Buch, das ich nicht veröffentlichen werde, um mir nicht den Senat zum Feind zu machen, in dessen Namen mein Vater eine Rechtfertigung der Folter geschrieben hat", *Notizie intorno la vita, i costumi e la morte di vostra madre* (1781), in: Verri, „Manoscritto" per Teresa, a.a.O., S. 28. Diese zusammengefasste Dokumentation zeigt, dass die Entscheidung, das Werk nicht zu veröffentlichen, auf Zweckmäßigkeitserwägungen beruhte (sich den Senat nicht zum Feind zu machen, den man später gewiss noch brauchen werde), nicht hingegen auf einem Empfinden des Respekts gegenüber dem Vater oder der Achtung gegenüber den Institutionen; vgl. dazu *Panizza*, Scritti storici, a.a.O., S. 144.

41 Joseph von Spergs (o Sperges) war vom 2. Mai 1766 bis zu seinem Tode am 27. Oktober 1791 Berichterstatter der Italien-Abteilung der österreichischen Regierung.

sich der Arbeit bedienen könnte, um Druck auf Mailand im Hinblick auf die Folter auszuüben. Nachdem er seinen Bruder konsultiert hatte, entschied sich Pietro schließlich, von diesem Gedanken Abstand zu nehmen. Einerseits konnte die Zusendung eines Manuskripts, das die Auffassungen von Gabriele Verri in Frage stellte, von Wien aus als eine persönliche Auseinandersetzung mit seinem Vater angesehen werden, andererseits bestand stets die Gefahr, dass die Wahrheit über den Verfasser des Textes ans Licht kam[42].

Ergo, „welche Partei ergreifen?" Dies war eine Frage, auf die Pietro rasch zu antworten suchte, indem er die Arbeit über die Folter in einem umfangreicher angelegten Buch über den Mailänder Staat im 17. Jahrhundert wieder aufgriff, ein wichtiges

---

42 Der Schriftwechsel zwischen Pietro und Alessandro spricht auch hier eine deutliche Sprache. Am 26. April 1777 spricht Pietro seinem Bruder gegenüber von seiner Vorstellung und bittet ihn um Rat: „Ich denke allein daran, ob es vielleicht passend sein könnte, dem Herrn Baron von Sperges eine Schenkung zu machen, der daraufhin die Abschaffung dieser Grausamkeiten bewirken könnte, ohne dass ich mich kompromittieren würde. Sag mir, lieber Alessandro, was du von dieser Sache hältst" (Carteggio, Bd. IX, a.a.O., S. 27 f.). Alessandro antwortet am 3. Mai 1777. Obwohl er ihn vor dem Risiko warnt, dass seine wirkliche Absicht in Wien falsch verstanden werden könnte, rät er ihm letztlich doch, das Manuskript mit einem Begleitschreiben, das jedes Missverständnis ausräumen würde, einzusenden: „Ich für meinen Teil würde glauben, dass man nur überlegen sollte, ob das Übersenden einer Art weiterer Stellungnahme, die den Grundsätzen der Stellungnahme unseres Vaters völlig entgegengesetzt ist, nicht eine gewisse unpassende Animosität bei einem kühl urteilenden Dritten bewirken könnte. Ungeachtet dessen könnte man diesen Eindruck in einem Brief zerstreuen, der die Schrift begleiten würde, in dem das Erforderliche dargelegt würde und den Du gewiss vorzüglich zu formulieren wüsstest. Die schlechteste aller möglichen Entscheidungen scheint mir die zu sein, keinerlei Nutzen aus dieser Mühe zu ziehen: und es ist immer gut, dass in Wien die Erinnerung an Dich erneuert wird" (Carteggio, IX, a.a.O., S. 31 f.). Pietro entscheidet schließlich, das Manuskript nicht nach Wien zu senden. Im Brief vom 10. Mai 1777 erläutert er dem Bruder die Gründe seiner Entscheidung: „Du hast völlig recht. Es gehört sich nicht, dass ich die Schrift nach Wien sende, denn sie würde sich direkt gegen die Ansichten unseres Vaters richten; zu dem klugen Grund, den Du dafür nennst, füge ich noch die Wahrscheinlichkeit an, dass man von da an reichlich reden würde, um herauszubekommen, woraus sie denn ihre Erkenntnisse gewonnen haben, und damit würde zu der Fragwürdigkeit in der Sache auch noch die heimliche und indirekte Vorgehensweise hinzukommen, die mir nicht gefällt und die sich nicht gehört" (Carteggio, Bd. IX, a.a.O., S. 40). Dieser Briefwechsel macht ferner deutlich, dass die „Einladung" zur Veröffentlichung des Buches, die Pietro in seinem Brief vom 22. Mai 1776 erwähnt („Ich bin auch dazu eingeladen worden; aber, lieber Freund, die Zeit des Urteils ist gekommen. Für das bischen Rauch eines bescheidenen Ruhms will ich mir nicht den Senat zum Feind machen"; vgl. Carteggio, Bd. VIII, a.a.O., S. 102), ging nicht von Wien aus, wie *Panizza*, Scritti storici, a.a.O., S. 144, zu verstehen gibt, sondern kam wahrscheinlich aus dem engsten Freundeskreis Pietros. Andernfalls könnte man den Grund für ein solches Zögern gegenüber einer Übersendung des Briefes nach Wien nicht erklären (in diesem Sinne bereits *Barbarisi*, Per una nuova lettura, a.a.O., S. 404 Fußn. 2), vor allem auch nicht, warum Pietro der Bemerkung Alessandros Bedeutung beimisst, dass die Übersendung eines Textes, der offen die Ansicht Gabriele Verris bekämpft, von einem Dritten als tendenziös („unpassende Animosität") angesehen werden könnte. Es ist offenkundig, dass dieser Dritte nur einer von denen sein könnte, die den Text in Wien empfangen hätten, denn nur diese hätten ja gewusst, wer der wirkliche Autor des Textes war.

Werk, das dauerhaft sein sollte und das die Übelstände, zu denen Unwissenheit führen konnte, darlegen sollte[43]. Ein solches Werk sollte seine *Storia di Milano* (Mailändische Geschichte) sein, ein Werk, in dem er die Geschichte Mailands und der Lombardei seit den Zeiten der Antike über die *Gallia Cisalpina,* die Visconti, die Sforza und die Borromeo bis zur zeitgenössischen Geschichte des 18. Jahrhunderts als des Reformzeitalters zu rekonstruieren versuchte. Doch Pietro Verri starb unerwartet in der Nacht des 26. Juni 1797, als er in der Mitte des zweiten Bandes angelangt war, so dass die Darstellung im Jahre 1524 abbricht. Den Teil, der sich mit der Geschichte Mailands im 17. Jahrhundert befassen sollte konnte er nicht mehr schreiben – und damit auch nicht mehr seine Kritik an der Folter aufgreifen.

Die Autoren, welche die *Storia di Milano* fortsetzen sollten, zuerst Anton Francesco Frisi, dann Pietro Custodi, taten dies auch, doch die Geschichte der Schandsäule und die Kritik an der Folter wurden nur ganz kurz erwähnt. Man kann nicht sagen, dass diese Autoren von der Intention Pietro Verris angetrieben gewesen wären. Zu dieser Zeit hatte das „Wiederaufgreifen" seiner Thesen schon keinen Sinn mehr, denn die *Betrachtungen* waren bereits einige Jahre zuvor veröffentlicht worden[44].

---

43 So sagt Pietro in einem Brief an Alessandro vom 10. Mai 1777: „Welche Entscheidung treffen? Diese aparte Anekdote zusammen mit anderen bereits geschriebenen Sachen über den Zustand Mailands im vergangenen Jahrhundert zurücklegen; mit der Sammlung von Informationen fortfahren und später, in einigen Jahren, ein Buch über den Zustand Mailands im 17. Jahrhundert schreiben, aus dem als wirklicher Zweck hervorgehen würde, welchen Übeln die Unwissenheit die arme Menschheit in die Arme getrieben hat. Das Ziel wäre ein philosophisches, interessant für jede Nation, und es gäbe einen Ort, um ein Werk von einigem Gewicht und einiger Bedeutung zu verfassen, ein Werk, das ich zu einem großen Teil bereits im Detail fertig habe, und auf diese Weise würde ich, statt einen Bürgerkrieg zu führen, ein einzigartiges Stück übrig behalten, und ich würde ein Buch machen, das Dauerhaftigkeit besitzt und sowohl von den Denkern als auch von denen gelesen würde, die besonderen Bedarf an Fakten der Nationalökonomie haben. Wie findest Du diese Idee? Die Zersetzung der Folter läge nicht außerhalb dieses Entwurfs" (Carteggio, Bd. IX, a.a.O., S. 40).

44 Der erste Band der *Geschichte von Mailand* wurde 1783 vom Verlag Giuseppe Marelli in Mailand veröffentlicht. Der zweite Band befand sich in der Publikationsphase – er war bis zum Jahre 1524 und bis zur Seite 208 gekommen –, als der Tod Verris die Arbeit unterbrach. Der Domherr Anton-Francesco Frisi, der den Druckvorgang überwachte, gab den Tod Verris in einer Anmerkung auf S. 208 bekannt und setzte die Geschichte anhand der Manuskripte Verris für vierzig weitere Jahre fort. Dieser zweite Band erschien 1798 im selben Verlag wie der erste. Danach schrieb Frisi einen dritten Band, in dem er die Geschichte bis zum Jahre 1750 fortsetzte. Dieser Band, datierend von 1813 und niemals veröffentlicht, enthielt auch einige kurze Hinweise auf die Geschichte des Schandsäulen-Prozesses. Einige Jahre später beauftragte Gabriele Verri – Pietros Sohn – Pietro Custodi mit einer neuen Ausgabe der *Geschichte von Mailand*. Diese neue Ausgabe war vor allem darauf bedacht, die Verfälschungen, die Frisi an den nachgelassenen Manuskripten Verris vorgenommen hatte, zu korrigieren. Diese Ausgabe reichte ins Jahr 1792 und wurde in vier Bänden veröffentlicht, von denen die ersten drei 1824, der vierte 1825 bei Destefanis in Mailand erschienen. Custodi nimmt im 30. Kapitel sehr knapp auf den Schandsäulen-Prozess Bezug; er erläutert, dass eine vertiefte Darstellung nicht erforderlich sei, da die Geschichte dieses „schmählichen Prozesses bereits bekannt" sei (S. 1074). Er selbst

III.

Verri war mit seinen *Betrachtungen* der erste, der den Schandsäulen-Prozess ernsthaft in Frage stellte[45]. Er war der erste Autor, der nicht die Augen gegenüber den

---

beschäftigte sich 1804 mit der Veröffentlichung der *Betrachtungen* (s. dazu bereits Fußn. 39). Zum ganzen *Pietro Custodi*, Prefazione del continuatore, in: Verri, Storia di Milano, im Internet: http://it.wikisource.org/wiki/Storia_di_Milano; *Panizza*, Scritti storici, a.a.O., S. 141 f. und 156 ff. sowie *Riccardi*, Le lezioni della Storia, a.a.O., S. LXV f.

45 Zur Frage der Pestschmiereien gab es bereits vor Verri eine umfangreiche Literatur. Die hauptsächlichen zeitgenössischen Kommentare zur Mailänder Pest von 1630, verfasst vom Kardinal Federico Borromeo und von Giuseppe Ripamonti, erwähnten in ihren Werken häufig die Pestschmiereien, die Schmierer und das Verbrechen des Pestschmierens. Borromeo bezieht sich an zahlreichen Stellen seines Buches darauf (vgl. u.a. S. 48, 49, 53, 54, 57, 58, 59, 60, 61, 63, 65, 85), und Ripamonti widmet das ganze „zweite Buch" dem Prozess gegen Mora und Piazza (s. vor allem die Kapitel I bis V dieses zweiten Buches, in der hier benutzten Ausgabe S. 59 ff.). Doch findet man in den Werken dieser Autoren keinerlei heftige und kräftige Kritik an dem Prozess von 1630 oder, allgemeiner, an den Schmiereien als Mittel der Verbreitung der Pest. Borromeo ist zwar kritisch gegenüber der Politik zur Bekämpfung der Pest – er hält es für Zeitvergeudung, sich in einer so finsteren Zeit der Verfolgung der Pestschmierer (S. 50) oder des geistigen Urhebers der Schmiereien (S. 48) zu widmen – und er erkennt auch an, dass viele Taten von der verzweifelten Menge erfunden worden seien (S. 57), er hegt aber keinerlei Zweifel, den populären Glauben in dieser Sache zu teilen und sogar an das Eingreifen des Teufels zu glauben (Er bezweifelt einzig und allein die Tatsache, dass die Schmiereien von einem Fürsten lanciert worden seien, S. 48, 64). Tatsächlich erklärt er, dass „dank des Geständnisses eines Mannes das entdeckt wurde, was man sonst nur schwer glauben würde", und fügt hinzu: „Dass die Dinge sich so verhalten haben, ist sehr wahrscheinlich, und auch mein Gemüt ist bereit, es zu glauben" (S. 54). Ripamonti hingegen bezweifelt die Existenz wirklicher Pestschmierer, will aber keine endgültige Antwort auf diese Frage geben: „Nunmehr stellt sich mir ein Problem, das nur unsicher und schwierig zu behandeln ist: ob nämlich neben diesen unschuldigen Schmierern, braven Leuten, die nichts Böses im Schilde führten und dennoch in Lebensgefahr gerieten, es noch andere wirkliche Pestschmierer, wahre Monstren von Natur, gegeben habe, Schänder des Menschengeschlechts und Feinde des Gemeinschaftslebens, wie man mit allzu beleidigendem Verdacht behauptete. Und es ist nicht nur ein schwieriges Problem, weil es in sich zweifelhaft ist, sondern auch deshalb, weil mir die dem Historiker so notwendige Freiheit, meine eigene Meinung über jede beliebige Tatsache von mir zu geben, nicht gestattet ist. Wollte ich sagen, dass es keine Pestschmiereien gegeben habe und dass man die Entscheidungen der Vorsehung und die himmlischen Züchtigungen nutzloser Weise menschlichen Täuschungen und Kunstgriffen zugeschrieben habe, würden viele meine Geschichte als schändlich und mich selbst als irreligiös und als Gesetzesverächter in Verruf bringen. Die entgegengesetzte Auffasung hat sich nunmehr unter den Menschen verbreitet; das leichtgläubige Volk, wie es seine Art ist, und auch die hochmütigen Adligen folgen dieser Strömung und glauben hartnäckig diesem vagen Gerücht, als hätten sie Religion und Vaterland zu verteidigen. Es wäre eine undankbare und nutzlose Mühe für mich, einen derartigen Glauben zu bekämpfen, weshalb ich nur die Ansichten und Gerüchte anderer darstellen werde, ohne sie zu bestätigen oder zu bestreiten und ohne eine Neigung zu den Leugnern oder zu den Bejahern der Pestschmiereien zu zeigen" (S. 92 f.). Ungeachtet dessen erscheint in anderen Teilen des Buches der Zweifel schwächer: „Schmiereien, von menschlicher Niedertracht verbreitet" (S. 60), „finsteres Verbrechen" (S. 61), „der Niederträchtige [gemeint ist Piazza] mit seinen Ausflüchten kämpfte darum, dem Wissen und der Klugheit der Richter zu entkommen" (S. 70), „die Schandsäule, Denkmal des begangenen Vebrechens" (S. 73), „der unglückliche und unkluge Padre [gemeint ist Mora] ... hielt sogar unter der Folter an seinem Leugnen fest, ganz

wie es bei Übeltätern Brauch ist". Und die Werke dieser beiden Autoren, Borromeo e Ripamonti, können unter denen der Epoche noch als die kritischsten zur Thematik der Pestschmierereien angesehen werden. Vgl. zum Ausgeführten *Federico Borromeo*, De pestilentia quae Mediolani anno MDCXXX, magnam stragem edidit, (in italienischer Übersetzung unter der Leitung von Armando Torno unter dem Titel „La Peste di Milano", Mailand [Rusconi] 1987, herausgegeben) und *Ripamonti*, La Peste di Milano del 1630, a.a.O.

Andere wichtige zeitgenössische Werke über die Pest werfen nicht einmal diese minimalen Zweifel auf. S. z.B. *Alessandro Tadino*, Ragguaglio dell'origine et giornali successi della gran peste contagiosa, venefica et malefica, seguita nella città di Milano et suo Ducato dall'anno 1629 fini all'anno 1632; *Agostino Lampugnano*, La pestilenza seguita in Milano l'anno 1630, Mailand (Ferrandi) 1634 (hiervon gibt es eine weitere, von Ernanno Paccagnini besorgte Ausgabe, Mailand [La Vita Felice] 2002); *Somaglia*, Alleggiamento, a.a.O.; *Ludovico Settala*, Preservatione della Peste, Mailand (Bidelli) 1630. Zu diesen Autoren vgl. *Canosa*, Tempo di Peste, a.a.O., S. 65 ff.; *Preto*, Epidemia, a.a.O., S. 35 ff. und 104 ff., *Clini*, Il processo degli untori, a.a.O., S. 36 ff.; *Paccagnini*, Cronaca, a.a.O., S. 9 ff. Nicht einmal im 18. Jahrhundert befassten sich Autoren vor Verri mit einer gründlicheren Untersuchung der Frage der Pestschmierereien. Im Werk von *Lodovico Antonio Muratori*, Del governo della peste. E delle maniere di guardarsene. Modena (Bartolomeo Soliani Stamp. Ducale) 1714, das von der Pest im allgemeinen handelt, finden sich einige winzige Hinweise auf die Pestschmierereien, und zwar solche, die offenbar darin übereinstimmen, die offizielle Version zu bestätigen; *Muratori* nennt beispielsweise die Schmierer „unmenschliche Schlächter" (Libro I, capitolo X). An die Geschichte der Pestschmierer glauben ebenfalls *Pio La Croce*, Memorie delle cose notabili successe in Milano intorno il mal contagioso l'anno 1630. Mailand (Giuseppe Maganza) 1730, und *Serviliano Latuada*, Descrizione di Milano ornata con molti disegni in rame delle fabbriche piu cospicue che si trovano in questa metropoli. Mailand (Giuseppe Cairoli) 1737 (die sechs Bände dieses Werkes sind kürzlich vom Verlag La Vita Felice 1995–2000 neu herausgebracht worden). Zur Position dieser Autoren wird hier *Preto*, Epidemia, a.a.O., S. 104 f., gefolgt.

Einige Jahre vor den *Betrachtungen* hatte auch Gabriele Verri, Pietros Vater, kurz den berühmten Prozess in seiner *Istoria dell'Austriaca Lombardia presentata all'Augustissimo Imperadore Giuseppe II. Dal Reggente e Senatore Conte Gabbriele Verri Patrizio Milanese* (Geschichte der österreichischen Lombardei, dem erhabenen Kaiser Joseph II. vorgelegt. Von Graf Gabriele Verri, Mailänder Patrizier, Regierungsmitglied und Mitglied des Senats) erwähnt, die im Auftrag Wiens erstellt worden war, der Ausbildung des künftigen Kaisers Joseph II. dienen sollte und mit dem Jahr 1769 abschloss. Der Abschnitt, der sich mit den Schmierern befasst, ist zweifellos kritisch (s. dazu *Barbarisi*, Per una nuova lettura, a.a.O., S. 388 f.); jedoch ist die Kritik nicht grundsätzlich noch stützt sie sich auf eine peniblen Untersuchung der Frage. Es handelt sich bloß um einige kritische Kommentare auf der Grundlage des Berichts von Ripamonti, also um etwas ähnliches, wie es sein Sohn Pietro bereits in den *Considerazioni sul commercio* von 1763 und in den *Memorie storiche* von 1768 unternommen hatte, dessen einschlägige Abschnitte bereits oben im Text zitiert worden sind. Manzoni hat daher recht, wenn er meint, das vor Pietro Verri niemand „ausdrücklich die Schuld dieser Unglücklichen geleugnet" habe, vgl. *Alessandro Manzoni*, Storia della Colonna Infame, Kap. VII (S. 90 der von Carla Riccardi, Mailand [Mondadori] 1984, besorgten Ausgabe). S. auch die folgende Fußnote.

Nach den *Betrachtungen über die Folter* haben sich verschiedene Autoren mit dem Prozess von 1630 befasst. Neben der berühmten „Geschichte der Schandsäule" von *Manzoni*, die zusammen mit der überarbeiteten Fassung der „Verlobten" – bekannt als die *Quarantana* – von der Druckerei Guglielmini e Redaelli in Mailand von 1840 bis 1842 in Heften herausgebracht wurde (von dieser Ausgabe gibt es nunmehr einen Reprint des Verlages Tramontana aus dem Jahre 1980), sind zu erwähnen *Cesare Cantù*, Sulla storia lombarda del secolo 17. Ragionamenti per commento ai Promessi sposi di Alessandro Manzoni. Mailand (A. F. Stella) 1832,

Tatsachen verschloss und eine Geschichte allein aufgrund der Tatsache akzeptierte, weil sie in Stein gemeißelt worden war[46]. In seinem Werk bestätigte er in unbestreitbarer Weise den Schrecken, den der Schandsäulen-Prozess bedeutet hatte und den er bereits vorweggenommen hatte, als er sich in seinen vorhergehenden Büchern mehr auf seine Intuition als auf sichere Kenntnisse gestützt hatte. Das Hauptziel dieser Arbeit war freilich nicht so sehr eine historische Revision des Prozesses gegen Guglielmo Piazza, Gian Giacomo Mora und andere, die der Pestsalben-Schmierereien

---

ferner: Lombardia nel secolo XVII. Ragionamenti, Mailand (Volpato) 1854 (auch hiervon gibt es einen Reprint des Verlages Cisalpino-Goliardica. Mailand 1972, auch im Internet http://www.classicitaliani.it/ottocent/ cantu_ragion01.htm).

[46] Die Worte, die Alessandro Manzoni in der ersten Ausgabe der *Storia della Colonna Infame* benutzt, um das Verdienst Verris, sich nicht mit der offiziellen Geschichte zufrieden gegeben zu haben, hervorzuheben, sind sehr beredt. „Schließlich kam noch ein Mann, der, wie viele andere, eine Säule sah, aber, wie ebenfalls viele andere, nicht glaubte, dass ein Stück Granit das Kriterium für ein moralische Tatsache sein dürfe. Er sah eine Inschrift; er dachte daran, dass das menschliche Wort sowohl das Wahre als auch das Unwahre ausdrücken kann; und deshalb glaubte er nicht, dass die in Marmor eingeritzten Worte von dieser Feststellung ausgenommen seien. Er las; er fand, dass hier mit Grausen und Emphase von einem fürchterlichen, höchst merkwürdigen und höchst unsinnigen Verbrechen gesprochen wurde; diese Eigenschaften ließen ihn um so aufmerksamer wahrnehmen, dass man, bevor man sich diesem Grauen anschließe, sich zunächst Sicherheit über die Tatsachen verschaffen müsse. Er stellte Untersuchungen an, gelangte zu einer ganz anderen Sicherheit und stellte fest, dass ein ganz anderes Grausen zu untersuchen sei. Jeder sieht sogleich, dass wir von Pietro Verri sprechen [...]". (vgl. *Storia della Colonna Infame* (Erste Fassung), in: *Manzoni*, Storia della Colonna Infame. Hrsg. von Carla Riccardi, a.a.O., S. 170). Der endgültige Text behält im Sinn dieser Aussage bei, verzichtet jedoch auf die starke Aussagekraft: „Schließlich kam noch Pietro Verri, der erste nach hundertsiebenundvierzig Jahren, der die Wahrheit erkennt und uns sagt, wer eigentlich die Schlächter gewesen sind, der zuerst in uns das Mitleid für die barbarisch hingemordeten, so lange verabscheuten Unschuldigen erregt, ein ebenso geschuldetes wie verspätetes Mitleid". (vgl. *Manzoni*, Storia della Colonna Infame, Kap. VII, S. 98, a.a.O.; *hier* S. 166). Einer von jenen „vielen anderen" – von denen Manzoni in dem gerade zitierten Abschnitt der ersten Fassung spricht –, die an die in der Inschrift der Schandsäule wiedergegebene Geschichte glaubten, war der berühmte englische Schriftsteller *Joseph Addison* (1672–1719). Eine Passage aus den *Remarks on several parts of Italy, &c. in the years 1701, 1702, 1703*, Printed for J. Tonson 1705, kommentiert Ugo Foscolo folgendermaßen: „Addison sah in Mailand die Säule, die 1630 zur Schmach eines Barbiers und eines Gesundheitskommisars errichtet worden war, denen die Hand abgehackt und die Arme mit glühenden Zangen zerfleischt wurden, die sodann auf das Rad geflochten zu werden, und denen sodann nach sechs Stunden des Todeskampfes die Kehle durchgeschnitten wurde. Die Pest brachte damals die Stadt zur Verzweiflung – und diesen beiden Unglücklichen wurde vorgeworfen, sie hätten Gifte und Zaubermittel durch die Straßen der Stadt verbreitet um das öffentliche Massaker noch zu vergößern – wozu aber? – Weil spätere Generationen sich der borniertern Grausamkeit ihrer Vorfahren schämten, wurde die Säule noch vor der Revolution abgerissen. Addison sah sie 1700; er schrieb die Inschrift ab, weil ihm schien, dass sie in elegantem Latein knapp die Tatsachen ausdrückte, als ob sie geglaubt habe. Er war jedoch ein Mensch mit Spürsinn. Oder hätte er etwa nicht seine Mitbürger und die Nachwelt darüber aufgeklärt, wenn er mit etwas anderem als mit dem eleganten Latein sich zufrieden gegeben hätte?" *Foscolo*, Serie di Gazzettini scritti non volendo al contino C. Milanese, in: Lettere scritte dall'Inghilterra (gazzettino del bel mondo), hrsg. von Edoardo Sanguinetti. Mursia, S. 67 f., Fußn. 5.

verdächtigt worden waren⁴⁷. Der Rückgriff auf die Mikro-Geschichte war eine überlegte kommunikative Strategie zur Erreichung eines Zieles von übergeordneter Bedeutung: die Anwendung der Folter als Mittel der Beweisgewinnung zu kritisieren sowie, allgemeiner, die Ungerechtigkeit und Irrationalität der Strafrechtspflege des – später so genannten und damals herrschenden – *Ancien Régime* darzutun, eines Systems, das auf der Autorität der *doctores* und auf richterlicher Willkür beruhte; eines Systems, das durch Vielzahl und Verstreutheit der Rechtsnormen gekennzeichnet war, eines Systems schließlich, das ungenau, unsicher, ungewiss, dunkel, irrational und inhuman war⁴⁸.

---

47 1784, nach der Abschaffung der Folter in der Lombardei, dachte Verri daran, in die *Storia di Milano* einen Satz zur öffentlichen Rehabilitierung Moras einzufügen: „*Aedes / Jacobi Antonii Morae / ob somniatum crimen / crudeli supplicio necati / publico decreto dirutas / anno pestilentia infami / MDCXXX / Josephus secundus / P.F.A.P.P. aedificari jussit /gentique Morae / restituit / Anno MDCCLXXXIV*"; diese Information findet sich b. *Barbarisi*, Per una nuova lettura, a.a.O., S. 411. Wie schon berichtet, war es Verri nicht mehr vergönnt, jenen Teil der Geschichte Mailands zu schreiben, der sich mit dem 17. Jahrhundert befassen sollte; s. dazu bereits Fußn. 44.

48 Das Hauptmerkmal des lombardischen Kriminalsystems im Ancien Régime war die Vielfältigkeit und Unübersichtlichkeit der Rechtsquellen. Dieses Rechtsquellensystem bestand aus den Neuen Konstitutionen *(Constitutiones Dominii Mediolanensis)*, den örtlichen Statuten, den Ediktsamlungen *(gridarii)*, den Verordnungen und Urteilen des Senats, den Gerichtsgebräuchen und der Gerichtspraxis, den Normen und Grundsätzen des römischen Rechts und der Auslegung der Kriminalrechts-Autoren. Dieses nebulöse und komplizierte Rechtssystem, Ursache zahlreicher Ungenauigkeiten und großer Rechtsunsicherheit, hatte sich während der Zeit der spanischen Herrschaft in der Lombardei herausgebildet und dauerte während der österreichischen Herrschaft bis zu den Reformen Josephs II. fort. Zum Rechtsquellensystem im lombardischen Recht des Ancien Régime vgl. *Adriano Cavanna*, La codificazione penale in Italia. Le origini lombarde. Unveränderter Neudruck. Mailand (Giuffrè) 1987, S. 29 ff.; *Loredana Garlati Giugni*, Inseguendo la verità. Processo penale e giustizia nel Ristretto della prattica criminale per lo Stato di Milano. Mailand (Giuffrè) 1999, S. 14 ff.; *Gabriele Provin*, Una riforma per la Lombardia dei Lumi. Tradizione e novità nella „Norma Interinale del processo criminale". Mailand (Giuffrè) 1990, S. 3 f.; *Gian Paolo Massetto*, Un magistrato e una città nella Lombardia spagnola. Giulio Claro pretore a Cremona. Milano (Giuffrè) 1985, S. 239; *Gian Paolo Massetto*, La prassi giuridica Lombarda nell'opera di Giulio Claro, in: Massetto, Saggi di storia di diritto penale lombardo (Secc. XVI–XVIII). Mailand (LED) 1984, S. 39 ff. Näher zu den Einzelheiten der Neuen Konstitutionen, einer von Karl V. 1541 verabschiedeten Kompilation der herzoglich mailändischen Gesetzgebung, vgl. *Alessandro Visconti*, Il IV centenario delle nuove costituzioni dello Stato milanese. Auszug aus: Studi di Storia e diritto in memoria di Guido Bonolis. Bd. I. Mailand (Giuffrè) 1942, passim. Insbesondere zur Gerichtspraxis vgl. *Gian Paolo Massetto*, Avvocatura fiscale e giustizia nella Lombardia spagnola. Note su un manoscritto secentesco, in: Massetto, Saggi di storia di diritto penale lombardo (Secc. XVI–XVIII), a.a.O., S. 269 ff.; ferner *Gian Paolo Massetto,* Aspetti della prassi penalistica lombarda dell'età delle riforme: Il ruolo del Senato milanese, in: Massetto, Saggi di storia di diritto penale lombardo (Secc. XVI–XVIII), a.a.O., S. 331/424.

Dieses Normengewirr – mit Quellen aus Gesetzgebung, Lehre und Rechtsprechung – konnte weitgehend nur aufgrund richterlicher Willkür funktionieren. Dem Senat von Mailand, dem Hauptorgan der lombardischen Gerichtsverfassung, gestanden die Neuen Konstitutionen (in ih-

Der Prozess von 1630 bildete für Verri ein klares Beispiel der Willkürlichkeit des Systems, gegen das er kämpfte. Auch handelte es sich um ein Verfahren, das den Mailändern noch lebhaft im Gedächtnis war[49] und dessen Erinnerung gerade die Säule an der Porta Ticinese bewahrte. Die Entscheidung Verris, zu enthüllen, dass hinter der Schandsäule sich eine weitere Schande verbarg, entsprach einer wohldefi-

---

rem Titel „De Senatoribus") auch in Kriminalsachen Ermessensbefugnis zu. Diese enorme Machtbefugnis (zu bestätigen, zu mildern und aufzuheben) ermächtigte den Senat zur Nichtbefolgung der Förmlichkeiten des positiven Rechts *(solemnitates iuris)*, er konnte in schwerwiegenden Fällen das Recht missachten *(iura transgredi propter enormitatem delicti)*; es war ihm beispielsweise gestattet, Körperstrafen auch in Fällen zu verhängen, die in den Neuen Konstitutionen oder in den von den Herrschern bestätigten lokalen Statuten nicht vorgesehen waren. Diese Befugnis leitete sich direkt von dem Herrscher ab *(Senatus iudicat loco principis)* und regulierte sich (war aber auch begrenzt) durch die *aequitas*, außerhalb derer das Ermessen in Missbrauch mündete, d.h. in das *liberum arbitrium*, welches das Gegenteil von *aequitas*, nämlich *iniquitas* bedeutete. Dies ist der Grund, warum die Ermessensbefugnis auch Billigkeitsbefugnis genannt wurde. Überdies unterlag die Befugnis auch einer objektiven Begrenzung: das Recht, freies Geleit zuzusichern oder Gnade zu gewähren, war ausschließlich dem Herrscher vorbehalten. Zum richterlichen Ermessen vgl. *Cavanna*, La codificazione penale in Italia, a.a.O., S. 197 ff.; *Massimo Mescarelli*, Arbitrium. Un aspetto sistematico degli ordinamenti giuridici in età di diritto comune. Mailand (Giuffrè) 1998, passim.; *Loredana Garlati Giugni*, Prima che il mondo cambi. La Milano dei senatori nel Trasunto del metodo giudiziario (1769), in: Studi di Storia del Diritto, III, Mailand (Giuffrè) 2001, S. 603 ff; Massetto, Un magistrato e una città, a.a.O., S. 285 f. Zum Senat von Mailand vgl. *Ugo Petronio*, Il Senato di Milano. Istituzioni giuridiche ed esercizio del potere nel Ducato di Milano da Carlo V a Giuseppe II, Mailand (Giuffrè) 1972, passim; *Annamaria Monti*, Iudicare tamquam deus. I modi della giustizia senatoria nel ducato di Milano tra cinque e settecento, Mailand (Giuffrè) 2003, passim.

Zum Zustand des in der Zeit des Ancien Régime in der Lombardei geltenden Strafprozesses bietet eine vollständige Darstellung *Massetto*, Un magistrato e una città, a.a.O., S. 239 ff.; Massetto nimmt als Ausgangspunkt den Liber Quintus des Julius Clarus. Zwei Quellen aus dem 18. Jahrhundert, der *Ristretto della Prattica Criminale per lo Stato di Milano* und der *Trasunto del Metodo giudiziario* (1769) – bei dem letzteren handelt es sich um einen Joseph II. während seines Besuchs in der Lombardei übergebenen, von einer Senatskommission, zu deren Mitgliedern u.a. von Gabriele Verri gehörte, erarbeiteten Bericht – bestätigen, dass am Ende des 18. Jahrhunderts die kriminalgerichtliche Praxis sich gegenüber der Zeit von Julius Clarus nicht wesentlich geändert hatte. Zu diesen Rechtsquellen vgl. *Garlati Giugni*, Inseguendo la verità, a.a.O., passim, bzw. *Garlati Giugni*, Prima che il mondo cambi, a.a.O., S. 521 ff. Sowohl der *Ristretto* als auch der *Trasunto* sind jeweils am Ende dieser Werke wiedergegeben (S. 275 ff. bzw. S. 631 ff.).

Insbesondere zur Praxis der Folter in der Lombardei vgl. *Massetto*, Un magistrato e una città, a.a.O., S. 291 ff.; *Massetto*, Aspetti della prassi penalistica lombarda, a.a.O., S. 352 ff.; *Garlati Giugni*, Inseguendo la verità, a.a.O., S. 150 ff. S. ferner die *Responsio* des Senats von Mailand auf das Gutachten über die Abschaffung der Folter (S. 220 und 222 des in Fußn. 102 zitierten Textes).

49 Wenn es auch „im übrigen Italien unbekannt" geblieben war; vgl. *Verri*, Betrachtungen, Abschn. 1 (S. 57 der Ausgabe von Contarini, a.a.O.; *hier* S. 4). Im Brief an Alessandro vom 22. Mai 1776 spricht Pietro von einem „sehr berühmten" Vorgang (vgl. Carteggio, Bd. VIII, a.a.O., S. 102), und Alessandro bezeichnet ihn im Brief vom 19. April 1777 als „bekannt" (Carteggio, Bd. IX, a.a.O., S. 19 f.).

nierten Strategie, welche von Gründen diskursiver Effizienz diktiert war. Durch die Erzählung eines Einzelfalles, einer realen und besonders tragischen Geschichte[50], wollte Verri die Seele des Lesers in einem Maße beeinflussen, wie es vorher andere „Männer von Verstand und Herz" nicht geschafft hatten, die ihm im aufklärerischen Kampf gegen die Folter vorangegangen waren, sich aber darauf beschränkt hatten, „ganz oder fast ohne Erfolg [...] feinsinnige Prinzipien der Gesetzeskunst [darzulegen], deren Einsicht sich nur wenigen tiefen Denkern erschließt"[51]. Es waren also nicht diese wenigen tiefen Denker, sondern es war das große Publikum[52], an das sich sein Buch richtete. Daraus folgte die Entscheidung, induktiv vorzugehen, also von einer konkreten, verständlichen, dramatischen Geschichte auszugehen, die in den Akten eines Prozesses dokumentiert und noch lebhaft im kollektiven Gedächtnis vorhanden war. Von hier aus erklärt sich andererseits die Entscheidung, die Erzählung durch die Worte der Richter und der Beschuldigten zu entwickeln, die nicht nicht nur auf der expressiven Ebene eindrucksvoll waren, sondern auch den Abstand zwischen Obrigkeit und Beschuldigtem durch Entgegensetzung von Sprachstilen ins Licht rückten: das feierliche Latein der ersteren und der ungebildete Mailänder Dialekt der letzteren[53].

Nach Ansicht Verris würde die schlichte Erzählung der Barbareien des Schandsäulen-Prozesses den Leser zum Nachdenken veranlassen und ihn von der Nutzlosigkeit und Ungerechtigkeit der Folter und von der Irrationalität des Justizsystems, die solches zuließ, überzeugen. Als guter Aufklärer richtete er seinen Appell zugleich an die Kraft der Vernunft und an das Mitleids- und Menschlichkeitsempfinden des Einzelnen: „doch will ich weder mich selbst noch den Leser irre leiten, ruhig will ich meinen Weg zur Wahrheit schreiten"[54].

Auf diese Weise unterschied sich Verri in der Darstellungsmethode, nicht aber (oder doch nicht in erster Linie) in inhaltlicher Hinsicht von der Kritik jener großen Denker, die bereits ihre Stimmen gegen die Praxis der Folter erhoben hatten. Weil er

---

50 „Als recht prominente Tragödie" bezeichnet Alessandro Verri den Vorgang in seinem Brief an Pietro vom 19. April 1777, vgl. Carteggio, Bd. IX, a.a.O., S. 19.

51 Alle Zitate stammen aus *Verri*, Betrachtungen, Abschn. 1 (S. 55 der Ausgabe Contarini, a.a.O.; *hier* S. 3). Einige Zeilen später fährt er folgendermaßen fort: „Leichter findet die Wahrheit Eingang, wenn sich der Schriftsteller auf gleiche Stufe mit seinem Leser stellt, von allgemeinen Ansichten ausgeht, ihn stufenweise, unter Vermeidung aller Sprünge, auf den Berg führt und zu sich selbst heranzieht, nicht aber unter Donner und Blitz aus der Höhe auf ihn herabstürzt, einen Augenblick blendet, dann aber die Menschen in genau demselben Zustand wie früher zurückläßt".

52 *Verri*, Betrachtungen, Abschn. 1, spricht ausdrücklich von der „öffentlichen Meinung" (S. 58 der Ausgabe Contarini, a.a.O.; *hier* S. 4).

53 *Verri*, Betrachtungen, Abschn. 1, bezeichnet sie als „arme Unglückliche, die nur das gemeine Lombardisch zu sprechen wussten" (S. 57 der Ausgabe Contarini, a.a.O.; *hier*: S. 4).

54 Die letzten beiden Zitate b. *Verri*, Betrachtungen, Abschn. 1 (S. 57 der Ausgabe Contarini, a.a.O.; *hier* S. 4).

eine empirische Bestätigung anbot, die auf einen praktischen Fall vor dem hochmögenden Senat von Mailand beruhte, unterschied er sich von einem von Spee, von einem Thomasius, von einem Beccaria, von einem Sonnenfels und von den theoretischen Kritiken an der Anwendung der Folter, die am Ende des 18. Jahrhunderts immer zahlreicher geworden waren.

Seine Strategie, die offenkundig von Voltaire beeinflusst war[55], kam deutlich zum Audruck in zwei Briefen an seinen Bruder Alessandro, aus denen unzweideutig seine feste Überzeugung über die Wirksamkeit der von ihm gewählten Methode hervorgeht. Im ersten Brief, datiert vom 22. Mai 1776, führt er aus: „Indem ich eine bewiesene Erzählung dieses berühmten und zugleich unbekannten Faktums mit der Theorie der Folter vereine, welche diese Tragödie hervorgebracht hat, würde ich ein Buch schaffen, das gewiss aufrütteln würde"[56]. Im zweiten Brief vom 12. April 1777 lässt Pietro Stolz auf sich selbst durchblicken: „In dieser Stunde, d.h. wenn Du diesen Brief erhältst, hast du mein Manuskript gelesen und hast über mich geurteilt. Mir scheint, dass alles dies zusammen, das ein berühmtes Ereignis von nationaler Bedeutung mit den Theorien, die daraus folgerichtig hervorgehen, vereinigt, müsste Eindruck machen, und es dürfte schwer werden, mir eine befriedigende Erwiderung zu geben. Die anderen haben das Problem nicht methodisch und präzise abgehandelt, sie sind mehr auf das Herz als auf den Verstand der Leser zugegangen; um aber in dieser Materie Erfolg zu haben, muss man das eine mit dem anderen verbinden. Ob es gelungen ist oder nicht, wird mir mein vertrautester Freund sagen"[57]. Und Alessandro bestätigt in seinen Antworten das, was Pietro bereits geschrieben hat[58].

---

55 Vgl. die Schriften Voltaires zu den Fällen *Calas*, *Sirven* und *La Barre*: Pièces originales concernant la mort des sieurs Calas et le jugement rendu à Toulouse, 1762; Histoire d'Elizabeth Canning et des Calas, 1762; Traité sur la tolérance à l'occasion de la mort de Jean Calas, 1763 und Avis au public sur les parricides imputés aux Calas et aux Sirven, 1766. Alle diese Werke sind im Internet auf der website der Association „Voltaire intégral" abrufbar: http://perso.orange.fr/dboudin/index.html.

56 Carteggio, Bd. VIII, a.a.O., S. 102.

57 Carteggio, Bd. IX, a.a.O., S. 17. Die Kritik, die Verri in dem zitierten Passus an die Autoren richtet, die sich zuvor mit dem Thema Folter befasst hatten, ist nicht überzeugend. Der schwache Punkt seiner Vorgänger war nicht, dass sie sich nur an das „Herz" ihrer Leser gerichtet hätten, sondern gerade der Umstand, dass sie dies *nicht* getan hatten. Wie Verri selbst bereits im Abschn. 1 der *Betrachtungen* zutreffend enthüllte, hatten sie den Schwerpunkt ihrer Argumentation gerade auf die theoretischen Argumente gelegt (die „feinsinnigen Prinzipien der Gesetzeskunst, deren Einsicht sich nur wenigen tiefen Denkern erschließt" (Ausgabe Contarini, a.a.O., S. 57; *hier* S. 3). Die Einfügung eines praktischen Falles diente ja gerade dazu, die öffentliche Meinung in Wallung zu bringen. Alessandro Verri bestätigte ihm diese Wirkung, nachdem er das Manuskript gelesen hatte, vgl. die an Pietro gerichteten Briefe, über die in der folgenden Fußn. berichtet wird.

58 Drei Schreiben sind in dieser Hinsicht von besonderem Interesse. Zunächst der Brief vom 19. April 1777: „Ich habe in engstem Kreis den Prozes der beiden Unglücklichen – Moras und des Kommissars – vorgelesen, und die Leute konnten nicht an sich halten. Es erschütterte sie

Indes war die Vereinigung des praktischen mit dem theoretischen Teil nicht einfach[59]. War es zweckmäßig, am Ende des 18. Jahrhunderts die Argumentation auf einen Fall vom Beginn des 17. Jahrhunderts zu stützen? Wahrscheinlich ging dieser Gedanke Verri mehrfach durch den Kopf, und im Text der *Betrachtungen* finden sich Spuren dafür insbesondere in dem Satz, mit dem nach dem Ende des praktischen Teils der theoretische Teil einsetzt:

> „Darüber, dass in der Zeit der angeblichen Pestschmierereien die Folter eine fürchterliche Grausamkeit gewesen ist, kann kein Zweifel bestehen. Man könnte aber sagen, dass die Zeiten sich geändert hätten, dass damals nur die äußerste Notlage des Gemeinwesens zu einem Exzeß geführt habe, der nicht als Beispiel dienen könne."[60]

---

bis zum Ekel und zu Krämpfen. Dein Buch würde eine außerordentliche Wirkung erzielen, denn es vereinigt mit der theoretischen Wahrheit einen konkreten Fall, der diese bestätigt und überdies bekannt ist (...). Die Problematik wird a priori und a posteriori dargestellt; und die Perspektive, aus der Du die Szenerie dieses schändlichen Prozesses darstellst, rührt zu Tränen. Gebildete Personen, Männer von Welt, haben, wie du zutreffend bemerkst, keine Vorstellung von den Grässlichkeiten, welche die Richter zu Papier gebracht haben, eben so wenig von denen, die sie praktiziert haben. Es wäre ja ein Zufall, wenn ein vornehmer Mann die Akten über einen Prozess und über eine Befragung unter der Folter gelesen hätte. Dein Buch ist mit Wahrhaftigkeit, Klarheit und in verführerischem Ton geschrieben; es wäre das erste, wenn der Welt diese abscheulichen Geheimbereiche bekannt machen würde, und ich bin höchst überzeugt, dass man nach wenigen Jahren die Schandsäule, dieses wahrlich beklagenswerte Denkmal jener Epoche des blinden Fanatismus, abreißen würde (...). Deine Argumentationen über den Prozess sind so einleuchtend, dass sie so, wie sie sind, als Gedanken erscheinen, die sich dem Verstand jedes Menschen einfach aufdrängen. In den Verhören selbst wächst mit jedem Wort die Unschuld in einer Weise hervor, dass, während ich vorlas, meine Zuhörer (...) nicht zögerten, heimliche Ausrufe von sich zu geben und schmerzliche und verwunderte Mienen darüber zu zeigen, wie denn jene irrsinnigen Robenträger, die den Folterungen beiwohnten, jemals in solcher Weise jeden Sinn für Vernunft hätten verlieren können. Ich sage Dir, dass es ein schreckliches Buch wäre, ein erschütterndes Exempel der Grausamkeit und Ungerechtigkeit der Folter und der Irrtümer, vielmehr der Gemetzel und der ungerechten Urteile der angesehensten Gerichte" (Carteggio, Bd. IX, a.a.O., S. 19 f.). Zum zweiten der Brief vom 23. April 1777: „sie ergreifen das Herz, und gerade dies ist ja der erwünschte Effekt (...). Wenn Dich die Lust ankommt, dich noch einmal mit diesem schönen Stück zu befassen, vermehre die Tatsachen; was die Beweisführung angeht, gibt es zwar nichts zu ergänzen, aber die Tatsachen berühren das Herz, und hundertmal fällt einem das Buch aus der Hand; aber wegen des großen Interesses an der Sache muss man wieder nach ihm greifen" (Carteggio, Bd. IX, a.a.O., S. 22 f.). Schließlich der Brief vom 7. Mai 1777: „Im übrigen bestätige ich Dir, dass der praktische Teil, also der erste, der sich auf Tatsachen stützt, von außerordentlicher Kraft ist, und dass der spekulative Teil, also der zweite, eine Beweisführung nach den Regeln der Vernunft enthält, zugleich aber durch seine Genauigkeit der Belehrung, die ebenso gewählt wie allgemeinverständlich ist, mir äußerst geglückt erscheint" (Carteggio, Bd. IX, a.a.O., S. 34).

59 Dazu *Barbarisi*, Per una nuova lettura, a.a.O., S. 399 und 404 sowie *Panizza*, Scritti storici, a.a.O., S. 153 ff. Zu einer befriedigenden Zusammenfassung gelangt er erst in der zweiten Fassung.

60 *Verri*, Betrachtungen, Abschn. 8 (S. 113 der Ausgabe Contarini, a.a.O.; *hier* S. 43).

Verri zögert nicht, seine Entscheidung zu rechtfertigen:

> „Ich glaube jedoch, dass bis auf den heutigen Tag die Praxis des Kriminalverfahrens von denselben Büchern angeleitet wird, die man schon 1630 zu Rate gezogen hat"[61]. Und er fügt hinzu: „die Gesetze und die Praxis, unter denen wir heute leben, sind noch dieselben wie diejenigen, die ich beschrieben habe, und nicht steht entgegen, dass solche Grausamkeiten sich wiederholen, wenn sich nur solche Richter wie damals finden."[62]

Die Zeiten hatten sich geändert, aber die Gesetze und die Bücher, auf welche die Justizpraxis sich bezog, waren dieselben. Die Grausamkeit, die so eindeutig aus dem praktischen Fall hervorging, konnte sich wiederholen[63]; die Bezugnahme auf diesen Prozess, auch wenn er schon weit zurücklag, war daher sinnvoll.

IV.

Verri hatte recht. Der Strafprozess der österreichischen Lombardei am Ende des 18. Jahrhunderts war im wesentlichen noch derselbe wie derjenige der spanischen Lombardei des 17. Jahrhunderts[64]. Ganz unterschiedlich war allerdings die Atmosphäre dieser beiden historischen Momente[65]. Die fast 150 Jahre, die seit der Errichtung der

---

61 *Verri*, Betrachtungen, Abschn. 8 (S. 113 der Ausgabe Contarini, a.a.O.; *hier* S. 43).

62 *Verri*, Betrachtungen, Abschn. 8 (S. 114 der Ausgabe Contarini, a.a.O.; *hier* S. 43).

63 Dies wird bestätigt durch Gorani in seinem Brief an Verri vom 18. Dezember 1777: „da dieselben Bücher und Gesetze überwiegend heute noch gelten, kann es geschehen, dass dieselben Exempel der Grausamkeit und dieselben Ungerechtigkeiten sich wiederholen. Auch ich glaube, dass dies gewiss schwierig wäre, es wäre aber nicht unmöglich; ungeachtet der fühlbaren Vervollkommnung der menschlichen Vernunft kann man auch noch in den Zeiten, in denen wir leben, Richter von derselben Ignoranz und Inhumanität finden wie diejenigen von 1630"; vgl. Brief des Grafen Giuseppe Gorani an den Verfaser zu den vorangehenden Betrachtungen, in: Anhang zu *Manzoni*, Storia della Colonna Infame, Bd. XII der Edizione Nazionale ed Europea delle opere di Alessandro Manzoni, hrsg. von Riccardi, a.a.O., S. 512.

64 Vgl. Fußn. 48.

65 Dessen war sich auch Verri bewusst, denn in den *Betrachtungen* hob er den mentalen Abstand zwischen den beiden Epochen hervor. Freilich betonte der Autor diesen Unterschied in der ersten Fassung mit größerer Emphase als in der endgültigen Fassung. Zweifellos hätte die allzu große Betonung des Umstandes, dass die Gegenwart sich von den Zeiten des Schandsäulen-Prozesses unterscheide, diesem Beispiel einen Teil seiner Überzeugungskraft im Kampf gegen das am Ende des 18. Jahrhunderts herrschende System genommen. Man vergleiche den Satz in Abschnitt 2 der Endfassung, der mit „Wir wissen ja, wie in jenem Jahrhundert" beginnt (Ausgabe Contarini, a.a.O., S. 64; *hier* S. 9), mit dem entsprechenden der ersten Fassung, der folgendermaßen lautet: „Wir wissen ja, wie in jenem Jahrhundert die Pflege der Studien ausgesehen hat; sie war ausschließlich auf die Worte und auf die Delirien der Einbildung gerichtet. Ich möchte wünschen, dass heutzutage man nicht mehr so leicht zum Delirium einer ganzen Stadt gelangen könnte (…) Mit solchen und weiteren ähnlichen Argumenten würde man heutzutage hoffentlich jeden Volkslärm beruhigen; damals aber gab es nur wenige Menschen, die nachzudenken wagten, das Jahrhundert leistete dazu keinen Beitrag, und das allgemeine Elend einer Stadt (…) ließ keinen Raum für ruhige Vernunft, welche die Wahrheit, welche mit dem reinen

Schandsäule verflossen waren, waren nicht ergebnislos geblieben. Die Verhältnisse mussten sich freilich noch ändern, das alte Regime war noch nicht das „alte" geworden, doch die Gesellschaft war inzwischen genügend reif, um damit zu beginnen, auf die Stimme der Vernunft und der Menschlichkeit zu hören[66]. Die europäischen *Philosophes*, auch jene, die der *École de Milan* angehörten, begannen ihre Eindrücke zu hinterlassen, auch – und dies interessiert hier besonders – in Wien. In der zweiten Hälfte des 18. Jahrhunderts wehten in Wien bereits ein starker, nicht mehr zu unterdrückender Wind der Reform. Alles war nur noch eine Frage der Zeit.

Was nun insbesondere die Abschaffung der Folter angeht, war die Zeit, in der Verri seine *Betrachtungen* schrieb, besonders günstig. Während des 18. Jahrhunderts hatten nämlich die Einwände gegen die Folter, die sich bereits bei antiken Autoren – sowohl christlichen als auch heidnischen – wie Cicero[67], Quintilian[68], Ulpian[69] und dem Heiligen Agustinus[70], bei Renaissancedenkern wie Montaigne[71] und bei voraufklärerischen Denkern wie Graevius[72] und von Spee[73] finden, zunehmend an Bo-

---

und heiteren Stahl die Wahrheit anzeigte. Der Fanatismus und der Aberglaube regierten damals als blutige Monstren das verrohte Volk (...) Diese Folter würde man heutzutage gewiss aus einem solchen Grunde nicht mehr anwenden (...), damals aber gab es das Licht der Vernunft noch nicht" (vgl. *Barbarisi*, Nota al Testo, a.a.O., S. 98, 99, 100). Auch der oben (unter I.) wiedergegebene Abschnitt aus den *Memorie storiche* hebt den Unterschied zwischen den beiden Epochen deutlich hervor.

66 Damit wird eine Bemerkung Verris paraphrasiert: *Verri*, Betrachtungen, Abschn. 14: „die Stimme der Vernunft und Menschlichkeit" (S. 147 der Ausgabe Contarini, a.a.O.; hier S. 63).

67 *Marcus Tullius Cicero*, Pro P. Sulla, in: I classici latini, Le orazione, hrsg. von Giovanni Bellardi. Turin 1981. Bd. II, cap. 28 [78], S. 974.

68 *Marcus Fabius Quintilianus*, Institutio oratoria, Lib. V, cap. IV de fama atque rumore de tormentis (S. 235 der spanischen Übersetzung von Ignacio Rodríguez und Pedro Sandier, unter dem Titel „Instituciones Oratorias", veröffentlicht von der Librería de la Viuda de Hernando y Cía, Madrid 1887, und nunmehr auch als digitaler Text, hrsg. von der Biblioteca virtual Miguel de Cervantes:
http://www.cervantesvirtual.com/servlet/SirveObras/24616141101038942754491/index.htm.

69 *Domicius Ulpianus*, in: D. 48. 18. 1, § 23 (S. 782 f. der zweisprachigen lateinisch-spanischen Ausgabe, erschienen in: Cuerpo del Derecho Civil Romano, primera parte: Digesto, tomo III, hrsg. von *Kriegel, Hermann, Osenbrüggen* und mit Anmerkungen von *Idelfonso García del Corral*. Buenos Aires 1957).

70 *St. Augustinus*, De Civitate Dei, lib. 19, cap. 6 (S. 447 f. der digitalen Version, veröffentlicht von der Alma Mater Digital Library der Universität Bologna, auf der website:
http://ebooks.cib.unibo.it/archive/00000261/01/decivitatedei.pdf).

71 *Michel de Montaigne*, Essais, Livre second, chapitre V. De la consciense. 1580 (S. 298 ff. der Fassung von 1580 mit den Varianten der Ausgaben von 1582 und 1587, hrsg. von Reinhold Dezeimeris und Henri Barckhausen. Bordeaux (Féret et fils) 1870, jetzt auch als digitaler Text von Gallica – Bibliothèque numérique de la Bibliothèque Nationale de France – abrufbar auf der website: http://gallica.bnf.fr/ark:/12148/bpt6k102435w).

72 *Johann Greve (bzw. Graevius)*, Tribunal Reformatum. Hamburg (H. Cartens) 1624.

73 *Friedrich von Spee*, Cautio Criminalis Seu de Processibus contra sagas Liber. 1631, hier zitiert in der deutschen Übersetzung von Joachim-Friedrich Ritter, Cautio Criminalis oder Rechtliches

den gewonnen, einen gewissen Grad an Systematisierung angenommen und damit begonnen, die Gunst einiger aufgeklärter Fürsten zu finden. Der Beginn dieser aufklärerischen Phase ist wahrscheinlich anzusetzen mit der Christian Thomasius zugeschriebenen Abhandlung *De tortura ex foris Christianorum proscribenda*[74], die ihrerseits weitgehend von den Werken von Graevius und von Spee beeinflusst ist. Die erste wichtige Konsequenz auf praktischer Ebene war die Abschaffung der Folter in Preußen durch die *Kabinetzordnung* Friedrichs II. vom 3. Juni 1740[75]. Einige Jahre später, 1748, wurden zwei weitere wichtige Beiträge gegen die Folter veröffentlicht. Der eine ebenfalls von Friedrich II., der, acht Jahre nach der Abschaffung der Folter, sich rühmen konnte, die Werte der Humanität verteidigt zu haben, ohne damit der Justiz irgend einen Schaden zugefügt zu haben[76]; der andere vom Präsidenten Montesquieu, der in seinem denkwürdigen Werk *De l'Esprit des loix* ein kurzes, aber engagiertes Kapitel der Kritik der Folter widmete[77]. Zur Verallgemeinerung und

---

Bedenken wegen der Hexenprozesse, München (Deutscher Taschenbuch-Verlag [dtv]) 2000, vgl. Frage 23 u. ff. (S. 79 ff.), insb. Frage 29 (S. 133 ff.).

74 Die *Dissertatio inauguralis juridica De tortura ex foris Christianorum proscribenda* wurde als Promotionsthese von Martinus Bernhardi, einem Schüler Thomasius', am 22. Juni 1705 im Auditorium maior der Friedrichs-Universität Halle vorgelegt und verteidigt. Dass die Gedanken dieser Dissertation diejenigen des Lehrers Thomasius sind, geht deutlich aus der Thomasius *salutatio* an den Kandidaten vom 15. Juni 1705 hervor. Die Dissertation wurde im selben Jahr von der Druckerei der Universität Halle gedruckt. 1960 hat *Rolf Lieberwirth* den lateinischen Originaltext ins Deutsche übersetzt und die zweisprachige Ausgabe veröffentlicht unter dem Titel: Über die Folter. Untersuchungen zur Geschichte der Folter. Weimar (Verlag Hermann Böhlaus Nachfolger). Die Dissertation beginnt auf S. 116; von besonderem Interesse ist der zweite Teil, worin die Argumente gegen die Folter dargestellt und die zu ihren Gunsten vorgetragenen Argumente bestritten werden, S. 156 ff. Die *salutatio* beginnt auf S. 188. Zur Zuschreibung der Dissertation an Thomasius vgl. auch *Eberhard Schmidt*, Einführung in die Geschichte der deutschen Strafrechtspflege. 3. Auflage. Göttingen (Vandenhoeck & Ruprecht) 1965, S. 214. In *De tortura* entwickelt Thomasius einige Gedanken, die sich schon in *De Crimine Magiae*, Halle / Saale 1701, finden, einem Werk, das in deutscher Sprache 1712 von Johann Reiche unter dem Titel *Kurtze Lehr-Sätze von dem Laster der Zauberey* übersetzt wurde; aktuell gibt es eine von Rolf Lieberwirth herausgegebene Ausgabe: *Vom Laster der Zauberei, Über die Hexenprozesse. De Crimine Magiae, Processus Inquisitorii contra Sagas*. Weimar (Verlag Hermann Böhlaus Nachfolger) 1967; sie ist reproduziert in einer dtv-Taschenbuchausgabe. München 1986.

75 Die Kabinetzordnung vom 3. Juni 1740 ordnete die Abschaffung der Folter „ausser bey dem Crimine laesae Majestatis, und Landesverrätherey, auch denen großen Mordthaten, wo viele Menschen ums Leben gebracht oder viele Delinquenten, deren Conexion haeraus zu bringen nöthig, impliciret sind". Endgültig abgeschafft wurde die Folter in Preußen durch die Kabinetzordnungen vom 27. Juni und vom 4. August 1754, vgl. dazu *Schmidt*, Einführung a.a.O., S. 269 f. Zum zunehmenden Verschwinden der Folter in Europa vgl. *Piero Fiorelli*, La tortura giudiziaria nel diritto comune. Bd. II. Mailand (Giuffrè) 1954, S. 259 ff.

76 *Friedrich II. von Preußen*, Dissertation sur les raisons d'établir ou d'abroger les lois, 1748, in: Oeuvres de Fréderic II, roi de Prusse. 1790, Bd. II.

77 *Montesquieu, Charles-Louis de Secondat*, De l'Esprit des loix, 1748, livre VI, chapitre XVII: „… Tant d'habiles gens et tant de beaux génies ont écrit contre cette pratique que je n'ose par-

Konsolidierung dieses Klimas trug besonders ein kleines, aber großes, in Mailand geschriebenes und anonym in Livorno in der Toskana vom Verleger Giuseppe Aubert im Sommer 1764 veröffentlichtes Buch bei. Natürlich meine ich *Dei delitti e delle pene* (Von den Verbrechen und von den Strafen) von Cesare Beccaria[78]. Das „Büchlein" *(libricino)*[79] war gewiss nicht das erste Werk, das die Anwendung der Folter kritisierte, auch enthielt es keine besonders originellen Argumente[80], doch der leidenschaftliche Stil und die Einbettung der Kritik in den Zusammenhang einer organischen Abhandlung mit einer Reformprogrammatik für das Straf- und Strafprozessrechtssystem machte aus dem *Pamphlet* einen Meilenstein der Aufklärung auch in diesem Bereich. Der Vorschlag zur Abschaffung der Folter sammelte von da an viele berühmte Unterstützer um sich: Voltaire[81], Paolo Risi[82]; Seigneux de Correvon[83], Johann von Sonnenfels[84], um nur einige der Vorläufer Verris zu nennen[85].

---

ler après eux. J'allois dire qu'elle pourroit convenir dans les gouvernements despotiques, où tout ce qui inspire la crainte entre plus dans les ressorts du gouvernement ; j'allois dire que les esclaves chez les Grecs et chez les Romains [...] Mais j'entends la voix de la nature qui crie contre moi" (S. 123 f. der Version in: Oeuvres de M. de Montesquieu, Bd. I. London [Nourse] 1767 ; jetzt auch in digitaler Fassung im Internet auf der website der Gallica – Bibliothèque numérique de la Bibliothèque Nationale de France – abrufbar: http://gallica.bnf.fr/ark:/12148/bpt6k70671k.table).

78 *Cesare Beccaria*, Dei delitti e delle pene, 1764, Abschn. XVI „Von der Folter" ferner Abschn. XXXVIII „Suggestivbefragungen, Aussagen". In der Version in: Le Opere di Cesare Beccaria, – precedute da un discorso Sulla Vita e le opere dell'autore di Pasquali Villari. Firenze (Felice Le Monnier) 1854, welche der von Molleret vorgenommenen Anordnung folgt, Abschn. XII, S. 23 ff. und X, S. 21 f..

79 So nennt es *Manzoni*, Storia della Colonna Infame, Kap. III (S. 32 der Ausgabe Riccardi, a.a.O.) und bereits vorher *Verri*, vgl. Brief vom 9 April 1777 in: Carteggio, Bd. IX, a.a.O., S. 15.

80 Allgemein zur geringen Originalität des Werkes Beccarias *Garlati Giugni*, Molto rumore per nulla? L'abolizione della tortura tra cultura universitaria e illuminismo giuridico. Le Note Critiche di Antonio Giudici a „Dei delitti e delle pene", in: Formare il Giurista. Esperienze nell'area lombarda tra sette e ottocento, hrsg. von Maria Gigliola di Renzo Villata. Mailand (Giuffrè) 2004, S. 267 ff.: „eine Collage von Autoren wie Hobbes, Helvétius, Hume, Diderot, d'Alembert, Montesquieu, Buffon und vor allem Rousseau, der unsichtbare Lehrer und verborgene Anreger des lombardischen Lehrers", S. 268; insb. zur Folter S. 271 ff. Verri selbst hatte in seinem Brief an Alessandro vom 10. Januar 1767 geschrieben: „Er [Beccaria] hat nur ein kleines Glück mit seinem Buch gemacht (...), wenn er vergisst, dass, wenn einer von uns es wollte, er aus diesem Baumstumpf ein Meisterstück machen könnte (...). Innerhalb eines Monats könnte ich von den Kriminalisten manches zusammentragen, und ich könnte bei Montesquieu, Helvétius, Voltaire und Grevius so viele Sätze finden, die den seinen völlig entsprechen, dass ich ihn als Plagiator erscheinen lassen könnte", vgl. Lettere e scritti inediti di Pietro e di Alessandro Verri annotati e pubblicati dal dottor *Carlo Casati*. Bd. II. Mailand 1879, S. 23, zitiert b. *Garlati Giugni*, Molto rumore per nulla? a.a.O., S. 268 Fußn. 11.

81 *François-Marie Arouet*, alias *Voltaire*, Commentaire sur le livre Des Délits et des peines par un avocat de Province, 1766, Kapitel XII: De la question (s. auch die digitale Fassung, besorgt von Beuchot für die Association „Voltaire integral", auf der website: http://www.voltaire-integral.com/Html/25/37_Delits.html.

V.

Auch in der Lombardei war das Jahr 1776 ein guter Augenblick, um im abolitionistischen Sinne über die Folter zu schreiben. Gerade in jenem Jahr wurde die Folter eines der hauptsächlichen Schlachtfelder[86] dieser politischen – stark auf den Bereich

---

82 *Paolo Risi*, Animadversiones ad criminales jurisprudentiam pertinentes. Mediolani 1766; Übersetzung ins Französische von *Seigneux de Correvon* unter dem Titel: Observations sur des matières de jurisprudence criminelle. Lausanne (F. Grasset) 1768.

83 *Gabriel Seigneux de Correvon*, Essai sur l'abus et les inconvenients de la torture dans la procédure criminelle. Lausanne 1768.

84 *Johann von Sonnenfels*, Über die Abschaffung der Tortur. Zürich 1775; die italienische Übersetzung *Su l'abolizione della tortura* wurde 1776 in Mailand vom Verlag Giuseppe Galeazzi herausgebracht; sie wurde zusammen mit einer Schrift mit dem Titel *Osservazioni sopra l'uso della tortura* von einem anonymen italienischen Autor veröffentlicht.

85 Hier wäre auch noch zu erwähnen *Franchino Rusca*, Osservazioni pratiche sopra la tortura, Lugano (Agnelli e comp.) 1776. Dieses Werk kann als exemplarisch für die Übergangsperiode am Ende des 18. Jahrhunderts angesehen werden, denn in ihm werden verschiedene Argumente gegen die Folter vorgetragen, ohne dass deshalb vollständig mit der Vergangenheit gebrochen werden soll. Besonders wichtig sind die Betrachtungen über ein Naturrecht auf Verweigerung von Antworten, das auf den Grundsatz der Selbsterhaltung gestützt wird (S. 19 ff. insb. S. 21).

86 Die Folterproblematik war bereits in den vorhergehenden Diskussionen über die Reform des lombardischen Rechtssystems aufgetaucht. Der *Nuovo Piano della Pratica Civile, e Criminale per lo Stato di Milano* (Neuer Plan für die Zivil- und Kriminalpraxis im Staate Mailand) von 1768, ein von Senator Gabriele Verri im Auftrag von Maria Theresia ausgearbeiteter allgemeiner Gesetzentwurf für das Zivil- und Strafverfahrensrecht (der Auftrag war auch an Giuseppe Santucci gegangen, der jedoch vor der Vollendung starb), schaffte für den Regelfall der Anwendung der Folter ab: „Für den allgemeinen Regelfall wird die Anwendung der Folter sowohl gegenüber Beschuldigten als auch gegenüber Zeugen abgeschafft, es sei denn, dass es sich nach Auffassung des Senates um ein schreckliches Verbrechen, namentlich um Straßenraub handelt. Ausgenommen von dieser Regel ist die peinliche Befragung *super aliis, et complicibus, et an aliquem indebite gravaverit*, wenn sie nicht die Zeit von einer Viertelstunde überschreiten und nicht nach dem Urteil, wenn der Tod bereits verkündet ist, vorgenommen wird; denn in diesem Fall wird die Aussage des Beteiligten an der Missetat, wenn sie Ausflüchte enthält, im selben Grade als Beweis angesehen, wie wenn die unter der Folter gemachte Aussage bestätigt worden wäre". In der *Relazione, ovvero compendio dell'origine, del progresso, della compilazione, e dei fondamenti del Nuovo Piano civile, e criminale* (Bericht oder Kompendium des Ursprungs, des Fortschreitens, der Erstellung und der Grundlagen des Neuen Plans für das Zivil- und Kriminalverfahren), die dem Entwurf beigefügt war, erläuterte Gabriele Verri diesen Punkt folgendermaßen: „Der Eid und die Folter der Angeklagten besitzen zwar Rückhalt bei den Kriminalisten, deren Bücher voll davon sind, sie vertragen sich aber nicht mit dem Geist des Jahrhunderts, mit den milden Sitten von heute und mit den modernen Gewohnheiten zahlreicher Gerichte. Es erscheint als Härte und ist gewiss auch eine, wenn ein Inkulpat durch die Verpflichtung zum Eid in die schreckliche Notwendigkeit versetzt wird, entweder auszusagen und damit selbst aufzuopfern oder sich zum meineidigen Scheusal zu machen. Es ist daher ein Gebot beruflicher Vernunft, dass man diese Praxis abschafft und den Eid zur Bekundung der Wahrheit *in caput alienum* einschränkt, aber nicht *in caput proprium*. Wenn der geständige Täter eines Kapitalverbrechens zur Höchststrafe verurteilt wird und ihm die harte Entscheidung verkündet wird, erfährt er, anstelle eines Trostwortes, die peinliche Befragung *super aliis, et complicibus, et an aliquem indebite gravaverit*, die an ihm vollzogen wird. Auch diese Praxis

der Reform des Strafprozessrechts konzentrierten – Auseinandersetzung zwischen Wien, das seine Hegemonie festigen wollte, und Mailand, das seine örtliche Autonomie verteidigen wollte[87].

Am 2. Janur 1776 schaffte ein Erlass Maria Theresias die Folter in ihren Erblanden ab. Entscheidend für diese Entscheidung war von Sonnenfels. Hierzu lohnen sich einige Erörterungen. Am 22. August 1775 wies Maria Teresa Joseph von Sonnenfels, Professor der Politischen Wissenschaft an der Universität Wien und Hofrat in Wien, durch kaiserliche Direktive an, sich kritischer Äußerungen gegen die Folter in seinen Vorlesungen zu enthalten[88]. Anders als viele andere es an seiner Stelle getan hätten, befolgte von Sonnenfels nicht sogleich die Willensäußerungen der Kaiserin, sondern legte Maria Theresia entsprechend seinen innersten Überzeugungen eine Verteidigungs-Supplik vor, in der er die Gründe darlegte, die seiner Überzeugung, dass die Folter abgeschafft gehöre, zugrunde lagen. Am Schluss dieser Supplik bat Sonnenfels die Kaiserin, aufmerksam die Praxis der Folter zu untersuchen und dabei die Argumente zu berücksichtigen, die für und gegen sie sprächen. Maria Theresia griff den Vorschlag auf und veranlasste eine umfassende Untersuchung über die Notwendigkeit, bei der Befragung von Angeklagten auf den Gebrauch der Folter zurückzugreifen. Befragt wurden sämtliche Provinzgerichte und zahlreiche Kriminalisten. Der Vertreter von Niederösterreich verteidigte mit besonderem Nachdruck die Anwendung der Folter. Sonnenfels' Gutachten, das als *Votum separatum* eingereicht wurde, weil es als ein unabhängiges und von dem Gutachten des Rates abweichendes Votum vorgelegt wurde, enthielt eine strenge und systematische Kritik der Folter. Dieses Votum und die bereits erwähnte Verteidigungs-Supplik ging – dank des

---

ist zwar in das Forum Criminale aufgenommen worden, verdient aber, da in Strenge ausartend, abgeschafft zu werden, vor allem deshalb, weil die sühnende Gerechtigkeit wenig oder gar nichts davon profitiert, außer allerdings in jenen Fällen, in denen wegen der Gräßlichkeit der Missetat oder wegen anderer erschwerender Umstände der Senat anderer Auffassung ist und mit Gesetzeskraft verkündet, dass der Verurteilte ihr wiederholt zu unterziehen sei, und zwar im Hinblick auf jeden Mittäter; mit dieser Vorsichtsmaßnahme kann dieselbe Wirkung wie mit der zweiten Folter erzielt werden, denn die erste erlittene hat für das vor dem Urteil abgelegte Geständnisses ausgereicht". Diese Abschwächung im Entwurfs rief starken Widerstand verschiedener Mitglieder des Senats hervor. Vgl. dazu *Volpi Rosselli*, Tentativi di riforma, a.a.O., S. 85 ff.; auf S. 311 bzw. 227, finden sich auszugsweise Zitate aus dem *Nuovo Piano* und aus der *Relazione*. Vgl. ferner *Petronio*, Un tentativo moderato, a.a.O., S. 975 ff.

87 Vgl. dazu *Petronio*, Il Senato di Milano, a.a.O., S. 203 ff.; *Provin*, Una riforma per la Lombardia dei Lumi, a.a.O., S. 9 ff.; *Giuliana Volpi Rosselli*, Tentativi di riforma del diritto del processo nella Lombardia teresiana. Il Nuovo Piano di Gabriele Verri. Mailand (Giuffrè) 1986, passim; *Ugo Petronio*, Un tentativo moderato di codificazione del diritto del processo civile e penale nella Lombardia. Il Nuovo Piano di Gabriele Verri, in: La Formazione storica del diritto moderno in Europa. Bd. II. Firenze (Leo S. Olschki editore) S. 975 ff.; *Garlati Giugni*, Prima che il mondo cambi, a.a.O., S. 521 ff.

88 Das kaiserliche Dekret brachte Missfallen auch an der Kritik von v. Sonnenfels gegenüber der Todesstrafe zum Ausdruck.

Ungehorsams des Verlegers Füssli, der sie gegen den Willen des Autors publizierte – in das berühmte Buch *Über die Abschaffung der Tortur* (Zürich 1775) über[89]. Der Rest ist uns bereits bekannt. Am 2. Januar 1776 entschied Maria Theresia, die Folter abzuschaffen. Die Supplik und das Seperatvotum hatten Wirkung gezeigt.

Einige Tage später versuchte Wien, diese Bestimmung auf die österreichische Lombardei auszudehnen. In einem Schreiben vom 8. Januar desselben Jahres an Karl Joseph von Firmian, den bevollmächtigten Minister der Lombardei, forderte Kanzler Kaunitz die Meinung des Mailänder Senats über eine mögliche Ausdehnung der erwähnten kaiserlichen Verordnung auf das Herzogtum Mailand an[90]. Kaunitz versäumte nicht die Gelegenheit, starken Druck auf die hohe Mailänder Richterschaft auszuüben. Im *post scriptum* des Schreibens legte er den Wunsch der Kaiserin dar, die Folter „in allen Provinzen der Monarchie" abzuschaffen und wies den Senat darauf hin, dass er schon „sehr starke" Argumente zur Begründung einer von der Auffassung der Herrscherin abweichenden Auffassung anführen müsse[91].

Druck und Hinweise erwiesen sich jedoch als fruchtlos. Am 19. April 1776 übernahm der Senat von Mailand die von Senator Gabriele Verri verfasste *responsio*, worin die Notwendigkeit der Beibehaltung der Folter in der Lombardei bekräftigt

---

[89] Zu allen erwähnten Gesichtspunkten s. das Vorwort des deutschen Verlegers, das Separat-Votum und die Verteidigung von v. Sonnenfels, in: *Sonnenfels*, Su l'abolizione della tortura. Mailand 1776, S. 1 ff, 3 ff. und 89 ff. Die Angabe von *Barbarisi*, Per una nuova lettura, a.a.O., S. 398, erscheint unzutreffend, was die Information angeht, dass das Werk von v. Sonnenfels in Zürich unter dem Titel „Votum separatum" erschienen sei. In seinem Vorwort erläutert der deutsche Verleger die Problematik: „Der Titel dieser Dissertation war „Votum separatum", da sie wie ein Seperatvotum verfasst worden war und sich von dem Votum des gesamten Rates unterschied; da sich diese Schrift jedoch in vielerlei Hinsicht von anderen ähnlichen Werken unterscheidet, habe ich entschieden, ihm einen passenderen Titel zu geben." (S. 2).

[90] Die Ausdehnung dieser Regelung auf die lombardischen Territorien setzte eine zustimmende Stellungnahme des Senats von Mailand und des *Consiglio di Giustizia* von Mantua voraus, vgl. dazu, wenn auch ohne weitere Einzelheiten, *Provin*, Una riforma per la Lombardia dei Lumi, a.a.O., S. 18.

[91] Der entsprechende Passus des zitierten Briefes weist darauf hin, dass: „aus den Kriminalregistern dieser Provinzen hervorgeht, dass die Folter in Italien in diesen Staaten besonders häufig ist und dass man sie vor allem Diebstahl und ähnliche Delikte praktiziert. Ich sehe daher voraus, dass der Senat als strenger Beobachter der alten Gesetze und der konservativen Anwendung der Gewohnheiten der Kriminalverfahren das heutige System wird beibehalten wollen; man wird ihm aber zu verstehen geben müssen, dass S. M. dahin neigt, diese Art von Befragung generell und in allen Provinzen der Monarchie zu beseitigen. Dies möge ihm als Hinweis dienen, denn falls er glauben sollte, Gegengründe vortragen zu müssen, möge er zusehen, dass sie sehr stark sind, um jenen entgegentreten zu können, die von diesen Kriminalgerichten gegen die Anwendung der Folter vorgetragen worden sind", vgl. Postscriptum des Briefes an Firmian vom 8. Januar 1776, wiedergegeben b. *Cavanna*, La codificazione penale in Italia, a.a.O., S. 35 Fußn. 43; *Provin*, Una riforma per la Lombardia dei Lumi, a.a.O., S. 19 Fußn. 32; *Barbarisi*, Per una nuova lettura, a.a.O., S. 396.

wurde⁹². Der Senat gab sich große Mühe, darzulegen, dass die Entscheidung, zu welcher er gelangt war, sich auf Gebräuche und Praxis der Lombardei, auf die Besonderheit dieser Region und auf gefestigte Erfahrung gründe⁹³. Eine Diskussion über die Argumente pro und contra Folter, die sich auf rein theoretischer und abstrakter Ebene abspielte, hätte sehr wahrscheinlich nicht jene „sehr starken" Argumente erbracht, welche die Herrscherin gefordert hatte, um eine von ihrer Auffassung abweichende Auffassung zu akzeptieren, zumal sie diese kurze Zeit vorher bereits geprüft und im Sinne eines Vorrangs der bejahenden Argumente entschieden hatte. Es gab daher nichts besseres, als festzustellen, dass die Nichtübereinstimmung aus lokalen Umständen welche die Mailänder Organe zugleich verstehen und einschätzen konnten, herrühre, und damit zugleich die Notwendigkeit zu bekräftigen, jene gewisse Autonomie, die von der Zentralregierung immer mehr in Frage gestellt wurde, beizubehalten. Nach Ansicht des Senats war es daher wichtig, darzutun, dass die Gründe, die gegen die Folter angeführt wurden, für das Mailänder Gebiet nicht gültig seien⁹⁴. Dies war es denn auch, was er versuchte. So besehen wurde nun vorgetragen, dass die Folter gar nicht häufig angewandt werde⁹⁵, dass sie keine grausame Methode sei⁹⁶, dass sie sich vielmehr als für das Gemeinwohl sehr nützlich er-

---

92 Der Text der gutachtlichen Stellungnahme des Senats von Mailand ist nachzulesen b. *Verri, Betrachtungen*, hrsg. von *Barbarisi*, a.a.O., S. 213 ff. In ihr wies der Senat die mit der Wiener Auffassung übereinstimmende Auffassung des *Collegio Fiscale* von Mailand vom 26. März desselben Jahres zurück. Der Senat widersetzte sich ferner der Abschaffung der Folter *in processu* und *in sententia*, d.h. der Folter *ad eruendam veritatem*, nicht aber *in executione*, da nach seiner Ansicht niemand der Folter unterzogen werden durfte, nachdem er zum Tode verurteilt worden war *(si denunciata morte nemo torquendus erit)*, vgl. S. 226 und S. 224 *(„Nemo, denunciata morte, torqueatur")*.

93 „*Quare ad Academias rejecta disputatione in abstracto, jam rem aggredumur discutiendam in concreto suiecto, moribus istius Provinciae, ejusque peculiaribus adjuntis, experientia facem praeferente consideratis*", vgl. Consulta del Senato di Milano, a.a.O., S. 218 und 220. Noch deutlicher S. 218: „*Atque exordiendo a primo quaestionis capite, non defuimus quae hinc inde scripta sunt, tradita, propugnata perlustrare, librare et cum moribus nostri comparare*". Vgl. ferner S. 240, 242 und 244.

94 „*Quamobrem plura, quae contra usum torturae afferuntur, Mediolanensi huic Dominio non accomodantur*", vgl. Consulta del Senato di Milano, a.a.O., S. 240.

95 Vgl. Consulta del Senato di Milano, in: *Verri, Betrachtungen*, hrsg. von Barbarisi, a.a.O., S. 254. Mit ihr bestritt der Senat die Bemerkung von Kaunitz in dem erwähnten Brief vom 8. Januar 1776, vgl. den Text zu Fußn. 101.

96 Vgl. Consulta, a.a.O., S. 254. Vgl. ferner S. 242, wo behauptet wird, dass die Folter in der Lombardei nicht so grausam sei wie bei den Römern, dass sie sehr viel kürzer dauere, dass sie in gewisser Weise milder sei *(„adeo moderatum")*, dass noch niemand unter der Folter gestorben sei, dass niemand sich besonders physisch geschwächt empfunden habe, dass, sobald auch nur der mindeste Zweifel daran aufkomme, dass eine Person die Folter nicht aushalten könne, diese Person von einem Arzt untersucht werde, dass mitunter schon die bloße *territio* ausreiche, so dass über ein solch mildes Verfahren *(„de mitissimo hoc procedendi modo")* sich niemand beklagen könne.

wiesen habe[97]. Der Senat war freilich damit einverstanden, die Anwendung der Folter in der Weise zu *mildern*[98], dass die Interessen der Humanität berücksichtigt würden[99]. Auf diese Weise gelange man – so der Senat – zu einer „Kompromiss"-Lösung, d.h. zu einem gerechten Gleichgewicht zwischen den „Gründen der Humanität", welche die Abschaffung der Folter forderten, und jenen Gründen, die auf der „öffentlichen Sicherheit" beruhten und für ihre Beibehaltung sprächen[100]. Unabhängig davon und für den Fall, dass Wien mit dieser Position nicht einverstanden sei und auf möglichst schonende Weise vorgehen wolle, erachtete der Senat es für notwendig, die Folter wenigstens in zwei Fällen beizubehalten: wenn der Angeklagte hartnäckig eine Antwort verweigere und wenn er die Tat trotz des Vorhandenseins der gegen ihn sprechenden Indizien leugne[101]. Sodann erörterte der Senat noch die

---

97 Vgl. Consulta, a.a.O., S. 254. Der Senat entschied, die Nützlichkeit der Folter zu bejahen, und zwar unter teilweisem Rückgriff auf Argumente, die vor allem für die Lombardei galten, teilweise unter Berufung auf andere Argumente von allgemeinerer Gültigkeit. Die unterschiedlichen Argumente, die zum Nachweis der Nützlichkeit der *vexata quaestio* herangezogen werden, sind folgende: dass die lombardischen Verbrecher durch eine besondere Bösartigkeit und eine besondere Bereitwilligkeit zum Leugnen jedes Verbrechens gekennzeichnet seien, was in diesem Ausmaß bei den germanischen Völkern und auch bei anderen Völkern nicht der Fall sei (S. 240), dass die Diebe – bei deren Taten der Beweis sehr schwierig sei – in der Region sehr häufig seien (S. 240), dass ohne die Heranziehung der Folter die Prozesse zu lang dauern würden, wodurch nicht nur eine rasche Bestrafung behindert werde, sondern auch der öffentliche Haushalt, der die Bezahlung der Richter tragen müsse, in Mitleidenschaft gezogen werde (S. 240 und 242), dass ohne die Folter man höchstens zur Verhängung einer *poena extraordinaria* habe gelangen können – eine Lösung, die unter allen denkbaren Gesichtspunkten unbefriedigend gewesen sei, da man nicht die Möglichkeit gehabt habe, die Schwere des Verbrechens zu berücksichtigen, und deshalb weder dazu gedient habe, Gesetzesverletzungen seitens des Angeklagten zu verhindern, noch, andere Personen von der Begehung weiterer Verbrechen abzuhalten (S. 230, 232, 234, 240), und dass ohne die Folter man Komplizen nicht entdecken könne (S. 230).

98 Diese Milderungsgründe waren folgende: dass der eines Raubes geständige Täter nicht gefoltert wurde, außer wenn dringende Gründe ihn eines anderen Verbrechens verdächtig machten, dass der geständige Täter nicht unter der Folter befragt wurde, um Komplizen zu offenbaren, außer wenn von einer unabhängigen Quelle Hinweise auf deren Schuld vorlagen, dass der Täter, der eine widersprüchliche oder unzusammenhängende Bekundung abgab, nicht gefoltert wurde, dass niemand der Folter unterworfen wurde, nachdem ihm die Todesstrafe verkündet worden war. Vgl. dazu Consulta, a.a.O., S. 222; der vorletzte der erwähnten Milderungsgründe scheint in anderen Teilen des Gutachtens abgemildert bzw. übergangen zu sein; vgl. dazu S. 224, 226. Vgl. auch die teilweise ähnlichen Vorschläge von Gabriele Verri im *Nuovo Piano della Pratica Civile, e Criminale per lo Stato di Milano*, Fußn. LXXXIX.

99 „... *humanitati quoad fieri potest indulgendo*", vgl. Consulta del Senato di Milano, a.a.O., S. 222.

100 Vgl. Consulta, a.a.O., S. 224, und zur Notwendigkeit einer Versöhnung der Interessen der Humanität („*humanitatis ratio*") mit denen der öffentlichen Sicherheit („*publica securitas*"), S. 216. Vgl. ferner S. 232, wo ausgeführt ist, dass es das Interesse des Staates sei, Verbrechen aufzudecken, mit welchen Mitteln auch immer dieses Ziel erreicht werde.

101 Vgl. Consulta, a.a.O., S. 226. In anderen Teilen des Gutachtens entsteht der Eindruck, dass diese Fälle auch auf jene anwendbar seien, welche widersprüchliche, falsche oder unangemes-

klassischen Argumente der zeitgenössischen Philosophen („*nostri Aevi Philosophi*") gegen die Folter[102] und lehnte sie ab. Abschließend wiederholte er die Notwendigkeit der Folter und ihre Vereinbarkeit mit den Mailänder Gewohnheiten im Falle schwerer Verbrechen, falls es keine andere Möglichkeit gebe, um angesichts „dringender Anzeichen" die Wahrheit zu ermitteln[103].

Die Antwort des Senats schlug somit, zumindest für den Augenblick, das Tor für die Abschaffung der Folter in der Lombardei zu. Um dahin zu gelangen, mussten noch Jahre vergehen: die Folter wurde erst dank der entschlossenen Entscheidung Josephs II. – zunächst mit den Instruktionen an Gerichte und Richter von 1784 und sodann mit der *Norma Interinale del processo criminale* von 1786[104] – abgeschafft. Jedoch war bereits 1776 die Folter endgültig auf die politische Agenda Wiens gelangt.

VI.

Dies war in aller Kürze der Zusammenhang, in dem Verri die *Betrachtungen* zu schreiben begann. Die Folter war im Begriff, ihre Unterstützung in Europa zu verlieren, und die Diskussion über ihre Abschaffung stand auch in der Lombardei allen vor Augen. Um es mit den Worten Verris selbst zu sagen, war die Folter ein „Modethema" geworden[105]. Was aber ist, abgesehen davon, dass der günstige Augenblick

---

sene Antworten geben, vgl. S. 224 und 226. Interessant sind die Hinweise des Senats, wonach derjenige, der hartnäckig in Schweigen verharrt („*contumaciale silentium*"), die legitime Befugnis des Richters zur Befragung verletze und daher im Straftat gegenüber dem Richter als öffentliche Person, nicht als Privatperson begehe. In diesem Fall ersetze die Ermittlung der Wahrheit mittels Anwendung der Folter die verdiente Strafe (S. 228).

102 Vgl. Consulta, a.a.O., S. 228 ff. Der Senat gab sich insbesondere Mühe, die Ansicht zurückzuweisen, dass es ungerecht sei, eine Strafe zu verhängen, bevor Sicherheit über das Verbrechen bestehe, ferner die Ansicht, dass es weniger schädlich sei, einen Schuldigen freizulassen als einen Unschuldigen zu verurteilen. Gegen die erstere vertrat er die Auffassung, dass in jedem Falle Klarheit über das corpus delicti gewonen werden müsse (S. 228); gegen die letztere, dass das Vorliegen von Indizien Lückenfüllungen und andere Umstände – die erforderlich seien – die Unschuld zweifelhaft machten und diese Vermutung daher aufgehoben werde (S. 134).

103 „*Gravitas criminis, veritas aliter non emersura, urgentia indicia; haec tria usum torturae necessarium reddunt et moribus nostris probant*", vgl. Consulta, a.a.O., S. 242 und 244.

104 Dazu mit weiteren Einzelheiten u. Abschn. VIII.

105 Vgl. den Brief an Alessandro vom 22. Mai 1776, in: Carteggio, Bd. VIII, a.a.O., S. 102: „Dies wäre die Gelegenheit, einen Punkt von solchem Interesse, der überdies zur Zeit in Mode ist, zu behandeln". Dass das Thema Folter die öffentliche Meinung zu bewegen begann, zeigen zwei Nummern der *Gazzetta Letteraria* aus eben jenem Jahre 1776, in denen die Veröffentlichung der Werke von v. Sonnenfels (Ausgabe vom 22. Mai) und derjenigen von Rusca (Ausgabe vom 16. Oktober) begrüßt wird. In der letzteren heißt es: „Wir haben die Gedanken des Herrn Advokaten Rusca völlig überzeugend gefunden, wo er die Sprache der Humanität spricht gegen die inventrice Barbarei der Folter erhebt, deren Nutzlosigkeit und Ungerechtigkeit er für nahezu jeden Fall nachweist; wir haben aber nicht ohne eine Art von rincrescimento lesen können, dass

gekommen war, der Beitrag des Buches von Verri zur Diskussion über die Abschaffung der Folter? Zweifellos ist seine Hauptbedeutung methodologischer Art. Wie wir schon ausgeführt haben, unterschied Verri sich von den Autoren, die ihm im Kampf gegen die Folter vorangegangen waren, weniger durch den Inhalt seiner Kritik[106], als vielmehr dadurch, dass er in seine Abhandlung die Erzählung eines praktischen Falles eingebaut hatte, der von selbst die Nutzlosigkeit und Ungerechtigkeit eines solchen Systems der Tatsachenfeststellung unter Beweis stellte[107]. Die von Verri angewandte Methode verkörperte perfekt das Vertrauen der Aufklärungsphilosophen in die Vernunft. Die schlichte Kenntnis der Barbareien des Schandsäulen-

---

er nicht ihre gänzliche Abschaffung vorschlägt". Diese Information nach *Barbarisi*, Per una nuova lettura, a.a.O., S. 397 f.

106 Nehmen wir beispielsweise wegen ihrer zeitlichen Nähe und der bedeutung ihrer Bücher in der Diskussion über die Abschaffung der Folter in der Lombardei die beiden Autoren, die Verri vorangingen: Beccaria und v. Sonnenfels. Was den Inhalt der Kritik angeht, gibt es keinerlei Unterschied zwischen den *Betrachtungen über die Folter* und *Von den Verbrechen und von den Strafen*. Gegenüber dem Buch von v. Sonnenfels sind nur zwei Unterschiede bedeutsam: Zum einen schreibt v. Sonnenfels den Ursprung der Folter nicht den Gottesurteilen zu, wie dies *Verri, Betrachtungen*, Abschn. 13 (S. 140 der Ausgabe Contarini, a.a.O.; hier S. 58), und *Beccaria*, Dei Delitti e delle pene, Abschn. XVI (in der zitierten Ausgabe in Fußn. 78, Abschn. XII, S. 24). tun. Zum anderen schlägt *Sonnenfels*, Su l'abolizione della tortura, a.a.O., Abschn. XXII, S. 76 ff., vor, die Folter für die Aufdeckung von Komplizen eines Verbrechens beizubehalten. War der Beschuldigte erst einmal für schuldig erklärt, so gab es nach Sonenfels keinen Grund, ihm demjenigen die Folter zu ersparen, der hartnäckig schweige, „denn der Täter ist verpflichtet, dem Richter zu antworten, der fragt; und wo er hartnäckig gegen diese Pflicht verstößt, wird er im Interesse der öffentlichen Sicherheit gefoltert, und zwar nicht für die Tat eines anderen, sondern für sein eigenes schuldhaftes Schweigen, denn mit diesem Schweigen unternimmt er einen neuen Angriff auf die öffentliche Sicherheit ..." (S. 77 f.). Vgl. die entgegengesetzte Auffasung bei *Verri*, Abschn. 15 (S. 153 f. der Ausgabe Contarini, a.a.O.; hier S. 66 ff.) und *Beccaria*, Dei Delitti e delle pene, Abschn. XVI (in der zit. Ausgabe in Fußn. 78, Abschn. XII, S. 26 f.). Zu den Übereinstimmung und Unterschieden zwischen den Werken von Sonnenfels und Beccaria (die auch für che Sonnenfels und Verri gelten), vgl. *Mario A. Cattaneo*, Beccaria und Sonnenfels. Die Abschaffung der Folter im theresianischen Zeitalter, in: Ders., Aufklärung und Strafrecht. Baden-Baden 1998, S. 49 ff. Zur irrigen Position von Verri und Beccaria, den Ursprung der Folter auf die Gottesurteile zurückzuführen, vgl. nur *Fiorelli*, La tortura giudiziaria, a.a.O., S. 250 ff.

107 Diesen Weg war vorher bereits Voltaire mit den in Fußn. 55 erwähnten Werken gegangen. In den Werken anderer Autoren besaß hingegen der Hinweis auf reale Prozesse nur marginale Bedeutung; vgl. z.B. den Bericht über den Fall des jungen Genfers und des Herrn Signor Pr'zepitzky bei *Sonnenfels*, Su l'abolizione della tortura, a.a.O., Abschn. 8, S. 32 ff. Sonnenfels hatte andererseits durchaus vor Augen, welche Rolle bestimmte Prozesse in der Diskussion über die Folter spielten: „Die Namen de la Barre und Calas sind nicht mehr die Namen einzelner Personen; sie sind zu allgemeinen Bezeichnungen für unschuldig Bestrafte geworden" (S. 32). Einen genau entgegengesetzten Weg wie Verri hatte im XVII. Jahrhunderts von Spee eingeschlagen, der in seiner Argumentation gegen die Folter ausdrücklich auf die Heranziehung von Beispielen verzichtet hatte: „Ich könnte hier erstaunliche Beispiele erzählen, wenn ich mir nicht fest vorgenommen hätte, diese Blätter nicht mit nutzlosen Dingen ausfüllen. Ich will meine Sache lieber mit Vernunftsgründen als mit Geschichten verfechten" (*Spee*, Cautio Criminalis, a.a.O., Frage 28, S. 128).

Prozesses, die durch die Einbindung der Aktenauszüge enthüllt wurde, würde jeden vernünftigen Menschen dazu bringen, den Gebrauch der Folter abzulehnen und als widerwärtig anzusehen[108].

Was die von ihm erhobenen Einwände auf theoretischer Ebene anging, räumte Verri selbst ein, dass viele von ihnen nicht neu seien und dass einige von ihnen sich auf eine lange Tradition stützten[109]. Er wollte sich keine Verdienste beilegen, die ihm nicht zukamen, er wollte aber auch nicht, dass diese Verdienste anderen zeitgenössischen Aufklärungsphilosophen zugeschrieben würden[110]. Ungeachtet dessen beschränkte Verri sich nicht darauf, früher formulierte Kritikpunkte zu wiederholen, wenngleich er sie teilweise im Rahmen eines vollständigen und geschlossenen Diskurses zuspitzte, ordnete und strukturierte. Dies sind die Gründe, warum sein Buch einen der bedeutendsten Angriffe des 18. Jahrhunderts gegen die Folter darstellt[111]. Verri strukturierte seinen Angriff grundlegend nach fünf Thesen: (1) Die Folter stelle eine schreckliche und grausame Methode dar; (2) sie trage nichts zur Ermittlung der Wahrheit bei; (3) weder das Gesetz noch die Praxis sähen sie als ein Mittel zur Ermittlung der Wahrheit an; (4) sie sei eine in sich ungerechte Methode und (5) sie ermangele der gesetzlichen Grundlage, denn sie werde nur auf die Autorität der *doctores* und auf richterliche Willkür gestützt.

Die erste These, also die, dass die Folter eine schreckliche und grausame Methode sei, zielte auf die Widerlegung der Gegenauffasung, die der Senat in seiner Stellungnahme zur Folter vertreten hatte[112]. Es fiel Verri nicht schwer, seine Position zu vertreten. Er brauchte nur die angewandten Foltermethoden und die Ansichten und Gutachten einiger renommierter *doctores* über ihre Anwendung zu beschreiben[113].

Auch die zweite These zielte darauf, die vom Senat vertretene Argumentation zu widerlegen, wonach die Folter angesichts ihrer Nützlichkeit zur Tatsachenfest-

---

108 Zu dieser Wirkung s. die Briefe an Alessandro vom 19. und 23. April 1777, deren wichtigste Abschnitte in Fußn. 58 wiedergegeben sind.

109 *Verri*, Betrachtungen, Abschn. 14 (S. 143 f. der Ausgabe Contarini, a.a.O.; *hier* S. 63).

110 *Verri*, Betrachtungen, Abschn. 14, wo der Verf. die Auffassung äußert, dass die modernen Autoren nicht den Ruhm beanspruchen könnten, „dass sie als erste die Stimme der Vernunft und der Menschlichkeit in dieser Frage vernommen hätten", und der deshalb, so erklärt er, keinen von ihnen zitieren will (S. 147 der Ausgabe Contarini, a.a.O.; *hier* S. 63).

111 Die Kritik beschränkt sich auf die Kritik der Folter *ad erudendam veritatem,* wendet sich hingegen nicht gegen die Folter als Strafe: „Als Folter bezeichne ich nicht eine Strafe, die einem Täter durch Urteil zugefügt, sondern die angebliche Erforschung der Wahrheit unter Schmerzzufügung.", vgl. *Verri, Betrachtungen,* Abschn. 8 (S. 113 der Ausgabe Contarini, a.a.O.; *hier* S. 43).

112 Vgl. u. Fußn. 150

113 Vgl. *Verri*, Betrachtungen, insb. Abschn. 8 (S. 114 ff. der Ausgabe Contarini, a.a.O.; *hier* S. 43 ff.).

stellung aus Gründen des Gemeinwohls nötig war[114]. In diesem Fall griff Verri in erster Linie auf das klassische Argument der Stärke und Schwäche der Menschen zurück. Eine starke und an hartes Leben gewöhnte Person werde die Folter besser überstehen als eine schwache und an weniger mühsames Leben gewöhnte Person. Der an das Aushalten von Schmerzen gewöhnte Verbrecher werde daher weniger schnell zum Geständnis einer Tatsache bereit sein, um das Leiden zu beenden, als ein vornehmer Mensch. Die Folter bilde daher nicht eine Methode, die geeignet sei, die Wahrheit zu finden, denn in einigen Fällen führe sie zu nichts, in anderen Fällen aber bringe sie Lügen hervor[115]. Nach Verris Auffassung war also die Folter nicht nur ein nutzloses Mittel zur Erlangung der Wahrheit, sondern ein geradezu kantraproduktives Mittel, denn der durch sie hervorgerufene Schmerz hindere daran, aus der Mimik oder aus der Stimme nützliche Urteilshinweise über Unschuld oder Schuld einer Person zu entnehmen[116].

Verris dritte These, die in gewisser Weise mit der vorangehenden verbunden ist, lautete, dass weder das Gesetz noch die Praxis die Folter als ein Mittel zur Aufdeckung der Wahrheit ansähen. Was das Gesetz angeht, beschränkt Verri sich auf die Feststellung, dass das römische Recht die Anwendung der Folter auf freie Menschen nicht vorgesehen habe und daher nur schwer als ein nützliches Mittel zur Wahrheitserforschung angesehen werden könne[117]. Allerdings zieht Verri keine andere damals

---

114 Vgl. u. Fußn. 151.

115 Vgl. *Verri*, Betrachtungen, insb. Abschn. 9 (S. 120 ff. der Ausgabe Contarini, a.a.O.; *hier* S. 48 ff.). Dieses Argument hat eine lange Geschichte; vgl. z.B. *Quintilian*, Instituciones oratorias, Lib. V, cap. IV (S. 235 der in Fußn. 68 zitierten digitalen Fassung); *Ulpian*, D. 48. 18. 1, § 23 (S. 782 f. der in 69 zitierten Fassung); *Thomasius*, Über die Folter, a.a.O., Teil II, § 2, S. 158 ff. und § 3 S. 160 ff.; auch in Teil I, § 1, S. 124 f., worin er die Auffassung von Ulpian; Beccaria (Dei Delitti e delle pene, Abschn. XVI (in der in Fußn. 78 zitierten Ausgabe Abschn. XII, insb. S. 23 und S. 25); Sonnenfels, Su l'abolizione della tortura, a.a.O., § VI, S. 18 ff.; § IX, S. 39, § XI, S. 44 und § XIII, S. 47 ff. Verri selbst hatte die Problematik bereits in der *Orazione panegirica sulla giurisprudenza milanese* von 1763 mit jener Ironie behandelt, die das Werk durchzieht: „Die wahrhaftigen Menschen haben den Schulterknochen weniger fest im Gelenk sitzen, weshalb die Wahrheit Platz hat, sich Bahn zu brechen und zur Zunge emporzusteigen; den nicht wahrhaftigen Menschen hingegen muss man den Knochen aus der Schulter renken, auf dass die Wahrheit dabei herauskommt, und deshalb hat man die Streckfolter erfunden, die zu Recht die Königen der Schmerzen genannt wird" (S. 168 f. der im Anhang zu *Verri*, Betrachtungen, Ausgabe Contarini, a.a.O.). Auch in dem Rätsel *Il Male di Milza* : „[...] Die Robusten finden in mir ihr Heil, die Schwachen finden in mir ihr Verderben [...]" (vgl. den in Fußn. 35 wiedergegebenen Text).

116 *Verri*, Betrachtungen, Abschn. 9 (S. 123 der Ausgabe Contarini, a.a.O.; *hier* S. 49 f.). Die Thematik findet sich bereits behandelt b. *Beccaria*, Dei Delitti e delle pene, Abschn. XVI (in der in Fußn. 78 zitierten Ausgabe, Abschn. XII, insb. S. 25).

117 *Verri*, Betrachtungen, Abschn. 10, wo er ausdrücklich den Codex Theodosianus und den Codex Iustinianus erwähnt (S. 124 ff. der Ausgabe Contarini, a.a.O.; *hier* S. 50 ff.). Das römische Recht der republikanischen Zeit kannte die Folter nur für Sklaven, vgl. dazu nur das 5. Kapitel von *Theodor Mommsen*, Römisches Strafrecht, Leipzig 1899.

in der Lombardei geltende Rechtsquelle heran[118]. Dies war wohl der Tatsache geschuldet, dass Verri seine Kritik, wie wir noch sehen werden, auf die Auslegung des römischen Rechts, wie sie die Kriminalisten der Zeit des *ius commune* praktizierten, konzentrierte. Nun erwähnt zwar der wichtigste Gesetzestext des Herzogtums Mailand, die *Constitutiones Dominio Mediolanensis* von 1541, bekannt auch als die *Neuen Konstitutionen Karls V.*[119], die Folter an keiner Stelle, doch gab es in vielen kommunalen Statuten der Lombardei[120] gewisse Hinweise. Was die Praxis der Kriminalisten angeht, gründete Verri seine Auffassung auf zwei Argumente. Zunächst bemerkt er, dass die Tatsache, dass bestimmte Personen kraft ihrer gesellschaftlichen oder beruflichen Stellung – wie im Falle der Adligen, Doktoren oder Soldaten – von der Folter ausgeschlossen seien, verdeutliche, dass die letztere nicht als ein Mittel zur Wahrheitsgewinnung angesehen werde[121]. Das zweite Argument ist noch wirkungsvoller: Wenn die kriminalgerichtliche Praxis dem unter der Folter abgelegten Geständnis *nur dann* Wert beilege, wenn es anschließend ohne Anwendung der Folter und an einem Ort, der von der Folterkammer weit entfernt war, bestätigt werde, so bedeute dies, dass die Aussagen, die durch die Folter erpresst worden seien, nicht als solche für glaubwürdig erachtet würden[122].

Verris vierte These ist wohl die grundlegende. Sie besagt, dass, selbst wenn die Folter ein nützliches Mittel zur Untersuchung von Verbrechen wäre, sie aber doch in

---

118 Zu den Quellen des lombardischen Rechts s. Fußn. 48.

119 Zu den *Neuen Konstitutionen* vgl. Fußn. 48.

120 Cfr. *Fiorelli*, La tortura giudiziaria Bd I, a.a.O., S. 82 ff, insb. S. 88 ff. Nach *Giuseppe Rovani*, Cento anni. Buch IV, Kap. IV (im Internet: http://bepi1949.altervista.org/centoanni/04.htm), sowie *Alessandro Manzoni*, Storia della Colonna Infame, Kap. I (S, 17 dercon Carla Riccardi herausgegebenen Ausgabe, a.a.O.) sahen sogar die *Statuta criminalia* von Mailand in der *Rubrica generalis de forma citationis in criminalibus* im Teil *De tormentis seu quaestionibus* ausdrücklich die Folter vor "in casibus infrascriptis videlicet: in crimine haeresis, sodomiae, turbationis pacifici Status domini nostri... crimine homicidii, assassinamenti, adulterii, veneficii, privati carceris falsitatis; schachi, seu robariae, furti, ecc.". – Wahrscheinlich ist der fehlende Hinweis auf die Statuten – die die im Text zitierte Auffassung von Verri hätte widerlegen können – auf die Tatsache zurückzuführen, dass im 18. Jahrhundert diese Rechtsquelle im Bereich des Strafrecht nahezu jede Bedeutung verloren hatte, vgl. *Cavanna*, La codificazione penale in Italia, a.a.O., S. 30, Fußn. 39.

121 *Verri*, Betrachtungen, Abschn. 10 (S. 126 der Ausgabe Contarini, a.a.O.; *hier* S. 51).

122 *Verri*, Betrachtungen, Abschn. 10 (S. 127 f. der Ausgabe Contarini, a.a.O.; *hier* S. 51). Dieses Argument findet sich b. *Beccaria*, Dei Delitti e delle pene, Abschn. XVI (in der in Fußn. 78 genannten Ausgabe Abschn. XII, insb. S. 26) und *Sonnenfels*, Su l'abolizione della tortura, a.a.O., Abschn. VII, S. 25 ff., und auch Verri hatte es in *Il Male di Milza* vorweggenommen: „[...] sind als notwendig angesehen worden, um die Wahrheit zu erforschen, und niemand glaubt an das, was zugunsten meines Werkes gesagt wird [...]". Nach Ansicht der Autoren des gemeinen Strafrechts konnte der Angeklagte, der sein Geständnis nicht außerhalb der Folterkammer bestätigte, erneut gefoltert werden, im allgemeinen bis zu dreimal. Beteuerte er am Ende der dreimaligen Folter immer noch seine Unschuld, musste er losgesprochen werden.

sich ungerecht sei¹²³. Um diesen Punkt zu verdeutlichen, zieht Verri eine ganze Reihe von Argumenten heran. Das erste Argument, besser: die erste Gruppe von Argumenten, geht von einer Kritik am System des gesetzlichen Beweises und an seinen subtilen und verwirrenden Distinktionen zwischen den Beweisgraden aus – mit Verris Worten: „barbarische Unterscheidungen und Feinsinnigkeiten, [welche] die Natur der Sache selbst niemals verändern können"¹²⁴. Nach Ansicht Verris konnte es nur Sicherheit oder Wahrscheinlichkeit geben; Wahrscheinlichkeit aber sei – unabhängig von dem Wort, das die Kriminalisten benutzen mochten, um ihren Umfang zu beschreiben – nichts anderes als Ungewissheit¹²⁵. Sei das Verbrechen gewiss, so sei die Folter nicht nur unnütz, sondern sogar überflüssig und damit als solche ungerecht. *Überflüssig* deshalb, weil angesichts der Gewissheit der Tatsache – die im System des Ancien Régime mit der Aussage von zwei Zeugen angenommen werden durfte – auch derjenige, der die Tat nicht gestanden habe, d.h. der „leugnende Täter", verurteilt werden könne. *Ungerecht* deshalb, weil es nicht gerecht sei, jemandem ein Übel zuzufügen, wenn es nicht zwingend sei¹²⁶. Sei jedoch das Verbrechen ungewiss, dann könne der Angeklagte unschuldig sein, und es sei „eine große Ungerechtigkeit, einen Menschen einer sicheren Grausamkeit und fürchterlichen Qualen auszusetzen, der möglicherweise unschuldig ist"¹²⁷. Damit argumentierte Verri zugunsten des Verbots der antizipierten Strafe, das er mit der Unschuldsvermutung begründete¹²⁸.

---

123 Nach Ansicht von Alessandro Verri war dies das wirkliche *punctum dolens*. In seinem Brief an Pietro vom 15. März 1776 bezeichnete er die Folter zunächst als „ungerecht aber nicht nutzlos", schloss dann aber: „Aber wehe uns, wenn das Nützliche erlaubt würde"! Carteggio, Bd. VIII, a.a.O., S. 56.

124 *Verri*, Betrachtungen, Abschn. 11 (S. 128 der Ausgabe Contarini, a.a.O.; *hier* S. 52).

125 *Verri*, Betrachtungen, Abschn. 11: „… zwischen Sein und Nichtsein gibt es keinen mittleren Punkt, und genau da, wo das Verbrechen nicht mehr sicher ist, beginnt die Möglichkeit der Unschuld" (S. 129 der Ausgabe Contarini, a.a.O.; *hier* S. 52).

126 *Verri*, Betrachtungen, Abschn. 11 (S. 128 ff. der Ausgabe Contarini, a.a.O.; *hier* S. 52).

127 *Verri*, Betrachtungen, Abschn. 11; vgl. auch Abschn. 9 und insb. Abschn. 14 (S. 129, 123, 143 und 148 der Ausgabe Contarini, a.a.O.; *hier* S. 52).

128 Auch die gerade dargestellten Argumente gründen sich auf eine lange Tradition, vgl. z.B. *St. Agustinus*, De Civitate Dei, lib. 19, cap. 6 (S. 447 f. der in Fußn. 70 zitierten Fassung); *von Spee*, Cautio Criminalis, a.a.O., Frage 27, S. 123 ff., wo auch die Auffassung von Augustinus zitiert wird; *Thomasius*, Über die Folter, a.a.O., Teil II, § 1, S. 156 f. und § 10, S. 184 f; *Beccaria*, Dei Delitti e delle pene, Abschn. XVI (in der in Fußn. 78 zitierten Fassung Abschn. XII, insb. S. 23 ff.); *Sonnenfels*, Su l'abolizione della tortura, a.a.O., § XIII, S. 47. Vgl. auch *Verri*, Orazione panegirica, a.a.O., S. 169. Im Hinblick auf diesen Grundsatz gibt Verri das klassische und in gewisser Weise populäre Argument wieder, wonach es weniger schädlich ist, Schuldige freizulassen als einen Unschuldigen zu bestrafen, vgl. *Verri*, Betrachtungen, Abschn. 14 (S. 148 der Ausgabe Contarini, a.a.O.; *hier* S. 64). Das Argument fand sich z.B. schon bei *Sonnenfels*, Su l'abolizione della tortura, a.a.O., Abschn. XVII, S. 62, der seinerseits die Dissertation sur les raisons d'établir ou d'abroger les lois *Friedrichs II* von 1748 zitierte.

Die These von der inneren Ungerechtigkeit der Folter wurde von Verri auch mit dem Argument der Existenz eines Naturrechts auf Freiheit von erzwungener Selbstbezichtigung gestützt. Diese These, die bereits in der Diskussion über die Folter aufgetaucht war[129], nimmt im Werk von Verri eine bedeutende Rolle ein. Es sei eine „Tyrannei von schlimmster Ungerechtigkeit", es sei „ungerecht und naturwidrig, wenn ein Mensch zum Ankläger gegen sich selbst wird und die Personen des Anklägers und des Angeklagten zu einer einzigen werden". Widersetze sich das Naturgesetz der Tatsache, dass ein Vater seinen eigenen Sohn, ein Ehemann seine eigene Frau, ein Bruder seinen Bruder anklage oder dass ein Advokat seinen Klienten verrate, so müsse es sich mit um so größerem Recht der Tatsache widersetzen, dass ein Mensch durch Quälerei verpflichtet werde, sich selbst anzuklagen und damit auf das „schlichte Gesetz der Selbstverteidigung" verzichte. Wer, so fragt sich Verri, wäre wohl inniger mit sich selbst verbunden als man selbst?[130]

Verris fünfte These, auch sie von zentraler Bedeutung für seine Beweisführung, lautet, dass die Folter keine gesetzliche Grundlage besitze und sich einzig und allein auf die Autorität der *doctores* und auf die Willkür der Richter stütze. Der Folter fehlte es keineswegs gänzlich an einer gesetzlichen Grundlage im lombardischen Rechtssystem, denn in verschiedenen kommunalen Statuten der Lombardei war sie

---

129 Vgl. *Thomasius*, Über die Folter, a.a.O., Teil II, § 5, S. 168 ff. und § 6 S. 170 ff., wo ferner zitiert werden: *Graevius*, Tribunal reformatum, lib. 1, cap. 2, *Beccaria*, Dei Delitti e delle pene, §§ XVI und XXXVIII (in der in Fußn. 78 zitierten Fassung §§ XII und X, S. 24 bzw. 21), *Sonnenfels*, Su l'abolizione della tortura, a.a.O., § XIII, S. 47 f. und § XXIII, S. 84; *Rusca*, Osservazioni pratiche, a.a.O., S. 19 ff. S. auch *Verri*, Orazione panegirica, a.a.O., S. 169 f.; s. aber auch die Position von *Gabriele Verri,* Nuovo Piano della Pratica Civile, e Criminale per lo Stato di Milano, 1768, in Fußn. 87.

130 All diese Argumente finden sich b. *Verri*, Betrachtungen, Abschn. 11 (S. 129 f. der Ausgabe Contarini, a.a.O.; *hier* S. 52 f.); in Abschn. 13 und Abschn. 14 (S. 141 bzw. 148 der gerade genannten Ausgabe, *hier* S. 59, 63) kommt er kurz auf das Thema zurück. Verri verwarf zwar die Anwendung von Gewalt zur Erlangung eines Geständnisses, er akzeptierte und empfahl jedoch die Anwendung nicht gewaltsamer Mittel, um den Beschuldigten zum Geständnis zu verpflichten. Tatsächlich empfahl er, den schweigenden Beschuldigten wie einen geständigen Beschuldigten zu behandeln, und meinte, dass „ein Gesetz, das bloß die Folter abschaffte, schädlich für den Gang der Gerechtigkeitspflege wäre, solange nicht gleichzeitig ein zweites Gesetz erlassen würde, das den hartnäckig Schweigenden für überführt erklärte"; s. dazu *Verri*, Betrachtungen, Abschn. 15 (S. 151 ff. der Ausgabe Contarini, a.a.O.; das Zitat beginnt auf S. 152; *hier* S. 66). Dies war auch die Auffassung Beccarias, der in *Dei Delitti e delle pene,* obwohl er die Anwendung der Folter (Abschn. XVI) und des Eides (Abschn. XVIII) ablehnte, „eine der schwersten Strafen" für jenen Beschuldigten forderte, der sich hartnäckig zu antworten weigerte (Abschn. XXXVIII; in der in Fußn. 78 zitierten Fassung Abschn. XII (S. 23 ff.), XI (S. 22 f.) bzw. X (S. 21 f.). Cfr. dagen die Auffassung von *Rusca*, Osservazioni pratiche, a.a.O., der nicht nur gegen eine rechtliche Verpflichtung zur Abgabe von Erklärungen argumentierte und sich dafür auf ein Naturrechte zur Selbsterhaltung berief, (S. 19 ff.), sondern auch die Position derjenigen kritisierte, die den schweigenden Beschuldigten mit der für das Verbrechen angedrohten Strafe belegen wollten (S. 29 ff.).

vorgesehen. Indes hatte diese Quellen – die im übrigen nur einige Aspekte der Folter regelten – im 18. Jahrhundert einen großen Teil ihrer Bedeutung im Bereich des Strafrechts eingebüßt[131]. Tatsächlich richtete sich die Folter nach der Justizpraxis, die hauptsächlich auf der Lehre und den Auslegungen der Kriminalisten beruhte. Hier war die Wissenschaft gewissermaßen zum Gesetz geworden[132]. Man versteht daher die Kritik Verris:

> „...nichts [steht] über sie in unseren Gesetzen geschrieben [...], schon gar nichts über Personen, die der Folter unterworfen werden können, über Anlässe für ihre Anwendung, über Art und Weise ihrer Ausübung – ob mit Feuer oder mit Verrenken oder Strecken der Glieder –, über die Dauer der Schmerzzufügung oder über die zulässige Anzahl ihrer Wiederholungen. Die ganze Quälerei, die hier an Menschen ausgeübt wird, geschieht auf Anordnung des Richters, der sich einzig und allein auf die Lehren der zitierten Autoren stützt."[133]

Der Widerstand gegen die richterliche und doktrinäre Rechtsschöpfung leitete sich ab aus der in der aufklärerischen Rechtskultur stark verwurzelten Auffassung vom Gesetz als der einzigen Rechtsquelle. Es war übrigens eine Kritik, die Verri bereits in den vorausgehenden Werken entwickelt hatte. Schon 1763 hatte er in seiner *Orazione panegirica sulla giurisprudenza milanese*[134] Seiten voll feiner Ironie der Kritik

---

131 *Cavanna*, La codificazione penale in Italia, a.a.O., S. 30 Fußn. 39.
132 So *Manzoni*, Storia della Colonna Infame, Kap. II (S. 18 der Ausgabe Carla Riccardi, a.a.O.; *hier* S. 87): „Das Gesetz war [...] eine Wissenschaft geworden, ja die Wissenschaft schlechthin". In den *Betrachtungen* benutzt Verri selbst gelegentlich den Begriff „Gesetz" *(legge)* in einem anderen Sinne als dem eines von einer gesetzgebenden Gewalt erlassenen Rechts. Bspw. sagt er im Hinblick auf die Lehre der Kriminalisten: „doch das Gesetz ist keineswegs milde" (Abschn. 8, S. 115; *hier* S. 44) noch deutlicher: „gesetzlich autorisierte Schrecklichkeiten" (Abschn. 8, S. 117; *hier* S. 45). Es ist deutlich, dass das Wort „legge" in diesen Fällen eine Konnotation annimmt, die sich von denjenigen unterscheidet, in denen gerade dieser Autor, wenn er gerade diese Autoren kritisiert, sagt, dass „nichts über sie in unseren Gesetzen geschrieben steht" (Abschn. 13, S. 141; *hier* S. 59), dass „es kein Gesetz [gibt], das anordnet, dass er gefoltert wird" (Abschn. 15, S. 154 f.; *hier* S. 68), noch deutlicher: „wenn in der Kriminaljustiz nur das Gesetz beachtet worden wäre und nicht eine Praxis, die sich ohne Rechtsgrundlage auf die Privatmeinungen einiger einiger obskurer und barbarischer Auroeen stützt" (Abschn. 15, S. 155; *hier* S. 70)
133 *Verri*, Betrachtungen, Abschn. 13 (S. 141 der Ausgabe Contarini, a.a.O.; *hier* S. 59).
134 „Die anderen Nationen Europas haben gewöhnlich zwar Richter, aber Richter, welche Diener des Gesetzes und an dieses gebunden sind; mit dem neuen Gesetzbuch [gemeint sind die *Nuove Costitizioni*] legt man im Mailändischen den Grundsatz zugrunde, dass es eine Körperschaft von Richtern gebe, die Herren des Gesetzes sind, und diese Körperschaft ist der Senat, dessen Aufgabe es ist, über das Vermögen, das Leben, den guten Ruf der Bürger zu entscheiden, sei es mit dem Gesetz, sei es gegen das Gesetz, sei es außerhalb des Gesetzes, sei es mit oder ohne Beachtung der im Gesetz vorgeschriebenen Förmlichkeiten. Und wo in aller Welt, meine Herren, wird man jemals eine Stadt finden, die sich rühmen kann, eine Körperschaft zu besitzen, die sich in der Weise über die Gesetze erhebt, wie wir sie haben? *Habeatque idem Senatus authoritatem infirmandi, confirmando, tollendi et concedendi etiam contra Statuta et Constitutiones.* O großer Senat! O große Praerogative, o Mailänder, seht eure Stadt! Eure armen Vorfah-

des *arbitrium iudicis* und insbesondere der allumfassenden Macht des Senats von Mailand gewidmet, der, wie man zu sagen pflegte, die Vollmacht besaß, zu urteilen *tamquam Deus*[135]. Nur ein Jahr später liefert Verri unter Verabschiedung des ironischen Tonfalls in seiner Schrift *Sulla interpretazione delle leggi* seinen wichtigsten Beitrag zugunsten des Supremats des Gesetzes und damit des strikten richterlichen Gehorsams gegenüber dem Gesetz: „Die süßeste, die wohltätigste Herrschaft ist diejenige der Gesetze; diese kennen keine Parteilichkeit, haben keine Empfindungen; fest und unverbrüchlich ordnen sie dasselbe für jedermann an"[136].

In den *Osservazioni* greift Verri das Thema das Thema Gesetzlichkeit wieder auf, legt jedoch den Schwerpunkt seiner Kritik auf das *arbitrium senatus*[137], auf die *auctoritas doctorum*. Obgleich die Kritik an den *doctores*[138] auch schon in der *Orazione*

---

ren waren zwar naiv, als sie dieses ungeeignete Gesetz schufen, dass *verba Statutorum serventur ut jacet littera*, auch wussten sie nicht, dass *littera occidit, spiritus autem dat gratiam*. Schließlich kam der Geist, jener erwünschte richterliche Geist, der Euch aufhalf, der Euch erleuchtete, der erkennen ließ, was sich für ein Gericht ziemt, das über den Gesetzen steht, eines Gerichts, das man daher als illegitim bezeichnen kann, eines Gerichtes, dass in sich die beiden Personen des Gesetzgebers und des Richters vereinigt, und macht die Unrichtigkeit der Auffassung des Kanzlers Francis Bacon und des Präsidenten Montesquieu deutlich, die zu behaupten wagten, dass, wo immer diese beiden Personen sich vereinigt fänden, der wahre Despotismus herrsche (…) O großer Senat, der nicht wie die Senate, sondern wie Gott urteilt, *Senatus judicat tamquam Deus*, d.h., der *tamquam Deus* niemals die Gründe für seine Entscheidung mitteilt; denn wenn er Gründe angäbe, bliebe ihm davon wenig für ihn übrig, und die Vernunft würde in keinem Gericht mehr überwältigt; er *judicat tamquam Deus* und ahmt die Gottesurteile mit Feuer, mit Wasser, mit Zweikampf und mit Würfeln, die, wie die Geschichte lehrt, *Judicia Dei* genannt wurden". *Verri*, Orazione panegirica, a.a.O., S. 174 ff.

135 So die eigene Beschreibung von *Verri*, Orazione panegirica, a.a.O., S. 175 (s. den Text in der folgenden Fußn.). Auch *Franceso Cusani* greift in der Einleitung zum Buch von Ripamonti, La Peste di Milano del 1630, a.a.O., diesen Satz auf: „Ein Senat [...] der ohne Appellationsmöglichkeit wie Gott urteilte", S. VIII. Zur Ermessensbefugnis des Senats von Mailand, vgl. bereits Fußn. 48.

136 *Verri*, Sulla interpretazione, a.a.O., S. 703. Nach Verri war eine strenge Trennung zwischen richterlicher und gesetzgebender Funktion eine unabdingbare Voraussetzung für die Garantie der politischen Freiheit: „Wenn der Gesetzgeber ausführen lässt oder der Richter anordnet, wird die öffentliche Sicherheit verwirrt, denn wenn diese beiden Befugnisse in derselben Person vereinigt sind, so entsteht daraus die Macht, ungestraft zu unterdrücken (S. 698). Und er fährt sodann, Montesquieu zitierend, fort: „Wenn in derselben Person oder in demselben Spruchkörper die gesetzgebende Macht mit der Exekutivgewalt vereinigt ist, gibt es keine Freiheit mehr" (S. 698 f.).

137 Die Einwände gegen die richterliche Willkür finden sich im gesamten praktischen Teil (Abschn. 2 bis 7) sowie in anderen Teilen des Buches (Abschn. 16: „Laune des Richters"; S. 156 der Ausgabe Contarini, a.a.O.; *hier* S. 69).

138 In diesem Werk tut er jener als unsichtbare Senatoren Erwähnung: „Zwei Klassen, aufmerksame Herren, zwei Klassen von Senatoren gibt es, die einen sind die unsichtbaren Senatoren, die anderen die sichtbaren. Die unsichtbaren sind die Herren Tiraquel, Mantica, Menochio, De Lucca und Raffaele Fulgoso (…), und diese unsichtbaren Senatoren sind die wirklichen Senatoren, welche die Gesetze auslegen. Die sichtbaren Senatoren aber, wenn sie nicht irgend eine

panegirica präsent war, entwickelt Verri sie doch nur in den *Betrachtungen* in äußerster Härte. Diese Privatleute, Dunkelmänner, Ignoranten, Grausamkeitsliebhaber[139], meinte Verri,

> „wurden befolgt und geachtet wie Gesetzgeber, man machte sie zum Gegenstand eines ernsten und ruhigen Studiums, und in die juristischen Bibliotheken stellte man die Werke von grausamen Autoren ein, welche lehren, wie man mit wohlberechneter Erzeugung von Schmerzen die Glieder lebender Menschen zerreißt, wie man auf raffinierte Weise den Schmerz langsam steigert und verschärft, um Angst und Vernichtung noch trostloser zu gestalten;"

und ihre Bücher, fügte er hinzu,

> „gewannen in der Finsternis Ansehen, verschafften sich Verehrung in den Gerichten; und obgleich aller äußeren Zeichen gesetzgebender Gewalt entbehrend und bloße Ansichten von Privatleuten, erlangten sie die Kraft von Gesetzen – von Gesetzen, die schon von ihrer Entstehung her illegitim waren und nur der Vernichtung bloß Tatverdächtiger dienten, und dies alles im Innern des schönen, gebildeten und freundlichen Italien, der Mutter und Lehrmeisterin der schönen Künste, und zudem noch in der vollen Erleuchtung des 18. Jahrhunderts."[140]

---

entgegengesetzte Billigkeitsüberzeugung haben, sammeln die Meinungen der unsichtbaren Senatoren und fassen ihr Urteil danach ab", vgl. *Verri*, Orazione panegirica, a.a.O., S. 177; s. ferner die Kritik auf der letzten Seite dieses Werkes: „[...] freche Gebildete, die nicht die Fähigkeit besitzen, zu verstehen, wie ein beerdigter Doktor zum Gesetzgeber werden kann" (S. 187). Diese Kritik findet sich auch in *Il Male di Milza*: „[...] meine Herrschaft gründet sich nicht auf die Gesetze, sondern auf die Anschauungen einiger Privatleute [...]" (vgl. den Text in Fußn. 35).

139 Verri benutzt diese Adjektive in verschiedenen Passagen der *Betrachtungen*: „obskurante Kriminalisten" (Abschn. 13, S. 139 f.; *hier* S. 58), „[...] unwissende und grausame Dunkelmänner," (Abschn. 13, S. 141; *hier* S. 59), „verrohte und verhärtete Autoren" (Abschn. 13, S. 142; *hier* S. 59), „obskure und barbarische Autoren" (Abschn. 15, S. 155; *hier* S. 68). Er bezeichnet sie ferner als „Lehrmeister solcher Quälereien" (Abschn. 8, S. 114; *hier* S. 43) oder „Lehrmeister der Folter" (Abschn. 8, S. 117; *hier* S. 45); Clarus nennt er den „größten Lehrmeister dieser Praxis" (Abschn. 8, S. 119; *hier* S. 46).

140 Beide Zitate b. *Verri*, Betrachtungen, Abschn. 13 (S. 142 der Ausgabe Contarini, a.a.O.; *hier* S. 60). Bekanntlich ist dies der Hauptunterscheidungspunkt gegenüber Manzoni, welcher meint, dass die Doktoren, die das gemeine Recht interpretierten und sich tatsächlich zu Ersatzgesetzgebern gewandelt hatten, die Praxis der Folter nicht grausamer hätten werden lassen, vielmehr sei sie dies in den Händen der Ermessensbefugnis der Gerichte geworden, die sich vollständig von dem Gesetz gelöst hätten. Schon die Menge der Schriften und der Autoren, die Vielfalt und wachsende Kleinlichkeit in den von ihnen aufgestellten Bestimmungen deuten ihre Absicht an, das Ermessen zu beschränken und es so weit wie möglich anhand von Vernunft und Gerechtigkeit zu leiten. Und Manzoni fährt fort: „Es wäre in der Tat schwer zu begreifen, wie Männer, welche eine Menge möglicher Fälle vor sich haben und aus der Erklärung der positiven Gesetze oder aus allgemeineren und höheren Prinzipien ihre Regeln abstrahieren wollen, ungerechtere, unvernünftigere, grausamere, willkürlichere Ansichten vorbringen könnten, als diejenigen, welche die bloße Willkür in den verschiedenen Fällen und auf einem Gebiet, welches so leicht die Leidenschaft erregen kann, eingibt", und kurz danach: „Es ist wahr, jene Autoren stellten die Anzahl auf, wie oft die Folter wiederholt werden könne, aber (und wir werden Gelegenheit

Kommentar I 213

Hand in Hand mit der Entwicklung seiner Gedanken befasste Verri sich damit, Stück für Stück die Argumente zur Verteidigung der Folter, die sein Vater Gabriele bei der Vorbereitung der Stellungnahme des Senats von Mailand gegenüber der Regierung in Wien vorbereitet hatte, zu entkräften, und so bettete er seine Abhandlung in den Rahmen der örtlichen Mailänder Diskussion über die Abschaffung der Folter ein. Er wies damit nicht nur die Auffassungen zurück, welche leugneten, dass die Folter ein schreckliches und grausames Mittel sei[141], die ihre Nützlichkeit für die Erlangung der Wahrheit behaupteten[142] und meinten, dass die Einwände gegen die Folter eine Erfindung der neueren Philosophen seien[143], sondern auch jene, die meinten, dass man ohne die Anwendung der Folter zu nichts anderem kommen wer-

---

haben, dies näher kennen zu lernen) lediglich, um der Willkür Grenzen und Bedingungen zu setzen, da diese nur zu gern die unbestimmten und zweifelhaften Hinweise, welche das römische Recht an die Hand gab, zu ihrem Vorteil benutzte"vgl. *Manzoni*, Storia della Colonna Infame, Kapitel II (S. 17 ff. der Ausgabe Carla Riccardi, a.a.O.; die beiden ersten Zitate finden sich auf S. 19, die letzte auf S. 21; *hier* S. 88, 92). Kürzlich hat *Mario Sbriccoli*, „Tormentum id est torquere mentem". Processo inquisitorio e interrogatorio per tortura nell'Italia comunale, in: La parola all'accusato, hrsg. von Jean-Claude Maire Vigueur und Agostino Palavicini Bagliani. Palermo (Sellerio) 1991, S. 30 ff, eine ähnliche These aufgestellt. Nach Sbriccoli bildete im politischen Kontext des kommunalen Italien, in dem die Staatsgewalt keine Grenzen und Gegengewichte kannte, die Auslegung der Doktoren zum Thema Folter eine schützende Mauer (einen „Wall"): „Der Wall besaß rechtsstaatlich-schützenden Charakter. Die Juristen ersannen unübersteigbare Wälle und und verbindliche Regeln für Macht, welche aus der Folter den Ort der rechtsstaatlichen Garantie schlechthin machten. Der theoretische *status* der Folter ist vollständig auf dieser Garantie errichtet: Mit Ungültigkeit, Nichtigkeit, Drohung wollen sie dem Richter die Lust an Verletzungen des materiellen und prozessualen Rechts (im Hinblick auf Verfahrensbeginn, -durchführung und -abschluss) nehmen; dies geschieht zwar im Geiste der Erhaltung der Wahrheitsfindung, doch der Wirkung des Schutzes des Angeklagten. Sehr viele Bedingungen werden aufgestellt, obwohl sie nicht in den *iura* (d.h. in den römischen Texten) enthalten waren. Der Formalismus (…) wurde zum Schutze des Schwächsten aufgestellt" (S. 31).

141 *Verri*, Betrachtungen, Abschn. 8 (S. 114 ff. der Ausgabe Contarini, a.a.O.; *hier* S. 43 ff.); s. dazu insb. den Abschnitt, der beginnt: „Die Befürworter der Folter suchen (S. 114; *hier* S. 45). Zur entgegengesetzten Position des Mailänder Senats vgl. Consulta del Senato di Milano, in: *Verri*, Betrachtungen, hrsg. von Barbarisi, a.a.O., S. 242 und 254. Vgl. ferner o. Fußn. 107.

142 *Verri*, Betrachtungen, Abschn. 9 (S. 120 ff. der Ausgabe Contarini, a.a.O.; *hier* S. 47 ff.). Ausdrückliche Hinweise auf die Verteidiger der Folter aus diesem Gesichtspunkt finden sich in den Ausdrücken: „Dies ist der zweite Grund, auf den sich diejenigen berufen, die die Folter (für eine wohltätige und zweckmäßige Einrichtung halten" (S. 121; *hier* S. 47), „Aber die Verteidiger der Folter [...]" (S. 121; *hier* S. 47). Vgl. ferner o. Fußn. 108. Zur entgegengesetzten Auffassung des Senats von Mailand vgl. Consulta del Senato di Milano, in: *Verri*, Betrachtungen, hrsg. von Barbarisi, a.a.O., S. 254 sowie S. 230, 232, 234, 240 und 242.

143 *Verri*, Betrachtungen, Abschn. 14, insb. dort, wo meint: „[...] geht klar hervor, dass diejenigen irren, die behaupten, dass der Abscheu vor der Folter eine neue Erfindung moderner Philosophen sei" (S. 143 ff. – das Zitat auf S. 147 – der Ausgabe Contarini, a.a.O.; *hier* S. 61 ff., 63). Zur entgegengesetzten Auffassung des Senats von Mailand vgl. Consulta del Senato di Milano, in: *Verri*, Betrachtungen, hrsg. von Barbarisi, a.a.O., S. 238 sowie S. 218 und 228.

de als zu einer unzulänglichen außerordentlichen Strafe[144], dass man ohne die Folter Komplizen nicht mehr entdecken könne[145], und dass ihre Beibehaltung durch die besonderen lokalen Gegebenheiten Mailands gerechtfertigt sei[146]. Auf diese Weise zersetzte Verri vollständig die Verteidigung der Folter, die sein Vater im Namen des Senats entwickelt hatte[147].

---

144 *Verri*, Betrachtungen, Abschn. 15, wo das Thema mit der Frage eingeführt wird: „Aber wie soll denn ein Mensch, der bei der Vernehmung durch den Richter hartnäckig schweigt, zur Antwort gezwungen werden, wenn die Folter als Mittel hierzu nicht zur Verfügung steht?" (S. 151 ff. der Ausgabe Contarini, a.a.O.; *hier* S. 66). Die Frage ist dieselbe wie diejenige, die der Senat aufgeworfen hatte, vgl. Consulta del Senato di Milano, in: *Verri*, Betrachtungen, hrsg. von Barbarisi, a.a.O., S. 232, vgl. auch S. 230, 234 und 240. Während allerdings der Senat sie in der Weise beantwortete, dass er die Notwendigkeit der Beibehaltung der Folter bejahte, setzt Verri einfach den hartnäckig leugnenden Angeklagten mit dem geständigen Angeklagten gleich, vgl. o. Fußn. 138.

145 *Verri*, Betrachtungen, Abschn. 15 in dem Teil, welcher beginnt: „Aber wie soll man denn, erwidern die Verteidiger der Folter, jemals einen Schuldigen ohne Folter zur Angabe seiner Helfershelfer bringen?" (S. 153 f. der Ausgabe Contarini, a.a.O.; *hier* S. 67). In diesem Falle umschreibt Verri dierekt den Senat von Mailand, vgl. Consulta del Senato di Milano, in: *Verri*, Betrachtungen, hrsg. von Barbarisi, a.a.O., S. 230: *„Quomodo autem complices deteguntur?"*.

146 *Verri*, Betrachtungen, Abschn. 14 (S. 150 f. der Ausgabe Contarini, a.a.O.; *hier* S. 61 ff.). Verri beginnt die Behandlung dieses Punktes damit, dass er daran erinnert, dass „... nun haben allerdings einige Autoren ihre letzte Zuflucht bei den lokalen Mailänder Gegebenheiten gesucht (S. 150; *hier* S. 65). Zur Argumentation des Senats von Mailand vgl. Consulta del Senato di Milano, in: *Verri*, Betrachtungen, hrsg. von Barbarisi, a.a.O., S. 254.

147 Die Tatsache, dass es der Sohn – Pietro – war, der dem Vater – Gabriele – widersprach, ist nicht ein bloßer Zufall. Sie ist vielmehr ein deutliches Zeichen der Distanz der Generationen, welche die Mailänder Gesellschaft jener Zeit spaltete. Das 18. Jahrhundert war Zeuge eines Generationenkonfliktes in der aristokratischen Mailänder Gesellschaft: Den Erwachsenen, die dazu neigten, den status quo aufrechtzuerhalten, stellten sich die jungen Nonkonformisten und Rebellen entgegen, die gegen das geltende System ungeachtet der Wohltaten, die es ihnen gewährte, opponierte. Die jungen Aufklärer suchten, wie Venturi meint, „einen neuen Weg – nicht, weil sie den alten als zerstört ansahen, sondern weil sie davon überzeugt waren, dass er verfehlt und ungerecht sei" (S. 647). Sowohl Pietro Verri als auch Cesare Beccaria waren erstgeborene Söhne und deshalb wirkliche Nutznießer des Systems, in dem sie lebten. Der politische Kampf, der von einer anderen Vorstellung über die Gesellschaft gesteuert wurde, wurde häufig auch zum familieninternen Kampf, und das deutlichste Beispiel hierfür ist dasjenige der Familie Verri. Gabriele Verri war ein gebildeter konservativer Jurist, der sich zunehmend einen Platz in der Mailänder Gesellschaft erworben hatte, bis er eines der hochangesehenen Mitglieder des Senats von Mailand geworden war. Unter anderem wurde er mit der Erstellung der 11. Ausgabe der *Constituciones dominii mediolanensis* (1747) beauftragt, welcher er eine rechtsgeschichtliche Abhandlung zur Verteidigung der juristischen Tradition der Lombardei voranstellte (der berühmte „Prodromus"); und, wie schon gesehen, war er derjenige, der im Namen des Senats von Mailand die Antwort für das Gutachten zur Frage, ob sich die Abschaffung der Folter in der Lombardei empfehle, verfasste. Gabriele war zweifellos ein sehr heftiger Verteidiger der Tradition und der lokalen Privilegien gegenüber den gegenteiligen Drohungen, die aus Wien kamen (zu seiner versöhnlichen Position im *Nuovo Piano* vgl. Fußn. 137). Sein älterer Sohn besetzte die Gegenposition. Pietro war der Anführer einer kulturpolitischen Vereinigung, die sich den lokalen Traditionen heftig widersetzte (zur Accdemia dei Pugni s. bereits Fußn.

VII.

Die *Betrachtungen* lieferten Verri die Gelegenheit, einige mehr oder minder versteckte kritische Bemerkungen auch gegen Beccaria zu richten. Schon seit langem war Pietro von dem Gedanken besessen, sich an dem undankbaren Beccaria zu rächen, der den Erfolg von *Dei delitti e delle pene* nicht hatte teilen wollen – eines Buches, das Pietro Verri stets zum Teil als sein eigenes Werk ansah. Sowohl die Frage nach der Vaterschaft an diesem Buch als auch die nach den Ursachen des Bruchs zwischen Verri und Beccaria sind hinreichend bekannt; hier soll es daher genügen, auf die wesentlichen Aspekte hinzuweisen

Selbst wenn man Verri nicht die effektive Vaterschaft an *Dei delitti e delle pene* zusprechen kann, muss man doch anerkennen, dass er in beachtlicher Weise zu seiner Konzeption und zu seiner Verteidigung beigetragen hat[148]. Verri beriet den jun-

---

33), die französischen Philosophen und die englische Gesetzgebung bewunderte und mit den Wiener Reformern sympathisierte. Die Beziehung von Gegenpositionen durch Gabriele und Pietro in der Frage der Folter sind daher, wie gesagt, ein mehr als deutliches Zeichen der grundlegenden Spaltung in der Mailänder Gesellschaft. Adriano Cavanna hat diese Spaltung besser als jeder andere erfasst: „Im Hause Verri trennte einfach eine Stockwerkdecke die beiden antagonistischen Seelen des Jahrhunderts der Aufklärung (...). Im oberen Stockwerk der gebrechliche und missmutige Magistrat und die Welt dessen, was ihm heilig war, im Stockwerk darunter das subversive, vom ältesten Sohn des Hauses angeführte Grüppchen, von dem angetrieben der träge Beccaria, um sich nicht zu langweilen und um die anderen nicht zu langweilen, seine Seiten niederschrieb" (*Cavanna*, Giudici e leggi a Milano nell'età di Beccaria, in: Cesare Beccaria tra Milano e l'Europa. Bari 1990, S. 183, zitiert b. *Garlati Giugni*, Molto rumore per nulla? a.a.O., S. 264 Fußn. 5). Hierzu ist auch der Brief Alessandros an Pietro vom 18. Oktober 1776 interessant, in dem er das Gutachten des Senats von Mailand kommentiert: „Eine Versammlung von überalterten Personen, die foltern und aufhängen lässt, wird sich nur mühsam zu dem Wagnis aufraffen, Hand an das herrschende System zu legen, fürchtet es doch, dass, wenn dessen Kraft geschwächt wird, daraus größere Zusammenstöße zum Schaden der Öffentlichkeit erwachsen könnten. Ein Senator von 80 Jahren antwortet auf eine solche Interellation: 'Signore, obwohl gehenkt wird, ist es bei uns voll von Mördern. Ich frage Euch, was erst geschehen wird, wenn wir weniger aufhängen? Ihr versprecht mir, dass es besser gehen wird, ich hingegen fürchte mich davor; wenn Ihr dessen sicher seid, riskiert eine Reform, aber denkt daran, dass es um das Gemeinwohl geht',, (Carteggio, Bd. VIII, a.a.O., S. 191 f.). Es ist fast sicher, dass der achtzigjährige Senator, dem Alessandro diese Aussage in den Mund legt, sein Vater Gabriele war, der zu jener Zeit im 81. Lebensjahr stand; er war am 16. April 1695 geboren. Zum Ganzen vgl. neben den bereits Genannten noch *Venturi*, Settecento riformatore. Bd. I, a.a.O., S. 647 ff.

148 Zum Disput über die wirkliche Vaterschaft an *Dei Delitti e delle pene* vgl. *Gianni Francioni*, Nota al Testo, in: Beccaria, Dei Delitti e delle pene, hrsg. von Gianni Francioni. (Edizione Nazionale dell'Opere di Cesare di Beccaria. Bd. I). Mailand (Mediobanca) 1984, S. 217 ff.; *Capra*, I progressi della ragione, a.a.O., S. 204 ff. Von den verschiedenen Dokumenten, die für eine Vaterschaft Verris sprechen ist das unmittelbarste der Brief Pietros an die Mailänder Freunde vom 1. November 1765: „als er das Material beisammen hatte, schrieb ich es nieder und brachte es in eine Ordnung und machte ein Buch daraus", vgl. *Carlo Casati* (Hrsg.) Lettere e scritti inediti di Pietro e di Alessandro Verri. Mit Anmerkungen des Hrsg. Bd. II. Mailand 1879, S. 23, zitiert b. *Garlati Giugni*, Molto rumore per nulla?, a.a.O., S. 268 Fußn. 11. *Francioni*, Nota

gen und trägen Beccaria und stachelte ihn an[149], sich mit der Strafjustiz zu befassen, empfahl seinem Bruder Alessandro – der damals das Amt des Beschützers der Gefangenen versah – ihn über die Kriminalpraxis zu instruieren, korrigierte, ordnete und systematisierte den Text in eigene Paragraphen, und wenn er bestimmte Texte für gut befunden hatte, übertrug er sie in eine Schönschrift von seiner Hand[150]. Verri setzte seine Feder auch zur Verteidigung Beccarias ein, als dieser zum Gegenstand heftiger Angriffe wurde. Mit Hilfe von Alessandro machte er sich sogleich an die Verteidigung des Marchese, als dieser von Padre Alessandro Facchinei in seinen im Januar 1765 in Venedig veröffentlichten *Note ed Osservazioni sul libro intitolato Dei Delitti e delle pene* (Anmerkungen und Betrachtungen zum Buch mit dem Titel Von den Verbrechen und von den Strafen) der Häresie und des Aufruhrs beschuldigt wurde. Die von den Brüdern Verri verfasste *Risposta ad uno scritto che s'intitola Note ed Osservazioni su un libro intitolato Dei Delitti e delle pene* (Antwort auf eine

---

al Testo, a.a.O., S. 222, meint, dass das angegebene Datum falsch sei und in Wirklichkeit später liege.
149 So *Capra*, I progressi della ragione, a.a.O., S. 206.
150 Illustrativ insoweit der Brief von Alessandro Verri an Isidoro Bianchi vom 16 April 1803, wiedergegeben b. *Capra*, I progressi della ragione, a.a.O., S. 204 f.: „Da ich damals mich in der Rolle eines *Protettore dei carcerati* (Beschützers der Gefangenen), die ein Experiment bedeutete, dem man sich in der Jugend, die den forensischen Studien zuneigte, hingab, kam es häufig vor, dass ich über kriminalistische Probleme nachdachte und dass sich mir die Barbarei enthüllte, die ich im gleichen Maße wie bei denjenigen, die über diese Probleme schrieben, und bei den Methoden auch beim Urteilen und beim Prozedieren erkannte. Dem Grafen Pietro schien diese Problematik der Feder seines Freundes Beccaria würdig, und er schlug ihm vor, darüber eine Abhandlung zu schreiben. Der Marchese machte sich auch tatsächlich ans Werk, und wie es auch bei anderen großen Geistern häufig der Fall ist, war er zwar fähig, ein solches Werk zu schaffen, doch war ihm die für die Durchführung erforderliche Ausdauer lästig; um sie zu verkleinern, verbrachte er alle Abende in den Zimmern, die damals von meinem Bruder bewohnt wurden, in denen ich selber mich nur zu Studienzwecken aufhielt. Der Graf Pietro ging aus, um Angelegenheiten zu erledigen, und ich und der Marchese Beccaria verbrachten den Abend mit Studien in eben jenem letzten Zimmer des Appartements im Erdgeschoss, der genau dem Salon der gemalten Tiere im ersten Stockwerk entspricht. Dort auf dem Tischchen des Grafen Pietro habe ich selbst gesehen, wie vom Marchese Cesare Beccaria das Werk *De' delitti e delle pene* geschrieben und zusammengestellt wurde. Ich erinnere mich, dass er sehr viel nachdachte, bevor er schrieb; er konnte sich dieser Mühe aber nicht länger als zwei Studen unterziehen; waren diese vergangen, ließ er die Feder fallen. Am Ende des Abends kehrte Graf Pietro nach Hause zurück. Der Marchese las ihm vor, was er geschrieben hatte, und auf dessen Anregung nahm er manches Mal Änderungen und Korrekturen vor. Doch da der Marchese sich der Unannehmlichkeit entzog, seine erste Schrift, die immer voller Streichungen war, in Reinschrift zu bringen, so habe ich manche Erinnerung daran, dass mein Bruder sich die Mühe machte, das Werk mit eigener Hand in eine Endfassung zu bringen. Er ermunterte Beccaria ständig, das Werk fortzusetzen und sagte ihm den Beifall Europas voraus. Ich selber war davon bis zu dem Zeitpunkt überzeugt, als ich mir von dem Marchese seine Originalschrift aushändigen ließ, die ich im Verlauf von etwa zwei Monaten in seiner Hand Abend für Abend sich hatte entwickeln sehen". So wird man vielleicht die Äußerung von Pietro in seinem Brief an die Mailänder Freunde vom 1. November 1765 (o. Fußn. 157) – „[...] ich habe es geschrieben [...]" – im Sinne von: „ich habe die Reinschrift erstellt" zu verstehen haben.

Schrift mit dem Titel Anmerkungen und Betrachtungen zum Buch mit dem Titel Von den Verbrechen und von den Strafen) erschien nur wenige Tage später – es wurde von Agnelli in Lugano im Februar 1765 herausgebracht[151]. Mitte 1765 verfasste Pietro eine weitere Verteidigungsschrift für Beccarias Buch: *Contro il padre Almici in difesa di „Dei Delitti e delle pene"* (Gegen Padre Amici zur Verteidigung des Buches „Von den Verbrechen und von den Strafen"). Mit dieser Arbeit, die unveröffentlicht blieb, antwortete Verri auf die *Osservazioni critiche sopra il libro intitolato „Dei delitti e delle pene"* (Betrachtungen über das Buch mit dem Titel „Von den Verbrechen und von den Strafen"), das Camillo Almici unter dem Pseudonym Callimaco Limi im XII. Band der von Angelo Calogerà herausgegebenen *Nuova raccolta d'opuscoli scientifici e filologici* (Neue Sammlung wissenschaftlicher und philologischer Werke) veröffentlicht hatte[152].

Angesichts dieser vorangegangenen Ereignisse ist es schon verständlich, dass Verri irritiert reagierte, als Beccaria ihm keinerlei Verdienst an der Herstellung des Werkes, ja nicht einmal an dessen Verteidigung zuerkennen wollte. Der Bruch zwischen Verri und Beccaria begann im Herbst 1766 während der Reise von Cesare und Ales-

---

151 Der Beitrag Verris hatte rein instrumentellen Charakter, indem er bloß versuchte, die Angriffe von Facchinei zurückzuweisen, ohne in den Bereich der inhaltlichen Argumentation einzutreten. Insoweit ist interessant festzustellen, dass auch Facchinei auf die Folter Bezug nahm, die er als ein dem Beschuldigten begünstigendes Element bezeichnete: „Was mich angeht, so würde ich keinen Augenblick zögern, zu bekennen, das es für die Beschuldigten günstiger, vorsichtiger, sicherer und weniger täuschungsanfällig ist, wenn ein italienischer Richter, bevor er zum Urteil schreitet, den Apparat der Folter vorausschickt und zunächst das Geständnis der Beschuldigten erlangen will, als wenn der englische Richter aufgrund der bloßen Zeugenaussagen und der bloßen Rekognoszierung des corpus delicti, d.h. mit geringerer Förmlichkeit und freierer Geschwindigkeit zur Verurteilung schreitet. Dies ist meine Meinung in dieser Sache, und die Konvulsionen der Folter, die einigen wenigen frevelhaften Verbrechern oder auch einigen Unschuldigen zugefügt werden, gelten mir nichts gegenüber den Vorteilen, welche die italienische Verurteilungsmethode für die gesamte Gesellschaft, für alle wegen todeswürdiger Verbrechen Angeklagten sowie auch für jene, welche die Folter erdulden und ihr widerstehen, bedeutet [...]. Ich wage mir nun zu schmeicheln, bewiesen zu haben, dass die Anwendung der Folter nicht ungerecht grausam und nutzlos sei und dass die von unserem Autor vorgetragenen Gründe und vorgestellten Unzuträglichkeiten, mit denen er das Gegenteil beweisen will, widerlegt sind"; Auszug bei *Barbarisi*, Per una nuova lettura, a.a.O., S. 385 f.

152 Zum Ganzen vgl. in der einführenden Bemerkung von *Gennaro Barbarisi* zu den *Osservazioni al trattato „Dei Delitti e delle pene" di Cesare di Beccaria*, in: Verri, Betrachtungen, hrsg. von Barbarisi, a.a.O., S. 147 ff.; *Barbarisi*, Per una nuova lettura, a.a.O., S. 385 f.; *Venturi*, Settecento riformatore. Bd. I, a.a.O., S. 704 ff. und S. 741 ff.; *Gian Paolo Massetto*, Pietro e Alessandro Verri in aiuto di Cesare di Beccaria: la risposta alle Note del Facchinei, in: Pietro Verri e il suo tempo, Bd. I, hrsg, von Carlo Capra. Bologna (Cisalpino) 1999, S. 289 ff.; *Capra*, I progressi della ragione, a.a.O., S. 206 ff.; *Riccardi*, Le lezioni della storia, a.a.O., S. LVIII f.; *Garlati Giugni*, Molto rumore per nulla?, a.a.O., S. 278; *Salvatore Rotta*, Montesquieu nel Settecento italiano: note e ricerche, in: Scritti scelti di Salvatore Rotta, Electronic Library of Historiografy (Eliohs), Oktober 2003, S. 134, Fußn. 134 in:
http://www.eliohs.unifi.it/testi/900/rotta/rotta_montesettit.html.

sandro nach Paris. Nachdem er den Schrecken über die Anklagen Facchineis hinter sich gelassen hatte, entschloss Beccaria sich, die Einladung nach Paris durch die französischen *philòsophes* anzunehmen. Er wurde dort sehr warmherzig als ein Held der Aufklärung von Denkern wie Diderot, d'Alembert und Morellet aufgenommen. Es war die Krönung eines Jahres voller Ehrungen: zuerst durch die Veröffentlichung der französischen Übersetzung seines Buches, den *Traité des délits et des peines*, von keinem geringeren vorgenommen als André Molleret, und etwas später, im September, durch das Erscheinen von Voltaires *Commentaire sur le livre Des Délits et des peines par un avocat de Province*. Von diesem Umfeld des Ruhms und der Ehre angestachelt, gab Beccaria seine unterwürfige Einstellung gegenüber Pietro Verri, dem Anführer der Mailänder Gruppe, auf, und erkannte nicht nur seine bedeutende Teilhabe an dem Werk nicht mehr an, sondern gab sogar zu verstehen, das die Erwiderung auf Facchini, die solche Wertschätzung erfuhr, von seiner eigenen Hand stamme[153]. Diese Undankbarkeit Beccarias war für das Empfinden Verris zu viel. Es war das Ende der *Accademia dei Pugni*. Es ist paradox, dass deren Hauptprodukt, *Dei Delitti e delle pene*, auch der Grund für ihre Auflösung war.

Schon bald begannen die ausgeklügelten Aktionen, mit denen man sich für die Unerkenntlichkeit Beccarias rächen wollte. Von ihnen wissen wir dank der Korrespondenz zwischen den Brüdern Verri aus den ersten Monaten des Jahres 1767. Am 10. Januar schrieb Pietro an Alessandro, dass er in nur einem einzigen Monat die erforderliche Dokumentation hätte zusammenstellen können, um zu beweisen, dass Beccaria ein Plagiator sei, er habe dies aber unterlassen, da es im ausreiche, dass er es hätte tun können[154]. Am 4. März schlug Alessandro vor, eine gewichtige Kritik am Buch Beccarias vorzubereiten und es unter dem Namen eines jungen Studenten zu veröffentlichen[155]. Einige Tage später, am 17. desselben Monats, wies Pietro den

---

153 Der Text, in der ersten Person abgefasst, als ob der Verf. das kritisierte Werk selbst geschrieben habe, lässt Raum für Zweifel. Dazu *Capra*, I progressi della ragione, a.a.O., S. 209.

154 „Er [Beccaria] hat nur ein kleines Glück mit seinem Buch gemacht (…), wenn er vergisst, dass, wenn einer von uns es wollte, er aus diesem Baumstumpf ein Meisterstück machen könnte (…). Innerhalb eines Monats könnte ich von den Kriminalisten manches zusammentragen, und ich könnte bei Montesquieu, Helvétius, Voltaire und Grevius so viele Sätze finden, die den seinen völlig entsprechen, dass ich ihn als Plagiator erscheinen lassen könnte. Doch mir soll es immer genügen, dass ich es könnte, ich werde es niemals tun", vgl. *Barbarisi*, Einführende Bemerkung zu *Osservazioni al trattato „Dei Delitti e delle pene"*, a.a.O., S. 148.

155 „Allerhöchstens würde ich eine Kritik an seinem Buch schreiben, ohne jemals Galle zu verspritzen, sondern nur vergleichend, ganz wie ein guter freier Bürger, der seine Meinung zu einer öffentlichen Angelegenheit abgibt. Ich würde es ganz geheim machen: ich würde es *per circuitum* drucken lassen und irgend einen jungen Studenten auftreten lassen, also insgesamt mit aller Vorsicht, und dies wäre der schwerste Schlag, denke ich […] Du kannst dann das machen, was dir bei kühlem Verstand günstig erscheint. Aber, Verzeihung, achte darauf, dass es wirklich bei kühlem Verstand geschieht. Ich möchte nicht, dass eine neue Szene wie die zwischen Rouseau und Hume stattfindet. Das Publikum erwartet mit Ungeduld die Gelegenheit zu

Vorschlag Alessandros zurück: „wir wollen nicht in den Krieg gegen ein Werk ziehen, das er auf unsere Eingebung hin veröffentlicht hat und das wir so sehr unterstützt haben"[156]. Wir wissen nicht, ob Pietro in diesem Brief wirklich aufrichtig gewesen ist oder ob er ihn in einem Augenblick geschrieben hat, in dem die innere Waage sich eher auf die Seite einer mitleidigen als einer rachlüsternen Stimmung neigte. Sicher ist, dass ebenfalls 1767 Pietro eine Rezension in französischer Sprache schrieb[157], in welcher er die Mängel von Beccarias Werk herausstellte, vor allem auf dessen geringe Originalität und einige begriffliche Dunkelheiten in grundlegenden juristischen Begriffen hinwies – etwa solchen von „Recht", „Gerechtigkeit", „Gesetz", „Verpflichtung"–. Die Rezension blieb freilich toter Buchstabe. Er schickte sie nicht einmal an Alessandro, dem gegenüber er erst einige Jahre später davon sprach[158].

In den *Betrachtungen* entschied sich Verri schließlich für eine subtilere und auf die Folter fokussierte Auseinandersetzung. In verschiedenen Passagen trifft man auf indirekte, aber beredte Hinweise auf Beccaria. Auf letzteren bezog er sich vor allem dort, wo er im ersten Satz des ersten Kapitels an jene Autoren, die ihm im Kampf gegen die Folter vorangegangen seien, eine Kritik wegen des spärlichen Echos richtet, das sie ausgelöst hätten. Dies kam nach seiner Auffassung daher, dass sie nur theoretische Argumente vorgetragen hätten, die nur für einige wenige Gebildete verständlich gewesen seien[159]. Zum zweiten dachte Verri an Beccaria, als er gleich am

---

übler Nachrede, und diese Sache würde ihm ein fruchtbares Material liefern", vgl. *Barbarisi*, Einführende Bemerkung zu *Osservazioni al trattato „Dei Delitti e delle pene"*, a.a.O., S. 148.

156 „Was das Vorhaben einer begründeten Kritik am Buch von Beccaria angeht, sage ich Dir aufrichtig, dass ich ihm nicht zustimme. Ich bin sicher, dass Du es nicht mit kühlem Kopf könntest. Überlassen wir doch diesen Undankbaren der Niedrigkeit, in die er eingetaucht ist, und beginnen wir nicht den Krieg gegen ein Buch, das er auf unsere Anregung hin verfasst hat und zu dessen Entstehen wir so viel geholfen haben. Allerhöchstens könnten wir ihm selbst unsere Betrachtungen im Manuskript aushändigen, es wäre ein besonders fulminanter Schachzug, wenn wir sie keinem anderen als ihm selbst mit der Forderung, uns in einer neuen Auflage Wiedergutmachung zu leisten, mitteilen würden", vgl. *Barbarisi*, Einführende Bemerkung zu *Osservazioni al trattato „Dei Delitti e delle pene"*, a.a.O., S. 148.

157 Die Besprechung war gedacht für das französische Publikum, nicht bloß wegen der Sprache, sondern auch deshalb, weil sie sich auf die Übersetzung von Morellet stützte und nicht auf den italienischen Originaltext.

158 Zum Ganzen *Barbarisi*, Einführende Bemerkung zu *Osservazioni al trattato „Dei Delitti e delle pene"*, a.a.O., S. 147 ff. (wo sich auch die Rezension von Verri findet); *Barbarisi*, Per una nuova lettura, a.a.O., S. 386; *Riccardi*, Le lezioni della Storia, a.a.O., S. LVIII f.

159 Vgl. *Verri*, Betrachtungen, Abschn. 1: „zahlreiche Männer von Verstand und Herz" (S. 55 der Ausgabe Contarini, a.a.O.; *hier* S. 3). Um einen größeren Effekt und Einfluss auf das Publikum im allgemeinen zu erzielen, griff Verri, wie wir gesehen haben, auf den Schandsäulen-Prozess zurück, vgl. dazu o. III. Die Kritik Verris war nicht ganz zutreffend, denn von Sonnenfels hatte mit seinen Einwänden wichtige Ergebnisse erzielt.

Anfang des ersten Kapitels den Lesern präzisierte, dass er sich schon seit mehreren Jahren mit der Frage der Folter befasse.

Angesichts der großen Ähnlichkeit der Argumente Verris und Beccarias über das Phänomen der Folter handelt es sich fast schon um einen verpflichtenden Hinweis[160]. Schließlich dachte Verri auch noch an Beccaria, als er durch die Zitate zahlreicher Autoren nachwies, dass die Argumente gegen die Folter eine lange Geschichte hatten und daher nicht eine Erfindung der Aufklärungsphilosophen waren. Diese Erklärung, die zweifellos als Akt der Aufrichtigkeit und intellektuellen Ehrenhaftigkeit gelesen werden kann, verbirgt in Wirklichkeit eine klare Anklage gegen Beccaria, der im eigenen Text viele jener Argumente benutzt hatte, ohne die Autoren anzugeben[161]. Auf diese Weise wollte Verri die Überlegenheit seines eigenen Werkes herausstellen – das nicht nur eine theoretische Diskussion, sondern auch einen praktischen, aus sich heraus für die Barbareien der Tortur beispielhaften Fall enthielt –, sondern auch die zeitliche Vorrangigkeit seiner Analyse und seine wissenschaftliche Ehrenhaftigkeit. Freilich wurden die *Betrachtungen* erst 1804 veröffentlicht, als weder der Autor noch der Adressat dieser Kritik noch lebten.

VIII.

Den abschließenden Abschnitten des *Betrachtungen über die Folter* schickt Verri eine Vorwarnung voraus: „mir erscheint es unmöglich, dass die Übung, privat im Kerker Quälereien zur Erlangung der Wahrheit vorzunehmen, noch lange währen kann"[162]. Er irrte sich nicht. Am 11. September 1784 tat Joseph II. einen der letzten Schritte zur Totalreform des lombardischen Strafjustizsystems mit einer Verordnung, mit der die Folter abgeschafft wurde; als Folge dieser Verordnung ergingen die *Instruzioni per i Tribunali, Giudici e Podestà sì Regi che Feudali di tutte le curie*

---

160 Vgl. *Verri*, Betrachtungen, Abschn. 1: „Schon vor einer Reihe von Jahren" (S. 56 der Ausgabe Contarini, a.a.O.; *hier* S. 3). S. auch o. II. Was sich aus den *Betrachtungen* nur implizit ergibt, wird in der Korrespondenz zwischen den Brüdern Verri explizit benannt, vgl. dazu Fußn. 38. Die Benennung des Augenblicks, in dem Verri sich mit der Folter zu beschäftigen begann, ist wichtig, um seinen Einfluss auf das Denken Beccarias zu verstehen. Neben der zitierten Passage der *Betrachtungen* und der Korrespondenz zwischen den Brüdern Verri geht der zeitliche Vorrang der diesbezüglichen Studien Pietro Verris aus zwei seiner schon erwähnten Schriften hervor: der *Orazione panegirica sulla giusrisprudenza milanese* von 1763 und dem *Male di Milza* von Anfang 1764.

161 Vgl. *Verri*, Betrachtungen, Abschn. 14: „Aus solche einer langen Reihe von Autoritäten […]" (S. 147 der Ausgabe Contarini, a.a.O.; *hier* S. 63). Zum Plagiatsvorwurf vgl. auch den Brief von Pietro an Alessandro vom 10. Januar 1767, dessen relevanter Teil in Fußn. 154 wiedergegeben ist. Des weiteren befreite der Nachweis, dass die Aufklärungsphilosophen nichts anderes getan hatten als antike Argumente aufzufrischen, Verri von der schmerzhaften Verpflichtung, Beccaria zu zitieren.

162 *Verri*, Betrachtungen, Abschn. 16 (S. 156 der Ausgabe Contarini, a.a.O.; *hier* S. 69).

della Lombardia Austriaca di quanto dovranno osservare nelle costruzione de' Processi Criminali (Instruktionen für Gerichte, Richter und Bürgermeister, königliche wie feudale, aller Gerichtsbezirke der österreichischen Lombardei, die bei der Durchführung von Kriminalprozessen zu beachten sind); sie verboten den Justizbehörden die Anwendung der Folter, erklärten zugleich aber, um zu verhindern, dass das System darunter leide, den Angeklagten für „vollständig überführt" – und damit, als solchen, der *normalen* Strafe unterworfen –, der nach drei Aufforderungen des Richters fortfuhr, das Verbrechen zu leugnen oder unzureichende Antworten zu geben[163]. Dies war eine Lösung, die typisch für diese Übergangszeit war[164]. Sie sollte ein Problem, das sich herausgestellt hatte – dass man nämlich in den Fälle, in denen es an einem Geständnis fehlte, sich mit einer *poena extraordinaria* begnügen musste – mit den Gesetzen des *ancien régime* beheben. Diese Regelung der *Instruktionen* wurde zwei Jahre später, 1786, bekräftigt durch die *Norma Interinale del Processo Criminale per la Lombardia Austriaca* (Übergangsgesetz für den Strafprozess in der österreichischen Lombardei), eine regelrechte Strafprozessordnung, die im Auftrag Josephs II. von dem Trentiner Juristen und Staatsrat Karl Anton Martini erarbeitet worden war. Die *Norma Interinale* – als eine Modernisierung der Theresiana gedacht – bildete einen wichtigen Schritt gegen die Rechtszersplitterung des Rechtsquellensystems des Ancien Régime in der Lombardei, denn sie setzte außer Kraft „alle Gesetze, Praktiken, Gewohnheiten, Senatsanordnungen, Verordnungen

---

[163] Die Instruktionen wiederholten: „Ist mit den richtigen Mitteln das *corpus delicti* ermittelt worden, sei es durch Entdeckung, sei es durch Angabe des Delinquenten, und ist dieser in Haft genommen und verwegert auf Befragen des Richters die Antwort oder antwortet unzusammenhängend auf die ihm zulässigerweise gestellten Fragen, so soll der Richter selbst ihn dreimal verwarnen und ihm mitteilen, dass, wenn er auf seiner Widersetzlichkeit beharre, er als Täter des fraglichen Verbrechens angesehen werden würde, und dann nicht mehr angehört werden würde; danach hat der Richter dennoch die Befugnis, eine Frist für die Antwort zu setzen, die aber nicht mehr als 24 Stunden betragen darf; wenn nach deren Ablauf der Angeklagte in seiner Hartnäckigkeit verbleibt, so soll er wie ein säumiger Angeklagter als überführt angesehen werden und wie ein solcher nach den Bestimmungen der Gesetze bestraft werden". Obwohl in den Instruktionen weiterhin die Suche nach dem Geständnis im Vordergrund stand – wenn auch durch Ermahnung und nicht mehr mit Hilfe der Folter –, so wurde doch die Bedeutung der Heranziehung unabhängiger Beweismittel betont: „…Da die Erfahrung gezeigt hat, dass aus der Ungenauigkeit und Nachlässigkeit, besonders bei der Bildung des Informativprozesses in Strafsachen, zu einem großen Teil die bedauerliche Nowendigkeit, das Mittel der Folter anzuwenden, folgte, wird allen Richtern dieser Staaten anbefohlen, dass sie in Zukunft bei der Aufstellung des Informativprozesses allseitig bemüht sein müssen, mit größtmöglicher Sorgfalt alle möglichen Informationen einzuholen, mit denen die legitimen und für die Entdeckung der Schuldigen erforderlichen Erkenntnisse gewonnen werden können." Die wiedergegebenen Vorschriften finden sich b. *Provin*, Una riforma per la Lombardia dei Lumi, a.a.O., S. 31 f. Vgl. auch *Barbarisi*, Introduzione a.a.O., S. IX.

[164] Dazu *Angelo Giarda*, Persistendo 'l reo nella negativa, Mailand (Giuffrè) 1980, passim.

Reskripte einschließlich der herrscherlichen Reskripte"[165], die nicht mit ihr vereinbar waren[166]. Einige Monate vor der Verabschiedung der *Norma Interinale* hatte das Edikt vom 11. Februar 1786 über die Neustrukturierung des Systems der Gerichtsorganisation der Hauptinstitution des lombardischen Patriziats, dem Senat von Mailand, ein Ende gesetzt[167]. Maria Theresia war 1780 gestorben, ohne wirklich in der Lage gewesen zu sein, die „Lage der Dinge" zu ändern. Ihren Sohn Joseph II. gelang dies schließlich. Das Jahr 1786 wird als ein Wendepunkt in der Reformgeschichte des Strafrechts in der Lombardei angesehen[168]. Anschließend zu erwähnen gewesen wäre Pietro Leopoldo mit seinem Versuch, eine *verbesserte Leopoldina* in der Lombardei einzuführen und damit die Geburt des Prozesses der italienischen Strafrechtskodifikation zu bewirken[169]. Doch dies ist eine andere Geschichte.

---

165 Kaiserliche Depesche Josephs II vom 20. April 1786 an den bevollmächtigten Minister Wilzeck, teilweise wiedergegeben b. *Provin*, Una riforma per la Lombardia dei Lumi, a.a.O., S. 37 f., sowie *Cavanna*, La codificazione penale in Italia, a.a.O., S. 39 f.

166 Das Übergangsgesetz wurde verkündet durch ein Edikt des Bevollmächtigten Wilzeck vom 7. Oktober 1786 und trat am 1. Januar 1787 in Kraft. Was die Folter angeht, so sind die §§ 238, 239, 240 und 241 des XXI. Artikels („Ersatzmittel für die Folter"). Das Übergangsgesetz war, wie schon weiter oben bemerkt, eine Anpassung der *Constitutio Criminalis Theresiana*, eines 1768 von Maria Theresia erlassenen Gesetzbuches für die deutschen Territorien des Reichs, das 1786 – wenn auch mit einigen Änderungen – immer noch in Kraft war. Eine der Änderungen betraf die Folter, die, obwohl sie in der Theresiana vorgesehen war, mit dem 2. Januar 1776 abgeschafft worden war. Das Übergangsgesetz war eine vorläufige Regelung, die vorweg prozessuale Elemente beseitigen wollte, welche das Inkrafttreten des einheitlichen Strafgesetzbuches für das ganze Reich hätten behindern können, welches sich damals in der Vorbereitungsphase befand. Dieses einheitliche Strafgesetzbuch – eine der großen Ambitionen Josephs II. – sollte das österreichische Gesetzbuch vom 13. Januar 1787 (*Allgemeines Gesetz über Verbrechen und deren Bestrafung*, auch als „Josephina" bekannt) sein, das jedoch in der Lombardei niemals in Kraft trat. Dazu *Cavanna*, La codificazione penale in Italia, a.a.O., S. 35 ff. und 46 ff.; *Provin*, Una riforma per la Lombardia dei Lumi, a.a.O., S. 31 ff.

167 Das Edikt wurde in Mailand vom kaiserlichen Bevollmächtigten Wilzeck bekanntgemacht, vgl. *Petronio*, Il Senato di Milano, a.a.O., S. 423 ff.; *Provin*, Una riforma per la Lombardia dei Lumi, a.a.O., S. 35 f.

168 *Cavanna*, La codificazione penale in Italia, a.a.O., S. 35 f.; s. auch S. 37 Fußn. 44, wo er ähnliche Auffassungen von *Franco Valsecchi*, L'assolutismo illuminato in Austria e in Lombardia, Bd. II. Bologna (Zanichelli) 1934, S. 221 und 223 zitiert („das Jahr der größten Krise"; „ein historisches Datum für die lombardische Geschichte").

169 Zum lombardischen Entwurf Leopolds II. auf der Grundlage der Leopoldina – dem von Leopold als Großherzog von Toskana am 30. November 1786 erlassenen Gesetz, das ihm den Beifall eines großen Teils Europas eingebracht hatte – als Ursprung der italienischen Strafrechts-Kodifikation vgl. statt aller *Cavanna*, La codificazione penale in Italia, a.a.O., passim. Dazu auch *Gian Paolo Massetto*, Osservazioni sulla Leopoldina, in: Massetto, Saggi di storia di diritto penale lombardo (Sec. XVI–XVIII), a.a.O., S. 425 ff.

IX.

Pietro Verri trug auf verschiedene Weise zur Schaffung eines die Reform des *Ancien Régime* begünstigenden Klimas bei; vor allem durch die Diskussionen in der *Accademia dei Pugni* und mit den in der Zeitschrift *Il caffè* veröffentlichten Schriften. Sein wichtigstes Werk zum Strafrecht, die *Betrachtungen über die Folter*, kann freilich nicht als Teil dieser Beiträge angesehen werden, da es, wie mehrfach erwähnt, veröffentlicht wurde, als die Welt sich bereits verändert hatte. Ebensowenig trug dieses Werk zum Niederreißen der Schandsäule in Mailand bei, das in der Nacht vom 24. zum 25. August 1778 erfolgte – die Inschrift wurde 1803 entfernt[170]. Man mag den Umstand, dass er sein Buch zu einem Zeitpunkt verfasste, in dem die Folter im Mittelpunkt der Aufmerksamkeit stand, und sich dennoch entschloss, von der Veröffentlichung abzusehen, als *sterilen Opportunismus* bezeichnen. Wenn wir jedoch diesen Gesichtspunkt beiseite lassen, so stellen wir fest, dass Verris Arbeit keineswegs verdient, aus dieser Sicht betrachtet zu werden. Seine *Betrachtungen über die Folter* bilden, obwohl sie vor langer Zeit verfasst worden sind, bis heute ein aktuelles Manifest gegen die Folter, und sie gehören zu jenen zeitlosen Werken, die für die Verteidigung des Rechtsstaates gegen Angriffe des Totalitarismus nötig sind. Nicht zufällig sind gerade in Zeiten, in denen die individuellen Freiheiten gefährdet waren und die Folter faktisch und verschwiegen Raum gewann, zahlreiche Neuausgaben – und auch Übersetzungen – dieses Buches erschienen[171]. Alessandro Manzo-

---

170 Darüber informiert uns z.B. *Manzoni*, Storia della Colonna Infame, Kap. VI (S. 90 der Ausgabe von Carla Riccardi, a.a.O.), und insbes. *Cusani* in den Anmerkungen des Übersetzers zum 2. Buch, a.a.O., S. 151 f.: „Nach einem alten Gesetz durften Denkmale der Schande nicht restauriert werden, wenn sie wegen Alters einzustürzen drohten. Nun war aber die Schandsäule, zumindest dem Anschein nach, eine vom Einsturz bedrohte Ruine (…) Davon ausgehend veranlasste die Regierung, dass der Älteste der Pfarre von den Bewohnern der umliegenden Gebäude eine Petition unterschreiben ließ, worin sie wegen des schlechten Zustandes, in dem sich die Schandsäule befand, um deren Abriss baten. Die Regierung reichte die Petition an den Senat weiter, der sich jedoch weigerte und, wenn es zutrifft, was man sich damals erzählte, sich sogar dreimal weigerte, der Petition stattzugeben, da er nicht durch einen öffentlichen Akt das vor mehr als anderthalb Jahrhunderten erlassene Urteil des alten Senats diskreditieren wollte. Daraufhin legte die Regierung, die in der Sache fest entschlossen war, Hand ans Werk; im August 1778 hörten die Einwohner der Vedra dei Cittadini mehrfach in der Nachtzeit starke Schläge auf den Boden. In der Nacht vom 24. auf den 25. wurde die Säule niedergelegt, die beim Hinstürzen zersplitterte (…). In der letzten Nacht des vorgenannten August schließlich wurde die Zerstörung zu Ende gebracht; damit niemand Zeuge des Vorgangs werde, arbeitete man bis zum Einbruch des Tageslichts, allerdings im allgemeinen geräuschlos, und zur größeren Vorsicht wurden Wachen an den Eingängen der benachbarten Stadtviertel aufgestellt, welche jedem, der dort vorbeiging, die Annäherung untersagten".

171 S. z.B. die Ausgabe mit dem Titel „Basta con la tortura! Il processo degli untori", herausgegeben von *Domenico Piccoli* in den 40er Jahren (Rom, OET), sowie die von *Roberto Bonchio* herausgegebene Ausgabe, Mailand (Universale Economica) 1950, a.a.O., in deren Vorwort, worin der Verf. als Grund für die Neuausgabe die jüngsten nazi-faschistischen Erfahrungen und die häufige Gewaltanwendung durch die italienische Polizei in dieser Zeit angibt (S. 10). Die

ni hatte verstanden, dass der Kampf gegen die Folter mit ihrer Abschaffung nicht beendet sei. Im letzten Abschnitt seiner *Storia della Colonna Infame* (Geschichte der Schandsäule) führte er aus: „Die Folter ist abgeschafft; doch wir sind weit davon entfernt, dass auch alle anderen Gründe für dieses schreckliche Vorkommnis beseitigt sind"[172]. Dies ist der Grund, warum man von einem Buch wie dem von Verri leider wird sagen können, dass es große Aktualität besitzt. In Abschnitt 6 der *Betrachtungen* führt Verri, kurz bevor er einige Passagen aus dem Prozess gegen die Pestschmierer berichtet, aus:

> „Die Szene ist besonders fürchterlich, meine Hand versagt mir beim Schreiben den Dienst; wenn aber der Schauder, den ich auf mich nehme, auch nur ein unglückliches Opfer rettet, die Greuel, die ich hier vor Augen führe, nur eine einzige Folterung verhindert, so wird mein schmerzliches Empfinden vergolten, und die Hoffnung auf einen solchen Erfolg soll mein Lohn sein."[173]

Zweifellos waren Verris Anstrengungen dieser Mühe wert.

Übersetzung ins Spanische von *Manuel de Rivacoba y Rivacoba* stammt aus dem Jahre 1977 (Buenos Aires, Depalma), also aus einer Periode, in der in Chile – einem Land, worin der Übersetzer im Exil lebte – wie auch in Argentinien – dem Land, in dem das Buch herauskam – brutale Diktaturen regierten, die gewohnheitsmäßig Folter anwendeten. Im Lichte alles dessen erscheinen die Worte von *Rivacoba y Rivacoba* besonders angemessen, mit denen er die Veröffentlichung der spanischen Übersetzung rechtfertigt; diese – so sagt er – sei eine „aportación [...] a la conciencia jurídica de nuestro tiempo" (S. L).

172 Vgl. *Manzoni,* Storia della Colonna Infame (erste Fassung), a.a.O., S. 171.
173 *Verri, Betrachtungen*, Abschn. 6 (S. 99 der Ausgabe Contarini, a.a.O.; *hier* S. 33).

KOMMENTAR II

Helmut C. Jacobs

Alessandro Manzonis *Storia della colonna infame* – Wahrheitssuche zwischen Faktizität und Fiktion

Einige unbescholtene Mailänder Bürger wurden während des Pestjahres 1630 angeklagt, sie hätten frühmorgens am regnerischen Freitag, dem 21. Juni, Hauswände mit einer gelblichen, klebrigen Pestsalbe beschmiert, um die Ausbreitung der in der Stadt wütenden Seuche zu beschleunigen. Wider alle Vernunft wurden zwei der angeblichen Mauerschmierer (*untori*) – Guglielmo Piazza und der Barbier Gian Giacomo Mora – mehrmals gefoltert und auf diese Weise zu erfundenen, völlig aus der Luft gegriffenen Geständnissen und Denunziationen anderer unschuldiger Mitbürger gezwungen, schließlich zum Tode verurteilt und am 1. August 1630 nach schrecklichen Folterungen öffentlich verbrannt[1]. Das Haus eines der Justizopfer wurde sogar dem Erdboden gleichgemacht, und an seiner Stelle errichtete man eine Schandsäule mit einer Inschrift, die für alle Zeiten der Nachwelt Zeugnis ablegen sollte von dem angeblichen Verbrechen der Hingerichteten, um durch Abschreckung künftig ähnliche Taten zu vermeiden. Erst am 25. August 1778 wurde die Schandsäule entfernt.

Die Schandsäule, die heute nur mehr als Relikt einer längst überwundenen Vergangenheit erscheinen mag, war seinerzeit eine durchaus übliche Institution öffentlicher Abschreckung und juristischen Strafvollzugs. Die Schandsäule ist ein Denkmal, das eben nicht an Ehre und Ruhmestaten einer herausragenden, vorbildlichen Persönlichkeit oder eines Helden erinnert, sondern im Gegensatz hierzu an besonders abschreckende Beispiele von Verbrechen und Perfidie. Wird der Verbrecher zu Lebzeiten an den Pranger gestellt und gegebenenfalls öffentlich vor aller Augen zu Tode gefoltert und hingerichtet, so ist die Schandsäule als eine Art postumer Pranger zu verstehen. Hervorgegangen ist sie vermutlich aus dem in Italien im dreizehnten Jahrhundert entstandenen neuen Genre der Malerei, dem sogenannten Schandgemälde (*Pittura d'infamia*), „[...] der Brauch also, in bestimmten Stadtteilen und an ausgewählten Gebäuden das Abbild derjenigen zu malen, die sich bestimmter Straftaten schuldig gemacht hatten. Dieses Abbild des Verbrechers wurde mit einer phantasievollen Symbolik ausgestattet, die die Missetaten des Menschen verdeutlichen soll-

---

1 Vgl. *Piero Clini*, Il processo degli untori nella peste del 1630. Mailand (Giordano) 1967.

te"². Beliebt waren Darstellungen von kopfüber nach unten hängenden Menschen als Ausdruck größter Schande³.

Im Falle der Mailänder Schandsäule von 1630 traf es nachweislich keine Verbrecher oder in irgendeiner Weise verabscheuungswürdige Menschen, sondern Unschuldige, die hier als Sündenböcke missbraucht wurden für ein seinerzeit nicht rational erklärbares und nachvollziehbares schreckliches Ereignis, die Pest, die zu einer Flut von wohl mehr als 100.000 Toten allein in Mailand geführt hatte.

Diese historische Begebenheit während der Pest des Jahres 1630 hätte als eine kleine Episode in Mailands Stadtgeschichte als einer von vielen Justizirrtümern, als eine von vielen menschenverachtenden Grausamkeiten vergangener Jahrhunderte in der Nachwelt normalerweise nicht viel Aufhebens hervorgerufen, hätten sich nicht einige bedeutende Schriftsteller über dieses regionale Ereignis geäußert und es als Exemplum genommen, um an ihm generelle Verhaltensweisen des Menschen in bestimmten Extremsituationen zu demonstrieren, zu reflektieren und die grausame Episode der Mailänder Stadtgeschichte so zu einem überzeitlichen, abschreckenden Beispiel menschlichen Fehlverhaltens zu sublimieren. Die beiden exponierten Autoren Pietro Verri (1728–1797) und Alessandro Manzoni (1785–1873) garantierten das Nachleben der Vorgänge und aller damit in Zusammenhang stehender Fakten und Probleme, denn Verris und Manzonis Texte weckten immer wieder aufs Neue das Interesse nachfolgender renommierter Autoren an den Geschehnissen, bis in die jüngste Zeit, darunter beispielsweise Benedetto Croce⁴ oder Leonardo Sciacia⁵. Ersichtlich ist dieses besondere Interesse an Alessandro Manzonis *Storia della colonna infame* gerade auch an der hierzu entstandenen enormen Menge Forschungslitera-

---

2   *Katia Marano*, Apoll und Marsyas. Ikonologische Studien zu einem Mythos in der italienischen Renaissance. Frankfurt a.M./Berlin/Bern/New York/Paris/Wien (Peter Lang) 1998 (= Europäische Hochschulschriften. Reihe XXVIII: Kunstgeschichte, 324), S. 159.

3   Vgl. *Wolfgang Brückner*, Das Bildnis in rechtlichen Zwangsmitteln. Zum Magieproblem der Schandgemälde, in: Festschrift für Harald Keller. Zum sechzigsten Geburtstag dargebracht von seinen Schülern. Herausgegeben von Hans Martin Freiherrn von Erffa und Elisabeth Herget. Darmstadt (Eduard Roether) 1963, S. 111–123.

4   Vgl. *Benedetto Croce*, Il Manzoni storiografo, in: Ders., Alessandro Manzoni. Saggi e discussioni. Bari (Laterza) 1969 (= Biblioteca di Cultura Moderna, 191), S. 33–49. Zu Benedetto Croces Kritik an Manzoni vgl. *Giampaolo Mura*, Dalla ‚Appendice' alla ‚Storia'. Manzoni tra Illuminismo e Integralismo. Rom (Bulzoni) 1991 (= Università degli Studi di Cagliari. Dipartimento di Filologia e Letterature Moderne, 8), S. 50–55.

5   Vgl. *Leonardo Sciascia*, Introduzione, in: "La Colonna Infame" di Alessandro Manzoni, Vasco Pratolini, Nelo Risi, Gianni Scalia. Introduzione di Leonardo Sciascia. Bologna (Cappelli) 1973, S. 9–22.

tur[6]. So sind unterschiedliche Lesarten des Textes vorgenommen worden: historiographische, juristische, moralische, auch religiöse[7].

1. Die Entstehungsgeschichte der „Storia della colonna infame"

Ein zentraler Gegenstand der philologischen Forschung zu Alessandro Manzonis *Storia della colonna infame* ist ihre komplexe Entstehungsgeschichte[8], die meist im Verhältnis dieses Textes zu Manzonis historischem Roman *I promessi sposi* und dessen frühere Fassung mit dem Titel *Fermo e Lucia* betrachtet wird.

Unterscheiden lassen sich zwei unterschiedliche Fassungen der *Storia della colonna infame*[9]. Die erste Version von 1823, der Manzoni den Titel *Appendice storica su la Colonna Infame* gegeben hat, ist von Manzoni nicht veröffentlicht worden. Sie erschien postum, erstmals 1927 in einer Werkausgabe Manzonis[10]. Diese erste Version des Textes verfasste Manzoni unmittelbar nach *Fermo e Lucia*, der ersten, im Herbst 1823 vollendeten Fassung des späteren Romans, der nach gründlicher Überarbeitung unter dem Titel *I promessi sposi* erschienen ist.

Diese erste Version *Appendice storica su la Colonna Infame* hat Manzoni insofern als Anhang bezeichnet und konzipiert, weil sie als solcher hinter der ersten Fassung des Romans erscheinen sollte. Am 26. Juni 1824 berichtet Claude Fauriel, der in Manzonis Haus wohnte, in einem Brief an Victor Cousin von dem seit Herbst 1823 in Arbeit befindlichen Text, es handele sich um eine eigenständige Arbeit[11].

Manzoni nahm sich zunächst das fünfte Kapitel des vierten Teils von *Fermo e Lucia* zur Überarbeitung und Erweiterung vor. Im dritten und vierten Kapitel des vierten Teils von *Fermo e Lucia* wird die Pest thematisiert[12], und Manzoni führt Beispiele dafür an, wie blindwütig die Bevölkerung auf die Epidemie reagiert. Seine Ergänzung ist allerdings dann nicht, wie ursprünglich geplant, als eigenständiger Text in der Ausgabe der *Promessi sposi* von 1827 veröffentlicht worden.

---

6   Zum Stand der Forschung zur *Storia della colonna infame* vgl. *Angelo R. Pupino*, Saggio sulla ‚Colonna infame'. Con una appendice di testi. Messina (Edizioni Dr. Antonino Sfameni) 1978, S. XXVII–CVIII, und *Ders.*, ‚Il vero solo è bello'. Manzoni tra Retorica e Logica. Bologna (Il Mulino) 1982 (= Saggi, 221), S. 23–45. *Mura*, a.a.O., S. 45–70.

7   Vgl. *Pupino* (1982), a.a.O., S. 30–37.

8   Vgl. *Pupino* (1978), a.a.O., S. III–XXI, und *Ders.* (1982), a.a.O., S. 13–20.

9   Zu beiden Fassungen vgl. *Carla Riccardi*, La *Colonna Infame*: L'*Appendice Storica* e la copia, in: Dies., Il 'reale' e il 'possibile'. Dal 'Carmagnola' alla 'Colonna Infame'. Florenz (Felice Le Monnier) 1990 (= Bibliotechina del Saggiatore, 50), S. 31–89.

10 Vgl. *Mura*, a.a.O., S. 49.

11 Vgl. *Riccardi*, a.a.O., S. 33.

12 Zur Darstellung der Pest in den *Promessi sposi* vgl. *Di Caccia*, a.a.O., S. 13–100.

Carla Riccardi hat den Autographen der ersten Fassung *Appendice storica su la Colonna Infame* untersucht und beschrieben[13]. Vermutlich bis 1828 hat Manzoni die Arbeit an dem Text fortgesetzt[14]. Von dem Autographen wurde eine Abschrift von fremder Hand angefertigt, die mit dem definitiven Titel *Storia della colonna infame* versehen ist[15]. Auf dieser Abschrift trug Manzoni autographe Korrekturen ein[16]. Gegen Ende 1829 beendete er die Redaktion der ersten Fassung der *Storia della colonna infame*.

Erst mehr als ein Jahrzehnt später, im Jahre 1839, erwähnt Manzoni, dass er beabsichtige, die *Storia della colonna infame* zu veröffentlichen[17]. Seit 1841 bereitete er den Text für den Druck vor, eine Arbeit, die gegen Ende Herbst 1842 abgeschlossen worden ist[18]. Diese zweite, gründlich überarbeitete Version ist also nach der 1841 und 1842 erschienenen letzten Version des Romans *I promessi sposi* entstanden. Sie erschien zusammen mit der endgültigen Ausgabe der *Promessi sposi* im November 1842[19]. Tatsächlich handelt es sich bei den beiden Versionen *Appendice* und *Storia* um zwei grundsätzlich verschiedene Werke aus zwei unterschiedlichen Schaffensphasen Manzonis[20]. Die erste Fassung wurde von Manzoni für die zweite Fassung inhaltlich gründlich überarbeitet, neu angeordnet und in sieben Kapitel gegliedert[21].

Die *Storia della colonna infame* steht in enger Beziehung zum historischen Roman *Promessi sposi*[22]. In den Kapiteln XXXI und XXXII der *Promessi sposi* unterbricht Manzoni die Geschichte von Renzo und Lucia, um den Leser über den historischen

---

13 Der Autograph befindet sich in der *Sala Manzoniana* der *Biblioteca Nazionale Braidense* (Signatur: B. X. 3). Vgl. *Riccardi*, a.a.O., S. 33–52.
14 Vgl. *Riccardi*, a.a.O., S. 51.
15 Vgl. *Riccardi*, a.a.O., S. 52–60.
16 Vgl. *Riccardi*, a.a.O., S. 60–84.
17 Vgl. *Riccardi*, a.a.O., S. 182–183.
18 Vgl. *Riccardi*, a.a.O., S. 183.
19 Vgl. *Marco Codebò*, Records, Fiction and Power in Alessandro Manzoni's 'I promessi sposi' and 'Storia della colonna infame' in: Modern Language Notes (2006) 121, S. 187–206, hier S. 187.
20 Vgl. *Mura*, a.a.O., S. 22: „[…] tanto che ci sembrerebbe più opportuno parlare di due opere piuttosto che di due stesure dello stesso lavoro […]". Zum Verhältnis beider Fassungen vgl. auch *Gino Tellini*, Manzoni. La storia e il romanzo. Rom (Salerno) o. J. (1979) (= Quaderni di Filologia e Critica, 2), S. 62–80. *Giuseppe Rando*, Manzoni e la 'Colonna Infame'. L'autonomia della *copia* e il narratore ‚spassionato' della *Storia*, in: Nuovi Annali della Facoltà di Magistero dell'Università di Messina 2 (1985), S. 757–776.
21 Zur Endfassung der *Storia* vgl. *Riccardi*, a.a.O., S. 168–182.
22 Zur Darstellung der Pest in der *Storia della colonna infame* vgl. *Francesco di Caccia*, La parola e il silenzio. Peste carestia ed eros nel romanzo manzoniano. Pisa (Giardini Editori e stampatori di Caccia) 1987, S. 101–198.

Hintergrund der Pest und ihre Auswirkungen im Mailand des Jahres 1630 zu informieren. Manzoni beabsichtigt, den Leser im Rekurs auf historische Quellen, die er auswertet, über einen Teil der Geschichte zu belehren, der weitgehend in Vergessenheit geraten ist: die Anfänge der Pest, ihre Verbreitung, die Maßnahmen der Behörden und der Stadtverwaltung zur Bekämpfung der Epidemie. Manzoni stellt das Problem heraus, dass man die Schwere und die Folgen der Pest zunächst nicht erkannt und somit unterschätzt hat, was fatale Folgen für die Stadt hatte, einschließlich der Versuche, sie zu vertuschen. Als dies nicht länger ging, hat man ihre Ursachen irrtümlich und mit völlig irreführenden Begründungen gesucht. Dagegen wurde denjenigen kein Gehör geschenkt, die die wahren Gründe erkannten und wussten, im Gegenteil, man tat alles, um sie in erhebliche Schwierigkeiten zu bringen. Manzoni hebt Furcht und Ängste hervor; irrationaler Aberglauben gewann die Oberhand über vernunftorientiertes Wissen. Die Mauerschmierer wurden angeklagt, die Krankheit absichtlich verbreitet zu haben durch das Auftragen einer Giftmischung an Häuserwänden. Die Folge war die Massenhysterie des Volkes, die Anschuldigung, Verurteilung und Tötung unschuldiger Bürger der Stadt. In Kapitel XXXIV wird geschildert, dass man auch Renzo für einen Mauerschmierer hält. Später erkennt ihn eine Frau wieder und beschuldigt ihn, ein solcher zu sein. Renzo gelingt allerdings die Flucht, da er droht, den ersten zu töten, der ihm zu nahe kommen sollte.

2. *Struktur und Inhalt der „Storia della colonna infame"*

Die letzte Fassung der *Storia della colonna infame* ist klar und übersichtlich gegliedert. In den sieben Kapiteln wird folgendes behandelt: Im ersten Kapitel werden das angebliche Verbrechen und seine Aufklärung beschrieben. Der Tathergang wird chronologisch und topographisch genau rekonstruiert. Identifiziert werden zwei Frauen, die als zufällige Passantinnen auf der Straße zu angeblichen Augenzeugen einer angeblichen Tat geworden sind. Manzoni kritisiert die Ermittlungsbehörden, die schon bei den ersten Zeugenbefragungen Widersprüche übersehen und jede vernunftgeleitete Aufklärung verhindert haben. Die Prozessakten werden kurz resümiert und von Manzoni kommentiert, wobei er aus den ihm zur Verfügung stehenden Dokumenten zitiert.

Das zweite Kapitel enthält allgemeine Ausführungen über die Gerichts- und Folterpraxis des siebzehnten Jahrhunderts, im Verhältnis zu den Lehrmeinungen von Autoritäten der Jurisprudenz und zum juristischen Schrifttum. Dieses Kapitel stellt eine Art juristischen bzw. rechtshistorischen Exkurs dar, für Manzoni die notwendige historische und theoretische Voraussetzung für seine weiteren Ausführungen über den konkreten juristischen Fall, den er im folgenden behandelt, denn er will die Ungerechtigkeit des Gerichtsverfahrens gegen die angeblichen Mauerschmierer nachweisen, und zwar als Verletzung grundlegender, auch seinerzeit gültiger Prinzipien und Rechtsgrundsätze. In bezug auf die Folter geht es ihm in seinem historischen Rückblick um die Rekonstruktion der damals gültigen Voraussetzungen, die gegeben sein mussten, um die Folter zur Befragung der Angeklagten überhaupt zur Anwendung bringen zu können.

Deutlich wird im zweiten Kapitel Manzonis Bemühen, die prinzipielle Frage des Verhaltens von Richtern gegenüber den Angeklagten, über die sie urteilen sollen, zu erörtern. Hat er bereits im ersten Kapitel darauf hingewiesen, dass Vernunft und Milde wichtige Eigenschaften sind, um falschen Anschuldigungen entgegenzutreten, so betont er im zweiten Kapitel, dass seitens der Richter unbedingt Milde, die Wohlwollen und Mäßigung impliziert, notwendig ist gegenüber den Angeklagten. Hierbei geht es Manzoni um die Frage nach dem individuellen Ermessensspielraum und der Entscheidungsmöglichkeiten eines Richters im Rahmen der Gesetzgebung, die er anwenden und konkret in ein Urteil umsetzen muss. Manzoni richtet sich dabei dezidiert gegen jegliche Willkür, die insgeheim in der juristischen Praxis Eingang gefunden hat. Um diesen Missstand zu beseitigen, bedient er sich einer aufklärerischen Strategie, nämlich des Zweifels, der es erforderlich macht, Fragen zu stellen sowie Dinge überhaupt in Frage zu stellen und nach rationalen Kriterien zu überprüfen. Manzoni ist davon überzeugt, dass der in diesem Sinne angewendete Zweifel dem Irrtum keine Chance mehr lassen wird.

Das dritte Kapitel enthält die Untersuchung der Verhöre und Folterungen von Guglielmo Piazza, unter verschiedenen Aspekten in bezug auf die verantwortlichen Institutionen und Amtsträger. Manzoni stellt fest, dass es für Piazzas Folter auch nach damaligem gültigem Recht keine gesetzliche Grundlage gegeben habe, sondern dass die bloße Vermutung eines Richters ausschlaggebend dafür gewesen sei, Piazza überhaupt und sogar mehrmals der Folter auszusetzen. Ebenso rechtswidrig sei es gewesen, dass man Piazza im Falle eines Geständnisses Straffreiheit in Aussicht gestellt hatte, da keineswegs ein Richter, sondern nur der Fürst Straffreiheit hätte gewähren können. Diese juristischen Fehlentscheidungen hätten nach Manzonis Überzeugung nicht sein dürfen, da sie nicht den damaligen Gesetzen entsprachen. Die ausschlaggebende Motivation für diese gesetzeswidrigen Handlungsweisen erkennt Manzoni darin, dass es den Richtern nicht um die Wahrheitsfindung ging, sondern dass sie irgendein Schuldeingeständnis wollten, egal von wem, denn sie waren nicht von der Vernunft, sondern von ihren Leidenschaften und ihrer blinden Wut geleitet. In diesem Zusammenhang geht Manzoni auch auf die Macht der Gerüchte ein, durch die ein großer öffentlicher Druck entstanden sei.

Im vierten Kapitel werden die Durchsuchung im Hause von Mora und dessen Geständnis behandelt. Wie bei Piazza greifen auch bei Mora prinzipiell dieselben juristischen Fehlentscheidungen, mit der ebenso fatalen Folge, dass Moras Folter zu Lüge und Unwahrheit führte. Manzoni zeigt deutlich seine Empathie mit dem Folteropfer Mora, denn im Mittelpunkt seiner Darstellung stehen auch die Angst und Not des Gefolterten, sein Ringen um die Vernunft, die er nach der Folterung wiederzuerlangen suchte, als rationale Einsicht, dass er eigentlich unschuldig sei und unter der Folter die Unwahrheit gesagt habe.

Im fünften Kapitel geht es um das Geständnis von Piazza und das spätere von Mora, die sich widersprachen und deshalb von den Richtern nicht als wahr hätten anerkannt werden dürfen. Doch dieser offensichtliche Widerspruch bewirkte nichts bei den Richtern. Manzoni stellt dar, wie der Täterkreis ausgeweitet wird, in bezug auf Giovanni Gaetano Padilla, den Sohn des Schlosshauptmanns im Mailänder Kastell. Dargelegt werden die Verteidigungen und Leugnungsversuche der beiden Verurteilten sowie der Vollzug der Strafe bei der öffentlichen grausamen Hinrichtung von Piazza und Mora und die Errichtung der Schandsäule.

Im sechsten Kapitel geht es um weitere Mitangeklagte und um Padillas Prozess. Die Mitangeklagten wurden schließlich freigelassen. Erst 1778 wurde die Schandsäule dem Erdboden gleichgemacht.

Das siebte und letzte Kapitel ist den Urteilen der zeitgenössischen nachfolgenden Autoren gewidmet bis hin zu Pietro Verri.

3. *Manzonis Haltung gegenüber Cesare Beccaria und Pietro Verri*

Als im Sommer 1764 das Büchlein *Dei delitti e delle pene* (*Von den Verbrechen und den Strafen*) des jungen, gerade siebenundzwanzigjährigen Mailänders Cesare Beccaria (1738–1794) erschien, hatte der Text im vorrevolutionären Europa eine fulminante Wirkung, die grundsätzlich bis heute anhält. Dass Beccarias Schrift, in der dieser für die Abschaffung von Folter und Todesstrafe unter bestimmten Umständen plädierte, in Manzonis *Storia della colonna infame* kaum Spuren hinterlassen hat, ist vor dem Hintergrund der intensiven internationalen Beccaria-Rezeption bemerkenswert[23]. In der *Appendice* findet sich lediglich eine Anspielung auf Beccaria, ohne dass dieser namentlich genannt wird, und in der späteren *Storia della colonna infame* gibt es nur zwei Passagen, in denen Bezug auf Beccaria genommen wird[24]. Demnach nimmt das Interesse Manzonis an Beccaria während dieser Zeit kaum zu[25]; Manzoni zeigt weder Enthusiasmus noch Bewunderung für Beccaria.

---

23 Zur internationalen Beccaria-Rezeption vgl. *Helmut C. Jacobs* (Hg.), Gegen Folter und Todesstrafe. Aufklärerischer Diskurs und europäische Literatur vom 18. Jahrhundert bis zur Gegenwart. Frankfurt a.M., Berlin, Bern, Bruxelles, New York, Oxford, Wien (Peter Lang) 2007.

24 Mura widmet sich der Frage, in welchem Verhältnis Manzonis Text zu Verris *Osservazioni sulla tortura* und zu Beccaria steht. Vgl. *Mura*, a.a.O., S. 71–80.

25 Vgl. *Mura*, a.a.O., S. 73 und 79.

Ganz anders verhält sich Manzoni gegenüber Pietro Verris *Osservazioni sulla tortura* (*Betrachtungen über die Folter*) von 1777, denn hier nimmt Manzonis Interesse in erheblichem Maße zu, je länger er sich mit den Ereignissen von 1630 beschäftigte[26]. Verris Buch wurde zunächst nicht veröffentlicht, erst spät zusammen mit anderen Schriften des Autors, nämlich erst siebenunddreißig Jahre nach seiner Fertigstellung, in einer Reihe mit dem Titel *Scrittori classici italiani d'economia politica*. Der Grund liegt in der Furcht, das Ansehen des Senats zur Zeit Verris hätte Schaden nehmen können aufgrund der unseligen Rolle, die der Senat zur Zeit der Pest im Jahre 1630 gespielt hatte. Verris Vater war seinerzeit Senatspräsident.

Manzoni erwähnt Verri bereits in seiner *Einleitung* zur *Storia della colonna infame*, und ausdrücklich verweist er auf seine eigene alternative Perspektive in bezug auf die Ereignisse und ihre Darstellung. Manzoni verknüpft also gleich zu Beginn seines Textes die direkte Referenz auf den Vorgänger mit der impliziten Distanzierung. Manzoni hebt viele kleinere Mängel und Fehler Verris hervor, und er sieht die Gefahr, dass man nach Verris Darstellung gegebenenfalls einen zumindest zum Teil falschen Eindruck von den historischen Fakten und Ereignissen gewinnen könnte. Verri zielte in seiner Darstellung vornehmlich auf die Abschaffung der Folter und suchte die Begründung für die unglaublichen Vorgänge in der Ignoranz der damaligen Zeit und in den Praktiken der damaligen Gerichtsbarkeit. Manzoni setzt eindeutig andere Schwerpunkte als Verri. Für Manzoni ist der Fall der Ereignisse, die zur Errichtung der Schandsäule geführt haben, ein Musterfall für ein prinzipielles Fehlverhalten des Menschen, wohingegen ihn juristische und praktische Aspekte der Folter zwar auch interessieren, diese aber dennoch nicht im Mittelpunkt seiner Betrachtungen steht. Dies zeigt beispielsweise auch Manzonis Verweis im ersten Kapitel der *Storia della colonna infame* auf die Cholera in der Normandie, bei der sich ganz ähnliche Verhaltensweisen gezeigt haben wie bei den Ereignissen des Jahres 1630 in Mailand.

4. Die „Storia della colonna infame" im Spannungsfeld von Faktizität und Fiktion

In der Genese von der *Appendice* zur *Storia della colonna infame* zeigt sich eine klare Entwicklung Manzonis von der Fiktion hin zur historischen Wahrheit und zur Geschichte, wobei allerdings Geschichte als erzählte Geschichte verstanden wird.[27]

---

26 Vgl. *Mura*, a.a.O., S. 71: „[...] passando dall'*Appendice* alla *Storia* le chiamate in causa di Pietro Verri si decuplicano passando da quattro a quasi quaranta". Zu Manzonis Kritik an Verris *Osservazioni sulla tortura* vgl. *Mura*, a.a.O., S. 81–88.

27 Zum Verhältnis von Fiktion und Realität in der Genese der *Storia della colonna infame* vgl. *Pupino* (1982), a.a.O., S. 21–45, 88–105. *Massimo Verdicchio*, Manzoni and the Promise of

Manzoni beabsichtigt, eine alternative, kritische Geschichtsschreibung zu entwerfen, als Gegenentwurf zum Modell der traditionellen Mailänder Historiographie. In bezug auf das Problem der gattungstypologischen Zuordnung der *Storia della colonna infame* stellt sich die Frage, ob es sich um einen literarischen, rhetorischen oder expositorischen Text handelt[28]. Die Literarität des Textes steht hierbei außer Zweifel, denn die *Storia della colonna infame* ist weit mehr als eine bloße Dokumentation eines singulären Ereignisses. Natürlich bedient sich Manzoni in der *Storia della colonna infame* rhetorischer und literarischer Strategien. So wird beispielsweise im ersten Kapitel sehr spannend erzählt, wie die beiden Frauen als vermeintliche Augenzeugen über ihre Eindrücke und die angeblichen Mauerschmierer berichten. Regelrecht reportagehaft werden ihre Aussagen in direkter Rede wiedergegeben, so dass der Leser geradezu eine direkte Anschauung der Ereignisse gewinnt, sozusagen wie aus erster Hand. Die *Storia della colonna infame* ist ein rhetorisch ziselierter und erzähltechnisch raffiniert gestalteter Text mit einer durchweg persuasiven Stilistik: „Manzoni erzählt, fügt viele Dialoge ein, zitiert aber auch ausführlich die Quellen; er flicht historische Räsonnements und rechtsphilosophische Reflexionen ein"[29].

Die Frage, in welchem Verhältnis in der *Storia della colonna infame* Geschichte und Fiktion zueinander stehen[30], ist eng verknüpft mit der in der Zeit Manzonis aktuellen Diskussion über die Gattung des historischen Romans, zu der Manzoni selbst einen wichtigen Beitrag geleistet hat mit seiner Abhandlung *Del romanzo storico e, in genere, de' componimenti misti di storia e d'invenzione*, im Jahre 1850 erschienen, also einige Jahre nach der Abfassung der letzten Fassungen der *Promessi sposi* wie der *Storia della colonna infame*.

Diese Diskussion über das Verhältnis von Geschichte und Fiktion beschäftigte schon Johann Wolfgang von Goethe bei seiner Lektüre der *Promessi sposi*. Obwohl ihn die Lektüre des Romans sehr fesselte, störten ihn in nicht unerheblichem Maße gerade die darin enthaltenen historischen Ausführungen des von ihm sehr geschätzten und verehrten italienischen Autors. Eines der von Johann Peter Eckermann protokollierten *Gespräche mit Goethe in den letzten Jahren seines Lebens* legt hiervon Zeugnis

---

History, in: The Reasonable Romantic. Essays on Alessandro Manzoni. Edited by Sante Matteo and Larry H. Peer. New York/Bern/Frankfurt a.M. (Peter Lang) 1986, S. 213–230, hier S. 219.

28 Zu den unterschiedlichen gattungstypologischen Zuordnungen der *Storia della colonna infame* vgl. *Pupino* (1982), a.a.O., S. 25.

29 *Gisela Schlüter*, Historiographie und Fiktion: Manzoni und die ‚moralische' Krise des Romans, in: Friedrich Wolfzettel/Peter Ihring (Hg.), Erzählte Nationalgeschichte. Der historische Roman im italienischen Risorgimento. Mit einer Bibliographie des historischen Romans (1800–1870) von Peter Ihring. Tübingen (Gunter Narr Verlag) 1993, S. 103–127, hier S. 124.

30 Vgl. hierzu *Pupino* (1978), a.a.O., S. CIX–CXLII, und *Ders.* (1982), a.a.O., S. 72–105.

ab, denn gegenüber Eckermann kritisiert Goethe am 23. Juli 1837 die historischen Anteile der *Promessi sposi*:

> „Ich sagte Ihnen doch neulich", begann Goethe, „daß unserm Dichter in diesem Roman der Historiker zugute käme, jetzt aber im dritten Bande finde ich, daß der Historiker dem Poeten einen bösen Streich spielt, indem Herr Manzoni mit einem Mal den Rock des Poeten auszieht und eine ganze Weile als nackter Historiker dasteht. Und zwar geschieht dieses bei einer Beschreibung von Krieg, Hungersnot und Pestilenz, welche Dinge schon an sich widerwärtiger Art sind und die nun durch das umständliche Detail einer trockenen chronikenhaften Schilderung unerträglich werden. Der deutsche Übersetzer muß diesen Fehler zu vermeiden suchen, er muß die Beschreibung des Kriegs und der Hungersnot um einen guten Teil, und die der Pest um zwei Dritteil zusammenschmelzen, so daß nur so viel übrig bleibt, als nötig ist, um die handelnden Personen darin zu verflechten. Hätte Manzoni einen ratgebenden Freund zur Seite gehabt, er hätte diesen Fehler sehr leicht vermeiden können. Aber er hatte als Historiker zu großen Respekt vor der Realität. Dies macht ihm schon bei seinen dramatischen Werken zu schaffen, wo er sich jedoch dadurch hilft, daß er den überflüssigen geschichtlichen Stoff als Noten beigibt. In diesem Falle aber hat er sich nicht so zu helfen gewußt und sich von dem historischen Vorrat nicht trennen können. Dies ist sehr merkwürdig. Doch sobald die Personen des Romans wieder auftreten, steht der Poet in voller Glorie wieder da und nötigt uns wieder zu der gewohnten Bewunderung.[31]

Die Problematik des Verhältnisses von Geschichte und Fiktion in den *Promessi sposi* hat auch Manzoni selbst sehr beschäftigt, und dies mag nicht zuletzt ausschlaggebend für ihn gewesen sein, die eher historischen Ausführungen über die Ereignisse, die zur Errichtung der Mailänder Schandsäule geführt haben, ausführlich in einer eigenständigen, separaten Schrift zu berichten, die dem Roman zwar beigefügt, aber eben nicht in diesen integriert werden sollte.

Die poetologische Diskussion über Geschichte und Fiktion, die sich begrifflich in der Dichotomie der Begriffe *storia* und *romanzo* fassen lässt[32], begann keineswegs erst mit dem Autor des berühmtesten historischen Romans der italienischen Literatur. Schon im Laufe des achtzehnten Jahrhunderts war der große Erfolg des Romans in Italien, der sich in zahlreichen Übersetzungen ausländischer Romane und originalen italienischen Romanen zeigte, begleitet von einer intensiven poetologischen

---

31 *Johann Peter Eckermann*, Gespräche mit Goethe in den letzten Jahren seines Lebens. Herausgegeben von Paul Stapf. Wiesbaden (Emil Vollmer Verlag) o. J. (= Sonderausgabe. Die Tempel-Klassiker), S. 273–274.

32 Der Begriff *romanzo* und das ihm zugehörige Wortfeld sind im Settecento durch eine starke Dynamik charakterisiert. Vgl. *Attilio Motta*, La voce *romanzo* e dintorni nei lessici e nei dizionari settoriali ed enciclopedici del XVIII secolo, in: Lingua nostra 58 (1997), S. 65–78. *Helmut C. Jacobs*, Der Begriff *romanzo* in der poetologischen Diskussion des Settecento, in: Ders./Gisela Schlüter (Hg.), Beiträge zur Begriffsgeschichte der italienischen Aufklärung im europäischen Kontext. Frankfurt a.M., Berlin, Bern, Brüssel, New York, Oxford, Wien (Peter Lang) 2000 (= Europäische Aufklärung in Literatur und Sprache, 12), S. 321–349, hier S. 327–334.

Diskussion, in der sich Gegner wie Befürworter der Gattung zu Wort meldeten. Sie setzte im Vergleich mit der entsprechenden Diskussion in Frankreich[33] gut ein halbes Jahrhundert später ein und begann in den vierziger Jahren des achtzehnten Jahrhunderts, zu einer Zeit, als vorwiegend aus dem Französischen übersetzte Romane erschienen. In der zweiten Hälfte des achtzehnten Jahrhunderts fand die Auseinandersetzung mit der Gattung des Romans außer in kritischen Schriften auch in den Romanvorworten und explizit und implizit in einzelnen Passagen der Romane selbst ihren Niederschlag. Etliche italienische Autoren setzten sich durchaus kritisch mit Pierre Daniel Huets (1630–1721) *Traité de l'origine des romans* von 1670 auseinander, und einigen von ihnen dienten seine Thesen als Ausgangspunkt für ihre eigenen Betrachtungen über die Gattung, die sie in bewusster Abgrenzung von Huets Standpunkt formulierten.

Das Verhältnis von historischer Faktizität und Fiktion wurde in Italien im achtzehnten Jahrhundert intensiv diskutiert, indem man *Storia* und *Romanzo* einander gegenüberstellte und unter verschiedenen Gesichtspunkten miteinander verglich. Bereits seit dem sechzehnten Jahrhundert war das Verhältnis von Dichtung und Geschichtsschreibung beziehungsweise von Fiktion und historischer Realität in der Diskussion über die Abgrenzung des volkssprachlichen *Romanzo* vom antiken *Poema epico* von argumentativem Interesse als ein Aspekt unter mehreren anderen[34], so dass sich im achtzehnten Jahrhundert durchaus die Möglichkeit ergab, hieran anzuknüpfen und Argumente zu übernehmen. Das Verhältnis von *Storia* und *Romanzo* ist das zentrale Thema der frühesten italienischen Abhandlung zum Roman des Settecento: Giuseppe Antonio Costantini (1692–1772) veröffentlichte 1743 unter dem Pseudonym Conte Agostino Santi Pupieni eine der seinerzeit beliebten Sammlungen fiktiver Briefe mit dem Titel *Lettere critiche, giocose, morali, scientifiche ed erudite*, von denen ein vom 25. August 1735[35] datierter Brief die Überschrift *Intorno all'utilità della storia e dei romanzi* trägt[36]. Die von Costantini in Italien eröffnete Diskussion über das Verhältnis von *Storia* und *Romanzo* wurde von vielen italienischen Autoren weitergeführt, mit

---

33 Zur französischen Diskussion über den Roman vgl. *Horst Wagner* (Hg.), Texte zur französischen Romantheorie des 18. Jahrhunderts. Tübingen (Max Niemeyer Verlag) 1974 (= Sammlung Romanischer Übungstexte, 59).

34 Vgl. *Klaus Heitmann*, Das Verhältnis von Dichtung und Geschichtsschreibung in älterer Theorie, in: Archiv für Kulturgeschichte 52 (1970), S. 244–279. *Klaus W. Hempfer*, Diskrepante Lektüren: Die Orlando-Furioso-Rezeption im Cinquecento. Historische Rezeptionsforschung als Heuristik der Interpretation. Stuttgart (Franz Steiner Verlag) 1987 (= Text und Kontext. Romanische Literaturen und Allgemeine Literaturwissenschaft, 2), S. 123–130, 288.

35 Wie *Motta*, a.a.O., S. 120, annimmt, ist die Datierung fiktiv und im Verhältnis zum Publikationsjahr der Sammlung erheblich vordatiert.

36 Zu Costantini vgl. *Michela Rusi*, Un avversario veneziano di Baretti: Giuseppe Antonio Costantini, in: Quaderni Veneti 14 (1991), S. 77–94. *Motta*, a.a.O., S. 119–123.

kontären Ergebnissen[37]. Im neunzehnten Jahrhundert erlangte die poetologische Diskussion über Geschichte und Fiktion in Italien insofern eine neue Dimension, als sie vor allem in Auseinandersetzung mit dem neuen Typus des historischen Romans im Gefolge von Walter Scott geführt wurde. In diesem Zusammenhang gehört Alessandro Manzonis *Del romanzo storico* ohne Zweifel zu den herausragenden Stellungnahmen. Diese Schrift steht am Endpunkt einer tendenziellen, sich im Laufe der Jahre verstärkenden Entwicklung des Autors, die auf die Abwendung von der Fiktion und von der Gattung Roman und auf die Hinwendung zur Geschichte zielte. Manzonis Reflexion über den historischen Roman und die Problematik der Wiedergabe historischer Wahrheit in Literatur und Geschichtsschreibung begann bereits in den zwanziger Jahren des neunzehnten Jahrhunderts und lässt sich in verschiedenen Phasen beobachten, in denen er sich zunehmend von der Literatur distanzierte[38]. So vertritt Manzoni in *Del romanzo storico* schließlich die Gegenposition zu seiner früheren Hochschätzung des historischen Romans, indem er diesem die Fähigkeit aberkennt, historische Realität adäquat wiederzugeben. Die Mischung aus Erfundenem und Faktischem, die für die Gattung des historischen Romans konstitutiv ist, wird hier von Manzoni abgelehnt als unangemessen für die Wiedergabe der (historischen) Wahrheit. Er lehnt den historischen Roman und seine Vorspiegelung und Illusionsbildung historischer Wirklichkeit im Gewand einer erfundenen Geschichte ab zugunsten der Geschichtsschreibung, die seiner Auffassung nach alleine allen Ansprüchen an Wahrheitsfindung und Authentizität gerecht werden können.

In bezug auf die Darstellung von Geschichte haben *Fermo e Lucia* ebenso wie die *Promessi sposi* mit der *Storia della colonna infame* ein wichtiges gemeinsames Charakteristikum: Geschichte wird nicht dargestellt als Abfolge großer Ereignisse und Schlachten, die von den exponierten Mächtigen und Herrschern vergangener Zeiten ins Werk gesetzt wurden, sondern anhand des individuellen Schicksals repräsentativer Protagonisten der niedrigen Schichten, des einfachen Volkes, die keine Macht ausüben, sondern die Auswirkungen der Politik der Mächtigen und die Übermacht der Ereignisse erleiden und erdulden müssen, die letztlich jeden Tag darum kämpfen müssen, ihre physische und moralische Integrität zu bewahren, allen gegen sie gerichteten Widrigkeiten und Widerständen zum Trotz.

5. *Die Suche nach der Wahrheit – Manzoni als Aufklärer*

Bei den Überlegungen Manzonis zum Verhältnis von Geschichtsschreibung und historischem Roman ist der Wahrheitsbegriff eine zentrale Kategorie, der der Historiker in bezug auf die historische Wahrheit gerecht werden kann, nicht aber der Ro-

---

37 Zur weiteren Diskussion vgl. *Jacobs* (2000), a.a.O., S. 334–338.
38 Vgl. *Schlüter*, a.a.O., S. 114–119.

mancier[39]. Wahrheit als Faktizität, gemeint als „Übereinstimmung mit der (historischen) Wirklichkeit"[40], die sich auch unter Beachtung entsprechender Methoden aus den archivarischen Quellen als Wahrheit vergangener Ereignisse und Zeiten rekonstruieren lässt, mag aus heutiger Sicht vielleicht als zu unproblematisch erscheinen, entspricht aber dem Positivismus und Historismus der Epoche Manzonis, so dass er sich in dieser Hinsicht auf der Höhe seiner Zeit befand. Manzoni vertritt also eine grundsätzlich kritische Geschichtswissenschaft, die den Wahrheitsbegriff selbst jedoch nicht problematisiert oder relativiert.

Gleich in seiner programmatischen *Einleitung* stellt Manzoni fest, dass nicht die Barbarei der damaligen Rechtsprechung sein Thema ist. Es geht ihm um den Umgang mit der Wahrheit, und er selbst will die Wahrheit herausfinden. Die Unwissenheit ist der eigentliche Anlass für die Ereignisse, die Folter nur das Mittel zum inakzeptablen Zweck, durch das die Absurdität auf die Spitze getrieben wird. Manzoni richtet sich gegen die Leidenschaften des Menschen, die jederzeit wirksam werden können, indem sie den Verstand ausschalten.

Es geht Manzoni prinzipiell um die Haltung des Menschen zur Wahrheit. Dass es die Wahrheit gibt, dass man diese erkennen kann, stellt er dabei nicht in Frage, er problematisiert sie nicht einmal und entspricht damit dem positivistischen Geschichtsdenken seiner Epoche. Er zeigt, wie der Weg zur Wahrheitsfindung verstellt wird durch das Hindernis der rückhaltlosen Aufklärung eines Tatbestands und der vorbehaltlosen Wahrheitssuche bei Befürwortern wie Gegnern einer bestimmten Position. Manzoni klagt die Teilnahmslosigkeit der großen Masse der Menschen an, ihren Mangel an Empathie, den die meisten zeigen, selbst wenn sie frei von Vorurteilen sind. Demnach reichen Vorurteilslosigkeit und Objektivität keineswegs allein aus, um die Wahrheit zu erkennen, sondern auch die Empathie ist erforderlich, sie muss hinzukommen, als Engagement für die Mitmenschen, sich für die Wahrheit und Wahrheitssuche einsetzen zu wollen.

Manzoni selbst zeigt diese Empathie, die er von den Menschen einfordert, gegenüber den Protagonisten in seiner *Storia della colonna infame*. Es ist auffällig an Manzonis Darstellung der Mailänder Ereignisse von 1630, dass die angeblichen Mauerschmierer, die Angeklagten, vor allem Piazza und Mora, individualisiert und deutlich konturiert werden. Die Empathie des Autors bezieht auch Reflexionen über ihre Ängste und Nöte während ihrer Gefangenschaft und Folterungen mit ein, und ihre jeweiligen Verhaltensweisen werden detailliert analysiert. Die Stärken und Schwächen, die sie in ihrer Zwangssituation zeigen, werden von Manzoni bewertet, differenziert abwägend auch in Hinblick auf ihr Verhalten und die Schwächen ihrer

---

39   Vgl. *Codebò*, a.a.O.
40   *Schlüter*, a.a.O., S. 109.

Denunziationen und Falschaussagen während der Folter. Die Richter bleiben dagegen anonym und völlig unkonturiert, wie die gesichtslosen Instrumente eines dunklen Unterdrückungsapparates, der um so gefährlicher und lebensbedrohlicher wirkt, je weniger die für ihn handelnden Personen identifizierbar sind. Im Ungewissen lässt Manzoni auch die Zahl der für Piazzas und Moras Tod verantwortlichen Menschen. Dass vor allem die kleinen Leute gefährdet sind, unschuldige Opfer dieses undurchsichtigen Vernichtungssystems zu werden, macht Manzoni indirekt deutlich, indem er zeigt, dass die jeweilige soziale Stellung einer Person ausschlaggebend dafür sein kann, ob sie von der Justiz gefoltert und getötet oder verschont wird: Die angeblichen Täter Guglielmo Piazza und der Barbier Gian Giacomo Mora, die hingerichtet wurden, mussten die Rolle als Sündenböcke, die man ihnen, ohne dass sie sich dagegen wehren konnten, aufgezwungen hat, mit dem Leben bezahlen, wohingegen die einzige sozial höher stehende Person unter den Angeklagten und den der Mauerschmiereien Bezichtigten, Don Giovanni Gaetano de Padilla, der Sohn des Kommandanten des Mailänder Kastells, aufgrund seiner sozialen Stellung zwar ins Gefängnis kam, ihm aber die Folter erspart blieb und er schließlich wieder freigelassen wurde.

Manzoni betont immer wieder die absichtliche Verblendung der Richter, die sich ständig weigern, die Wahrheit zu sehen, also eine Art Verweigerungshaltung vor der Wahrheit, eine regelrechte Realitätsblindheit, die im vollen Bewusstsein durchgeführt wird. Somit missbrauchten sie ihr Amt, zum Schaden der unrechtmäßig Angeklagten. Manzoni will an einem konkreten historischen Beispiel zeigen, wie solche Mechanismen prinzipiell funktionieren und Verbrechen im Namen von Glauben und Wahrheit und Gerechtigkeit verübt werden. Er nimmt also einen Fall aus der Geschichte auf, um damit, in bezug auf Vergangenes, auch zeitgenössische Praktiken, Usancen, Mechanismen zu kritisieren. Die ungeheure Kraft irrationaler Leidenschaften wird von Manzoni offenbart, um sie erkennen zu können, um sich so gegen sie wehren zu können, falls diese Mechanismen wieder einmal wirksam werden sollten, um ihnen keine Chance zu geben, dass sie sich künftig so nochmals entfalten und wiederholen können. Manzoni will mit seiner Schrift eine andere, alternative literarische *Storia della colonna infame* realisieren, gleichsam als Gegenkonzeption zur realen Schandsäule, mittels derer er die Richter und ihre Verfahrensweise entblößt und anklagt, als literarische Schandsäule, die ein Mahnmal für künftige Generationen sein soll[41].

Manzonis historischer Zugriff auf die Ereignisse des Jahres 1630 ist ein doppelter: Er versucht zum einen, die historischen Ereignisse möglichst authentisch zu rekonstruieren und in ihrer historischen Entwicklung chronologisch linear darzustellen.

---

41 Vgl. *Verdicchio*, a.a.O., S. 223.

Zum andern gibt er einen Abriss über die Geschichte der Meinungsäußerungen zu den historischen Ereignissen. Beide Perspektiven sind historisch-kritisch ausgerichtet und zielen auf möglichst große Objektivität und Neutralität.

Im siebten Kapitel der *Storia della colonna infame* wirft Manzoni den Historikern und Intellektuellen vor, unkritisch zu verfahren. Er gibt deshalb die eigentlichen Fakten der Ereignisse wieder, aber eben auch die Reaktionen zeitgenössischer und nachfolgender Kommentatoren. Die kritische Geschichte der Ereignisse wird im letzten Kapitel von den Meinungen abgeschlossen, die über diese Ereignisse geäußert wurden. Manzoni legt offen, wie Irrtümer im nachfolgenden Schrifttum kritiklos tradiert und somit perpetuiert werden, ohne Überprüfung der Fakten, ohne Prüfung des konkreten Falls. So hätte der von Mailand unabhängige venezianische Historiker Batista Nani anders urteilen können, nämlich neutral und orientiert an den Fakten. Die Voreingenommenheit und das Festhalten an Vorurteilen wirft Manzoni im übrigen auch Ludovico Antonio Muratori vor, ebenso dem Historiker Pietro Giannone, der wörtlich den Text von Batista Nani abschreibt und, wie Manzoni nachweist, als Plagiat in seiner *Storia civile del regno di Napoli* veröffentlicht hat[42]. Manzoni kritisiert auch heftig den Dichter Giuseppe Parini, der ebenfalls vorbehaltlos und unkritisch der Inschrift der Mailänder Schandsäule Glauben geschenkt hat[43].

Manzonis Kritik an diesen Autoren zielt darauf, dass sie blind und unkritisch dem Vorgefundenen folgen. Die Macht der Schrift erweist sich als größer als die Wahrheit, wenn man sich nicht darum bemüht, sich selbst auf die Suche nach der Wahrheit zu machen. Deutlich drückt Manzoni in der Einleitung seine Abscheu gegenüber diesem blinden Nachplappern von vorgefassten Meinungen aus.

Manzoni beabsichtigt keine auf Vollständigkeit abzielende Darstellung, sondern es geht ihm um eine Auswahl renommierter, repräsentativer Stimmen bekannter oder sogar berühmter Autoren: Manzoni gibt zu bedenken, dass Berühmtheit und auch eine außergewöhnliche intellektuelle oder künstlerische Fähigkeit einen Menschen keineswegs vor Fehlurteilen bewahren, wenn der unabdingbar kritische Geist fehlt, die Wahrheit durch eigene Überprüfung der Fakten zu ermitteln, ein Grundsatz des europäischen Aufklärungskonzepts: Die eigene Erfahrung ist wichtiger und letztlich ausschlaggebend, nicht die Überlieferung angeblicher Autoritäten. Manzoni zielt also auch hier auf Prinzipielles. Seine kritische Haltung gegenüber Vorurteilen und

---

42 Zu Manzonis Kritik an Nani, Muratori und Giannone vgl. *Verdicchio*, a.a.O., S. 224–226.
43 Zu Manzonis Kritik an Parini vgl. *Carlo Annoni*, Le passioni fanno traviare: Parini, Manzoni e la 'Colonna infame', in: Enrico Elli / Giuseppe Langella (Hg.), Studi di letteratura italiana in onore di Francesco Mattesini. Contributi del Centro di ricerca „Letteratura e cultura dell'Italia unita". Mailand (Vita e Pensiero) 2000, S. 91–126.

ungeprüften Fehlurteilen entspricht dem Projekt der europäischen Aufklärung[44]. Vorgegebene Meinungen sollen nur dann übernommen werden, wenn sie vorher kritisch und eigenverantwortlich auf ihren Wahrheitsgehalt hin überprüft worden sind. Die Bekämpfung von Vorurteilen – nach wie vor aktuell und erforderlich – war ein zentrales Ziel der aufklärerischen Programmatik.

---

44 Zur Frage, in welchem Grade Manzoni als Aufklärer angesehen werden kann, vgl. *Mura*, a.a.O., S. 23–43.

Juristische Zeitgeschichte.

Herausgeber: Prof. Dr. Dr. Thomas Vormbaum, FernUniversität in Hagen

Abteilung 1: Allgemeine Reihe

1 *Thomas Vormbaum (Hrsg.):* Die Sozialdemokratie und die Entstehung des Bürgerlichen Gesetzbuchs. Quellen aus der sozialdemokratischen Partei und Presse (1997)
2 *Heiko Ahlbrecht:* Geschichte der völkerrechtlichen Strafgerichtsbarkeit im 20. Jahrhundert (1999)
3 *Dominik Westerkamp:* Pressefreiheit und Zensur im Sachsen des Vormärz (1999)
4 *Wolfgang Naucke:* Über die Zerbrechlichkeit des rechtsstaatlichen Strafrechts. Gesammelte Aufsätze zur Strafrechtsgeschichte (2000)
5 *Jörg Ernst August Waldow:* Der strafrechtliche Ehrenschutz in der NS-Zeit (2000)
6 *Bernhard Diestelkamp:* Rechtsgeschichte als Zeitgeschichte. Beiträge zur Rechtsgeschichte des 20. Jahrhunderts (2001)
7 *Michael Damnitz:* Bürgerliches Recht zwischen Staat und Kirche. Mitwirkung der Zentrumspartei am Bürgerlichen Gesetzbuch (2001)
8 *Massimo Nobili:* Die freie richterliche Überzeugungsbildung. Reformdiskussion und Gesetzgebung in Italien, Frankreich und Deutschland seit dem Ausgang des 18. Jahrhunderts (2001)
9 *Diemut Majer:* Nationalsozialismus im Lichte der Juristischen Zeitgeschichte (2002)
10 *Bianca Vieregge:* Die Gerichtsbarkeit einer „Elite". Nationalsozialistische Rechtsprechung am Beispiel der SS- und Polizeigerichtsbarkeit (2002)
11 *Norbert Berthold Wagner:* Die deutschen Schutzgebiete (2002)
12 *Miloš Vec:* Die Spur des Täters. Methoden der Identifikation in der Kriminalistik (1879–1933), (2002)
13 *Christian Amann:* Ordentliche Jugendgerichtsbarkeit und Justizalltag im OLG-Bezirk Hamm von 1939 bis 1945 (2003)
14 *Günter Gribbohm:* Das Reichskriegsgericht (2004)
15 *Martin M. Arnold:* Pressefreiheit und Zensur im Baden des Vormärz. Im Spannungsfeld zwischen Bundestreue und Liberalismus (2003)
16 *Ettore Dezza:* Beiträge zur Geschichte des modernen italienischen Strafrechts (2004)
17 *Thomas Vormbaum (Hrsg.):* „Euthanasie" vor Gericht. Die Anklageschrift des Generalstaatsanwalts beim OLG Frankfurt/M. gegen Werner Heyde u. a. vom 22. Mai 1962 (2005)
18 *Kai Cornelius:* Vom spurlosen Verschwindenlassen zur Benachrichtigungspflicht bei Festnahmen (2006)
19 *Kristina Brümmer-Pauly:* Desertion im Recht des Nationalsozialismus (2006)
20 *Hanns-Jürgen Wiegand:* Direktdemokratische Elemente in der deutschen Verfassungsgeschichte (2006)
21 *Hans-Peter Marutschke (Hrsg.):* Beiträge zur modernen japanischen Rechtsgeschichte (2006)

Abteilung 2: Forum Juristische Zeitgeschichte

1 *Franz-Josef Düwell / Thomas Vormbaum (Hrsg.):* Themen juristischer Zeitgeschichte (1) – Schwerpunktthema: Recht und Nationalsozialismus (1998)
2 *Karl-Heinz Keldungs:* Das Sondergericht Duisburg 1943–1945 (1998)
3 *Franz-Josef Düwell / Thomas Vormbaum (Hrsg.):* Themen juristischer Zeitgeschichte (2) – Schwerpunktthema: Recht und Juristen in der Revolution von 1848/49 (1998)
4 *Thomas Vormbaum:* Beiträge zur juristischen Zeitgeschichte (1999)
5 *Franz-Josef Düwell / Thomas Vormbaum:* Themen juristischer Zeitgeschichte (3), (1999)
6 *Thomas Vormbaum (Hrsg.):* Themen juristischer Zeitgeschichte (4), (2000)
7 *Frank Roeser:* Das Sondergericht Essen 1942–1945 (2000)
8 *Heinz Müller-Dietz:* Recht und Nationalsozialismus – Gesammelte Beiträge (2000)
9 *Franz-Josef Düwell (Hrsg.):* Licht und Schatten. Der 9. November in der deutschen Geschichte und Rechtsgeschichte – Symposium der Arnold-Freymuth-Gesellschaft, Hamm (2000)
10 *Bernd-Rüdiger Kern / Klaus-Peter Schroeder (Hrsg.):* Eduard von Simson (1810–1899). „Chorführer der Deutschen" und erster Präsident des Reichsgerichts (2001)
11 *Norbert Haase / Bert Pampel (Hrsg.):* Die Waldheimer „Prozesse" – fünfzig Jahre danach. Dokumentation der Tagung der Stiftung Sächsische Gedenkstätten am 28. und 29. September in Waldheim (2001)
12 *Wolfgang Form (Hrsg.):* Literatur- und Urteilsverzeichnis zum politischen NS-Strafrecht (2001)
13 *Sabine Hain:* Die Individualverfassungsbeschwerde nach Bundesrecht (2002)
14 *Gerhard Pauli / Thomas Vormbaum (Hrsg.):* Justiz und Nationalsozialismus – Kontinuität und Diskontinuität. Fachtagung in der Justizakademie des Landes NRW, Recklinghausen, am 19. und 20. November 2001 (2003)
15 *Mario Da Passano (Hrsg.):* Europäische Strafkolonien im 19. Jahrhundert. Internationaler Kongreß des Dipartimento di Storia der Universität Sassari und des Parco nazionale di Asinara, Porto Torres, 25. Mai 2001 (2006)
16 *Sylvia Kesper-Biermann / Petra Overath (Hrsg.):* Die Internationalisierung von Strafrechtswissenschaft und Kriminalpolitik (1870–1930). Deutschland im Vergleich (2007)

17 *Hermann Weber (Hrsg.):* Literatur, Recht und Musik. Tagung im Nordkolleg Rendsburg vom 16. bis 18. September 2005 (2007)
18 *Hermann Weber (Hrsg.):* Literatur, Recht und (bildende) Kunst. Tagung im Nordkolleg Rendsburg vom 21. bis 23. September 2007 (2008)

Abteilung 3: Beiträge zur modernen deutschen Strafgesetzgebung
Materialien zu einem historischen Kommentar

1 *Thomas Vormbaum / Jürgen Welp (Hrsg.):* Das Strafgesetzbuch seit 1870. Sammlung der Änderungen und Neubekanntmachungen; Vier Textbände (1999 – 2002) und drei Supplementbände (2005, 2006).
2 *Christian Müller:* Das Gewohnheitsverbrechergesetz vom 24. November 1933. Kriminalpolitik als Rassenpolitik (1998)
3 *Maria Meyer-Höger:* Der Jugendarrest. Entstehung und Weiterentwicklung einer Sanktion (1998)
4 *Kirsten Gieseler:* Unterlassene Hilfeleistung – § 323c StGB. Reformdiskussion und Gesetzgebung seit 1870. (1999)
5 *Robert Weber:* Die Entwicklung des Nebenstrafrechts 1871–1914 (1999)
6 *Frank Nobis:* Die Strafprozeßgesetzgebung der späten Weimarer Republik (2000)
7 *Karsten Felske:* Kriminelle und terroristische Vereinigungen – §§ 129, 129a StGB (2002)
8 *Ralf Baumgarten:* Zweikampf – §§ 201-210 a.F. StGB (2003)
9 *Felix Prinz:* Diebstahl – §§ 242 ff. StGB (2003)
10 *Werner Schubert / Thomas Vormbaum (Hrsg.):* Entstehung des Strafgesetzbuchs. Kommissionsprotokolle und Entwürfe. Band 1: 1869 (2002); Band 2: 1870 (2004)
11 *Lars Bernhard:* Falsche Verdächtigung (§§ 164, 165 StGB) und Vortäuschen einer Straftat (§ 145d StGB), (2003)
12 *Frank Korn:* Körperverletzungsdelikte – §§ 223 ff., 340 StGB. Reformdiskussion und Gesetzgebung von 1870 bis 1933 (2003)
13 *Christian Gröning:* Körperverletzungsdelikte – §§ 223 ff., 340 StGB. Reformdiskussion und Gesetzgebung seit 1933 (2004)
14 *Sabine Putzke:* Die Strafbarkeit der Abtreibung in der Kaiserzeit und in der Weimarer Zeit. Eine Analyse der Reformdiskussion und der Straftatbestände in den Reformentwürfen (1908–1931), (2003)
15 *Eckard Voßiek:* Strafbare Veröffentlichung amtlicher Schriftstücke (§ 353 d Nr. 3 StGB). Gesetzgebung und Rechtsanwendung seit 1851 (2004)
16 *Stefan Lindenberg:* Brandstiftungsdelikte – §§ 306 ff. StGB. Reformdiskussion und Gesetzgebung seit 1870 (2004)
17 *Ninette Barreneche†:* Materialien zu einer Strafrechtsgeschichte der Münchener Räterepublik 1918/1919 (2004)
18 *Carsten Thiel:* Rechtsbeugung – § 339 StGB. Reformdiskussion und Gesetzgebung seit 1870 (2005)
19 *Vera Große-Vehne:* Tötung auf Verlangen (§ 216 StGB), „Euthanasie" und Sterbehilfe. Reformdiskussion und Gesetzgebung seit 1870 (2005)
20 *Thomas Vormbaum/Kathrin Rentrop (Hrsg.):* Reform des Strafgesetzbuchs. Sammlung der Reformentwürfe. Band 1: 1909 bis 1919. Band 2: 1922 bis 1939. Band 3: 1959 bis 1996 (2008)
21 *Dietmar Prechtel:* Urkundendelikte (§§ 267 ff. StGB). Reformdiskussion und Gesetzgebung seit 1870 (2005)
22 *Ilya Hartmann:* Prostitution, Kuppelei, Zuhälterei. Reformdiskussion und Gesetzgebung seit 1870 (2006)
23 *Ralf Seemann:* Strafbare Vereitelung von Gläubigerrechten (§§ 283 ff., 288 StGB). Reformdiskussion und Gesetzgebung seit 1870 (2006)
24 *Andrea Hartmann:* Majestätsbeleidigung (§§ 94 ff. StGB a.F.) und Verunglimpfung des Staatsoberhauptes (§ 90 StGB). Reformdiskussion und Gesetzgebung seit dem 19. Jahrhundert (2006)
25 *Christina Rampf:* Hausfriedensbruch (§ 123 StGB). Reformdiskussion und Gesetzgebung seit 1870 (2006)
26 *Christian Schäfer:* „Widernatürliche Unzucht" (§§ 175, 175a, 175b, 182, a. F. StGB). Reformdiskussion und Gesetzgebung seit 1945 (2006)
27 *Kathrin Rentrop:* Untreue und Unterschlagung (§§ 266 und 246 StGB). Reformdiskussion und Gesetzgebung seit dem 19. Jahrhundert (2007)
28 *Martin Asholt:* Straßenverkehrsstrafrecht. Reformdiskussion und Gesetzgebung seit dem Ausgang des 19. Jahrhunderts (2007)
31 *Jürgen Durynek:* Korruptionsdelikte (§§ 331 ff. StGB). Reformdiskussion und Gesetzgebung seit dem 19. Jahrhundert (2008)

Abteilung 4: Leben und Werk. Biographien und Werkanalysen

1 *Mario A. Cattaneo:* Karl Grolmans strafrechtlicher Humanismus (1998)
2 *Gerit Thulfaut:* Kriminalpolitik und Strafrechtstheorie bei Edmund Mezger (2000)
3 *Adolf Laufs:* Persönlichkeit und Recht. Gesammelte Aufsätze (2001)
4 *Hanno Durth:* Der Kampf gegen das Unrecht. Gustav Radbruchs Theorie eines Kulturverfassungsrechts (2001)
5 *Volker Tausch:* Max Güde (1902-1984). Generalbundesanwalt und Rechtspolitiker (2002)
6 *Bernd Schmalhausen:* Josef Neuberger (1902-1977). Ein Leben für eine menschliche Justiz (2002)
7 *Wolf Christian von Arnswald:* Savigny als Strafrechtspraktiker. Ministerium für die Gesetzesrevision (1842–1848), (2003)
8 *Thilo Ramm:* Ferdinand Lassalle. Der Revolutionär und das Recht (2004)
9 *Martin D. Klein:* Demokratisches Denken bei Gustav Radbruch (2007)
10 *Francisco Muñoz Conde:* Edmund Mezger – Beiträge zu einem Juristenleben (2007)

Abteilung 5: Juristisches Zeitgeschehen
Rechtspolitik und Justiz aus zeitgenössischer Perspektive
Mitherausgegeben von Gisela Friedrichsen („Der Spiegel") und RA Prof. Dr. Franz Salditt

1. *Diether Posser:* Anwalt im Kalten Krieg. Ein Stück deutscher Geschichte in politischen Prozessen 1951–1968. 3. Auflage (1999)
2. *Jörg Arnold (Hrsg.):* Strafrechtliche Auseinandersetzung mit Systemvergangenheit am Beispiel der DDR (2000)
3. *Thomas Vormbaum (Hrsg.):* Vichy vor Gericht: Der Papon-Prozeß (2000)
4. *Heiko Ahlbrecht / Kai Ambos (Hrsg.):* Der Fall Pinochet(s). Auslieferung wegen staatsverstärkter Kriminalität? (1999)
5. *Oliver Franz:* Ausgehverbot für Jugendliche („Juvenile Curfew") in den USA. Reformdiskussion und Gesetzgebung seit dem 19. Jahrhundert (2000)
6. *Gabriele Zwiehoff (Hrsg.):* „Großer Lauschangriff". Die Entstehung des Gesetzes zur Änderung des Grundgesetzes vom 26. März 1998 und des Gesetzes zur Änderung der Strafprozeßordnung vom 4. Mai 1998 in der Presseberichterstattung 1997/98 (2000)
7. *Mario A. Cattaneo:* Strafrechtstotalitarismus. Terrorismus und Willkür (2001)
8. *Gisela Friedrichsen / Gerhard Mauz:* Er oder sie? Der Strafprozeß Böttcher/Weimar. Prozeßberichte 1987 bis 1999 (2001)
9. *Heribert Prantl / Thomas Vormbaum (Hrsg.):* Juristisches Zeitgeschehen 2000 in der Süddeutschen Zeitung (2001)
10. *Helmut Kreicker:* Art. 7 EMRK und die Gewalttaten an der deutsch-deutschen Grenze (2002)
11. *Heribert Prantl / Thomas Vormbaum (Hrsg.):* Juristisches Zeitgeschehen 2001 in der Süddeutschen Zeitung (2002)
12. *Henning Floto:* Der Rechtsstatus des Johanniterordens. Eine rechtsgeschichtliche und rechtsdogmatische Untersuchung zum Rechtsstatus der Balley Brandenburg des ritterlichen Ordens St. Johannis vom Spital zu Jerusalem (2003)
13. *Heribert Prantl / Thomas Vormbaum (Hrsg.):* Juristisches Zeitgeschehen 2002 in der Süddeutschen Zeitung (2003)
14. *Kai Ambos / Jörg Arnold (Hrsg.):* Der Irak-Krieg und das Völkerrecht (2004)
15. *Heribert Prantl / Thomas Vormbaum (Hrsg.):* Juristisches Zeitgeschehen 2003 in der Süddeutschen Zeitung (2004)
16. *Sascha Rolf Lüder:* Völkerrechtliche Verantwortlichkeit bei Teilnahme an „Peace-keeping"-Missionen der Vereinten Nationen (2004)
17. *Heribert Prantl / Thomas Vormbaum (Hrsg.):* Juristisches Zeitgeschehen 2004 in der Süddeutschen Zeitung (2005)
18. *Christian Haumann:* Die „gewichtende Arbeitsweise" der Finanzverwaltung. Eine Untersuchung über die Aufgabenerfüllung der Finanzverwaltung bei der Festsetzung der Veranlagungssteuern (2008)

Abteilung 6: Recht in der Kunst
Mitherausgegeben von Prof. Dr. Gunter Reiß

1. *Heinz Müller-Dietz:* Recht und Kriminalität im literarischen Widerschein. Gesammelte Aufsätze (1999)
2. *Klaus Lüderssen (Hrsg.):* »Die wahre Liberalität ist Anerkennung«. Goethe und die Jurisprudenz (1999)
3. *Bertolt Brecht:* Die Dreigroschenoper (1928) / Dreigroschenroman (1934). Mit Kommentaren von Iring Fetscher und Bodo Plachta (2001)
4. *Annette von Droste-Hülshoff:* Die Judenbuche (1842) / Die Vergeltung (1841). Mit Kommentaren von Heinz Holzhauer und Winfried Woesler (2000)
5. *Theodor Fontane:* Unterm Birnbaum (1885). Mit Kommentaren von Hugo Aust und Klaus Lüderssen (2001)
6. *Heinrich von Kleist:* Michael Kohlhaas (1810). Mit Kommentaren von Wolfgang Naucke und Joachim Linder (2000)
7. *Anja Sya:* Literatur und juristisches Erkenntnisinteresse. Joachim Maass' Roman „Der Fall Gouffé" und sein Verhältnis zu der historischen Vorlage (2001)
8. *Heiner Mückenberger:* Theodor Storm – Dichter und Richter. Eine rechtsgeschichtliche Lebensbeschreibung (2001)
9. *Hermann Weber (Hrsg.):* Annäherung an das Thema „Recht und Literatur". Recht, Literatur und Kunst in der NJW (1), (2002)
10. *Hermann Weber (Hrsg.):* Juristen als Dichter. Recht, Literatur und Kunst in der NJW (2), (2002)
11. *Hermann Weber (Hrsg.):* Prozesse und Rechtsstreitigkeiten um Recht, Literatur und Kunst. Recht, Literatur und Kunst in der NJW (3), (2002)
12. *Klaus Lüderssen:* Produktive Spiegelungen. 2., erweiterte Auflage (2002)
13. *Lion Feuchtwanger:* Erfolg. Drei Jahre Geschichte einer Provinz. Roman (1929). Mit Kommentaren von Theo Rasehorn und Ernst Ribbat (2002)
14. *Jakob Wassermann:* Der Fall Maurizius. Roman (1928). Mit Kommentaren von Thomas Vormbaum und Regina Schäfer (2003)
15. *Hermann Weber (Hrsg.):* Recht, Staat und Politik im Bild der Dichtung. Recht, Literatur und Kunst in der Neuen Juristischen Wochenschrift (4), (2003)

16 *Hermann Weber (Hrsg.)*: Reale und fiktive Kriminalfälle als Gegenstand der Literatur. Recht, Literatur und Kunst in der Neuen Juristischen Wochenschrift (5), (2003)
17 *Karl Kraus:* Sittlichkeit und Kriminalität. (1908). Mit Kommentaren von Helmut Arntzen und Heinz Müller-Dietz (2004)
18 *Hermann Weber (Hrsg.)*: Dichter als Juristen. Recht, Literatur und Kunst in der Neuen Juristischen Wochenschrift (6), (2004)
19 *Hermann Weber (Hrsg.):* Recht und Juristen im Bild der Literatur. Recht, Literatur und Kunst in der Neuen Juristischen Wochenschrift (7), (2005)
20 *Heinrich von Kleist:* Der zerbrochne Krug. Ein Lustspiel (1811). Mit Kommentaren von Michael Walter und Regina Schäfer (2005)
21 *Francisco Muñoz Conde / Marta Muñoz Aunión:* „Das Urteil von Nürnberg". Juristischer und filmwissenschaftlicher Kommentar zum Film von Stanley Kramer (1961), (2006)
22 *Fjodor Dostojewski:* Aufzeichnungen aus einem Totenhaus (1860). Mit Kommentaren von Heinz Müller-Dietz und Dunja Brötz (2005)
23 *Thomas Vormbaum (Hrsg.):* Anton Matthias Sprickmann. Dichter und Jurist. Mit Kommentaren von Walter Gödden, Jörg Löffler und Thomas Vormbaum (2006)
24 *Friedrich Schiller:* Verbrecher aus Infamie (1786). Mit Kommentaren von Heinz Müller-Dietz und Martin Huber (2006)
25 *Franz Kafka:* Der Proceß. Roman (1925). Mit Kommentaren von Detlef Kremer und Jörg Tenckhoff (2006)
26 *Heinrich Heine:* Deutschland. Ein Wintermährchen. Geschrieben im Januar 1844. Mit Kommentaren von Winfried Woesler und Thomas Vormbaum (2006)
27 *Thomas Vormbaum (Hrsg.):* Recht, Rechtswissenschaft und Juristen im Werk Heinrich Heines (2006)
28 *Heinz Müller-Dietz:* Recht und Kriminalität in literarischen Spiegelungen (2007)
29 *Alexander Puschkin:* Pique Dame (1834). Mit Kommentaren von Barbara Aufschnaiter/Dunja Brötz und Friedrich-Christian Schroeder (2007)
30 *Georg Büchner:* Danton's Tod. Dramatische Bilder aus Frankreichs Schreckensherrschaft. Mit Kommentaren von Sven Kramer und Bodo Pieroth (2007)
31 *Daniel Halft:* Die Szene wird zum Tribunal! Eine Studie zu den Beziehungen von Recht und Literatur am Beispiel des Schauspiels „Cyankali" von Friedrich Wolf (2007)
32 *Erich Wulffen:* Kriminalpsychologie und Psychopathologie in Schillers Räubern (1907). Herausgegeben von Jürgen Seul (2007)
33 *Klaus Lüderssen:* Produktive Spiegelungen: Recht in Literatur, Theater und Film. Band II (2007)
34 *Albert Camus:* Der Fall. Roman (1956). Mit Kommentaren von Brigitte Sändig und Sven Grotendiek (2008)

Abteilung 7: Beiträge zur Anwaltsgeschichte
Mitherausgegeben von Gerhard Jungfer, Dr. Tilmann Krach und Prof. Dr. Hinrich Rüping
1 *Babette Tondorf:* Strafverteidigung in der Frühphase des reformierten Strafprozesses. Das Hochverratsverfahren gegen die badischen Aufständischen Gustav Struve und Karl Blind (1848/49), (2006)
2 *Hinrich Rüping:* Rechtsanwälte im Bezirk Celle während des Nationalsozialismus (2007)

Abteilung 8: Judaica
1 *Hannes Ludyga:* Philipp Auerbach (1906–1952). „Staatskommissar für rassisch, religiös und politisch Verfolgte" (2005)
2 *Thomas Vormbaum:* Der Judeneid im 19. Jahrhundert, vornehmlich in Preußen. Ein Beitrag zur juristischen Zeitgeschichte (2006)
3 *Hannes Ludyga:* Die Rechtsstellung der Juden in Bayern von 1819 bis 1918. Studie im Spiegel der Verhandlungen der Kammer der Abgeordneten des bayerischen Landtags (2007)